KB122070

# 증오하는 인간의 탄생
### — 인종주의는 역사를 어떻게 해석했는가

증오하는 인간의 탄생 — 인종주의는 역사를 어떻게 해석했는가

**초판 2쇄 발행** 2019년 6월 21일
**초판 1쇄 발행** 2019년 4월 29일

**지은이** 나인호
**펴낸이** 정순구
**책임편집** 조수정 최세정
**기획편집** 정윤경 조원식
**마케팅** 황주영

**출력** 블루엔
**용지** 한서지업사
**인쇄** 한영문화사
**제본** 한영제책사

**펴낸곳** (주) 역사비평사
**등록** 제300-2007-139호 (2007.9.20)
**주소** 10497 : 경기도 고양시 덕양구 화중로 100(비전타워21) 506호
**전화** 02-741-6123~5
**팩스** 02-741-6126
**홈페이지** www.yukbi.com
**이메일** yukbi88@naver.com

ISBN 978-89-7696-434-2 93900

책값은 표지 뒷면에 표시되어 있습니다. 잘못 만들어진 책은 구입하신 서점에서 바꾸어 드립니다.

이 저서는 2014년 정부(교육부)의 재원으로 한국연구재단의 지원을 받아 수행된 연구임. (NRF-2014S1A6A4027823)

# 증오하는 인간의 탄생

## 인종주의는 역사를 어떻게 해석했는가

나인호 지음

역사비평사

# 프롤로그
## :타자 증오의 이론적 원천으로서 인종주의 역사관

인종은 과거와 현재뿐만 아니라 미래를 이해하기 위한 열쇠이다.

— 휴스턴 스튜어트 체임벌린

『시온 장로들의 프로토콜』은 유대인 세계지배 음모론을 가장 효과적으로 퍼트린 악명 높은 위서僞書이다. 이 위서의 파괴력은 나치에 의한 유대인 대학살 하나만으로도 충분히 증명된다. 잘 알려져 있다시피 이 문서는 여러 명의 손을 거쳐 조작되었다. 움베르토 에코는 자신의 소설 『프라하의 묘지』에서 시모니니라는 가공의 인물을 내세워 이러한 반유대주의 위서 조작에 참여한 자들의 내면상태를 다음과 같이 표현한다.

> 내가 누군가를 증오하고 이렇듯 원한을 품고 있다면, 그건 하나의 내면이
> 존재한다는 것을 의미하지 않는가! 이런 깨달음을 철학자는 어떤 식으로
> 설파했던가? Odi ergo sum(나는 증오한다, 고로 존재한다).[1]

"나는 증오한다, 고로 존재한다." 이 문구는 베를린의 어느 공중화장실 벽에서도 발견된다. 아마도 어느 극우주의자가 쓴 낙서일 것이다. 데카르트는 인식 주체로서의 개인이라는 대전제를 통해 근대적 인간을 규정했다. 그러

나 그는 인식 주체로서의 개인이 동시에 증오의 주체가 될 수 있다는 것을 알았을까? 더욱 불편한 것은 포스트모던 시대에 들어와 인식하는 주체로서의 인간은 이미 죽었지만 증오하는 주체로서의 인간은 극우주의의 이름으로 부활하고 있다는 사실이다. 멀리는 유럽 및 북미의 극우주의로부터 가깝게는 자칭 '보수우익' 내지 '애국세력'을 자처하는 국내 극우세력 혹은 최근에 가시화된 난민 반대세력의 성장이 이를 잘 보여주고 있다.

이 책은 '증오하는 인간(Homo odiens)'의 허위의식을 탐구한다. '증오하는 인간'은 자신의 증오 심리를 논리적으로 포장하고 도덕적으로 정당화하는 이데올로기에 의존한다. 이 책은 이러한 이데올로기 가운데 특별히 인종주의에 주목한다. 오늘날 인종주의야말로 단순히 편견과 차별을 넘어서 가장 익숙하고 동시에 가장 가공할 만한 증오 이데올로기로 작용하고 있다. 인종주의자는 단순히 타자를 증오할 뿐만 아니라 심지어 타자를 만들어내서라도 그 타자를 증오한다. 다시 말해 인종주의자는 낯선 사람이 무엇을 잘못했기 때문에 미워하는 것이 아니라 그가 우리와는 다른 종류의 인간이라는 이유만으로 그 사람 자체를 혐오하고 미워한다. 그리고 더욱 기가 막힌 것은 이에 대해 불쾌감을 느끼는 사람도 이러한 현상을 그다지 새롭지 않은 진부한 상식쯤으로 인식하고 있다는 사실이다.

여기서 강조할 점은 인종주의가 단순히 우발적이거나 비합리적이고 일탈적인 현상이 아니라 서양에서 발원하여 전 세계로 퍼진 대표적인 근대사상 혹은 체계적인 근대 이데올로기 중 하나라는 것이다. 미국 역사가 모스(George Mosse)가 적절하게 지적했다시피 인종주의는 광기의 우발적인 표출이나 편견의 산발적인 표현, 혹은 단순히 억압의 메타포가 아니다. 인종주의는 보수주의, 자유주의, 사회주의 등과 마찬가지로 고유의 독특한 구조와 담론 양식을 지닌 완전히 발달된 근대적 사상체계이다. 인종주의는 과학에 대한 믿음, 근대적 철학과 종교사상, 시민계급의 도덕, 민족주의 등 서양의 근대정신을 대표하는 주류 사조와 결합되어 있으며, 근대 서양인들의 경험을 구성하는 필수적인 요소이자 근대 세계를 특징짓는 중심적 현상이다.[2] 이러한 서양의 인종주의는 이미 제국주의가 절정에 달했던 19세기 말 20세기 초에 일본 등지를 거쳐 우리나라에까지 수출된 문화상품으로, 그간 세계적으로 유통되고 소비되어왔다.

사상사적으로 볼 때 인종주의의 가장 큰 특징은 그 중심에 고유의 역사관, 즉 인종사관 및 인종의 역사철학이 자리 잡고 있다는 점이다. 인종주의자들은 '인종' 이념으로써 현실을 설명하고 미래에 대한 희망과 공포를 이야기하며, 궁극적으로는 자신들이 꿈꾸는 새로운 현실을 만들려고 한다. 이러한 인종주의자들의 담론과 행위는 과거로부터 현재를 거쳐 미래를 향한 역사진행 과정에 대한 설명과 해석에 준거한다. 우리는 이러한 역사진행 과정에 대한 해석을 역사관이라 부르며, 그중 특별히 체계적인 것을 역사철학이라 한다.[3] 다른 근대 이데올로기처럼 인종주의 또한 '인간은 역사 속에서 살고 있다'는 역사주의적 세계관에 뿌리를 박고 있다. 인종주의는 마치 민족사관이 중심이 된 민족주의나 유물사관에 준거하는 마르크스주의처럼 전형적인 역사주의적 이데올로기 가운데 하나이다. 철학자 칼 포퍼(Karl R. Popper)는 이러한 이데올로기를 "역사의 숙명, 역사의 법칙을 믿는 미신"이라고 단언한 바 있다.[4] 그의 말을 따르자면 인종주의란 '역사의 숙명과 법칙'을 믿는 또 하나의 미신이다. 인종주의자는 역사로부터 주장의 전거를, 도덕적 정당성을, 나아가 행동의 지침을 얻는다.

같은 맥락에서 정치철학자 한나 아렌트(Hannah Arendt)는 인종주의를 정확히 '인종'의 역사철학으로 규정했다. 그녀는 말한다. 인종주의는 인류학, 생물학, 심리학, 언어학 등 온갖 과학이론들로 자신을 포장한다. 이를 통해 자신의 주장이 과학적 인식에 근거하고 있으며, 따라서 오로지 과학적 의미만을 갖고 있는 것처럼 보이게 한다. 그러나 인종주의는 인종에 관한 과학적 인식이 아니다. 왜냐하면 인종주의는 마치 '민족'을 이념으로 하는 민족주의처럼 '인종' 그 자체를 이념으로 하는 이데올로기이기 때문이다. 이데올로기적 사고는 역사적 변화의 법칙을 알 수 있는 것으로 규정하고 이 법칙으로부터 그 정치 이데올로기의 역사적 사명을 추론하는 역사철학으로 구성되어 있다. "이데올로기는 역사진행 과정 자체의 신비—과거의 비밀들, 얽히고설킨 복잡한 현대의 사물들, 미래의 불확정성—를 모두 알고 있는 것처럼 가장한다. (…) '인종'이라는 단어는 과학탐구의 영역으로서 인종에 대한 진정한 호기심을 표현하는 것이 아니다. 그것은 '이념'이며, 이 이념으로 역사 운동을 하나의 일관된 과정으로 설명한다."[5]

인종의 역사철학이 곧 인종주의라고 본 한나 아렌트와 유사한 입장을 오스트리아의 사회민주주의자이자 사회학자 헤르츠(Friedrich Otto Hertz) 또한 표명한 바 있다. 그는 인종이론의 백가쟁명 시대를 맞아 1904년 『근대 인종이론』을 썼는데, 거기서 "인종과 관련하여 진술된 모든 이론이 아니라, 단지 인종을 역사발전의 주요소로 파악하는 이론만이 인종이론이라고 불릴 수 있다"고 단언했다.[6] 이와 같이 인종주의는 고유의 역사관 및 역사철학에 기반한 서양의 근대사상 혹은 근대 이데올로기이다.

이 책은 18세기 말에서부터 20세기 초반 사이에 나타났던 서양의 여러 인종사관 및 인종의 역사철학을 각각의 정치·사회·문화적 맥락 속에서 다룬다. 이를 통해 인종주의가 근대적 사상체계 혹은 체계적인 이데올로기로서 성장하고 발전했던 과정을 재구성하고자 한다. 특별히 이 시기의 인종사관 및 인종의 역사철학들은 비판과 수정, 그리고 변형의 과정을 거쳐 끊임없이 재생산되면서 이후에 등장한 온갖 종류의 현대적 인종주의의 이론적 원천이 되어왔다. 나치즘의 폭력적 인종정치와 제노사이드, 나아가 오늘날까지 지구 곳곳에서 발현된 인종 증오에 입각한 혐오표현(hate speech), 박해와 테러는 거의 예외 없이 우리가 살피고자 하는 인종사관 및 인종의 역사철학에서 그 이론적 자양분을 공급받아왔다고 해도 과언이 아니다. 이런 맥락에서 우리의 주제가 갖는 궁극적 의미는 현대 세계를 특징짓는 인종 증오의 지적 기원을 밝히는 것이라고 할 수 있다.

'인종주의'라는 용어의 출현사를 볼 때에도 우리의 주제가 갖는 의미가 잘 드러난다. '인종주의'라는 용어는 1933~1934년경 독일의 유대계 성과학자 히르쉬펠트(Magnus Hirschfeld)가 자신의 책 제목에 'Racismus'라는 말을 사용함으로써 최초로 등장했고, 이후 1936년 미국의 파시스트 데니스(Lawrence Dennis) 역시 같은 말의 영어 표현 'racism'을 씀으로써 옥스퍼드 영어사전에 등재되었다. 그렇다면 우리가 다루는 시기는 '인종주의' 출현 이전의 시대가 된다. 그러나 히르쉬펠트는 이 용어를 이 시기의 인종이론 및 인종이론가들과 그 직접적 후계자인 나치즘을 논박하기 위해 사용했다.[7] 따라서 용어사적인 의미에서 우리의 주제는 1930년대에야 출현한 '인종주의' 용어의 기원 문제를 다루는 것이라고 할 수 있다.

이 책의 주제와 문제의식은 인종주의라는 다양하고도 복잡한 현상을 어떻게 해석할 것인가 하는 방법론적인 문제와도 깊은 관련을 맺고 있다. 인종주의에 관한 무수한 저작과 논문이 있음에도 불구하고 아직도 인종주의의 정체는 모호하다. 인종 차별과 관련한 다양한 사례 연구, 인종주의 담론을 해석한 여러 연구는 인종주의의 특징적 모습을 그려내는 데 그다지 성공한 것 같지 않다. 오히려 종래의 연구들 가운데 일부는 인종주의라는 용어를 남용함으로써 인종주의에 대한 정확한 인식을 방해하는 경우마저 있다. 이러한 연구들을 종합해보면 인종주의는 '인간의 불평등'을 전제한 채 자신을 우월하거나 올바르거나 최소한 보호받아야 할 존재로 정형화하고, 반면 타자를 열등하거나 그릇된 존재로 부정하는, 동·서를 가리지 않고 오랫동안 일상화된 인류의 모든 생각과 행위 전반을 지칭한다. 이러한 나와 너의 불평등한 규정짓기의 범주에는 단순히 생김새와 피부색의 차이뿐만이 아니라 심지어는 문화적·종교적 차이까지 포함된다. 이러한 맥락에서 생물학적 인종주의뿐만이 아니라 '인종 없는 인종 차별주의', '문화적 인종 차별주의'라는 용어도 유행하고 있다.[8]

그러나 이상과 같은 포괄적인 인종주의 개념은 분석적 개념으로 유용하지 못하다. 예컨대 "유럽 극우파의 증오 심리는 인종주의 때문이다"라는 말이 "유럽 극우파의 증오 심리는 외국인에 대한 우월감 때문이다"로 해석된다면, 이 말은 별 의미가 없는 내용을 갖게 된다. 우월한 자신과 열등한 타자에 대한 비대칭적 구별이 반드시 '증오'로 연결되는 것은 아니기 때문이다. 이처럼 인종주의는 인종 우월주의 및 인종 차별주의를 내포하지만 인종 우월주의 및 인종 차별주의 그 이상이다. 이런 맥락에서 인종주의를 단순히 '인종 차별주의'로 번역하는 국내의 관행도 시정되어야 한다. 또한 인종주의는 고대부터 세계 곳곳에서 존재해온 '자민족중심주의(ethnocentrism)'나 '외국인(타민족)혐오(Xenophobia)', 나아가 '근대 민족주의', '유럽중심주의' 등과 결합되어 나타난다. 그러나 인종주의는 자민족중심주의, 외국인(타민족)혐오, 민족주의, 유럽중심주의 그 이상이다. 한편, 인종주의는 문화적·종교적 편견과 섞여서 표현되기도 한다. 그러나 인종주의는 문화적·종교적 편견 그 이상이다.

더 나아가 포괄적 인종주의 개념이 남용된다면, 이 개념은 결국 인간의 불평등을 강조하고 정당화하는 모든 것을 인종주의라 칭하는 인종 환원주의로 귀결된다. 그러나 이러한 인종 환원주의는 모든 것을 인종 이념으로 설명하려는 인종주의자들의 인종 환원주의적 논리와 같아지는 역설에 빠지게 된다. 더욱 불쾌한 것은 이러한 인종 환원주의는 궁극적으로 아시아에도 아프리카에도 아메리카 대륙에도 원래부터 인종주의가 있었다는 결론으로 이어질 수밖에 없고, 이를 통해 서양 인종주의의 그 유례를 찾아볼 수 없는 흑역사가 상대화된다는 점이다.

구체적으로 이 책은 다음에 주목한다. 인종주의의 특징은 무엇보다 타자에 대한 전통적인 인식과 구별되는 새로운 타자 인식에서 잘 드러난다. 전통적인 타자 인식은 두 가지로 구별할 수 있다. 먼저, 고대 그리스인들은 '헬레네인'과 '야만인'이라는 공간적으로 분리시킬 수 있는 상호배제적 개념들을 동원하여 타자를 규정했다. 이때 타자는 부정적으로 정형화되면서도 그 자체로서는 인정된다. 다음으로, 중세 서유럽에서와 같이 시간적 긴장 속에서 타자의 존재를 부정하는 경우다. '기독교'와 '이교도'라는 시간적으로 배치된 반대 개념들을 통해 상대방이 지양될 때까지 미래를 변화시켜야 한다는 의식 속에서 '이교도'는 개종과 동화의 대상으로 규정되었다.[9] 한편, 중국인들의 '화華'와 '이夷'라는 비대칭적 반대 개념 쌍에는 첫 번째와 두 번째의 의미가 모두 들어가 있다. 여기서 타자는 공간적 분리 속에서 부정적으로 정형화되면서도 그 자체로서는 인정되거나 아니면 그 존재가 부정되지만, 동시에 시간적 긴장 속에서 교화의 대상이 된다.

그렇다면 인종주의의 타자 인식은 어떤 특징을 지니는가? 물론 인종주의에서도 전통적인 타자 인식의 첫 번째 유형과 유사한 것이 발견된다. '유럽인'과 '비유럽인', '백인종'과 '유색인종'의 구별 속에 부정적으로 정형화된 흑인노예, 식민지 원주민 등이 유럽인과 백인종이 설정한 지리적 혹은 사회적 경계 안에서 이들의 지배에 복속하며 이들을 위해 봉사하는 한 그 존재는 인정된다.

그러나 인종주의에는 시간적 긴장 속에서 타자를 자신에게 교화시키거나 문화적으로 동화시키려는 노력이 거의 발견되지 않는다. 예를 들어 인종주의자들의 반유대주의 담론에 상투적으로 등장하는 '영원한 유대인'은 결코 동화될 수 없는 영원한 타자이다. 이러한 타자는 단지 배제와 근절의 대상일 뿐이다. 그러나 중세의 종교적 반유대주의는 유대인에게 아무리 무자비한 박해를 가했어도 특별히 사악한 '이교도'인 유대인들의 개종과 동화 가능성만은 최소한 이론적으로나마 열어놓았다. 한편, 식민주의와 제국주의의 슬로건 중 하나인 '문명화의 사명'에는 타자에 대한 양가적 시각이 담겨 있다. 교회와 계몽식민주의자들이 비유럽인과 유색인의 동화 가능성에 초점을 맞추었던 반면, 인종주의자들은 이들을 더 효율적으로 지배하고 이들로부터 더 유익한 노동과 용역을 얻기 위한 수단으로서의 '문명화'를 주장했다. 물론 이러한 정도의 '문명화'의 가능성마저 기대하지 않았던 인종주의자들도 무수히 발견된다.

더 나아가 인종주의는 모든 인간을 포함하는 듯이 보이는 보편적 인류 개념의 맥락 속에서 타자를 인간 이하로 규정하는 새로운 타자 부정의 이데올로기로 발전했다. 예를 들어 '초인'과 '하등 인간', 혹은 '인간'과 '비인간'의 비대칭적 대립 개념에서 알 수 있듯이, 이 경우 인종주의는 '인간' 혹은 '인류'의 이름으로 노골적으로 타자의 근절을 목표로 한다.

이와 같이 인종주의에서 타자는 결코 교화와 문화적인 동화의 대상이 아니다. '우월함과 열등함'의 비대칭적 관계 속에서 타자란 지배와 착취의 대상이거나, 아니면 '인간다운 존재 대 인간 같지 않은 존재', 나아가 '신적인 존재 대 짐승 같은 존재'의 대립 관계 속에서 배제되거나 말살되어야 할 대상에 불과하다. 인종주의의 이러한 두 가지로 한정된 타자 인식의 범주에 입각하여 이 책은 인종주의를 그 형태와 특징에 따라 세 가지 유형으로 나눈다.

**인종주의의 세 가지 유형**

| 형태 | 두드러진 특징 |
| --- | --- |
| 서양인 일반의 식민지 인종주의 | 인종 우월주의 |
| 귀족의 (봉건적) 인종주의 | 염세적 인종주의 |
| 시민(부르주아)의 국가인종주의 | 인종 증오주의 |

먼저, 인종 간 위계서열화를 통해 서양인의 식민지 지배를 합리화한 식민지 인종주의이다. 식민지 인종주의는 그 성격상 무엇보다 흑인노예 및 식민지 원주민들에 대한 백인종의 우월의식이 두드러진 인종 우월주의로 규정할 수 있다. 동시에 식민지 인종주의는 식민지의 인종 위계사회를 유럽 내로 전위시키려 했다. 이때 백인종 우월주의는 봉건적 신분질서, 자본주의적 계급질서, 종족/민족 간 혹은 젠더 간 위계질서 등 현존하는 온갖 불평등한 질서를 인종적 우열을 통해 정당화하는 보편적인 인종 우월주의로 확대되었다.

다음으로, 구체제와 신분적 불평등을 정복 종족/인종의 권리로서 혹은 '자유인의 혈통'을 가진 자들의 권리로서 옹호하는 귀족의 인종주의이다. 이와 같이 귀족의 인종주의는 본디 인종 우월주의적 성격을 지니고 있었다. 그러나 이 같은 인종주의는 프랑스 혁명에서 1848년의 혁명에 이르는 불가역적인 민주화의 시기를 거치면서 인종적 퇴화와 도덕적 타락, 이로 인한 역사와 문명의 몰락이라는 염세적 인종주의에 의해 각인되었다. 귀족 신분이 스스로 피정복민·피지배민과의 인종투쟁에서 영원히 패배했다고 생각했기 때문이다.

세 번째로 민족주의 및 제국주의와 결합한 채 국가인종주의로 발전한 시민(부르주아)의 인종주의이다. 시민의 인종주의는 국민국가 내에서 노동계급 및 노동운동에 맞서 시민계급의 헤게모니를 공고히함과 동시에 제국주의의 무한경쟁에서 승리를 이루기 위한 이데올로기였다. 시민의 인종주의는 국민/민족의 인종적 퇴화에 대한 공포 속에서 국민국가 혹은 민족공동체를 위협하는 외부의 적들 및 내부의 적들에 대한 강한 증오심을 표출했다. 이러한 인종주의는 특히 가공할 만한 악마적 힘을 지녔다고 상상된 '적대 인종'을 발명하여 이를 타도하려 했다. 이와 더불어 자민족을 엘리트 인종으로 개량하려는 기획 속에서 국가 및 민족공동체 내부의 구성원들 가운데서도 '인종적·생물학적 적'을 만들어내고 이들을 배제와 말살의 대상으로 삼았다. 이처럼 시민계급의 인종주의는 귀족의 염세적 인종주의를 전유하여 그것을 공격적인 인종 증오주의로 변화시켰다.

물론 인종주의의 세 가지 유형, 즉 (1) 인종 우월주의에 입각한 식민지 인종주의, (2) 염세적인 귀족의 인종주의, (3) 인종 증오주의가 두드러진 시민계급의 국가인종주의는 근대 인종주의를 분석하기 위한 이념형적 구분이다. 실제로는 각각의 인종주의 및 그 특징들이 서로 착종되어 있었다. 또, 인종 우월주의는 세 유형의 모든 인종주의에 공통된 기본적 요소였으며, 염세적

인종주의는 인종 증오주의를 발효시킨 효모이기도 했다. 다만 역사적 국면의 변화에 따라 위에서 구별한 특정 유형의 인종주의와 그 특징이 전형적으로 나타났다는 것 또한 부인할 수 없는 사실이다.

이 책은 이러한 세 가지 유형의 인종주의가 준거하는 각각의 역사관 및 역사철학을 탐구한다. 인종주의를 표현하는 여러 담론이 물이라면 이러한 역사관들은 이것들이 채워진 각양각색의 물병이다. 그 시기를 달리하는 각각의 인종주의 담론들은 그에 상응하는 역사관들을 통해서 자신의 고유한 특징들을 드러내게 된다. 구체적으로 살필 것은 (1) 식민지 인종주의, 귀족의 인종주의, 시민계급의 국가인종주의 및 제국주의 담론의 형성 및 전개 과정, (2) 이러한 인종주의에 내포된 각각의 특징들, 즉 인종 우월주의, 인종적 염세주의, 인종 증오주의를 개념화하거나 형상화한 여러 역사적 거대서사의 내용과 함의이다. 이와 같이 그 시기와 특징을 달리하는 인종사관 및 인종의 역사철학이 재현됨으로써 인종주의자들이 즐겨하는 주장 방식, 근거와 논리, 그리고 도덕적인 자기합리화의 이데올로기적 원천이 적나라하게 드러날 것이다.

여기서 한마디 첨언하자면 이 책은 나치즘의 인종주의를 본격적으로 다루지 않았다. 단지 필요한 맥락에서 산발적으로 언급하는 데 그쳤다. 이는 필자가 의도한 바이다. 목적론적인 역사서술의 오류를 피하고 싶었기 때문이다. 마치 서양 인종주의의 역사를 궁극적으로 나치즘의 인종주의, 나아가 홀로코스트를 향한 전사前史로만 파악한다면, 인종주의에 관한 새로운 인식 지평은 결코 열릴 수 없다. 필자는 인종주의가 파시즘 국가뿐만 아니라 체제를 달리하는 서양의 모든 국민국가가 공유하는 문화유산이라는 것을 강조하기 위해 이 책을 썼다.

인종주의에 관한 새로운 인식 지평은 다른 쪽으로 열릴 수도 있다. 서양의 인종주의는 마치 민족주의, 사회주의, 민주주의 등과 같이 이미 제국주의 시대에 전 세계로 수출된 서양의 문화상품이다. 글로벌 히스토리(Global History)의 맥락에서 우리나라에도 인종주의가 어떻게 수용되고 가공되었으며, 역사적으로 어떻게 유통되고 소비되었는지를 살펴보는 작업도 필요할 것이다. 물론 이와 유사한 작업이 중국과 일본을 대상으로 진행되고 있고, 또한 한국사를 대상으로 한 몇몇 시론이 발표되기도 했다.[10] 그러나 본격적인 연구는 아직 시도되지 않았다. 이러한 연구를 위해 인종주의라는 서양의 문화상품에는 어떤 종류가 있었고, 각각의 상품은 어떤 특징을 갖고 있었는가를 밝히는 이 책은 중요한 기초 자료가 될 것이다.

이 책의 구성은 다음과 같다. 제1부에서는 근대 인종주의의 시작에 식민지 인종주의가 있었음을 밝히고, 여기에 깃든 인종 우월주의를 최초로 형상화한 독일의 계몽사상가 크리스토프 마이너스(Christoph Meiners)의 역사관을 다룬다.[11]

제2부에서는 프랑스 귀족의 인종주의가 19세기 전반기 혁명의 시대를 거치면서 염세적 인종주의로 변화한 과정을 아르튀르 고비노(Joseph Arthur Comte de Gobineau)를 중심으로 살펴보고, 그의 염세적 인종주의 역사철학을 살펴본다.

제3부[12]에서 제7부까지는 인종 증오주의의 본격적인 기원을 탐구한다. 여기서는 19/20세기 전환기의 민족주의 및 제국주의와 결합된 시민계급의 여러 인종주의 담론과 이러한 담론들이 준거했던 여러 인종사관 및 체계적인 역사철학을 살펴본다.

먼저, '적대 인종'을 발명하고 악마화한 반유대주의 담론 및 황화론黃禍論의 전개 과정을 살피면서 이러한 담론들이 이 위험한 타자에 대한 적개심과 '우리'를 보호하기 위한 모든 행위는 올바른 것이라는 신념을 정당화한 종말론적 인종투쟁 사관에 의해 각인되었다는 것을 밝힌다.(제3, 4부) 다음으로, 자국민의 인종적 퇴화에 대한 공포 속에서 국민/민족을 엘리트 인종으로 개량하여 '적대 인종' 및 제국주의 경쟁국에 맞서려는 국가인종주의 담론의 전개 과정을 살펴보고, 사회진화론(이하 사회다원주의로 명명함)과 우생학의 언어를 통해 이러한 국가인종주의적 생명정치의 폭력성을 정당화한 여러 역사관을 다룬다.(제5부) 마지막으로 이 시기를 대표하는 루드비히 볼트만(Ludwig Woltmann)과 휴스턴 스튜어트 체임벌린(Houston Stewart Chamberlain)의 범민족주의적 제국주의의 역사철학을 다룬다.(제6, 7부) 이 둘의 역사철학은 제국주의 시대에 출현한 온갖 인종 및 인종주의 담론들을 종합한 인종주의 역사관의 완결판이었다.


이 책은 한국연구재단의 지원(저술출판지원사업)을 받아 수행한 연구의 결과물이다. 원고를 검토하고 좋은 의견을 주신 여러 심사위원 및 한국연구재단 관계자 분들께 진심으로 감사를 드린다. 필자가 이 주제에 관심을 가진 것은 1992년 구 동독 지역의 로스토크에서 발생한 베트남 난민 신청자 및 이주노동자들에 대한 극우주의자들의 인종 증오 폭동 사건이 계기가 되었다. 맥주를 마시며 놀이하듯이 베트남인들의 기숙사에 화염병을 투척하던 극우 난동자들, 환호하던 군중들, 팬티 차림으로 우왕좌왕하던 베트남 사람들의 공포에 질린 슬픈 눈망울을 아직도 잊을 수 없다.

낡은 문건을 읽는 일은 역사가가 감당해야 할 숙명임에 틀림없다. 하지만 그 어떤 숭고함도 찾을 수 없는 낡은 텍스트들을 읽고 그 주장을 되새겨야 하는 작업은 필자로서는 매우 힘들고 고통스러운 과정이었다. 낡은 텍스트 속의 폭력적 언설을 인내해야 하는 일은 적응하기도 힘들뿐더러 후유증까지 남긴다.

필자와 비슷한 어려움을 겪었을 여러 선행 연구자들의 업적은 그 수준의 높고 낮음과 견해차에도 불구하고 모두 너무나 고마운 이정표와 같은 것들 이었다. 이분들 모두에게 머리 숙여 고마움을 표한다. 또한 게으른 필자에게 격려를 아끼지 않으신 임상우 선생님, 이 책의 주제와 관련하여 솔직한 비평 을 해준 문종현·염운옥·전진성 선생, 이 책에 깊은 관심을 주신 장진 화백, 거친 초고를 세심하게 다듬어 멋진 책으로 만들어주신 역사비평사 관계자분 들께도 마음 깊이 감사를 표하고 싶다. 물론 동고동락하는 아내와 딸과 아들 에게도 고마움의 인사를 전한다. 이들이 없었다면 나의 길은 훨씬 힘들었을 것이다.

인간의 존엄을 위해 각양각색으로 헌신하는 모든 이에게 이 책을 바친다.

## 제1부

# 계몽사상과 인종 우월주의 세계사의 탄생

## : 크리스토프 마이너스를 중심으로

**아메리카 식민지의 인종 위계사회**

그림은 18세기 에스파냐의 아메리카 식민지에서 사용된 사회적·인종적 분류 체계인 '라스 카스타스(Las castas)'를 표현하고 있다. '카스타(영어의 카스트)'라는 용어는 '혈통/가계', '인종/종족', '신분/계급'의 의미를 지닌 채 사회적·인종적 위계서열을 유지하기 위한 인종 분류의 범주이자 계급/신분적 범주로 사용되었다. 위 그림에는 모두 16개의 '카스타'가 표현되어 있다. 3대 순수 인종, 즉 에스파냐인, 아메리카 원주민, 아프리카인의 다양한 혼혈에 따라 각 '카스타'의 사회적 지위가 결정되었는데, 19세기에는 '카스타'의 범주가 100개 이상으로 늘어났다.

| *Intro* |

# 계몽사상과 인종주의의 양가적 관계

미국 남북전쟁이 한창일 때인 1863년 런던 인류학협회가 창설되었다. 이 협회는 인류단일기원설(monogenism)에 반대하는 인류다기원설(polygenism) 지지자들이 모여서 만든 조직이었다. 당시 흑인노예제 문제를 놓고 단일기원설 지지자들은 북부연방을 지지하고 있었고, 다기원설론자들은 남부연합을 지지하고 있었다. 이 협회의 창립 기념사에서 초대회장으로 취임한 헌트(James Hunt)는 이른바 '과학에 반대해온 편견'의 목록을 나열했다. 먼저, 종교적 열광이 호명되었다. 다음으로 인권에 집착하는 것과 모든 사람은 평등하다는 믿음이 거명되었다. 마지막으로 혼혈된 인종이 순수한 인종보다 더 우수하다는 단일기원설 지지자들의 주장이 언급되었다. 그는 이러한 '반이성적이고 반과학적인' 편견에 맞서 인류학협회는 "우리들의 과학을 적용"해야 한다고 강하게 주장했다.[1]

종교적 열광을 적대시하면서 이성과 과학의 이름으로 인권을 부정하고, 인종 간 혼혈을 혐오하며, 불평등을 자연스러운 것으로 찬양하는 헌트에게서 우리는 전형적인 근대 사상체계로서의 인종주의를 발견한다. 그런데 더욱 불편한 것은 도덕적 가치가 전도된 이러한 인종주의가 바로 계몽사상에서 기원한다는 것이다. 헌트의 발언에서도 확인할 수 있듯이 종교적 광신에 대한 비판, 그리고 이성과 과학의 존중이야말로 계몽사상이 남겨준 보편사적 유산이 아니겠는가! 그러나 동시에 계몽사상은 헌트와 같은 인종주의자가 비난하는 인류애 및 코스모폴리타니즘, 이에 기반한 보편적 인권사상, 개인의 자유와 평등사상의 산실이기도 하지 않는가!

제1부는 계몽사상과 인종주의 간의 이러한 양가적인 관계를 탐색한다. 인종주의는 계몽사상의 내적인 모순을 여과 없이 보여준다. 계몽사상은 이성과 과학의 이름으로 '유類적 인간', 즉 인류를 탐구했으나, 다른 한편으로 똑같은 이성과 과학의 이름으로 고대로부터 지속된 타자에 대한 편견·차별·경멸·혐오를 합리화했다. 또한 계몽사상은 헤르더(Johann Gottfried von Herder)의 『인류의 역사철학에 대한 이념』(1784~1791)이나 콩도르세(Marquis de Condorcet)의 『인간 정신의 진보에 관한 역사적 개요』(1793) 등으로 대표되는 인류의 보편적인 진보를 낙관한 새로운 역사철학을 탄생시켰으나, 다른 한편으로—우리의 주제인—인종주의를 합리화한 최초의 인류학적 세계사를 출현시키기도 했다.

기존의 연구들은 계몽사상과 인종주의의 관계를 당시 활발히 전개된 박물학(자연사)이나 생물학·인류학 담론을 중심으로 추적했다. 그러나 필자는 역사학을 중심으로 이 문제를 추적할 것이다. 그리고 그 중심에는 독일의 괴팅겐에서 활동하던 크리스토프 마이너스(1747~1810)가 있다.

마이너스는 오늘날에는 거의 잊힌 학자에 불과하다. 그러나 그는 당시 '증명을 통한 지식의 엄밀성'을 추구하던 계몽주의적 의미의 '철학자'[2]로서 명성을 날렸고, 종래의 역사서술을 과학화·제도화·전문화시키는 데 기여한 대표적 인물 가운데 하나였다. 무엇보다 그는 당시 베스트셀러가 된 『인류사개요』[3] 및 이것과 관련된 여러 논문을 집필하고 강의함으로써 계몽주의 역사학의 특징인 인류사 서술에 중요한 기여를 했다. 그러나 우리의 논의 맥락에서 볼 때 그의 인류사는 또 다른 의미를 갖는다. 이 인류학적 세계사 패러다임이 최초의 근대 인종주의 역사학이었기 때문이다.

마이너스의 인류사는 계몽사상이 단순히 인종주의에 포섭된 것이 아니라 적극적인 의미에서 인종주의를 탄생시켰음을 보여준다. 마이너스의 인류사는 단순히 대항해시대의 식민지 인종주의를 정당화하기 위한 역사학적 기획을 넘어서, 식민지 인종주의를 유럽 내로 전위시켜 각 민족과 각 사회계급 간의 불평등을 합리화시키고, 유대인이나 여성과 같은 사회 내 소수자를 타자화하기 위한 정치적 기획이기도 했다. 물론 마이너스가 극단적, 혹은 더 나아가 예외적인 사례일 수도 있다. 그러나 인종문제와 관련한 계몽사상가들의 상상력의 지평이 어디까지였는가를 명료하게 보여준다는 점에서 통시적인 관점에서 볼 때 그는 계몽주의가 탄생시킨 인종주의, 특별히 극단적 인종 우월주의를 대변한다고 할 수 있다.

# 01

## 근대적 인종주의를 향하여
### :개념사적 고찰을 중심으로

근대적 인종주의의 등장은 거대한 역사적 맥락을 갖고 있다. 콜럼버스 이후 끊임없이 계속된 대항해와 식민지 개척을 통해 유럽인의 세계에 대한 인식 지평이 확대되었다. 그러나 유럽인의 세계에 대한 인식 지평의 확대는 평화로운 교류를 통한 것이 아니라 정복과 문화파괴, 학살과 같이 폭력적인 방식으로 이뤄진 것이었다. 엔코미엔다(encomienda, 에스파냐의 아메리카 식민지 경영제도로, 원주민 보호와 가톨릭 개종을 명분으로 본국에서 이주해온 일부 특정인에게 원주민들로부터 금을 비롯한 각종 공납을 징수하고, 이들의 노동력을 강제로 징발할 권리를 주었다. 이로 인해 원주민들은 착취와 강제노동에 시달렸다.)와 수천만의 살상, 그리고 전통문화의 파괴로 대표되는 에스파냐인들의 아메리카 원주민에 대한 폭력적 정복 과정은 잘 알려져 있다. 그러나 이보다는 상대적으로 덜 알려져 있으나 인종주의의 역사에서 더욱 중요한 결과를 낳은 폭력적 현상이 있었는데, 당시 막대한 이문을 남긴다는 의미에서 검은 상아(black ivory)로 호명된 흑인노예무역과 흑인노예제로 특징지어지는 초기 자본주의 발전이 그것이다. 이러한 근대 초의 역사적 변화와 근대적 인종주의의 출현은 서로가 서로에게 영향을 주면서 진행되었다.

무엇보다 '인종' 개념의 근대화 과정, 다시 말해 근대적·과학적 인종 개념의 출현 과정이 이러한 관련성을 읽을 수 있는 지표가 된다. 오늘날 인종을 지칭할 때 흔히 쓰이는 단어들은 주로 서남부 유럽에서 출현했다. 아랍어 'Raz(지도자, 우두머리, 근본)'나 라틴어 'radix(뿌리)'에서 유래하는 이탈리아어 'razza', 에스파냐어 'raza', 포르투갈어 'raça', 프랑스어 'race' 등이 그것이다. 이러한 단어들은 서양 중세 전성기인 13세기부터 간간이 등장하다가 15세기에 빈번해졌으며 16세기부터 급격하게 증대되고 영국 등지로 확산되었다. 한편 독일에서는 18세기 말까지도 이 단어는 외래어에 불과했고, 그것도 주로 개, 말과 같이 짐승의 종을 구분할 때 쓰였다.[4] 이러한 사실은 '인종'과 관련된 단어들이 비유럽 세계와의 무역 중심지에서 출현했으며, 나아가 대항해와 자본주의 발전을 주도했던 나라들에서 빈번하게 쓰였음을 보여준다.

오늘날 인종을 표현하는 위와 같은 단어들은 생물학적 인종을 표현하는 단어가 아니었다. 이 단어들은 처음에는 신분과 계급의 의미에서 '고귀한 가문', '왕가'를 지칭하거나, 이와는 반대로 '짐승의 종' 및 '짐승의 등급'을 지칭하기 위해 쓰였다. 이후 이 단어들은 점차 그 용례가 확대되어 심지어는 '햇살', '천의 얼룩진 부분' 등에 이르기까지 다양한 의미내용을 갖게 되었으며, 고귀한 신분뿐만 아니라 모든 사람과 관련을 맺는 단어가 되었다. 이러한 가운데 지속적인 의미가 정착되었는데, 그것이 바로 '가계', '태생', '혈통'이었다. 예를 들어 '왕의 혈통/가계', '귀족의 혈통/가계', '기사의 혈통/가계', '농부의 혈통/가계' 혹은 '나쁜 혈통/가계', '저주받은 혈통/가계' 등의 표현이 쓰이곤 했다. 오늘날 인종을 표현하는 위와 같은 단어들은 전통적으로 우리나라의 '콩 심은 데 콩 나고 팥 심은 데 팥 난다'는 속담처럼 신분 혹은 계급의 자연스러움과 그 불변성을 강조하면서, 위계적 사회질서를 고착시키고 이를 정당화하는 기능을 수행했다. 예를 들어 1438년 에스파냐의 한 설교가는 다음과 같이 말한다.

> 농부의 아들과 기사의 아들을 가정해보자. 농부의 아들은 농부처럼, 기사의 아들은 기사처럼 길러지면 기뻐할 것이다. (…) 이것이 자연의 의도이다. 좋은 rraça(가계/혈통―인용자)의 훌륭한 사람은 자신의 태생에 마음이 끌릴 것이고, 보통 rraça와 태생을 갖는 불리한 조건의 사람은 그가 어떤 인물이 되건, 얼마나 부유해지건 상관없이 자신이 원래 유래한 것과는 다른 태생에 마음이 끌리지 않을 것이다.[5]

한편, 이와는 다른 형태의 용어 사용도 나타나기 시작했다. 이미 15세기 중엽 이후로 에스파냐에서는 "피의 순수함(Limpieza de Sangre)"이라는 원리하에 유대인과 무슬림 출신의 '새로운 기독교인'들이 참사회, 대학 등 공직에 취임하는 것과 수도회에 가입하는 것을 엄격히 금하는 조처가 취해졌다. 이때 처음으로 '유대인 raza'라는 표현이 등장한다. 여기서 우리는 과도기적 형태의 인종 개념의 의미론을 읽을 수 있다. '유대인 raza'라는 표현은, 'raza'라는 용어의 두 가지 뜻, 즉 '혈통'과 '천의 얼룩진 부분'이 결합하여 '세례를 통해서도 지울 수 없는 얼룩을 지닌 유대인 혈통'의 의미로 쓰였다. 이 표현은 종교적 은유로 사용되면서 유대인에 대한 전통적인 반감과 혐오를 부각시키기도 했지만, 동시에 생물학적 결함을 지닌 인종의 의미로도 이해될 수 있었다. 더 나아가 'raza'가 짐승의 등급을 나타내는 의미로도 쓰이면서, 유대인의 생물학적으로 부정적인 특징이 부각되기도 했다. 예를 들어 1611년에 쓰인 『언어의 보물』에는 다음과 같은 표현이 나온다. "카스티야 산 말들의 등급인 raza는 그것을 식별하기 위해 빛나는 강철로 낙인 찍혀져 있는데 (…) 태생과 관련하여 raza는 부정적인 의미를 갖는다. 예를 들어 유대인 raza나 무어인(아랍계 이슬람교도 — 인용자) raza가 그런 뜻을 갖는다." 그렇다면 이는 훗날의 인종주의적 반유대주의의 선구적 표현이었다고 해석할 여지도 있다.[6] 그러나 에스파냐에서 '유대계 기독교인'에 대한 박해가 시간이 지남에 따라 점점 사라지면서 이러한 표현은 지속적으로 통용되지는 않았으며, 직접적으로 이웃 유럽 국가로 전파되지도 않았다.[7]

이러한 가운데 16세기 이후 또 다른 인종 차별적 어휘들이 출현하고 널리 쓰이기 시작했다. '메스티소'(백인과 아메리카 원주민의 혼혈), '물라토'(흑백 혼혈, 원래 말과 당나귀의 잡종인 노새를 지칭하던 단어), '니그로'와 같은 단어들이 그것이다. 이러한 어휘들의 유행 속에 17세기 말에 간행된 프랑스 학술원 『사전』(1판, 1694)에는 "사람들은 그가 유대 race가 아닐까 의심한다"는 표현이 등장한다. 이 경우 'race'는 전통적 의미의 '혈통/가계', '태생'으로도 번역될 수 있고, '짐승의 종'의 의미에서 동일한 신체적 특징들을 강조하는 근대적 '인종'으로도 번역될 수 있다. 이처럼 『사전』은 'race'가 전통적 '혈통/가계'의 의미에서 근대적 '인종'의 의미로 서서히 변화되고 있었음을 보여준다.[8]

이와 같이 17세기까지 인종 개념은 단순히 '가계', '혈통'을 뜻하면서 주로 신분/계급과 관련된 사회적 용어로 쓰이거나, 이러한 용례의 연장선상에서 점차 타종족이나 종교적·문화적으로 이질적인 소수집단을 부정적으로 표현하기 위해서도 쓰이기 시작했다.

이는 17세기 이후 에스파냐의 아메리카 식민지에서 사용되었던 '카스타(casta)'라는 용어의 사용방식에서도 엿볼 수 있다. '카스타'는 '가계', '혈통',

'종족(인종)' 등의 뜻을 지닌 채 다인종사회였던 에스파냐의 아메리카 식민지의 사회적·인종적 위계질서를 유지하기 위한 인종 분류의 범주이자 계급/신분적 범주로 쓰였다. 카스타가 인도 사회의 신분/계급 제도를 지칭하는 영어 카스트(cast)로 번역된 것은 우연이 아니다. 여기서 특별히 복수형 '카스타스(castas)'는 사회적 지위가 다른 여러 혼혈 인종을 지칭하기 위한 용어로 쓰였다. 이처럼 인종 개념은 그 근대적 기원에 있어서 신분/계급 개념과 불가분의 관계를 맺고 있었음을 알 수 있다.[9]

마침내 18세기 계몽의 시대에 들어와 근대적 인종 개념이 탄생했다. 이제 인종 개념은 과학적(생물학적) 학술용어로 격상하면서 전 세계의 인간을 분류하는 보편적 기준으로 사용되기 시작했다. 이로써 각양각색으로 표출되었던 타자에 대한 종래의 편견·차별·경멸·혐오 등이 이성과 과학으로 새롭게 포장되면서 응집력 있고 체계적인 신념으로 발전하기 시작했다.

사실 르네상스와 종교전쟁 시기에 이르기까지도 유대인과 집시(로마), 카고(피레네산맥을 중심으로 에스파냐 북부와 프랑스 서부에 거주한 불가촉천민 집단), 아메리카 원주민 그리고 흑인에 대한 유럽인들의 전통적인 반감과 혐오는 유사한 방식으로 나타나고 가끔 겹치기도 했지만 서로 연결되지는 않았다. 즉, 이들 타자를 하나로 묶는 '공통의 줄기'나 관념적인 '접착제'는 없었다. 이러한 인종 차별들은 과학과 이성에 대한 관념이 아직 자리를 잡지 못했던 마법적이고 종교적인 세계에서 나타난 대단히 비합리적인 집단적 믿음에서 유래한 것이었다.[10]

이를테면 유대인은 기독교적이고 미신적인 이유에서 신의 아들 예수를 죽인 자들, 성체를 훼손하는 놈들, 기독교도를 해하려는 사탄의 동맹세력, 심지어 유월절이 되면 기독교도 어린이들을 살해하는 악마의 후손 등으로 불렸다. 이에 덧붙여 고리대금업자, 수전노, 신의 없고 사악한 자들, 매부리코를 가진 족속 등 온갖 부정적인 이미지가 추가되곤 했다. 흑인에 대한 편견은 더욱 심해서, 원숭이와 동종교배하는 짐승 비슷한 존재에서부터, 성기가 매우 큰 호색한, 『구약성서』「창세기」에 나오는 노아의 아들로서 저주받은 함(Ham)과 연관시켜 "흑인은 함의 후손이므로 죄악의 상징인 검은색 피부를 갖고 있고, 노예가 되기에 마땅한 존재이다"에 이르기까지 다양한 방식으로 나타났다.[11] 물론 흑인에 대한 편견은 유럽인에게만 한정된 현상이 아니었다. 이미 9세기 이후 이슬람 세계에서는 대규모의 흑인노예무역이 성행하고 있었고, 이에 상응하여 흑인에 대한 부정적 정형화도 광범위하게 이루어졌다. 예를 들어 14세기의 역사가 이븐 할둔(Ibn Khaldūn)은 다음과 같이 말하고 있다. "니그로 민족들은 일반적으로 노예제에 순종적이다. 왜냐하면 (그들은 본질적으로 인간적인 특성을) 거의 갖고 있지 않으며, 말 못하는 짐승들과 거의 유사한 속성들을 갖고 있기 때문이다."[12]

아메리카 대륙을 발견한 이후 에스파냐 사람들은 이곳 원주민을 아리스토텔레스의 이론에 의거하여 '자연스럽게 노예로 태어난 존재' 혹은 '짐을 나르는 짐승'으로 규정했다. 그러나 1550년에 시작되어 1년을 끈 아메리카 원주민을 둘러싼 세풀베다(Juan Ginés de Sepúlveda)와 라스카사스(Las Casas)의 대논쟁에서 알 수 있듯이, 이들은 단지 노예에 합당한 비이성적 인간인가 아니면 개종하면 구원받을 수 있는 유럽인과 비슷한 이교도에 불과한가라는 논란도 끊이지 않았다. 흥미로운 것은 당시의 흑인노예에 대해서는 이러한 논쟁도, 엔코미엔다의 참상을 고발하고 아메리카 원주민 착취를 비난한 라스카사스와 같은 후원자도 발견할 수 없다는 사실이다. 심지어 라스카사스마저 흑인노예에 대해서는 침묵했으니 말이다.[13] 아메리카 원주민은 '고결한 야만인'으로 불리면서 흑인보다는 더 높은 서열을 부여받기도 했다. 그렇지만 언제나 그러한 것은 아니었다. 예를 들어 네덜란드 사람들은 한때 아프리카인들을 중앙아메리카 지역의 원주민보다는 더 높은 등급의 야만인으로 간주하기도 했다.[14]

그러나 18세기 계몽의 시대에 들어와 이러한 비이성적인 인종 차별적 믿음들은 이성과 과학으로 새롭게 포장되기 시작했다. 이성과 과학은 비이성적인 믿음들을 이성적으로 보이게끔 만들고 개념적 언어로 다시 표현하며 부족했던 일관성을 부여함으로써 그러한 믿음들을 새롭게 되살리는 경향을 보인다. 이에 상응하여 인종 차별적 믿음들도 조금씩 개선되고 이론화되고 체계화된다. 특별히 '인종' 개념을 전 세계 인간을 분류하는 보편적 기준으로 사용했던 당시의 신생학문인 자연사(박물학)가 타자에 대한 다양한 인종 차별적 믿음들을 하나로 묶는 '공통의 줄기'나 관념적인 '접착제' 역할을 했다.[15]

# 02
# 기독교 형이상학에서 인류학으로

　대항해, 노예무역, 식민주의 및 자본주의 발전과 상응하여 항해사와 탐험가들, 선교사들의 여행기와 탐사보고서가 유행했다. 특히 18세기에 들어와 비유럽 세계에 대한 여행기가 엄청난 양으로 출판되었다. 이와 같은 새로운 경험들에 자극받아 계몽사상가들은 기독교 및 전통적인 형이상학의 권위에서 벗어나 새롭게 인간을 탐구하고자 했다. 이러한 가운데 인간을 분류하는 보편적·과학적 기준으로서의 '인종'이라는 의미론적 변화가 일어나게 된 것이다. 계몽사상의 선전도구로 쓰였던 『백과전서』의 '인간' 항목을 보자.

> (인간이라는 단어는) 어떤 정확한 뜻을 가지지 않는다. 단지 우리가 어떤 존재인가를 잊지 않게 할 뿐이다. 나아가 우리가 누구인가도 하나로 정의할 수 없다. (…) (인간) 탐구를 어렵게 만드는 것은 인류(Menschliche Gattung)라는 말이 모든 다양한 개인을 인식할 수 있는 어떤 차별적 특징을 보여주지 않는다는 사실이다. 인간의 행동들 간에는 커다란 차이가 있다.[16]

여기서 우리는 (1) 기존의 기독교적·형이상학적인 인간 존재 정의에 입각하지 않고 인간에 대한 경험적 지식을 얻으려는 새로운 태도를 엿볼 수 있다. (2) 또한, 인간 사이의 공통점보다는 차이를 강조하고 있다는 점도 알 수 있다.

인간에 대한 경험적 탐구는 인간들의 다양성이라는 자연현상에 작용하는 자연법칙, 즉 인간의 보편타당한 자연적 속성의 발견을 목표로 했다. 이러한 탐구정신은 인간을 동식물의 세계, 다시 말해 자연사의 일부분으로 다루는 새로운 인간과학, 즉 인류학의 출현을 가져왔다. 인류학의 출현과 발전에 중요한 영향을 끼친 것은 자연연구가(박물학자)들의 인간 분류다. 이들은 자연질서 속에서 집단적 존재로서의 인간, 즉 인류가 여타의 동물과 어떻게 구별되는가, 또한 인류는 어떠한 다양성과 차이를 갖고 있는가를 체계적으로 인식하기 위해 '분류'의 방식을 택했다.

그 가운데 특히 스웨덴의 린네(Carl von Linné)와 프랑스의 뷔퐁(Georges-Louis Leclerc, Comte de Buffon)은 '철학자'들, 즉 계몽사상가들 사이에 엄청난 영향력을 발휘했다. 이때 '인종'이란 박물학자들에게는 인간을 체계적으로 분류하기 위한 과학 용어였다. 린네는 아직 'race'란 용어는 쓰지 않았지만, 인류를 지혜 인종(Homo sapiens)과 혈거 인종(Homo troglodytes)이라는 두 개의 종種(species)으로 나누고, 다시 지혜 인종을 여섯 유형의 종─야생 인종, 아메리카 인종, 유럽 인종, 아시아 인종, 아프리카 인종, 괴물 인종─으로 나눔으로써 인종 유형의 불변성에 관한 기본 공리를 말하고 있었다. 뷔퐁은 『자연사(Histoire naturelle, générale et particulière)』(전37권, 1749~1789)에서 '인종(race)'이란 단어를─아마도 최초로─과학 용어로 격상시켜 사용했다. 뷔퐁은 기본적으로 '인종'을 가치중립적으로 사용했다. 이 용어는 일차적으로

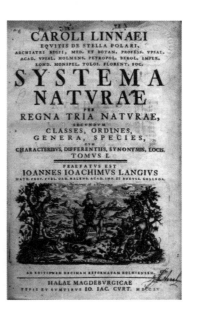

**린네(1707~1778), 「자연의 체계」, 1758.**
이 책에서 린네는 최초로 속명(Genus)과 종명(Species)
을 명기하는 이명법二名法을 일관성 있게 사용함으로써
자신의 분류학을 체계화했다. 초판은 1735년에 나왔으나
가장 중요한 판본은 1758년 출간된 제10판이다. 여기서
그는 자연을 동물의 왕국, 식물의 왕국, 광물의 왕국으로
구분지었다.

유럽인(백인)과 유럽의 환경을 기준으로 하여 규정된 인간 '변종(variété)'을 의
미했다. 따라서 '변종'으로서의 '인종'은 환경이 가져다준 우연적인 결과물이
었다.[17] 그러나 동시에 뷔퐁의 '변종'이란 용어 속에는 유럽인이 인류를 대표
하며, 비유럽인은 '퇴화된 변종'이라는 유럽중심주의적 전제도 깔려 있었다.
이러한 과학 용어 속에 담긴 새로운 인종 개념은 아래에서 살펴볼 바와 같이
아메리카 원주민, 흑인, 유대인 등 타자에 대한 관습적 편견·차별·경멸·혐오
등을 배제하지도 못했을 뿐만 아니라, 이것들을 자신의 의미내용 속에 응집
함으로써 비이성적인 믿음을 과학적 지식으로 격상시키는 데 기여했다.

한편, 인간분류학의 발전과 함께 형질(자연)인류학(physical Anthropology)이
유행했다. 18세기 후반 괴팅겐 대학의 의학교수 블루멘바흐(J. F. Blumenbach)
는 해부학(특히 두개골 연구)에 기초하여 이 분과학문을 창설했다. 이 시기에 인

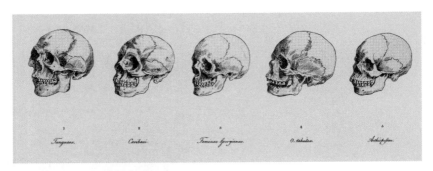

**블루멘바흐(1752~1840)의 5대 인종**
왼쪽부터 순서대로 '몽골', '아메리카', '코카서스', '말레이', '에티오피아' 인종이다.
\* 출처: *De generis humani variegate native*, 1795.

류학은 "인간의 이중의 자연적 속성", 즉 육체적 속성과 도덕적 속성, 혹은 몸과 정신을 탐구하는 새로운 인간탐구의 학문으로 뿌리를 내리게 되었다.[18]

블루멘바흐는 두개골을 분류하면서 "아름다움"을 강조했다. 뒤에서 언급할 것처럼, 그가 백인종을 '코카서스 인종'이라 호명한 이유는 "아름다운 두개골"이 코카서스 지방에서 출토되었기 때문이다. 이때 그는 아름다움의 표준을 고대 그리스의 이상에서 찾았고, 인종의 순수성을 타키투스가 언급한 고대 게르만족에서 찾았다. 블루멘바흐의 "아름다운 두개골"에 입각한 인종분류는 마이너스에게 직접적 영향을 주었다.[19] 고대 그리스의 미적 이상에 입각한 인종사상은 비단 이 두 사람에게 한정되지 않는다. 18세기의 인종사상은 유럽인의 미적 이상을 기준으로 유럽인과 변종 간의 차이를 강조하는 '아름다움과 못생김'의 이미지에 의해 형성되었다. 이러한 미학적 인종사상이 과학적 인종이론을 추동하고, 또 대중화시켰다.[20]

인간의 분류, 고전에 의거한 아름다움의 특정한 표준 설정 및 이를 통한 인간 스테레오타입의 창조, 도덕 질서를 심미적인 가치 속에 반영하는 것, 모든 인류는 그 목적을 공유하며, 인류의 도덕질서는 시공을 초월하는 자연질서의 일부라는 가정에 의해 모든 인간 존재를 동일한 주형 안에 맞추려는 경향 등—이러한 모든 것은 계몽사상이 비록 기독교와 전통의 권위에서 해방되었지만, 동시에 고대와 '자연법칙'의 권위에 종속됨으로써 나타난 것들이다. 이는 미국 역사가 모스(George Mosse)가 올바르게 강조하다시피, 계몽사상이 자유의 역사뿐만이 아니라 인종주의의 역사에서도 결정적인 역할을 할 수밖에 없었던 이유라고 할 것이다.[21]

# 03

## 인류학에서 세계사로

　자연질서 속에서 보편타당한 인간의 속성(nature)을 탐구하는 인류학은 18세기 중엽 이후 새로운 세계사 서술을 자극했다. 볼테르, 몽테스키외 등 많은 '철학자'들은 인간의 자연적 속성을 시간적 질서 속에서 파악하기 위해 세계문화사를 서술했다. 이들은 기존의 기독교적·유신론적·유럽중심적 역사서술을 탈피하여 전체 인류사의 진행을 결정짓는 자연법칙을 찾고자 하면서 자연사와 인류사를 결합시켰다. 몽테스키외는 역사적 유사비교를 통해 물리적·정신적 자연법칙을 발견하려 했고, 각 민족들의 인종적 맥락을 중시했다.[22] 볼테르는 인간을 "검은 동물"로 규정했다.[23] 그는 특히 『여러 민족의 풍습과 정신에 관한 에세이(Essai sur les moeurs et l'ésprit des nations)』(1756) 제1장 「지구의 변화들」, 제2장 「다양한 인종들」, 제3장 「각 민족들의 나이」를 통해 자신의 "역사철학"적 세계문화사 서술이 자연사와 인류사를 결합한 패러다임에 입각해 있음을 천명하는 한편, "인류의 다양한 인종"의 차이에 주목하면서 각 민족과 인종의 특성을 인식하고자 했다. 또한 볼테르는 몽테스키외와 마찬가지로 환경, 그중에서도 특히 기후를 인류사 진행의 가장 중요한 원인으로 보았다.[24] 이와 유사한 세계사는 영국에서도 출현했는데, 팔코너(William Falconer)의 기후 등 환경적 요인들이 인류의 문화사에 미친 영향에 대한 서술, 홈(Henry Home)의 음식과 인구의 진보부터 과학의 진보에 이르기까지 인류사의 모든 진보에 관한 서술 등이 그 대표적 예다.[25]

이상과 같은 세계사 열풍 속에서 역사지식의 시간적 지평이 점점 더 머나먼 과거로 확대되어갔다. 나치 박해를 피해 미국으로 망명한 오스트리아 출신의 정치철학자 푀겔린(Eric Voegelin)은 18세기 중엽에서 19세기 초에 일어난 역사지식의 시간적 지평이 확대되는 현상이 근대 초 "대발견의 시대"에 일어난 유럽인의 지리적·공간적 지평의 확대에 필적하는 중요한 역사적 의의를 갖는다고 단언한다. 이러한 시간적 지평의 확대를 통해 "이 시기에 서양 문명은 자신의 역사의식을 얻었고, 그리하여 19세기의 위대한 여러 역사철학과 이후의 역사적 상대주의 및 니힐리즘의 기반이 닦였다"는 것이다.[26] 그는 동양의 고대 역사 및 서양 문명의 시원이 되는 그리스·로마사에 관한 새로운 지식이 이 기간 동안 빠르게 축적되어갔음을 지적한다. 그는 특히 유럽 역사학계에 큰 반향을 일으킨 드 마이야(De Mailla)의 『중국통사中國通史』(Histoire Général de là Chine, 전13권, 1777~1785)와 비슷한 시기 출간된 앙크틸 뒤페롱(Anquetil du Perron)의 페르시아 조로아스터교의 『아베스타』 프랑스어 번역, 1798년 나폴레옹의 이집트 원정을 통한 이집트 역사에 대한 정확성의 증대, 기번(Edward Gibbon)과 니부어(Barthold Georg Niebuhr)의 로마사 연구를 통한 로마사에 대한 비판적 이해의 시작, 1817년 고전문헌학자 뵉크(August Böckh)의 아테네 공공재정에 관한 일련의 연구를 이와 관련한 중요한 사건으로 언급하고 있다.[27]

이러한 세계사 서술은 이미 18세기 중엽부터 아마추어 문화사 서술에서 벗어나 과학화·제도화·전문화되기 시작했다. 이러한 전문적인 세계사 연구의 경향을 주도한 곳이 1737년 영국 왕이자 하노버 선제후 조지 2세가 세운 신흥 명문대학 괴팅겐 대학이었다. 괴팅겐 대학은 신학의 위상을 격하하고 새로운 연구 분야를 체계적으로 지원했으며, 과학 연구에 대한 종교적 검열을 자제하는 등 독일에서 계몽사상의 거점으로 명성을 쌓아갔다.[28]

가터러(Johann Christoph Gatterer), 헤렌(Arnold Hermann L. Heeren), 슐뢰처(August Ludwig Schlözer) 등으로 대표되는 괴팅겐 대학의 교수들과 스위스 출신의 이젤린(Isaak Iselin)과 같은 강사들은 인간 전체와 세계 전체를 역사적 관점에서 탐구하려는 새로운 세계사 프로그램을 만들기 위해 서로 경쟁했다. "세계사(Weltgeschichte)", "보편사(Universalhistorie)", "인류사(Geschichte der Menschheit)" 등의 서술이 유행했으며, 이를 기초로 한 여러 강좌가 지속적으로 개설되었다. 그러나 이들 간에는 실제적으로 차이보다는 유사성이 더 많았다. '세계사', '보편사', '인류사'라는 용어는 당시 거의 동의어로 쓰였으며, 비록 각각의 주창자들은 자신의 프로그램이 갖는 인식론적·방법론적 독창성을 주장했음에도 불구하고 기본적으로 인류학적 세계사를 지향했다.[29] 괴팅겐 대학의 새로운 세계사 서술은 자연사와 문화사를 포괄했으며, 형질(자연)인류학, 지리학, 민족학(Ethnology) 등을 통합함으로써 탈학제적으로 진행되었다. 이들 괴팅겐의 교수들은 종래의 아마추어 역사서술과 구별되는 자신들의 이른바 '학문적 역사'에 높은 자부심을 갖고 있었다. 예를 들어 슐뢰처는 볼테르의 역사서술이 "오류, 거짓말, 잘못된 추론, 심각한 무지"로 이루어져 있다고 비난했으며, 가터러는 영국·프랑스의 문필가들에게 영향을 받은 독일의 아마추어 역사서술가들을 "허세부리는 작은 흄 혹은 로버트슨들, 꼬마 볼테르들"이라 비난하면서, "이러한 해충들을 무자비하게 박멸"할 것을

## 괴팅겐 대학에 개설된 세계사 관련 강좌들(1756~1815)
### (개설된 횟수 순서로 열거함)

| 담당교수 | 강좌 제목 | 개설된 횟수 |
|---|---|---|
| 가터러 | ● 보편사 　　　　　● 근대 보편사<br>● 고대 및 근대 보편사 ● 전체적 보편사<br>● 보편사 일반론 　● 통합적 보편사 속의 민족이동의 역사<br>● 일반 세계사 　● 천지창조에서 현재까지의 일반 세계사 | 63 |
| 헤렌 | ● 고대 지리학과 연계된 보편사<br>● 고대사 혹은 이른바 보편사(Universal-Historie)<br>● 고대사 혹은 보편사(Universal-Geschichte)<br>● 보편사 　　　　● 민족이동까지의 고대 세계의 역사<br>● 지리지 및 민족지 일반 혹은 현재의 지구 및 제 민족들에 관한 인식의 비판적·체계적 총괄<br>● 새로운 유럽 및 식민지들의 역사—동·서 인도를 중심으로 그 정치적·무역적 상황에 관하여 | 48 |
| 슐뢰처 | ● 보편사 　　　　● 일반 세계사<br>● 모든 것을 포괄하는 역사<br>● 1400년에서 1799년까지의 최근세 세계사<br>● 모든 것을 포괄하는 세계사(아담에서 클로비스 1세까지의 제1부)<br>● 1301년에서 1800년까지의 최근세 세계사<br>● 9세기에서 13세기까지의 중요한 세계적 사실<br>● 민족이동까지의 구세계의 역사 | 43 |
| 라인하르트<br>(Karl Reinhard) | ● 일반 세계사<br>● 예수 탄생에서 현재까지의 근대 일반 세계사<br>● 보편사(Universal-Historie) 　● 보편사(Universal-Geschichte)<br>● 고대 혹은 이른바 보편적 역사 　● 보편적 역사 혹은 고대사<br>● 민족이동까지의 고대 세계의 역사 | 34 |
| 마이너스 | ● 인류의 출현과 점진적 확산(신체적·정신적 소질과 성향에 따른 모든 민족들의 원래적인 차이들)<br>● 인류사 | 26 |
| 슈피틀러<br>(Ludwig T. Spittler) | ● 보편사 　　　　● 일반 세계사 | 23 |

\* André de Melo Araújo, *Weltgeschichte in Göttingen. Eine Studie über das spätaufklärische universalhistorische Denken, 1756~1815*, Bielefeld: transcript Verlag, 2012, pp. 51~53에 제시된 〈표 1〉을 수정하여 작성함.

맹세했다.[30]

당시의 세계사 열풍은 "Global History", "지구사", "Big History"와 같은 오늘날의 새로운 세계사 서술 열풍과 매우 유사하다. 그중에서도—최근의 사학사 연구에 의하면—당시 괴팅겐 대학이 주도한 인류학적 세계사 서술은 오늘날의 "Big History"를 인식론적으로 선취하고 있다. 이는 자연과학과 정신과학을 뛰어넘는 탈학제성, 인류를 우주적 맥락, 즉 자연과 문화발전의 맥락 속에서 탐구하려는 목표가 유사하기 때문이다.[31]

마침내 새로운 인류학적 세계사 서술 경향은 인종주의 역사학을 낳았다. 괴팅겐 대학의 철학(당시 용어로 'Weltweisheit', 즉 세계 지혜) 교수였던 마이너스도 새로운 인류학적 세계사 서술 유행 속에서 자신의 고유한 세계사 패러다임을 창안했는데 그것이 바로 '인류사'였으며, 그의 '인류사'가 최초의 인종주의 역사학이었다.

# 04
# 계몽사상가 마이너스

마이너스는 독일 중산층 가정에서 성장하여 학자이자 문필가로서 성공적인 삶을 살았다. 그는 1747년 7월 31일 북부 독일의 함부르크 북서쪽 하델른(Hadeln) 지방 오테른도르프(Otterndorf)의 바르슈타데(Warstade)에서 우체국장의 아들로 태어났다. 이미 소년 시절 급우들 사이에서 이야기꾼의 재능을 인정받아 인기가 많았다. 그러나 학교 과목들의 성적은 시원치 않았다. 또한 브레멘에 있는 김나지움을 다닐 적에도 문법과목들을 싫어하여 혼자서 독학에 매진했는데, 이때 그는 수많은 책을 읽었고, 특히 독일 중산층의 시사풍자극을 대표하는 작품으로 유명한 풍자작가 라베너(Gottlieb Wilhelm Rabener)와, 프랑스 계몽사상가인 유물론자 라메트리(Julien Offray de La Mettrie)와 루소(Jean Jacques Rousseau)에 빠져들었다. 이렇듯이 그는 이미 소년 시절부터 제도화된 전통적 지식을 타율적으로 학습하기보다는 스스로 새로운 지식을 갈망하는 주체적 개인이 되고자 하는 성향을 갖고 있었다.

이후 마이너스는 괴팅겐 대학에 진학했다. 대학 시절에도 그는 강의 참석보다는 도서관에서 살면서 엄청난 독서를 했다. 그러나 그의 생활 범위는 도

크리스토프 마이너스(1747~1810)

서관에 한정된 것만은 아니었다. 특별히 철학에 흥미를 느껴 1769년 베를린 아카데미가 내건 인간의 경향성을 주제로 한 학술공모전에 참여하기도 했고, 동시에 역사에도 경도되어 같은 해 괴팅겐의 역사가 슈피틀러(Ludwig Timotheus Spittler)[32]와 친분을 쌓으려고 적극적인 노력을 펼치기도 했다. 이 두 사람은 이후 가까운 사이가 되었고, 오랫동안 친분을 나누었으며 1787년 1월에서 1791년 8월까지 『괴팅겐 역사잡지(Göttingisches Historisches Magazin)』를 공동으로 발간했다.

마이너스는 대학 졸업 후 고향에 돌아와 1772년 『철학 수정』이라는 책자를 익명으로 출간했는데, 이 책에서 모든 철학은 심리학 위에 토대해야 한다는 주장을 폈다. 이 책이 인정을 받음으로써 그는 괴팅겐의 비정규직 교수로 임명받았으며(1772), 1775년에는 정교수(ordinarius)로 승진했다. 그는 심리학, 미학, 철학사와 종교사를 강의했으며 1776년 이후 괴팅겐 학술원(Göttinger

Societät der Wissenschaften)의 회원이 되었고, 1786년까지 여러 차례 방학을 이용해 스위스와 독일 여러 지방으로 여행을 다녔다. 그는 통계학의 창시자 가운데 하나로 꼽히는 철학자이자 역사가이며 경제학자이자 법학자였던 아헨발(Gottfried Achenwall) 교수의 딸과 혼인했다.[33] 이 밖에 그는 러시아 황제의 명을 받아 그곳 대학들의 창설에 영향을 끼쳤으며, 국내외적으로 명성도 자자하여 왕립 뮌헨 학술원, 파리 철학학술원 등 독일 및 유럽 각국의 학회 회원으로 활동했다.[34]

마이너스는 늦어도 1783년 이후 프리메이슨과 더불어 계몽사상을 확산시키는 데 기여했던 일루미나티(Illuminati)단에 가입했다. 일루미나티는 1776년 잉골슈타트에서 조직된 비밀결사로 사회와 교회를 계몽주의적이고 '이성적인' 원리들로 변화시키려는 목적을 갖고 있었다. 당시 하노버와 괴팅겐이 일루미나티단의 중심이었는데, 독일어권의 저명한 계몽사상가들, 즉 앞서 언급한 이젤린과 칸트(Immanuel Kant)의 제자 헤르더도 이 조직에 속해 있었다. 마이너스의 일루미나티단에서의 이름은 아리스토텔레스의 제자 디카이아르코스(Dikaiarchos)의 이름을 딴 '디케아르크(Dicearch)'로, 그리스-로마에서 유래하는 이름을 가졌다는 것은 일루미나티 결사 내의 위계서열에서 상층부를 차지했음을 의미한다.[35]

마이너스는 독일 계몽사상의 충실한 대변자였다. 그는 스스로를 "세계 지혜(Weltweisheit)" 교사로 불렀다. '세계 지혜'라는 개념은 독일 계몽주의 철학의 거두 볼프(Christian Wolff)에서 유래하는데, 당시 '철학' 개념을 대체하여 종종 쓰이곤 했다. 볼프에 의하면 성서의 가르침인 '신의 지혜'에 대비되는 세속적 전체 지식이 '세계 지혜'였다. 특별히 '세계 지혜'라는 개념에는 특정한 철학적 입장이 담겨 있다. 이에 의하면 추상적 사변은 비난받아야 하고,

인간이 추구하는 진리란 곧 실용성, 진보, 이성의 독립성, 국가의 위엄을 뜻하는 것이었다. 또한 아래에서 언급할 것처럼 그는 혁명과 급진적 변혁에 반대하는 보수주의적 입장을 견지했음에도 불구하고 기본적으로 인류 역사의 진보에 대한 신념을 포기하지 않았다.[36]

마이너스는 다른 계몽사상가와 마찬가지로 이성의 독립성을 강조했다. 그는 유럽인의 우월함을 강조하고 비유럽인의 열등함을 증명하고자 할 때 신체적 차이뿐 아니라 정신적 능력의 차이를 강조했다. 이때 정신적 능력의 차이를 가르는 기준이 바로 이성의 독립성의 유무였다. 그는 유럽 바깥의 대다수 사회들은 오성을 갖고 있지 못하며 그 사용도 불가능하기 때문에 그곳에서는 진보를 향한 문이 닫혀 있다고 생각했다.[37]

정치적으로 마이너스는 독일식 계몽절대주의에 근거하여 국가의 존엄성을 강조했다. 그는 이른바 "거짓되고 시대에 맞지 않으며, 그릇된 계몽"을 비판하면서 독일에서는 국가를 위해서 시민의 자유는 제한되어야 한다고 주장했다. 예를 들어 영국인들은 최선의 헌법을 가지고 있고, 따라서 자신들의 정치적 자유에 걸맞은 언론의 자유를 누리고 있으므로 아래로부터의 폭력적 봉기의 위험에 시달리지 않는다. 그러나 독일인들은 아직은 이러한 영국인들만큼 진보하지 않았다는 것이다. 다시 말해 아직도 독일의 헌법은 덜 완성되어 있으며 따라서 사상과 언론의 자유에 대한 개인적 권리는 제한받아야 한다는 것이다. 마이너스는 인간들에게 그들이 할 수 있는 것 이상의 것을 기대할 때 그것은 "시대에 맞지 않는 계몽"이라고 했다. 여자들이 언어나 수학을 배우거나 농민들이 학술저서를 읽는 경우가 그러하다는 것이다. 반면 그는 "진정한 계몽"이란 말하고 읽고 쓸 자유를 허용받으면서도 동시에 어느 정도로 이러한 자유가 타인에게 해가 되지 않는가를 항상 인식하면서 증진되는 것이라고 주장했다.[38] 마이너스는 스스로를 "계몽사상의 선포자이자 옹호자"[39]라고 불렀다. 그러나 그의 계몽주의는 위와 같은 점에서 볼 때 정치·사회적 비판을 결여한 '신민臣民의 합리주의'에 지나지 않았다. 이처럼 마이너스는 계몽사상이 실제로 얼마나 다양한 스펙트럼을 지니고 있었는가를 보여주는 하나의 좋은 사례가 된다.

마이너스가 남긴 저술의 양은 놀라울 만큼 방대했다. 그러나 이 가운데 앞서 말한 이유 때문에 사변철학 분야의 저술은 거의 없었다. 그는 일관되게 자신의 저서 『심리학 개요』(1773)에서 표명한 관점에 충실했다. 특별히 그는 로크의 경험론에 동의하는 반쯤의 볼프주의자였다. 이런 맥락에서 그는 칸트의 적대자였으며, 칸트에 반대하는 『철학문고(Philosophische Bibliothek)』(1788~1791)의 편집에 참여했다.[40]

역사가로서 마이너스는 단행본만 거의 20권에 달하는 방대한 저술 업적을 남겼다. 더군다나 종교사에서부터 여성사, 풍속사, 문화사, 정신사, 외국의 역사, 법제사, 역사인류학, 미학사, 철학사 등 거의 모든 것의 역사를 서술했다. 그러나 전반적으로 양적 성취에 비해 질적 수준은 그다지 높지 않았다. 따라서 1885년 마이너스의 전기 글을 쓴 프란틀(Carl von Prantl)의 다음과 같은 평가는 그다지 호의적이지 못하다.

마이너스가 지녔던 주된 능력은 탁월한 박학다식함에 있었다. 이 박학다식함으로 인해 그는 무수한 역사적 서술에 몰두하였다. 물론 그의 역사서술은 연구의 정확성이나 이해의 깊이에 있어서 높은 가치를 지닌 것은 아니었다. 그러나 그는 동시대인에게 모든 가능한 것을 역사적으로 설명하려는 편집광적 집착을 보였다. 이러한 가운데 그는 다작에 성공하였다. 그러나 그의 역사서술은 성급한 다작이었다. 그는 때로는 올바른 서술도 하였지만, 여기저기 분산된 자료들의 피상적인 이용을 통해 여러 차례 성급한 가설을 제시하였고, 매우 완고한 태도로 이러한 가설에 대해 반복적으로 집착하였다.[41]

한마디로 그의 박학다식함과 다작의 성취는 인정받고자 하는 매우 강렬한 욕망의 산물이다. 계몽사상의 시대는 지식인 사이에서 끊임없이 벌어진 인정투쟁의 시기라고 할 수 있다. 이 에너지 넘치는 욕망덩어리 인간도 그 한가운데에 서 있었다. 그러나 그가 적대했던 칸트나 그가 경쟁했던 괴팅겐 대학의 동료 역사가들과는 달리 애석하게도 그는 너무나 빨리 잊혀갔다.

# 05

## 마이너스 인류사의 새로움
### : 인종박물관으로서 인류사

'인류사'라는 용어는 마이너스가 발명한 것은 아니었다. 앞서 언급한 바와 같이 당시 괴팅겐 대학에서 유행한 인류학적 세계사를 지칭하는 말 가운데 하나가 '인류사'였다. 마이너스 자신도 『인류사개요』(1판 1785, 2판 1793)[42] 서론에서 본인의 저작이 앞서 언급한 팔코너와 홈의 저술 이외에 특별히 이젤린의 '인류사'[43]를 발전시킨 것임을 강조하고 있다. 그러나 마이너스는 자신의 '인류사'를 종래의 것과 구별되는 독창적인 역사서술로 기획했다.

마이너스는 『인류사개요』 서론에서 자신의 '인류사'가 기존의 정치사 및 보편사(Universal History)와 어떻게 다른가를 논하고 있다. 그는 기존의 정치사와 달리 자신의 인류사는 "여러 개인과 민족들의 다양한 행위와 사건들을 서로 연결된 일련의 맥락 속"에서 서술한다는 것을 강조함으로써 구조사적 시도를 하고 있음을 밝히고 있다. 또한 궁극적으로 신의 섭리를 밝히려는 신학적인 보편사나 역사의 목적을 밝히려는—예를 들어 아리스토텔레스의 논리학에 의거한—형이상학적 보편사와 달리 자신의 '인류사'는 (1) 다양한 시대에 인간들이 행하거나 당한 것을 가르칠 뿐만 아니라, (공문서에 의존하여 중요한 인간들이나 민족들의 변화의 인과관계를 묻는 대신) 인간이 과거에는 무엇이었으며, 현재는 무엇인가를 가르치고, (2) (역사상 영향을 끼친 사람들이나 민족들만 탐구하는 대신) 미개인과 야만인까지 포함하여 그동안 주목받지 못한 지구상 모든 인간의 역사를 서술하며, (3) (연대기적 질서가 아니라) 시간적·공간적으로 서로 떨어져 있던 모든 민족들, 행위들, 사건들을 총괄하는 "새로운 과학"임을 천명한다. 또한 그가 이용하는 자료도 공신력 있는 고문서나 철학자·지식인들의 저서가 아닌 여행기 및 항해기임을 강조한다.[44] 실제로 『인류사개요』는 그 말미에 수백 권의 참고문헌을 수록하고 있는데, 그중 상당수가 포르스터(Georg Forster)나 쿡(James Cook) 선장의 세계일주 항해기, 포레스트(Thomas Forrest) 선장의 적도 지방 항해기, 르 콩트(Le Comte)의 중국 여행기와 같은 항해기 및 여행기로 이루어져 있다.

특히 마이너스는 "인간이 과거에는 무엇이었으며, 현재는 무엇인가"를 탐구하기 위해 최초로 인간의 육체를 연구 대상으로 삼았음을 부각시킨다.

> 인간이 자신의 몸을 통해 역사의 대상이 되는 한, 인간은 역사연구가 및 역사서술자에 의해 거의 무시되어왔다. 많은 학자들은 몸의 색깔과 몸의 형성, 몸의 개별 부분들과 정신과 마음의 형성에 미치는 기후 등의 영향에 대해 썼었다. 아직은 완전하지는 않지만 내가 수집한 모든 자료들을 토대로 판단하자면 이러한 연구들은 고갈된 것이 아니라 아직도 감동을 주는 것들이다. 또한 이러한 연구들은 하나의 분과학문으로 확립되지 않았다.[45]

이상과 같이 마이너스는 인간의 몸을 연구 대상으로 삼으면서 인간의 육체적 차이, 정확히 말해 지구상 모든 민족들의 신체적 차이를 체계적으로 인식하기 위한 원리로서 '인종'을 도입했다. 그는 각 인종의 육체적 특징을 구별하는 데 크기, 털(머리와 수염의 발달 정도), 피부색, 더 나아가 강건함, 뚱뚱함, 눈, 코를 종합하여 무엇보다 '아름다움과 추함'을 가장 중요하고 확실한 표준으로 삼았다. "인종과 민족들을 구별짓는 가장 중요한 특징은 몸 전체로나 얼굴에 있어서 아름다움과 못생김이다."(43쪽) 이러한 심미적 기준에 따라 그는 인종의 스테레오타입을 정하는 표준을 만들어냈다.

마이너스는 각 인종의 이러한 신체적 특징이 정신적 소질과 심리적 특징과도 깊은 관련이 있다는 가정하에 인간의 육체, 정신, 마음(도덕과 성격)과 관련된 모든 것들을 살펴, 이를 통해 인간들의 본질적인 차이가 무엇인가를 탐구하고자 했다.

> (많은 학자들은) 또한 많은 민족의 의복, 집, 생활양식을 (…) 결코 지상의 모든 민족을 서로 비교하지 않았다. 더 나아가 이러한 비교들의 결과들을 하나의 특별한 학문으로 만들지도 않았다. 인간들의 몸, 정신과 마음, 그리고 이러한 것들의 물리적 원인들, 나아가 모든 민족의 섭취 수단과 강한 음료, 집, 의복, 청소의 역사를 고려하여 이러한 인간들의 근원적인 차이들을 연구하는 것, 이는 어떤 역사 분야에서도 하지 않은 것인데, 이것을 연구하는 것이 인류사 영역이다.[46]

마이너스의 인류사는 구체적으로 지구상 모든 민족을 네 가지 측면에서 그 차이점을 밝히고 이를 비교했다.[47]

● 음식, 음료, 집, 의복, 청소 등과 같은 육체와 관련된 측면

- 수공업, 예술, 학문, 언어 및 언어의 역사, 발명과 같은 정신과 관련된 측면
- 성격과 풍속, 미덕과 악덕, 복지, 정숙함, 명예와 치욕, 관습, 종교, 정부 형태, 법률 등 마음(심리)과 관련된 측면
- 인간이 행하고 당한 것

마이너스의 인류사는 장기지속적인 자연의 시간과 전 지구적인 지리적 공간의 틀 안에서 전개된다. 연대기적인 시대구분은 없으며, 자연사와 문화사가 혼합된 전체사적인 관점에서 주로 공시적인, 그러나 가끔은 통시적인 비교가 행해진다. 『인류사개요』의 본문은 모두 19장으로 구성되어 있다. 제1장은 지구의 탄생부터 시작하는 지구의 역사이다. 마이너스는 뷔퐁에 근거하여 불, 대양, 시냇물, 강과 같은 지질학적 요소들을 중심으로 자연적 격변들을 묘사한다. 다음으로, 그는 블루멘바흐에게 영향을 받아 인류의 최초 거주지를 코카서스 지방으로 설정한다. 성서의 에덴동산과도 같이 코카서스는 지구상에서 가장 풍요로운 곳이다. 그러나 인구과잉으로 인해 이후 인류는 여러 곳으로 흩어지게 된다.

제2장에서는 생물학적 관점에서 인류의 근원적인 차이들과 그 차이들의 육체적 원인이 서술된다. 여기서 흥미롭게도 마이너스는 '인류단일기원설'을 주장한다. 지구상의 모든 민족은 단 하나의 혈통, 종이라는 것이다. 그럼에도 불구하고 인류를 크게 가르는 '코카서스'와 '몽골'이라는 두 개의 대인종 大人種(Stamm)이 존재하며, 이는 다시 여러 개의 하위 인종(Race)들로 나뉘고, 혼혈을 통해 다시 이 안에서 무수히 많은 다양한 변종들 및 변종의 변종들이 나타났다고 한다.(17쪽) 이때 마이너스는 대인종을 지칭하기 위해서는 혈통을

**인종의 계통도**

| 몽골 인종(어두운 피부와 못생긴 외모) | | | | | | 코카서스 인종(흰 피부와 아름다운 외모) | | |
|---|---|---|---|---|---|---|---|---|
| 원래적 몽골 인종<br>(알타이 산맥 서쪽 거주) | | 칼미크 인종<br>(알타이 산맥 동쪽 거주) | | | | 켈트<br>인종 | 사르마트/<br>슬라브 인종 | 오리엔트<br>인종 |
| 칼카스–몽골<br>인종 | 만주<br>인종 | 코쇼트<br>인종 | 순가렌<br>인종 | 데르베트<br>인종 | 토르코트<br>인종 | | | |
| 퉁구스텐 인종 | | 부라트 인종 | | | | 여러 민족들 | 여러 민족들 | 여러 민족들 |
| 여러<br>민족들 | 여러<br>민족들 | 여러 민족들 | | 여러 민족들 | | | | |

\* 이 표는 『인류사개요』(1판 1785) 제2장의 내용을 필자가 요약하여 도식화한 것임.

의미하는 독일어 'Stamm'을, 하위 분류를 위해서는 외래어인 'Race'를 쓰고 있다. 그러나 그가 진정으로 '인류단일기원설'의 신봉자였는지는 위 표 〈인종의 계통도〉에서 살펴보듯이 모호하다.

제3장에서는 문화사적 개괄이 이뤄진다. 여러 민족에게 나타나는 문화발전의 다양한 단계가 서술되는데, 각 민족은 미개, 야만, 반계몽, 계몽이라는 네 단계의 프레임 속에 분류되고 서열화된다.(본서 65쪽 표 〈제 민족의 문화/문명 단계〉 참조) 여기서 특이한 점은 계몽된 인간(유럽인)은 미개인의 생활방식에 쉽게 적응할 수 있지만, 그 역은 불가능하다는 지적이다.

제4장부터 9장까지는 각 민족들이 갖는 삶의 다양한 측면들이 비교된다.

● 음식 및 독주, 주택 및 거주 형태, 의복

● 여성들의 상태, 교육

● 오락과 여가

● 진기한 풍속

여기서 마이너스는 흥미로운 지적을 한다. 못생긴 인종들, 특히 아메리카 토착민과 니그로들 사이에서는 여성들이 노예 상태에 있으나 백인종에서 유래한 힌두스탄의 상류 카스트와 그리스·로마인들에게서는 여성들이 지배적 위치에 있다는 것이다. 또한 미개 민족들과 야만 민족들은 어린아이들을 벌주지 않고 달래기만 한다면서 이들에게 규율이 없음을 지적한다.

제10장부터 16장까지는 다음과 같이 각 민족의 통치 형태와 민법 및 여러 법률들이 서술된다.

- 통치 형태와 민법, 법 일반
- 전쟁 및 국제법
- 노예제 관련 법률
- 재산 관련 법률
- 처벌과 관련된 법률
- 혼인법 및 가부장적 법률

여기서 마이너스는 시민사회뿐만 아니라 유럽의 왕정과 귀족 신분을 역사적으로 정당화하고, 아시아의 전제정과 대비시킨다. 또한 고대 스파르타의 가혹한 노예제와 비교하여 서인도제도의 흑인노예제와 노예무역을 비판하고 있다. 그러나 그의 비판은 다분히 모호한 점이 많다. 이에 관해서는 뒤에서 자세히 언급할 것이다. 이 밖에 고대인 수준의 폭력적이고 원시적인 법 개념, 개인적인 사유재산권 개념의 부재, 일부다처제, 처녀성을 존중하지 않는 것, 조혼 등으로 인한 여성에 대한 경멸과 여성의 노예 상태 등을 꼽으면서 "못생긴" 비유럽 민족들의 문화적 후진 상태를 지적하고 있다.

나머지 장들에는 다음과 같은 것들이 서술되어 있다.

● 각 민족의 풍속 상태
● 각 민족의 미풍양속과 예절
● 계몽되지 않은 민족들의 관념세계, 재능, 예술

여기서 마이너스는 미개 민족들에서부터 유럽의 계몽된 민족들에 이르는 문화의 진보 단계를 묘사한다. 그는 미개 민족들과 야만 민족들의 악덕을 상론한 후, 미개함과 문화의 중간 단계를 페르시아 전쟁과 펠로폰네소스 전쟁 사이의 시기에 살았던 아테네인들과 영국 식민지들의 구릉지대에 거주하는 농부들의 풍속 상태에서 찾는다. 마지막으로 "진정한 계몽"만이 풍속의 타락과 무신앙을 막을 수 있음을 강조하면서 유럽의 계몽된 민족들이 진보의 정점에 있음을 강조한다. 그러나 풍속의 타락은 이들을 미신 상태로 추락하게 할 수 있음을 경고하면서, 미풍양속의 증진, 즉 도덕의 진보를 당위로 내세운다. 특별히 그는 "수치심"의 상실을 풍속의 타락 상태로 묘사하면서, 미개 인종과 풍속이 타락했을 때의 그리스인·로마인을 동일한 수준으로 간주한다. 반면 도덕의 진보 지표인 종교와 법률, 이것의 결과인 복지를 풍속의 타락 및 미개 상태와 대비시킨다.

한편, 마이너스는 미개하거나 야만 상태인 비유럽 인종들의 무지함, 약품 만들기와 숫자 계산 등과 같은 수준 높은 재능의 결여를 지적하면서도, 이들이 시간을 구분하고 태음력 및 태양력에 대한 지식을 갖고 있음을 인정한다. 특히 아시아의 민족들은 마치 고대 북유럽 민족들처럼 발달된 도덕이론을 갖고 있다는 것도 인정한다. 그러나 그는 결론적으로 유럽 바깥의 그 어떤 민족도 믿을 만한 연대기나 역사적 작품들을 가지고 있지 못하다는 것을 단언하면서 유럽인의 우수성을 다시 한 번 강조한다.

지금까지 살펴본 바와 같이 마이너스는 『인류사개요』를 통해 통시적인 역사를 공시적으로 체험할 수 있는, 다시 말해 비동시적인 것들을 하나의 공간에서 동시적으로 경험할 수 있는 일종의 인종박물관을 재현했다.[48] 그의 서사는 분석적이라기보다는 묘사를 통해 무엇인가를 표상할 수 있는 방식으로 이뤄졌다. 동시에 그의 서사는 '인종의 위계서열', '유전/피', '자연법칙으로서의 인간 불평등'이라는 3대 원칙 위에서 전개되었다. 그렇다면 그가 재현한 인종박물관은 어떤 모습을 하고 있는가?

이곳에서는 인종이라는 분류 기준에 따라 전 세계의 민족들과 그들이 현재까지 이룬 문화적 성취들이 전시되어 있다. 그런데 이 박물관은 단층 건물이 아니라, 고층으로 되어 있다. 각 민족의 전시관은 '아름다움과 추함'이라는 인종적 특징과 이에 상응하는 문화적 성취의 정도에 따라 미개, 야만, 반계몽, 계몽이라는 네 개의 커다란 인종 층으로 구별되고, 또다시 각각의 층은 동일한 기준에 따라 각 민족이 서열화된 촘촘한 계단 모양으로 구별되어 있다. 아래에서 세 번째 층까지의 '못생긴 몽골 인종'의 전시관은 어둡고 누추하다. 그러나 최상층의 계몽을 이룬 '아름다운 코카서스 인종'의 전시관은 밝고 화려하다. 이러한 대조를 통해 마이너스는 한편으로는 유럽 민족들이 계몽의 시대에 성취한 현대사의 진보가 얼마나 위대한 것인가를 체험시키고자 한다. 이를 위해 모든 비유럽 민족들의 전시관은 유럽이 과거 암흑기에 경험한 후진적 역사를 보여주는 장소로 활용되고 있다. 그러나 궁극적으로는 인종 간의 비대칭성과 불평등성이야말로 냉혹한 경험 세계의 질서, 즉 냉정한 자연의 질서라는 것을 일목요연하게 보여주려 하고 있다.

마이너스의 인류사는 기본적으로 대항해시대의 식민지 인종주의를 정당화하기 위한 역사적 기획이었다. 인류를 대표하면서, 전 세계의 모든 민족들을 지배하고 지도하는 유럽인의 우월성을 스스럼없이 과시하는 것이 자신의 저술 목적이라는 것을 마이너스는 『인류사개요』의 서론에서 당당히 밝히고 있다. 그는 '인류사'는 "어째서 지구상의 한 지역과 특정 민족들만이 거의 언제나 지배적인 위치를 차지하고 있고, 나머지 모든 지역과 민족들은 봉사하는 위치에 있었는가, 왜 옛날부터 자유의 여신들은 그토록 좁은 경계 안에만 거주했던 반면, 지구상 대부분의 민족들에게 있어서는 가장 끔찍한 전제정이 자신의 강고한 왕좌를 세웠는가, 최종적으로 왜 유럽 민족들이 미개와 야만 상태에 있었을 때에도 특별히 자신들의 계몽에 대한 감수성을 통하여 나머지 모든 민족들과 자신을 유익하게 구별할 수 있었는가"에 대한 명료한 답을 주어야 한다는 것이다.

마이너스는 식민지 인종주의가 계몽사상의 시대를 풍미했던 진보낙관주의와 어떤 방식으로 결합될 수 있었는지를 단적으로 보여준다. 그는 인종주의적 진보사관에 입각하여 문명화(cultivirung)와 인류 역사진보의 담당자로서의 백인종의 역할을 강조하면서 유럽인의 식민지 지배를 정당화한다. 그는 예를 들어 『니그로의 여러 변종들』에서 서인도제도에서의 '니그로의 문명화'를 이야기한다.[49] 여기서 그는 "가장 못생기고, 가장 멍청하고 가장 다루기 힘든" 아프리카 흑인들이 이곳에 노예로 이주해서—심지어는 고상한 백인 피와의 혼합이 없이도—어떻게 몸과 정신, 도덕이 개선되는가를 논한다. 이 모든 것은 그들의 고향보다 좋은 기후이거나 규율이거나 새로운 생활방식이거나 간에 백인들이 마련해준 환경 덕분이라는 것이다.

물론 마이너스는 니그로들의 문명화에 있어서 혼혈을 통한 인종적 개선이 더 중요하다는 것을 강조한다. 아프리카 흑인이 크리올(criole) 흑인이 되고, 재차 혼혈을 통해 메스티소가 되고, 또다시 백인의 고상한 피와 혼합하면 더욱 확실히 니그로들은 개선된다. 그 과정에서 흑인은 노예에서 하인으로 사회적 지위도 상승된다는 것이다. 여기서 그는 이미 메스티소가 유럽에서는 백인으로 대우받고 있다는 점도 첨언한다.

마침내 마이너스는 서인도제도의 사례를 일반화시키면서 백인종과의 혼혈을 통한 "타자들"의 문명화와 세계사적 진보를 역설한다.

> 지속적으로 유럽인의 피와 새롭게 혼합되면서 아프리카인의 피가 세련되게 개량(Veredelung)되고 있다는 사실은—세계 다른 지역에서도 유사한 사례가 있는 것처럼—유럽인들이 타자들, 즉 덜 고상한 사람들의 완성과 행복에 기여할 수 있고 또 할 것이라는 즐거운 전망을 제공한다. 이는 유럽인들의 지배와 계몽을 통해서뿐만 아니라, 특히 그들과의 혼혈을 통해서이다.[50]

『인류사개요』는 뒤에서 살펴볼 것처럼 논쟁을 불러일으키기도 했다. 그럼에도 불구하고 마이너스의 이 책은 수년간 괴팅겐 대학뿐만 아니라 독일의 다른 대학들에서도 교재로 채택되어 널리 알려졌다. 그러나 1789년 프랑스혁명의 발발과 함께 갑작스럽게 『인류사개요』의 인기도 사라졌다.[51] 그 이유는 무엇일까? 마이너스는 이 저서와 이것과 연속선상에 있는 인류학적 논문들을 통해 구체제(ancien régime)에 친화적인 식민지 인종주의자로서의 면모를 유감없이 과시했다. 이러한 이유로 그의 책과 사상은 아마도 자유·평등·박애·인권 등과 같은 혁명의 대의 속에서 한편으로는 봉건적 신분질서를, 다른 한편으로는 흑인노예제와 노예무역, 그리고 이러한 것들이 근간이 된 식민지 인종주의를 비판하는 새로운 시대정신과 걸맞지 않았을 것이다.

그러나 마이너스의 '인류사'는 단순히 ― 계몽사상의 인류애로 포장된 ― 식민지 인종주의를 정당화하기 위한 도구가 아니라 그 이상이었다. 그의 인류사는 식민지의 위계질서를 공고히하기 위한 인종주의의 논리가 자연스럽게 유럽 내부로도 전위될 수 있었음을 잘 보여준다. 궁극적으로 '인류사'가 표현하려고 했던 인종주의는 식민지의 인종적 위계질서를 위해서뿐만이 아니라, 유럽 내의 각 계급(신분)과 각 민족 간의 불평등성을 강조하고 사회 내 소수자를 타자화하기 위해 동원된 본격적인 근대 인종 우월주의의 원형이었다. 다음 장에서는 마이너스 인류사의 이러한 특징을 살펴본다.

# 06

## 마이너스의 인류사와 인종 우월주의

인류학적 세계사로 구체화된 계몽주의의 역사관은 무엇보다 환경결정론에 입각해 있었다. 당대의 박물학자, 철학자 및 역사가 사이에서는 환경결정론이 인류의 역사를 자연사와 결합시키는 매개체로 각광을 받았다. 그러나 이는 그다지 새로운 생각은 아니었다. 이미 고대 그리스의 히포크라테스는 환경 조건들과 정신(psyche)의 관계를 탐구했고, 이러한 것은 아리스토텔레스에게서도 발견된다.[52] 그러나 마이너스는 인류사 서술에서 '인종의 위계서열', '유전/피', '자연법칙으로서의 인간 불평등'이라는 세 가지 원칙을 강조함으로써 새로운 역사관을 제시했는데, 그것이 인종결정론이다. 다수의 계몽사상가들이 인종 또한 환경의 산물이라는 대전제를 쉽게 넘어서지 못했고, 이로 인해 그들의 유색인종에 대한 백인종 우월주의적인 시각을 단지 애매모호하게 표현하고 있을 때, 마이너스는 자신의 역사관에 근거하여 이를 노골적으로 드러냈을 뿐만 아니라, 유럽 내부로 전위시켜 보편적인 인종 우월주의를 정초하려 했다. 그러면 그 내용을 상론해보자.

## 인종 분류에서 인종의 위계서열화로

마이너스는 앞서 언급한 것처럼 '아름다움과 추함'이라는 심미적 기준에 따라 인종의 스테레오타입을 정하는 표준을 만들고, 이에 의거하여 인종을 분류했다. 이는 일단 뷔퐁이나 블루멘바흐 등 자연연구가나 인류학자들의 선례를 따른 것이라고 볼 수 있다. 예를 들어 뷔퐁은 인류는 한 종이긴 하지만 흰색이 인류의 기본색이며, 백인이 가장 아름답고, 타인종은 백인으로부터 일탈된 더 못생기고 균형 잡히지 않은 퇴화된 인간들이라고 말했다.[53] 블루멘바흐도 서유럽에서 카스피해와 갠지스강까지, 핀란드에서 북아프리카까지 거주하는 모든 민족들을 코카서스 인종, 즉 백인종으로 분류하면서 이 인종의 아름다움을 강조했다.[54]

특히 마이너스는 괴팅겐 대학의 동료였던 블루멘바흐의 직접적인 영향을 받았다. 블루멘바흐는 인종을 다섯 인종, 즉 '코카서스', '몽골', '에티오피아', '아메리카', '말레이' 인종으로 나누었다. 마이너스가 인간 종을 '코카서스'와 '몽골'이라는 두 개의 대인종으로 나눈 것은 바로 블루멘바흐의 영향을 받아서이다.

그러나 당대의 박물학자들이나 인류학자들에게 '인종'이란 본질적으로 환경에 따른 다양한 '변종'을 의미했고, 따라서 지구상의 여러 민족과 종족의 분류를 위한 도구적 개념이었다. 이들의 인종이론은 인간의 육체적 차이를 묘사하고 설명하는 것을 넘어서지 못했다. 반면, 마이너스에게 '인종'은 그 이상의 의미를 지닌 것이었다. 그는 형이상학을 반대하고 자연사적 경험 지식을 강조하면서도 역설적으로 고대로부터 내려온 "존재의 대연쇄"라는 형이상학적 자연질서를 자신의 경험과학인 '인류사'를 통해 새롭게 리모델링했다. 이른바 '인종의 대위계'라는 자연질서가 그것이다. 마이너스는 자연사와 문화사를 통합하여 인간의 육체·마음(심리)·정신의 차이를 총체적으로 비교하는 자신의 '인류사' 속에서 모든 민족을 서열화했다. 이제 '인종' 개념은 '변종'이라는 의미 속에서 유럽인과의 차이를 강조하는 인간 분류 범주에서 '위계서열'을 고착시키는 범주로 변화했다. 각 인종의 육체적 특징은 각 인종의 도덕적·지적 위계를 드러내는 상징이 되었다.

마이너스는 육체적·정신적·도덕적 수준에 따라 인종의 위계서열을 상세히 정리했다. 이미 그는 『인류사개요』 서론과 본론에서 반복적으로 다음을 강조한다.

> 현재의 인간 종은 양대 주요 인종(Stamm)으로 구성되어 있는데 타타르 혹은 코카서스 인종과 몽골 인종이 그것이다. 몽골 인종은 코카서스 인종에 비해 육체적·정신적으로 매우 약할 뿐만 아니라 매우 악하게 형성되어 있고 덕이 없다. 또, 코카서스 인종은 다시 양대 인종으로 나뉘는데 그것이 켈트 인종(독일인이 여기 속함—인용자)과 슬라브 인종이다. 전자가 정신적 재능과 도덕에서 후자보다 풍요롭다.[55]

그리고 본문에서 몽골 인종도 그 혼혈에 따라 여러 인종으로 분류하고 있는데, 여기서도 마찬가지로 육체적·정신적·도덕적 특징에 따라 위계서열(Cast)을 나누고 있다.[56] 나아가 그는 「니그로의 다양성과 변형된 형태들에 관하여」라는 논문에서 몽골 인종 가운데 최하위의 위계에 위치한 "니그로"에 속하는 종족들 또한 "아름답거나 못생긴" 정도에 따라 '서인도제도의 아프리카인—세네갈 해안의 아프리카인—내륙의 숲에 사는 아프리카 식인종' 등의 순으로 서열화하고 있다.[57]

## 제 민족의 문화/문명 단계

| 미개 인종 | 야만 인종 | 반계몽된 인종 | 계몽된 인종 |
|---|---|---|---|
| 흑색/홍색/황색 피부 색깔 | 흑색/홍색/황색 피부 색깔 | 흑색/황색 피부 색깔 | 백색 피부 색깔 |
| 수렵/어업민족 | 목축/유목민족 | 유목/정주민족 | 농경민족 |
| 아메리카의 여러 원주민, 뉴질랜드족, 기니족, 퉁구스텐족, 코작크족, 남아시아의 여러 민족, 니그로 등 | 랩/핀족, 칼미크족, 몽골족, 쿠르드족, 아랍족, 호텐토트족 등 | 남태평양의 여러 민족, 아프리카의 여러 민족, 페루인, 멕시코인, 대부분의 이슬람교도, 남아시아의 여러 민족, 힌두족, 중국인, 일본인 등 | 그리스인, 로마인, 기독교 유럽인 |

\* 이 표는 『인류사개요』(1판 1785) 제3장의 내용을 필자가 요약하여 도식화한 것임.

마이너스는 심미적 기준에 따른 인종의 위계서열을 미개 – 야만 – 반계몽화(반문명화) – 계몽화(문명화)라는 문명의 발달 정도에 따른 구별과 일치시켰다. "미개, 야만, 반문명화된(halbcultivirt), 완전히 문명화된(ganz gebildet) 민족들"을 나누는 현재의 기준은 "그릇되거나 정확하지 않으므로" "자연의 원래적 상태"(인종)가 기준이 되어야 한다는 것이다.[58]

마이너스의 인종 위계서열은 특히 프랑스 혁명 이후 출간된 『인류사개요』 2판에서 더욱 세분화되었다. 여기서는 코카서스 인종이 문제가 된다. 코카서스 인종은 켈트와 슬라브 인종에서, 서유럽과 남북 유럽의 켈트, 동유럽과 러시아의 슬라브, 오리엔트 인종(1판에서는 슬라브 인종에 포함됨)으로 세분된다. 그리고 이들 간에 위계서열이 새롭게 정해진다. 여기서 첨언하자면, 2판에서는 더 이상 블루멘바흐에게서 차용한 '코카서스 인종' 및 '몽골 인종'이라는 용어가 사용되지 않는다. 전자는 단지 "하얗거나 밝은 색깔의, 잘생긴" 민족들, 후자는 "피부색이 어둡고, 못생긴" 민족들이라고 지칭된다.[59]

앞서 뷔퐁이나 블루멘바흐가 유럽인 대 비유럽인, 혹은 넓은 의미의 백인종 대 유색인의 구도 속에서 유럽인의 미적 우월함을 주장했음을 살펴보았다. 그러나 마이너스는 이와는 달리 모든 유럽인이 희긴 하지만 전부 똑같이 희지는 않다는 것을 강조한다. 랩족, 핀족 및 그 후예들, 도나우에서 러시아 서부의 드네프르강 사이 목초지에 거주하는 훈족의 후예들, 유대인, 아르메니아인, 터키인, 집시들은 "더러운 흰색" 피부를 가지고 있으므로 육체적·정신적 능력이 열등하고, 따라서 유럽인에서 제외되어야 한다고 주장한다.[60]

반면 "가장 희고, 가장 혈색 좋고, 가장 우아한 피부를" 가진 사람들은 켈트 인종 가운데서도 게르만 혈통을 지니고 있다고 한다. 즉, "북부 독일, 덴마크, 스웨덴, 노르웨이, 홀란드(네덜란드), 영국 및 인근 섬의 주민들"이 그들이며, 이들이 가장 문화적으로 우월하다는 것이다.[61]

한편, 독일 내 주민들에 대해서도 그는 동일한 기준을 적용한다. 마이너스는 『인류사개요』 2판에서 "독일의 다수 지역"에 슬라브족이 거주하고 있음을 지적한다. 다른 논문에서 그는 당시 가톨릭교도가 많은 독일 남부 지방에 대해 좀 더 자세히 언급한다. 그는 이 지역 사람들의 못생긴 외모를 강조하면서, "계몽되지 않은 남부에는 계몽된 프로테스탄트적 북부보다 벤드족(Wenden, 서부 슬라브족—인용자) 피의 비율이 훨씬 높다. 더러워진 피야말로 남부 독일에 만연한 미신의 원인이다"라고 주장한다.[62] 이 밖에도 그는 여러 차례 독일 및 스위스 알프스 지역의 "못생긴" 산악 지역 거주민, 여타의 벤드족, 슬라브, 유대, 집시 등 독일 내의 소수민들을 독일 혈통이 아닌 열등한 "외국인들"로 묘사한다. 이를 통해 마이너스는 "순수한 피"에 기반하여 독일인의 인종적 정체성 확립과, 우월한 생물학적, 도덕적, 지적 수준에 기초하여 유럽 내에서 독일인의 우월성을 주장하기 위한 범주를 만들었다.[63]

마이너스는 이러한 인종의 위계서열화 및 이와 상응하여 진행된 인종적 순수함의 이상, 게르만의 우수함, 가장 창조적 존재로서의 북방 인종의 신화를 통해 독일에서는 19세기 후반에나 출현할 민족주의와 결합한 인종주의, 즉 '민족적 인종 우월주의'를 선취했다.[64]

최근 독일 역사가 브룬스(Claudia Bruns)는 트랜스내셔널 히스토리의 관점에 입각한 인종주의 연구에서 비유럽인들에게 적용된 식민지 인종주의의 범주들이 19세기 중엽 이후 점차로 민족, 더 나아가 민족 내의 노동계급, 반사회적 인간들, 성소수자, 유대인 등 유럽 내부의 사회집단을 분류하고 규정하는 데도 사용되었다는 것을 지적한다. 그 대표적 사례로서 그녀는 스코틀랜드의 해부학자 녹스(Robert Knox)의 이론을 꼽는다. 녹스는 말한다. 인종 개념은 "니그로, 호텐토트, 붉은 인디언과 야만인"들에게만 연결된 것으로 간주되어서는 안 되며 식민지의 배경에서 분리되어 유럽 내부의 맥락 속으로도 연결되어야 한다. 유럽 여러 민족들 간의 인종적 차이는 식민지에서의 인종적 구별들만큼 중요하다는 것이다.[65]

그런데 위에서 살펴본 것처럼 마이너스는 이미 이러한 주장을 하고 있었다. 따라서 19세기 중엽 이후로 식민지 인종주의 범주들이 민족 등 유럽 내부의 집단형성 과정에 전위되었다는 브룬스의 명제는 수정되어야 한다. 19세기 중엽이 아니라 이미 18세기 말에 이러한 전위 과정이 시작되었다. 또한 녹스는 뒤에서도 언급하겠지만 마이너스의 영향을 강하게 받은 인종이론가였다는 사실도 지적할 수 있겠다.

### 기후/환경에서 유전/피로

우리는 마이너스가 인종을 위계화하고 피를 강조했다는 것을 살펴보았다. 이는 그가 계몽사상가였음에도 불구하고 '인류는 한 형제'라는 보편주의적이고 코스모폴리타니즘적인 계몽주의의 인간 담론에서 이미 분리되어 있음을 의미한다. 물론 다른 자연사가들이나 '철학자'들 사이에서도 인종 차별적 언사들은 무수히 발견된다. 이미 살펴본 것처럼 유럽 인종의 신체적 아름다움을 강조하는 것을 넘어서서, 유럽 인종의 도덕적·지적 우월성을 주장하는 발언들은 결코 예외적인 것이 아니었다. 이는 계몽사상가 중 가장 인류사상에 충실했고, 당시로서는 드물게 문화적 상대주의를 주장했던 헤르더를 보아도 그러하다.[66] 마이너스와 같은 일루미나티 회원이었던 그는 말한다. "자연은 지구 위에 다양한 인류를 편성시켰다. 이러한 편성 속에서 니그로와 원숭이는 거의 비슷한 위치를 차지했다. (…) 온화한 기후가 인간을 더 정교한 형태로 육성했다. 잘 정돈된 것과 아름다운 것들이 모두 양극단 가운데 놓여 있는 것처럼, 더 아름다운 형태의 이성과 인간성은 이 적당한 중간 지역에서 자기 자리를 찾아야 했다. (…) 모든 아시아 민족은 너무 일찍 좋은 제도에 만족해서 안주해버리고 계승된 형태를 신성하고 바꿀 수 없는 것으로 간주하는 나태에서 벗어날 수 없었다."[67]

물론 헤르더는 이러한 인종적 차이란 과거에 속하는 것이며, 이제 모든 인류는 인간성의 완성이라는 역사의 목적을 향해 진보하고 있음을 역설한다. "전체적으로 볼 때 인간성을 증진시키려는 아시아 민족들은 고대 통치 형태인 전제주의의 멍에와 전통에서 벗어남으로써 인간 운명의 거대하고 훌륭한 법칙을 입증해주었다. 전제군주나 전통이 아니라, 최상의 인간성 형태를 인류의 목적으로 설정해주었던 자연이, 한 민족 또는 전체 인류가 확신을 갖고 자신의 이익을 추구하고 힘 있게 실행하는 것을 인간에게 허용해주었다. 이러한 자연의 신성한 법칙의 근본적인 원리는 우리를 지구 곳곳에 있는 인류의 모습과 놀라울 정도로 잘 조화되게 할 뿐만 아니라, 다양한 시대에 걸쳐 출현한 변형된 인종들과도 비슷하게 잘 조화되도록 한다. 인간은 어느 곳에서나 자기 자신이 되고자 하는 욕구를 갖고 있었으며, 그것을 스스로 실현시켰다."[68]

다른 계몽사상가들의 인종 차별적 발언과 인종적 편견은 헤르더를 뛰어넘는다. 특히 "니그로와 타인종 일반은 백인종보다 자연적으로 열등하다"는 흄, "니그로는 검기 때문에 우둔하다"고 주장하고 "백인종의 순수함을 보존"할 것을 염원한 칸트, 노예제는 자연법칙에 위배됨을 지적하면서도 심지어는 "흑인들이 인간일 수가 없다"고 말한 몽테스키외 등 대표적인 '철학자'들의 발언들은 계몽사상이 인종 편견으로부터 결코 자유롭지 못했음을 증명한다.[69] 그중에서도 볼테르의 다음과 같은 인종 편견적 발언은 심지어 '인류다기원설'을 연상케 한다.

> 단지 장님만이 백인, 니그로, 알비노인, 호텐토트, 랩족, 중국인, 아메리카 원주민들이 완전히 다른 인종에 속한다는 것을 의심할 것이다. (…) 니그로들의 둥그런 눈, 그들의 넓고 납작한 코, 부풀어오른 입술, 독특하게 생긴 귀, 양털처럼 생긴 머리카락, 그리고 그들의 정신적인 능력의 수준은 그들이 다른 인종들과는 완전히 다른 종으로 보이게끔 한다. (…) (나아가) 그들(아프리카의 알비노인들—인용자)은 단지 외형만 인간이다. 그들은 우리의 능력과는 완전히 동떨어진 수준에 불과한 언어 및 사고 능력만을 갖고 있다.[70]

물론 이 발언은 유럽인과 타인종 간의—특히 외모의—차이에 대한 불쾌감을 과장되게 표현한 것으로 볼 수도 있다. 이 발언을 "우리는 이 지구에 살고 있는 인종들이 얼마나 서로 다른지 그리고 서로 만났던 최초의 흑인과 백인의 놀라움이 얼마나 컸을지를 보았다"라는 그의 『철학사전』에서의 발언과 비교하여 유추한다면 말이다.[71]

그러나 인종 편견과 계몽주의의 인류애 사상은 대다수의 경우 모호한 동거관계에 머물렀다. 대부분의 계몽사상가들은 인종 담론을 통해 타지역의 후진성과 대비되는 유럽의 문명적 성취 및 진보에 대한 자부심, 다시 말해 유럽중심주의를 표현하려 했다. 그러나 동시에 이들의 인종 담론은 인종의 불평등보다는 인종의 다양성에 초점이 맞춰져 있었고, 인종의 해부학적 특징과 지적·도덕적 소질을 직접적으로 결부시키는 데 조심스러웠으며, 무엇보다 인종결정론이 아닌 환경결정론에 의해 주도되었다. 훗날 프랑스의 보수적 자유주의 정치가, 외교관이자 학자로 활동한 토크빌(Alexis de Tocqueville)은 바로 환경결정론을 언급하면서 18세기의 인종이론에는 "인종의 다양성, 그러나 인류의 통일성"에 대한 믿음이 있었다고 단언했다.[72]

앞서 언급한 린네, 뷔퐁, 블루멘바흐 등은 고대 그리스 이후 지속되어온 환경이—특히 기후가—유기체를 결정한다는 환경결정론을 주장하고 있었다. 이 이론에 의하면 인류의 인종적 차이의 근본적 원인은 기후/환경 때문이라는 것이다. 따라서 이것이 바뀌면 인종의 특징도 바뀐다는 것이다.

이런 맥락에서 뷔퐁은 기후가 바뀌면 퇴화된 흑인도 원래 백인의 상태로 바뀔 것이라고 주장했고,[73] 블루멘바흐 또한 각 민족의 얼굴은 그들이 살고 있는 기후에 의해 결정되므로, 기후가 온화하면 할수록 그 얼굴도 더 아름다워질 것이라고 했다.[74] 환경결정론을 주장하는 사람들은 '인류단일기원설'의 신봉자이기도 했다. 이는 '모든 인류는 아담의 자손'이라는 단순히 기독교 가르침의 유산 때문만이 아니었다. 그것은 앞서 살펴본 것처럼 '인류의 보편적인 천성'에 대한 계몽사상 일반의 신념이기도 했다. 뷔퐁은 인간이 공통의 조상을 지닌 하나의 종임을 주장했을 뿐만 아니라, 인간은 동물이긴 하지만 이성을 가진 동물로 규정했다. 특히 블루멘바흐는 같은 대학의 동료 마이너스와 논쟁을 벌였다. 그는 인류는 평등하고 하나이며 단지 (가변적인) 변종만 있을 뿐임을 주장하면서, 한 인종과 민족의 신체적 특징이 내적인 소질, 즉 도덕적·지적 소질을 결정할 수 없다고 마이너스의 인종 개념을 비판했다. 이런 맥락에서 그는 모든 민족들에게 있어서 "완성"이 가능하므로 '니그로'도 가장 교양 있는 민족들에 속할 수 있음을 강조했다.[75]

마이너스에 대한 비판에는 마이너스에게도 큰 영향을 준 저명한 여행가 포르스터도 참여했다. 그는 제임스 쿡 선장의 제2차 세계항해에 아버지와 함께 참여하여 뉴질랜드, 타히티 등을 탐사한 후 그 성과를 『세계여행기(Die Reise um die Welt)』로 펴내 커다란 반향을 불러일으킨 사람이다. 포르스터는 인종 간 "아름다움의 상대성"을 주장하면서, 마이너스의 지적 편향성을 지적했을 뿐만 아니라, 프랑스 혁명을 적극 지지하는 입장에서 아래에서 언급할 마이너스의 정치적 반동성을 비판했다.[76]

이러한 계몽주의 시대 자연사가들의 인간관은 19세기 초의 퀴비에(George Cuvier, '호텐토트의 비너스'라고 불린 사라 바트만의 시체를 해부한 것으로 유명한 동물학자)에게서도 그대로 발견된다. 그는 유럽 인종, 즉 코카서스인의 우월성과 아프리카인의 동물적 속성을 강조하면서도, "열등한 인종들" 역시 이성과 감성을 지닌 인간임을 인정했다. 이런 맥락에서 그는 노예제를 비판했다. 아프리카인이 문화적으로 열등하다고 해서 이들이 잘못된 취급을 받는다면 이는 정당하지 않다. 왜냐하면 노예제와 같은 제도는 아프리카인의 동물성보다는

유럽인의 비인간성을 더 많이 말해주고 있다는 것이다.[77]

이상과 같이 계몽사상의 인종 담론은 대부분의 경우 자신의 인류애 사상과 완전한 결별을 시도하지 않았다. 물론 앞서 언급한 바와 같이 '철학자'들은 자연사가들에 비해 인종 간 차이와 불평등성에 대해 좀 더 민감했다. 또한 그들 중 일부는 환경결정론에 대해서도 회의적이었다. 예를 들어 볼테르는 여러 인종 간의 차이가 단지 그들이 거주하는 지역의 기후에 의해 결정되는 것은 아니라는 점을 강조했다. 그에 의하면 "니그로는 가장 추운 기후를 지닌 지역으로 보내지더라도 언제나 그들 고유의 종적 특징을 보일 것이며, 물라토는 단지 백인과 흑인의 잡종으로 머무를 것"임을 강조했다.[78] 그럼에도 불구하고 몽테스키외나 루소처럼 볼테르 또한 자연사가들이 주장한 환경결정론의 권위를 완전히 무시할 수는 없었다. 그는 역사진행의 가장 중요한 요소를 인종이 아니라 환경, 특히 기후에서 찾았다.

더 나아가 루소는 프랑스의 '철학자'들 가운데 가장 코스모폴리탄적인 관점에서 인종문제와 씨름했다. 그는 인종 간에는 육체적·자연적으로, 또한 도덕적·정치적으로 불평등한 현상이 있기는 하지만 그 불평등의 원인을 인종 자체에서 찾지는 않았다. 같은 맥락에서 그는 한 민족의 성격은 기후에 의해 결정될 뿐 인종은 아무런 역할을 하지 않는다는 것을, 또한 한 민족의 외적인 이미지를 결정하는 지속적인 인종적 성격은 존재하지 않고, 피보다 더 강하게 드러나는 다른 외적인 요소들이 있다는 것을 증명하려 했다. 심지어는 비유럽인에 대한 강한 인종 편견을 드러낸 채, 인종을 역사진행을 결정하는 중요한 요소 중 하나로 간주했던 볼테르와 몽테스키외조차 최종적으로 루소와 마찬가지로 궁극적으로는 인종을 떠나 개인이 중요하며, 인간은 개인으로서 평등의 기반 위에서 한 사회 속으로 연합할 수 있다고 생각했다. 왜냐하면 이들 또한 인간이란 인종과 상관없이 타고난 이성적 재능을 갖고 있으며, 완성의 능력이 있는 독립적인 존재라고 여겼기 때문이다.[79] 독일의 헤르더는 루소보다 한 발짝 더 나아갔다. 그는— 뒤에서 자세히 살펴볼 것처럼—인종 개념 자체가 인간 분류를 위해 적절치 못하다는 것을 강조했다.

이와 유사한 경향은 마이너스의 괴팅겐 동료들의 세계사 서술에서도 발견된다. 가터러는 피부색과 생김새를 기껏해야 인류의 다양성을 파악하는 데 부가적(우연적) 요소로 간주했고, 마침내는 인류를 분류하는 범주에서 빼버렸다. 슐뢰처는 인간 신체의 외적인 특징을 인류가 갖는 다양성의 우연적 원인으로 간주했다.[80] 또한 앞서 언급했다시피 마이너스가 모델로 삼았던 이젤린의 인류사에서도 인종은 중요한 요소가 아니었다. 이젤린은 각 민족들의 풍속을 결정짓는 주요 원인을 토지와 인간의 토지경작에서 찾았다. 물론 이젤린도 마이너스와 마찬가지로 인류를 양대 계급으로 나눴는데, 육체적 특징이 아니라 "그 감각의 주도권이 짐승과 동일한" 계급과 "이성이 특별히 강하게 성장한" 계급으로 나누었다. 그러나 그는 이 분류가 절대적이고 넘어설 수 없는 것이 아니며, 어느 한 계급에만 속하는 각 개인과 민족은 거의 없다는 것을 강조했다.[81]

그러나 마이너스는 끝까지 인종 담론의 포로로 머물러 있었을 뿐만 아니라 인종 담론을 인종주의적 담론으로 발전시켰다. 그는 여행기와 같은 경험적 보고를 근거로 피/유전이야말로 인간 차이의 근원적·본질적 원인임을 강하게 주장했다. 물론 그에게 기후와 같은 환경 또한 부가적 혹은 우연적 요소로 계속 고려되고는 있었다. 그러나 피/유전이야말로 환경과는 무관한 본질적 요소로서 이것이 인간의 육체적·지적·도덕적 자질(Anlage), 즉 자연적 소질과 성향을 결정한다는 것이다. 그는 예를 들어 인도에서 오랫동안 동일한 기후 속에서 두 종류의 인종이 카스트를 이루고 살았음을 강조했다.[82] 이러한 신념으로 인해 그의 '인류사'는 괴팅겐 동료들의 세계사 서술과 달리 신체적 특징, 즉 '인종'을 세계사의 기본 원리로 삼는 데서 한 치도 벗어날 수 없었다.

오히려 마이너스의 인류의 기원 및 그 역사적 전개 과정의 차이에 대한 본질적 원인으로서의 피/유전에 대한 집착은 프랑스 혁명 이후 출판된 『인류사개요』 2판에서 더욱 명료해졌다. 1판에서는 "지구상의 제 민족을 구별짓게 하는 피부색은 원래적 많은 특징들 가운데 훨씬 가변적이다. 이것의 주원인은 기후이며, 이것이 영향을 발휘한 다음에는 혈통이다"(45쪽)라고 했는데, 2판에서는 "지구상의 제 민족을 구별짓게 하는 피부색은 원래적 많은 특징들 가운데 훨씬 가변적이다. 이것의 주원인은 양부모의 피다. 피 다음에는 기후이다"(91쪽)로 바꾼다.

물론 마이너스가 계몽사상가 가운데 피/유전을 강조한 유일한 인물은 아니다. 예를 들어 칸트 또한 인종 형성에 있어서 환경도 중요하지만, 궁극적으로는 "씨(Keim)와 선천적 자질(Anlage)"이 더 중요하다는 것을 주장했다. 그에게 환경은 외적 요인이지만, 후자는 "필연적으로 유전되고" 세대를 거쳐 "유사성을 유지시키는" "발생적" 요소이다.[83] 이런 맥락에서 그는 인종의 내적 자질, 즉 인종의 지적·도덕적 능력을 인종 분류의 결정적 기준으로 삼았다. 칸트에게 피부색과 같은 신체적 특징은 선천적이고 영구불변한 내적 자질의 우열을 보여주는 기호였다. 그는 백인종만이 완벽한 이성적 존재로 도야할 수 있는 도덕적 능력을 가졌고, 따라서 이것을 갖지 못한 흑인을 비롯한 유색인종의 문명화(진보)란 한계가 있다고 생각했다.[84] 또한 칸트는 "아름다움과 숭고함을 느끼는 감정"이라는 기준을 가지고 마이너스와 유사하게 유럽인과 비유럽인을 관통하는 인종의 위계서열을 정리했다. 이 위계서열에서 물론 아프리카인이 가장 아래에 있다. 아프리카인은 "하찮은 것을 뛰어넘는 감정"을 갖고 있지 않다는 것이다. 반면 유럽인들은 지적·도덕적 교양이 쌓여야 가능한 고등한 영역의 심미적 경험을 나타내는 "아름다움과 숭고함을 느끼는 감정"을 갖고 있다. 이 감정은 "기쁨과 경외"라는 질적으로 우수한 도덕적 즐거움이다. 그러나 유럽인 중에서도 독일인이 "아름다움과 숭고함"의 감정 모두를 가장 잘 느끼기 때문에 어느 하나에만 치중된 영국인이나 프랑스인보다 우수하며, 영국인과 프랑스인 밑에는 이탈리아인이 있으며, 그 밑에는 에스파냐인이 있다는 것이다.[85] 철학적 인식론에 있어서 칸트의 적대자였던 마이너스가 이 문제에 있어서만큼은 칸트와 유사한 입장을 가졌다는 것은 아이러니라 아니할 수 없다.

## 자연법칙으로서의 인간 불평등

마이너스는 인종결정론적 태도로 인해 결국 인간의 본래적 차이와 다양성을 강조하는 '인류다기원설'의 입장으로 기울게 되었다.[86] 이로써 그는 인간의 타고난 평등에 기초한 계몽사상의 보편주의와 결별했을 뿐만 아니라, 노골적으로 자유·평등·박애라는 프랑스 혁명의 원리에 저항했다. 그는 자연상태에서 인간의 본원적 평등을 주장한 루소를 "진정한 계몽의 적대자", "인간사회의 적"으로 비난했다. 루소가 묘사한 자연 및 인간의 자연적 속성은 경험적·역사적인 증거가 없는 순전한 허구에 불과하다는 것이다. 그는 "신구 세계의 미개한 족속들의 상태에 관한 모든 신뢰할 만한 보고들은 인류의 자연상태에 대한 루소의 묘사와는 정반대된다"는 것을 강조했다.[87] 이러한 그의 인종 간 불평등주의는 일국 내의 신분 및 계급질서를 옹호하는 사회사상과 동전의 양면을 이루고 있었다.

마이너스의 불평등주의는 다음과 같은 이신론적 원리에 근거한다. 신은 자연을 이성적으로 설계했다. 우리가 발견하는 모든 상태는 이성적이다.[88] 그에게 있어서 "자연의 의도", 즉 자연법칙이란 모든 인간과 모든 민족에게는 일정 정도의 고유한 특성과 능력과 행복이 주어져 있고, 이를 넘어서서 무엇인가를 요구하거나 실행하려고 하는 것은 옳지 못하다는 것을 뜻했다.[89]

마이너스는 여러 글에서 프랑스 혁명의 부당함을 지적했다. 그에게 프랑스 혁명이란 입헌군주제를 정착시킨 영국식 개혁과는 달리 올바른 자연의 법칙을 파괴하는 것에 불과했다. 예를 들어 그는 프랑스 혁명 및 이에 자극받은—마침내 1791년에는 흑인노예 봉기(아이티 혁명)로 이어진—생도맹그의 혁명적 상황을 염두에 두면서 「아프리카 니그로의 천성」을 썼는데, 여기서 그는 다음과 같이 말한다.

> '점증하는 계몽과 유대인과 흑인노예들의 해방'을 지지하기는 하지만 혁명적 열기가 너무 멀리 진행되어 평등을 요구하기까지 이르렀다. 그런데 이러한 평등은 "불가능할뿐더러" "공정하지 못한" 것이다. "언젠가 신민들이 아무리 가능성이 적더라도 자신들의 지배자들과 동등한 권리를 갖는다면, 그러는 한 유대인과 니그로도 기독교도와 백인들에게 같은 권리와 자유를 요구할 것이다. (…) 인간들이 동등한 권리를 갖는 것을 자연이 원했다면 자연은 모든 인간에게 동일한 지적·육체적 능력을 허락했을 것이다. (…) 국내적으로나 대외적으로 권력구조에 도전하는 것은 자연적이지 못하다.[90]

여기서 마이너스는 "점증하는 계몽과 유대인과 흑인노예들의 해방"을 "지지"한다고 말하지만, 과연 유대인과 흑인노예들의 해방을 진심으로 지지했을까? 이는 수사학에 불과하다. 다만 이들의 해방이 점증하는 계몽과 더불어 불가역적인 역사진보의 과정이라는 것만은 인정했다고 할 수 있다. 그러나 주목해야 할 점은 그가 역사의 이러한 진보적인 진행이 궁극적으로는 인간 불평등이라는 자연법칙에 종속되어 있음을 강조하고 있다는 것이다.

앞서 언급한 바와 같이 특별히 마이너스는 『인류사개요』에서 흑인노예제 및 노예무역을 비판했다. 그는 노예제는 전제정과 가장 잘 어울리는 제도이며, 고대 스파르타의 국유 노예 헤일로타이를 예외로 하면, 오늘날 동인도 및 서인도의 유럽인들이 경영하는 플랜테이션에서 일하는 니그로들만큼 그토록 혹독하게 취급당하는 경우는 없을 것이라고 비난한다. 그리고 이는 개별 노예주들의 무자비함이나 물질적 탐욕 때문이라기보다는 모든 유럽 국가들의 설탕을 생산하는 섬들에 대한 법률이 가혹하기 때문이라는 것이다. 마이너스는 "태어나는 니그로들보다 매년 죽어가는 니그로들의 수가 더 많다"는 점을 지적하면서 노예무역은 결코 미화될 수 없다는 입장을 밝힌다.[91]

흑인노예무역과 흑인노예제가 미화될 수는 없다는 마이너스의 주장에서 우리는 일견 휴머니즘을 지닌 계몽사상가, 좀 더 정확히 말해 이른바 '계몽 식민주의' 사상가의 면모를 발견한다.[92] 그러나 그가 북아메리카 등지의 흑인노예는 상대적으로 좋은 대접을 받는다는 점을 언급하면서 노예제도 자체의 폐지를 원하지는 않았다는 점에 주목해야 한다. 그가 비판한 것은 사탕수수 플랜테이션 노예들에 대한 '혹독한 취급'과 '법률의 가혹함'이다. 이런 점에서 그의 노예제 및 노예무역 비판은 앞서 언급한 '열등한 인종들' 역시 이성과 감성을 지닌 인간이라는 입장에 근거한 퀴비에의 노예제 비판과는 사뭇 결을 달리한다. 마이너스는 더 나아가 반란 노예들에 대한 엄격한 처벌을

주장했다. 같은 맥락에서 그는 유대인의 해방 또한 결코 바라지 않는다는 것
도 천명했다.[93] 마이너스는 민주주의를 비난하고 현존하는 위계적 질서의 유
지를 원했다.

> 상냥한 제후들은 그들에게 보편적 최선을 위해 당연히 귀속된 권력을 다
> 시 유지할 것이다. 이와 똑같이 더 훌륭한 신분들과 민족들은 그들의 타고
> 난 혹은 후천적으로 획득된 장점으로 인해 얻은 특권을 주장할 것이다. 이
> 와 마찬가지로 예전의 신민이 자신의 지배자와, 어린아이들이 어른들과, 여
> 자들이 남자들과, 종복이 자신들의 주인과, 게으르고 무지한 사람들이 성실
> 하고 학식 있는 사람들과, 명백한 악당들이 무고하고 공적이 많은 시민들
> 과 동등한 권리와 자유를 얻는다는 것은 거의 불가능할 것이다. 또한 유대
> 인과 니그로도 그들이 유대인과 니그로로 남아 있는 한, (…) 기독교인과 백
> 인들과 동등한 특권들과 자유들을 요구하기는 거의 불가능할 것이다.[94]

또 다른 글에서 마이너스는 인종결정론에 입각해 신분의 불평등함이 역
사적으로 얼마나 자연스러운 것인가를 다음과 같이 주장했다. 그는 먼저 귀
족의 지위와 귀족의 특권을 역사적으로 옹호하고 있다.

> 귀족과 귀족의 특권들이 단지 비합법적 폭력으로부터 출현했다고 하는 것
> 은 완전히 잘못된 것이다. 놀라울 만큼 탁월한 신체, 정신, 마음으로 인해
> 짐승 가운데 특정한 품종들과 마찬가지로, 특정한 혈통이 고상한 혈통으로
> 격상되었다. 경험에 기반한 견해에 의하면, 인간들 가운데 특정한 혈통이
> 더 높은 권리들을 갖는다. 이러한 특권은 세대를 이어 계속된다. 고대로부

터 현재 귀족들이 수난받는 이 세기까지 계속 유지되고 있다.[95]

더 나아가 마이너스는 정부 형태로서 유럽적 왕정을 지지했다. 그의 『인류사개요』 제10장은 정부 형태 및 시민법에 관한 서술인데, 여기서 그는 왕과 귀족의 지위를 시민사회만큼 "오래되고" "자연스러운 것"으로 정당화한다. 여러 민족이 성장하자마자 우두머리를 뽑았기 때문에 우두머리들과 왕들의 고귀함이 드높아진 것은 "매우 자연스럽다"는 것이다. 이러한 맥락에서 그는 유럽적 왕정을 민주정과 동일시한다. 그는 "모든 헌정질서 중 가장 오래된 것이 민주정"이었다고 주장하면서 유럽의 근원적인 정부 형태는 외견상으로만 왕정이었음을 주장한다. 이러한 주장을 통해 그는 "계몽된 인종"이 거주하는 유럽의 왕정은 귀족 및 시민사회와 마찬가지로 이미 오래전에 자연스럽게 출현한 "민주정"이므로, 혁명과 반란을 통한 평등의 쟁취는 자연에 위배된다는 것을 강조한다.

여기서 그는 유럽적 왕정을 아시아적 전제정과 엄격히 구별한다. 그에 의하면 전제정의 원인은 특별히 아시아에서 찾을 수 있는데, 이곳에서 전제정은 약한 민족들로부터 유래한다. 전제군주는 무능하고 교양이 없는 존재에 불과하며, 단지 사치, 포식, 향락, 개인숭배, 노예제, 그리고 귀족이 없는 상태로 살아간다. 그리고 그러한 전제군주는 특히 외부에서 온 모험가들에 의해 급작스럽게 무너진다는 것이다. 이와 같이 마이너스는 아시아적 전제정과 대비되는 유럽적 왕정을 귀족과 계몽된 시민층에 의해 유지되는 "민주정"이라고 옹호한다. 그는 당시 계몽군주에 의한 프로이센의 절대주의, 혹은 기껏해야 당시 영국을 모델삼아 특권신분과 유산계급에 의한 입헌군주제적 과두지배체제를 염원했는데, 이러한 체제가 그가 말한 "민주정"의 구체적 내용이

었다.[96]

　이처럼 마이너스는 '신민臣民의 합리주의'에 철저히 머물러 있었다. 독일의 계몽사상은 프랑스의 계몽사상과 같이 정치나 사회에 대한 철저한 비판자가 될 수 없었으며, 주로 기성 교회 또는 신학에 대한 이론적, 형식적 비판에만 그쳤다는 평가가 있다.[97] 만약 이러한 지적이 올바르다면, 우리는 바로 마이너스에게서 독일 계몽주의의 결정적 한계를 엿볼 수 있다고 해도 과언이 아니다. 물론 그렇다고 해서 독일의 계몽사상이 정치적으로 유달리 후진적이었다고 단언하는 것 또한 지나친 것이라 할 수 있다. 전반적으로 볼 때 계몽주의의 정치사상은 인종문제에 있어서와 마찬가지로 모호함을 특징으로 한다. 심지어는 잘 알려져 있다시피 구체제에 맞서 인권의 보편적 가치를 선언한 시민혁명의 지도자들 또한 실제로는 무산자, 노예, 자유신분의 흑인, 종교적 소수자, 그리고 무엇보다 여성의 권리와 평등은 간과하곤 했다는 점도 지적할 수 있겠다.[98]

# 07

# 19세기 인종주의의 선구자 마이너스

지금까지 살펴본 것처럼 '인류사'라는 혁신적인 역사학 분과를 만든 이 계몽주의 학자는 동시에 계몽사상가들의 인종 담론을 혁신시켰다. 인간을 새롭게 이해하기 위한 과학적 인종 담론은 마이너스에 의해 인간을 새롭게 차별하기 위한 인종주의 담론으로 전환되었다. 그에 의하면 자유, 계몽, 유능함, 업적 등은 오로지 자연적인, 즉 인종적인 불평등과 이와 상응하여 정치적·사회적 불평등이 존중될 때만이 가능하다는 것이다. 이렇듯이 마이너스는 인종적 구별과 정치·사회적 위계질서를 하나로 통합하여 표상하면서, 인종 개념을 인간의 불평등성을 전제로 한 위계적 정치·사회질서를 정당화하기 위한 도구로 사용했다.[99] 구체적으로 그의 인종주의는 정치적으로 봉건적·반민주적, 반유대주의적, 반가톨릭·친프로테스탄트적인 함의를 내포하고 있었을 뿐만 아니라, 단순히 유럽중심주의와 식민지 인종주의를 넘어서서 유럽 내 각 민족의 불평등성에 기초한 게르만 우월주의라는 훗날의 민족주의적 인종주의를 선취하고 있었다.

또한, 마이너스는 19/20세기 전환기에 등장할 여성혐오사상도 선취하고 있었다. 그는 열등한 인종을 여성화시키면서 우월한 인종의 남성성을 강조했다. 예를 들어 몽골 인종의 완고함, 이기심, 공감능력 없음 등의 부도덕함을 지적하면서, 이 인종을 "극도의 여성적 비겁함"을 가진 자들로 규정한다.[100] 이러한 성차별주의적 관점은 유럽 내의 민족들을 묘사할 때도 마찬가지이다. 그는 프랑스 및 남유럽 민족들을 "여성화된 라틴 인종"으로 규정하면서, 그 대척점에 아름답고 "남성적인" 독일성을 대비시킨다.[101]

더 나아가 마이너스는 인종주의적 진보사관의 관점에서 백인과 유색인의 혼혈을 통한 역사와 문화의 진보를 주장하는 한편, 통제되지 않은 잘못된 인종 간 혼혈이 가져다줄 폐해도 충분히 인식하고 있었다. 앞서 살펴본 것처럼 가톨릭 신도가 주류인 독일 남부 지방에 대한 그의 언급에서 이를 확인할 수 있다. 이처럼 마이너스에게서는 아직 맹아적 단계이긴 하지만 인종적 진화의 관념도 발견된다. 아직 사회다윈주의와 우생학이 존재하지 않던 시대에 그는 사회다윈주의자들과 우생학자들의 문제의식을 선취하고 있었다고 할 수 있다. 위와 같이 모든 점을 고려해볼 때, 일반적으로 고비노를 인종주의의 아버지라 부르지만, 마이너스야말로 진정한 근대 인종주의의 아버지라고 할 수 있다.

마이너스는 민족이나 종족이 아닌 인종이 단위가 된 인류학적 세계사 서술을 시도했다. 그는 자연사와 문화사의 결합 속에 인간을 전 지구적 맥락에서 지구 탄생의 시기로부터 현재에 이르기까지 탐구하려는 야심찬 기획을 추구했다. 그럼으로써 역사와 세계의 목적을 형이상학적·신학적으로 탐구하려 한 종래의 목적론적인 보편사와는 달리 인간 또한 그 일부에 지나지 않는 영원불변한 자연의 질서가 지배하는 무목적적인 경험 세계의 민낯을 드러내려 했다. 그렇다면 그가 발견한 역사의 진리, 즉 역사탐구를 통해 드러난 자연의 질서는 무엇이었을까? 그는 앞서 언급한 것처럼 자유, 계몽, 유능함, 업적 등은 오로지 자연적인, 즉 인종적인 불평등과 이와 상응하여 정치적·사회적 불평등이 존중될 때만이 가능하다고 했다. 이와 같이 그는 인종적·정치적·사회적 불평등이 역사적 진보의 전제조건이자 원동력이라고 확신하고 있었다.

그러나 마이너스의 역사서술은 이러한 새로운 시도와는 달리 전통적인 역사 개념에 포박되어 있었다. 그는 아직 미래까지 포괄하는 끊임없는 진보 (혹은 몰락)의 과정으로서의 '역사 자체'라는 개념을 자신의 세계사 서술에 결합할 수 없었다. 그는 말한다. "역사란 대상들이 무엇인가 혹은 무엇이었는가, 그것들이 무슨 활동을 했고, 무엇에 시달렸는가에 대한 진실된 이야기이다." 이어서 인류사가 교훈을 줄 수 있음을 강조하고 있다. 이처럼 마이너스는 역사란 (현재까지 이어지는) 과거에 대한 진실된 이야기이며, 후세에게 교훈을 준다는 전통적 역사 개념을 되풀이하고 있다.[102]

이는 마이너스의 인종주의가 비록 새로운 인류학적 세계사 서술을 통해 이론화되기는 했으나, 아직 '역사 자체'를 성찰하는 역사철학적 차원으로 심화되지 못했음을 뜻한다. 인종주의 역사철학은 19세기 중엽 그의 인류학적 세계사를 세계문화사로 발전시킨 클렘(Gustav Friedrich Klemm, 1802~1867)의 『인류문화사 일반』과 고비노의 『인종불평등론』이 간행되면서 비로소 시작되었다.

## 제2부

# 혁명의 시대와 염세적 인종주의 역사철학의 탄생

## : 아르튀르 고비노를 중심으로

**대서양 혁명의 시대**
'대서양 혁명'이라는 용어는 18세기 말 아메리카 독립혁명과 프랑스 혁명을 필두로 아메리카 대륙과 유럽에서 상호 영향하에 일어난 일련의 혁명들을 의미한다. 그림은 중남미 최초로 유럽의 식민 지배에서 벗어나 공화국 건설(1804)을 이룬 아이티 혁명을 묘사한 것으로, 1845년 폴란드 화가 수호돌스키(January Suchodolski)가 그린 〈생도맹그 야자수 언덕 전투〉이다.

# 반혁명세력의 문명비판과 인종이론의 결합

19세기 전반기는 혁명의 시대였다. 유럽과 아메리카 대륙은 아메리카 독립혁명과 1789년의 프랑스 혁명에서부터 중남 아메리카의 독립혁명, 1830년의 프랑스 7월 혁명과 벨기에 혁명 등을 거쳐, 1848년의 국제혁명에 이르기까지 이른바 '대서양 혁명'의 열기 속에 휩싸였다. 이를 통해 자유주의, 민주주의, 민족주의, 나아가 사회주의라는 새로운 시대정신의 거센 파도가 연쇄적으로 밀려와 구시대와 구체제를 붕괴시키고 있었다. 이러한 정치혁명의 와중에 사회적으로는 산업혁명의 진행 속에서 도시화와 인구 밀집화, 이민의 급증을 통해 노동계급을 필두로 새로운 대중이 빠른 속도로 출현하고 있었다. 이 모든 혁명적 변화들은 교회와 귀족이 다스리는 농촌적이고 목가적인 전통적 사회질서를 급속히 무너뜨리고 있었다.

이와 같은 정치적·사회적 상황에서 수세에 몰리고 있다고 느꼈던 구체제의 옹호자들은 시대 전반의 몰락을 예견했다. 이들 왕당파, 봉건주의자, 가톨릭교회의 대변자들 사이에서 염세주의적인 근대 문화/문명을 비판하는 목소리들이 터져나왔다. 시민계급 출신의 봉건주의자이자 독일 법학자인 폴그라프(Karl Friedrich Vollgraff, 1794~1863)는 유기체론에 입각하여 이미 쇠락의 노년기에 접어든 세계문화의 역사는 인류 국가들의 점진적인 도덕적 죽음의 역사라는 염세주의적 보편사 체계를 설계했고, 독일의 가톨릭교도이자 고전문헌학자인 라자울크스(Peter Ernst von Lasaulx, 1805~1861)는 군주정과 교회에 대한 깊은 충성심 속에서 진보를 조롱하며 다가올 유럽의 죽음을 역사철학적으로 예견했다.[1]

이런 염세주의적 문명비판에 이들보다 훨씬 어린 프랑스의 고비노(Joseph Arthur Comte de Gobineau, 1816~1882)도 참여했다. 귀족을 너무나 사랑하여 스스로에게 백작 작위를 준 고비노는 동양학자이자 외교관이면서, 작가, 언론인, 시인, 예술가로 활동했던 전방위적 지식인이었다. 족적이 방대한 지식인의 삶은 다층적이고 그가 걸었던 삶의 의미는 다양한 스펙트럼을 갖고 있다. 그는 낭만주의적 근대 문명비판가일 뿐만 아니라 때로는 오리엔트에 정통한 문화적 상대주의자로, 때로는 식민주의에 반대한 비주류 지식인으로 평가된다. 그러나 그는 무엇보다 근대 인종주의의 역사에서 기념비적 인물로 기억되고 있다. 그는 흔히 "인종주의 이데올로기의 아버지"(비디스),[2] "근대 인종주의의 아버지"(기든스),[3] 나아가 "인종주의의 아버지"(레비스트로스)[4] 등으로 호명된다. 이는 '인종의 불평등'을 전면에 내세운 그의 주저 『인종불평등론(Essai sur l'inegalité des races humaines)』(전4권, 1853~1855) 때문이다. 한나 아렌트는 이 책이 19/20세기 전환기에 들어와 여러 인종이론의 기본서가 되었음을 지적하면서, 그의 인종주의 이론을 전체주의의 중요한 기원 가운데 하나로 다루고 있다.[5] 이렇듯이 고비노는 훗날의 여러 인종주의적 정치 이데올로기들, 예를 들어 인종주의적 반유대주의, 범게르만주의, 나아가 나치 독일의 인종주의 정치학의 선구자로 평가받아왔다.[6]

물론 거의 모든 역사연구 분야에서 항상 그러하듯이 고비노에 대한 이러한 전통적 평가를 비판하는 수정주의적 시각들도 존재한다. 고비노와 히틀러의 인종정치학 사이에는 직접적 관련이 없다는 전통적 수정주의부터, 고비노를 특정한 정치적 의도를 지닌 유별난 인종주의자라기보다는 당시 지식인 사이에서 일반적이었던 (과학적) 인종이론가 중 하나로 상대화시키거나, 속류 고비노주의와 고비노의 사상을 구별하려는 경향, 심지어는 고비노 연구의 최고 권위자 중 하나인 브와셀(Jean Boissel)처럼 그를 프랑스의 오리엔탈리스트이자 낭만주의 작가로 재인식하려는 시도 등이 그것이다.[7] 그러나 상기한 수정주의적 해석들은 고비노의 인종이론이 끼친 지대한 영향을 강조하는 기존 연구들을 비판하는 데 초점을 맞추고 있을 뿐, 그의 인종이론이 어떤 점에서 이전의 것과 다른 새로움을 갖고 있으며, 이러한 새로움은 근대 인종주의의 역사에서 어떠한 역사적 의미를 지니는가에 대해서는 별 관심이 없다.

　이 책은 고비노에 대한 이러한 모든 기억들과는 달리 그가 계몽사상기의 인종 우월주의와 제국주의 시기, 특히 19/20세기 전환기의 인종 증오주의를 매개하는 인물이란 점을 부각시키고자 한다. 그는 인종주의의 아버지가 아니라 인종주의의 매개자였다. 그의 『인종불평등론』은 프랑스 귀족의 인종 우월주의를 염세주의적 색깔을 입혀 체계화했으며, 이를 통해 훗날의 민족주의적·제국주의적 부르주아지의 인종 증오주의에 커다란 영감을 주었다.

　또한 강조되어야 할 것은 고비노가 결코 독창적인 인종이론가가 아니었다는 사실이다. 고비노의 역사철학은 내용적으로 인류학, 언어학, 역사학 등 당대의 다양한 학문적 성과의 종합이었다. 이런 점에서 미국 역사가 모스는 고비노를 "인종주의의 조합자"라고 불렀다.[8] 나아가 인종론적 역사철학이라는 장르 자체도 고비노가 발명한 것이 아니라 당대에 유행한 특정 패턴의 역사관을 차용한 것이며, 그나마 스코틀랜드의 녹스나 특히 독일의 클렘의 역사철학과 유사한 서사 틀을 지니고 있었다.

그럼에도 불구하고 고비노의 역사철학은 염세주의적 문명비판, 귀족의 인종주의, 반민주적·반혁명적인 정치·사회사상을 당시로서는 새로웠던 인종이론과 결합시킴으로써, 구체제와 봉건적 신분질서를 옹호한 당대의 보수반동 이데올로기를 근대화하는 데 결정적으로 기여했다. 제2부에서는 고비노 인종주의의 이러한 특징을 상론한다. 여기서 특별히 고비노 인종주의의 상기한 요소들 사이의 관련성을 촘촘히 분석하기 위해 그의 생애사가 집중적으로 조명될 필요가 있다. 고비노 스스로도 밝혔듯이 『인종불평등론』의 집필 동기가 결코 객관적인 탐구정신이 아니라 자신의 혈관 속에 어떤 피가 흐르는가를 알기 위해서였다는 점을 상기한다면, 그가 어떤 삶을 살았는가를 살펴보는 것은 중요한 의미를 지닌다.[9]

# 01

## 고비노 역사철학의 개념사적 배경
### : 역사 용어로 정착한 '인종'

혁명의 시대는 자유와 평등을 향한 인간 해방의 시기였지만, 역설적으로 근대 인종주의의 이론적·과학적 토대가 완성된 시기이기도 했다. 이 기간 동안 해부학에 기초한 형질(자연)인류학이 심리, 철학, 문화, 정치, 사회, 역사 등의 영역으로 확대되어 실증주의적이고 유물론적인 인간과학 일반으로 발전했다. 특별히 언어학 연구 또한 이러한 실증주의적 인간과학에 편입되었다. 이제 '게르만', '슬라브', '로망' 등 언어학적으로 정의된 집단이 인종적 단위로 불리기 시작했고, '아리아족(인도게르만어족)', '셈족' 등 대언어군을 지칭하던 용어들 또한 인종을 지칭하는 개념으로 사용되었다.[10] 이 과정에서 '인종'이 자연사와 형질(자연)인류학이 주도한 생물학적 인종 담론의 기본 용어에서 정신과학, 심지어 역사학까지 포괄하는 근대 학문 일반의 학술용어로 정착했다. 이와 상응하여 역사에 대한 인종론적 해석 또한 많은 사람에게 완벽한 과학적 가설로 받아들여졌다.[11]

이와 같은 인종 담론의 변화, 즉 생물학적 담론에서 인문사회과학 전반을 아우르는 담론으로의 진화 현상을 통해서 우리는 마이너스의 세대와 마이너스 사후 6년 뒤에 태어난 고비노의 세대 간에는 인종문제에 있어서 모호하긴 하지만 무시할 수 없는 차이가 있음을 알 수 있다. 앞서 살펴본 블루멘바흐의 마이너스에 대한 비판에서 잘 드러나듯 계몽사상가들은 일반적으로 인종의 신체적 특징을 정신적 특징, 즉 도덕적·지적 소질과 결부시키는 것에 대해 상당히 조심스러웠고, 인종적 특징도 궁극적으로는 자연환경에 종속된다는 환경결정론적인 입장을 취하고 있었다. 그러나 19세기 전반 '인종'이 학문 일반의 기본 용어로 정착되었다는 사실은 당시 유럽인의 지적 분위기가 계몽주의의 인류보편사상으로부터 상당히 멀어졌음을 보여준다.

구체적으로 언급하자면, 19세기 전반에 확장된 인류학, 즉 인간과학의 발전 속에서 '아름다움'과 '추함'이라는 해부학적이고 심미적인 기준에 입각하여 백인종과 유색인종("몽골 인종")의 지적·도덕적 능력의 우열을 질서지운 마이너스의 인종결정론적 입장이 점차 우세해져갔다. 프랑스의 약학자 비레(Julien-Joseph Virey)는 마이너스를 프랑스에 소개한 것으로 유명하다. 그는 『인간 종의 자연사』(1801), 『자연사의 철학』(1835), 『철학과 관련한 심리학』(1844) 등의 저서를 통해 자연철학, 인류학, 사회위생학, 심리학, 생리학 분야에 마이너스의 인종론을 적용했다. 문화인류학과 각 민족의 신체적, 도덕적, 지적 능력을 연구하기 위해 민족학(ethnology) 연구학회를 창설한 조프레(Louis François Jauffret) 또한 마이너스의 인종론에 몰두한 프랑스인 가운데 한 사람이었다. 영국에서도 자연연구가 에드워즈(William F. Edwards)는 모든 민족의 인종적 특징, 언어, 육체적·도덕적 능력을 탐구하기 위한 민족학 학회를 세웠는데, 이때 민족학 연구를 위해 마이너스의 이론을 전례로 삼았다.[12] 그는 블루멘바흐의 형질(자연)인류학적 인종 개념을 역사연구에 적용하기 어렵다는 문제의식에서 '자연사적 인종'과 구별되는 '역사적 인종' 개념을 만들

어냈다.[13]

"영국의 고비노"라 불리는 스코틀랜드의 해부학자 녹스 역시 고유의 언어, 예술, 학문을 발전시킨 모든 문명/문화의 시원에 인종이 있음을 강조한 『인종들(Races of Men)』(1850)을 서술하면서, 마이너스의 견해를 상당 부분 차용했다. 이는 "인종이 전부이다. 문명은 인종에 달려 있다"[14]는 녹스의 슬로건에서 명백하게 드러난다. 더 나아가—특별히 우리의 논의를 위해서는 더 중요한데—마이너스의 이분법적 우열 인종의 구분은 아래에서 자세히 언급할 독일의 문화사가이자 도서관 사서로서 10권으로 구성된 방대한 『인류문화사 일반(Allgemeine Kulturgeschichte der Menschheit)』(1843~1852)을 저술한 클렘에게도 차용되었다. 그는 형질(자연)인류학자 블루멘바흐의 인종 구별을 차용하여 인류를 기본적으로 코카서스(백인), 몽골(황인), 에티오피아(흑인), 아메리카(홍인) 인종이라는 4대 인종으로 나누었다. 동시에 그는 마이너스의 견해를 발전시켜 인류를 '능동적' 인종(그 절정에 게르만 혈통이 있고, 이 밖에 페르시아인, 아랍인, 그리스인, 로마인 등 여타의 코카서스 인종)과 '수동적' 인종(몽골인, 니그로, 이집트인, 핀족, 힌두족 등)으로 나누고 "인종 간 불평등이 세계사의 본질적인 동력"임을 주장했다.[15]

인간탐구를 위한 필수적·이론적 범주로서 '인종'이 핵심적 요소라는 생각과 이에 기반한 과학적 인종주의는 마이너스의 직접적 영향을 받지 않은 학자들에게서도 발견된다. 영국의 외과의사이자 민족학자(Ethnologist)인 프리차드(James C. Prichard)는 『인류의 몸 역사에 관한 연구』(1836~1847)를 저술했는데, 여기서 그는 블루멘바흐의 인종 구별법을 따랐음에도 불구하고 사람들을 해부학적 특징뿐만 아니라, 이를테면 언어 등을 포함한 모든 특징을 결합하여 연구했다. 그는 인종을 대언어군에서 언어군을 거쳐 민족에 이르는 다양한 차원의 인간 단위와 결합시켰는데, 이를테면 "민족의 인종"이라는 이상한 신조어를 사용했을 뿐만 아니라, '아리아 인종'(대어족), '켈트 인종'(어족), '독일 인종'(민족) 등과 같이 일관성이 떨어지는 인종 분류를 시도했다.[16] 독일의 의학자 카루스(Carl Gustav Carus)는 셸링(Friedrich W. Schelling)의 자연철학 담론 속에 '인종'을 도입했다. 그는 『관상학의 체계』(1838)에서 블루멘바흐의 5대 인종을 수정하여, 인류를 4대 인종으로 나누었다. '낮의 인종'(유럽인), '밤의 인종'(흑인), '아침의 인종'(몽골인), '황혼의 인종'(아메리카인)이 그것이다. 물론 그는 이러한 구별을 통해 유럽인의 우수성과 세계사적인 지도자로서의 사명을 강조하고자 했다.[17] 프랑스의 쿠르테 드 리슬(Victor Courtet de l'Isle)은 『인간과학을 기반으로 한 정치과학』(1837)에서 백인종—특히 게르만 인종—의 우월성을 해부학적 견지에서뿐만 아니라 역사적이고 문명적인 견지에서 증명하고자 했다.[18]

이러한 과정에서 '인종'이 '민족' 및 '종족' 등과 서로 섞이게 되었다. 이러한 인종 용어의 모호한 사용 관례는 무엇보다 이 용어가 역사서술에 도입되면서 더욱 심해졌다. 지금까지 살펴본 바와 같이 '인종'을 특별히 역사연구에 도입하려고 시도한 이는 클렘과 같은 몇 안 되는 예외를 제외하면 대부분 자연과학자나 의사들이었다. 이 시기 독일의 경우 전문 역사가들은 '인종'을 역사서술에 도입하는 것을 주저했다.[19] 반면 특별히 프랑스에서는 전문 역사가들 사이에서 '인종'이 역사서술을 위한 용어로 부각되었다. 역사를 '인종 간 투쟁'으로 정의하고, '인종'과 '계급'을 동일시하면서 지배 인종과 피지배 인종의 불평등성을 강조한 티에리(Augustin Thierry)에서부터 '인종'을—크건 작건 간에— 역사진행에 대한 설명을 위해 무시할 수 없는 요소로 파악한 샤토브리앙(François-René de Chateaubriand), 기조(François Pierre Guillaume Guizot)

등을 거쳐, '단지 선사시대 및 상고시대의 역사에 있어서만 인종이 역사적 요소'로서 중요하다고 본 미슐레(Jules Michelet)에 이르기까지 그 입장은 다양했지만, 역사서술을 위해 '인종'은 이제 무시할 수 없는 범주가 되었다. 더 나아가 19세기 중엽 이후로도 '인종'은 논쟁적이긴 하지만 기본적인 역사학 용어로 기능했다. "인종은 단지 역사의 산물일 뿐이며, 역사의 요소가 될 수 없다"는 퓌스텔 드 쿨랑주(Fustel de Coulanges)의 단호한 입장 표명을 통해 역설적으로 우리는 '인종'이 무시할 수 없는 역사학적 가설로서 받아들여졌던 19세기 프랑스 역사학계의 분위기를 추론할 수 있다.[20]

당대의 이러한 지적 분위기를 고려한다면 인종론에 입각하여 역사를 해석한 고비노의 『인종불평등론』은 그다지 유별나거나 새로운 것은 아니었다고 할 수 있다. 우리는 이미 인류학과 문화사를 결합한 마이너스에게서 인종론적 역사해석의 선구적 사례를 보았다. 그럼에도 불구하고 고비노의 『인종불평등론』은 '전체 역사' 혹은 '역사 자체'의 보편적 의미를 성찰함으로써 인종론적 역사해석을, 특별히 인종주의적 성격의 역사해석을 일종의 근대적 역사철학의 단계로 끌어올렸다는 점에서 당대의 기념비적 작품이라 할 수 있다. 이 저작은 훗날 독일에서 그 의미가 재발견되기 이전에 이미 그와 동시대인이었던 르낭(Joseph Ernest Renan), 텐(Hippolyte Taine) 등의 역사서술에 직접적 영향을 끼쳤다.[21] 물론 고비노가 역사철학을 정초하거나 발전시킨 것은 아니다. 그는 '인종'을 역사철학과 성공적으로—아마도 가장 성공적으로—결합시켰을 뿐이다.

늦어도 18세기 중엽에 시작된 역사적 사건과 사실에 내재한 보편적 맥락, 다시 말해 '역사 자체', 혹은 집합단수 '역사'에 대한 사유와 성찰은 18/19세기 전환기가 되면 역사철학으로 체계화되고 이론화되었다.[22] 전통적으로 역사란 과거의 사건이나 행위, 과거 사실과 상태 등을 사례로 취해 도덕적 교훈을 얻으려는 서사 양식을 의미했다. 그러나 이제는 '역사 자체'라는 역동적이며 통일적인 전체가 부각되면서 역사는 무엇보다 역동적 진행, 즉 끊임없는 변화 과정이라는 의미를 갖게 되었다. 특별히 역사철학은 역사가 항구적 변화와 진행 과정이라면, 무엇이 그러한 역사의 '이념', '원동력', '원리', '경향성'인가, 더 나아가 무엇이 역사진행의 '필연적 법칙'과 '궁극적 목적'인가 등을 성찰의 주제로 삼았다.[23] 예를 들어 헤겔(Georg Wilhelm Friedrich Hegel)은 사후 1837년에 출판된 『역사철학 강의』에서 이 강의의 대상은 세계사로부터 취해진 "내용들을 사례들로서 탐구하고자 하는 세계사에 대한 보편적 성찰들이 아니라 세계사 자체"임을 천명하면서, 세계사를 절대정신(이성)이 자유를 향해 나아가는 '과정'이라고 정의했다. 그리고 변증법적 발전을 이러한 진보 과정의 법칙으로 이해했다.[24]

헤겔에서도 알 수 있듯이 끊임없는 변화 과정으로서의 역사는 기본적으로 미지의 미래를 향해 열려 있는 '진보'와 동일시되었다. 그러나 '진보'는 단순히 단선적 진보를 의미하는 것이 아니었고 고대부터 표현되었던 '퇴보/몰락'과 결합되어 사용되었다. 일시적으로 '퇴보/몰락'이 일어나고, 이는 또다시 더 빠른 진보의 계기가 된다는 낙관론부터, 역사가 진보하면 할수록 — 예를 들어 루소나 칸트가 강조하듯이 테크놀로지 및 물질문명의 진보와 도덕의 진보가 서로 불일치한다는 생각에서 — '퇴보/몰락'의 위험성도 점증한다는 비판론을 거쳐, 관점에 따라 어떤 이에게는 특정한 '진보'가 다른 이에게는 '퇴보/몰락'을 의미한다는 상대주의적 주장도 끊임없이 지속되었다. 또한 '퇴보/몰락'과 관련하여 "탄생, 성장, 죽음", "유년기, 청년기, 장년기, 노년기", 혹은 "사회적 질병" 등 생물학적 유기체에 빗댄 고대 이후 계속된 은유도 지속적으로 표현되었다.[25] 이렇듯이 '진보'와 '퇴보/몰락'은 상호 밀접한 관련을 맺은 채 근대 역사철학적 성찰의 주요 범주로 작용했다.

특별히 고비노의 역사철학적 인종이론은 18세기 중반 이후 형성된 특정한 패턴의 역사관에 근거하고 있었다. 고비노는 이러한 특정 양식의 역사관을 역사철학적으로 이론화시켰을 뿐이다. 우리는 제1부에서 18세기 중엽 이후 유럽 지식인 사이에서 세계사 열풍이 불었으며, 이러한 가운데 역사지식의 시간적 지평이 머나먼 과거로 확대되었고, 이와 더불어 전문적인 인류학적 세계사, 특히 '인류사'가 출현했다는 것을 살펴보았다. 그런데 역사지식의 시간적 지평의 확대는 또 다른 의미 있는 결과를 낳았다. 세계사를 '정복민'과 '피정복민'을 양대 범주로 하여 그 시원에서부터 해석하는 새로운 패턴의 역사관이 출현한 것이다. 지금까지 언급한 고비노에게 영향을 끼친 19세기 전반기의 양대 지적 조류, 즉 한편으로 형질(자연)인류학의 인간(과)학 일반으로의 확대와 이로 인한 생물학적 인종 개념의 근대 학문 전반의 기본 개념으로의, 특히 역사서술의 기본 개념으로의 진화, 다른 한편으로 '역사 자체'에 대한 성찰 및 역사철학의 발전이라는 현상도 역사지식의 시간적 지평이 확대되었기 때문에 가능한 것이었다.

'정복민'과 '피정복민'을 양대 범주로 하는 새로운 역사관은 여러 민족의 흥망, 한 민족의 다른 민족에 의한 정복, 새로운 지배자에 의한 정복된 사회의 조직, 정복민과 피정복민의 융합, 정치적 사회의 단계적 성장 등을 밝히려 했다. 이러한 새로운 역사관은 무엇보다 민족 이동과 이주로 점철된 선사시대 및 상고시대, 고대 그리스와 고대 게르만족의 시대에 주목했고, 여러 정복민에 의한 정치적 단위의 토대 형성에 관심을 가졌다.[26]

바로 이러한 새로운 패턴의 역사관에 '인종' 개념이 들어왔다. 역사의 드

라마에 출현한 정복민들과 피정복민들은 서로 다른 인종적 기원을 가진 것으로 파악되었고, 이주와 정복의 역사들은 인종적 견지에서 해석되었다. 역사의 진행 과정은 인종적 정복과 융합의 과정으로 해석되었다. 예를 들어 앞에서 언급한 쿠르테 드 리슬은 "위대하고, 강하고 아름다운 인종"인 게르만족이 이동하여 로마제국을 만들었던 인종들에 대해 승리했으며, 이후 인종혼혈과 사회적 융합이 일어났고, 이로부터 기독교, 즉 평등과 혁명의 정신이 나타났다는 식으로 서술했다.[27] 또한, 앞서 언급한 티에리에게서도 인종적 정복과 혼혈이 중심이 된 역사해석의 사례를 찾을 수 있다. 그는 영국사와 프랑스사를 '인종 간 투쟁'으로 보고 정복-지배 인종과 정주-피지배 인종의 불평등성을 강조했다.[28] 특히 그의 프랑스사 해석은 '정복 인종인 게르만(프랑크)족'과 '피정복 인종인 켈트(갈로-로마Gallo-Roman)족'의 대립이라는 보다 오래된 역사관에 근거하고 있는데, 이에 대해서는 뒤에서 상세히 언급할 것이다. 여기서는 다만 이러한 역사관이 티에리 이외에도 샤토브리앙, 기조, 미슐레 등에게서도 발견된다는 점을 강조하고자 한다.[29]

마침내 1850년대가 되면 이러한 패턴의 역사관에 입각해 세계사를 체계적으로 해석한 역사철학서들이 등장한다. 그것이 앞서 언급한 클렘의 『인류문화사 일반』과 고비노의 『인종불평등론』이었다. 푀겔린은 이 저작들을 "지리상의 발견 시대를 요약한" 뷔퐁의 『자연사』와 견줄 만한 이 시기의 인종이론을 대표하는 기념비적 작품들이라고 평가한다. 클렘의 『인류문화사 일반』은 제1권이 고비노의 책보다 10년 전에 출판되었는데, 고비노는 비록 클렘의 능동적-수동적 인종 구분을 알고는 있었지만, 이 책을 직접 읽은 것 같지는 않다. 고비노는 이 책을 입수하지 못했다고 하면서, 클렘의 사상이 자신의 것과 관련이 있는지는 모르겠지만, "만약 우리가 같은 길을 개척했다면,

구스타프 클렘(1802~1867)

아르튀르 고비노(1816~1882)

우리는 같은 진실에 도달할 것임에 틀림없다"고 말하고 있다.[30] 이와 같이 둘 사이에는 직접적인 교류가 없었음에도 불구하고 흥미롭게도 기본적인 명제에서 다음과 같은 공통점이 발견된다.

(1) 역사상 모든 중요한 문명/문화의 기초는 인종과 공생관계에 있다.

(2) 인류는 두 종류로 나뉜다. 강한 인종과 약한 인종(고비노) 혹은 능동적 인종과 수동적 인종(클렘)이 그것이다.

(3) 인종들은, 최소한 능동적 인종들은 이동한다.

(4) 이동이 발생하면 수동적이고 정주하는 인종들은 능동적 인종들에 의해 정복당한다.

(5) 정복의 결과 인종들은 공생관계에 들어가는데, 이 관계는 혼혈이나 절

멸에 의해 탁월한 집단인 능동적 정복 인종의 소멸로 끝난다.

(6) 능동적 인종이 소멸되면, 그때는 통치권을 둘러싼 긴장이 사라지고 평등한 형태의 사회가 확립될 것이다.[31]

역사진행에 대한 이러한 윤리적이고 형이상학적인 평가는 직접적으로 당대의 정치·사회적인 현실인식과 문제의식의 소산이었다. 두 사람 모두는 평등주의적 경향과 대중의 출현으로 요약될 수 있는 혁명의 시대에 대한 경험과 미래에 대한 기대를 이러한 역사해석을 통해 표현했다. 그런데 고비노와 클렘의 인종사관은 기본 명제를 공유하고 있었음에도 불구하고 그 내용에 있어서는 명백히 모순된다.

클렘은 앞서 언급했다시피 인류를 능동적 인종(그 절정에 게르만 혈통이 있음)과 수동적 인종(몽골인, 니그로, 이집트인, 핀족, 힌두족 등)으로 나누고, 전자는 남성적 유형을, 후자는 여성적 유형을 각각 대표하는 것으로 규정했다. 그에 의하면 빙하기 이후로 여성적·수동적 인종에 속하는 민족들이 가장 먼저 지구에 거주했는데, 훗날 히말라야 지역에서 출현하여 팽창하던 남성적·능동적 인종에 의해 침략을 당했다는 것이다. 남성적·능동적 인종에 속하는 민족들은 인구수에 있어서는 여성적·수동적 인종에 속하는 민족들에 비해 훨씬 적지만 의지, 지배하려는 정신, 자유의 감각 등 고유한 특징을 갖는다. 이들의 정신은 그저 온순하고 모방의 능력만을 지닌 후자와 반대로 역동적이다. 반면 몽골 인종이 대표하는 후자는 외모에 있어서도 이마가 발달하지 못하고 코는 길지만 두드러지지 않는 등 전자보다 열등하고, 비록 이들이 빠르게 발전하고는 있지만, 정신적으로도 전자보다 훨씬 게으르고 진보를 두려워한다는 것이었다.[32]

그러나 클렘은 계몽사상의 영향을 받은 독일의 자유주의자요, 민주주의자였다. 그는 구체제의 붕괴를 환영했고, 평등주의적 민주주의의 성장에서 역사발전이 최고조에 달했다고 생각했다. 그는 정복과 공생관계를 결혼과 상응하는 현상으로 해석했다. 클렘은 두 인종의 융합 과정이 서로 통합된 평등사회로 귀결될 것이고, 바로 그때 역사가 완성된다고 주장했다.[33] 즉 인종 간 융합이야말로 "자연이 추구하는 목적의 실현"이라는 것이었다.[34] 이처럼 그의 인종론적 역사철학은 궁극적으로 민주주의의 승리와 인류 평등의 실현을 기대한 진보낙관주의를 표현했다는 점에서 특별히 인간의 불평등을 항구적인 자연법칙으로 강조한 엄밀한 의미의 인종주의 이데올로기에 충실했다고 볼 수는 없다. 다만 인종 편견과 백인종 우월의식, 세계사의 진보에 있어서 유럽인의 지도적 역할을 정당화하는 계몽주의적 유럽중심주의를 강하게 드러내고 있다는 것만은 확실하다.

반면 고비노는 뒤에서 살펴볼 것처럼 약한 인종에 대한 강하고 효율적인 인종의 지배가 유지되어야만 문명/문화적 가치가 안전하며, 반면 두 인종의 융합 과정, 즉 혼혈을 통한 지배 인종의 소멸 혹은 동화가 일어난다면 문명/문화가 몰락한다고 함으로써 인종의 불평등 상태야말로 문명/문화의 토대임을 강조했다. 이런 점에서 그의 역사철학은 철저히 인종주의적이었다.

또한 고비노의 역사철학의 근저에는 강한 염세주의가 자리 잡고 있었다. 그는 지배 인종의 소멸 혹은 동화에 의한 문명/문화의 몰락이라는 거역할 수 없는 역사진행 과정이 대단원에 다다랐을 때 서구 문명뿐만이 아니라 인류 전체가 몰락할 것이라고 예견했다. 이러한 염세적 역사철학은 귀족으로서 강한 계급의식을 가진 그가 구체제와 귀족 신분의 몰락, 그리고 귀족의 고상한 덕목(virtue)의 거부라는 혁명시대의 불가역적인 역사진행을 목도하고 경험했기 때문이다. 그렇다면 고비노의 계급의식과 혐오와 공포로 점철된 염세주의, 그리고 인종주의는 구체적으로 어떤 메커니즘 속에서 결합되어갔는지 그의 생애사를 통해 조명해보자.

# 02

# 귀족주의, 염세주의, 인종주의
# 자장磁場 안의 고비노[35]

아르튀르 고비노는 1816년 7월 14일 파리 근교의 빌다브레(Ville d'Avray)
에서 출생했다. 그는 귀족적 혈통에 집착하는 완고한 보수주의 왕당파 집안
에서 성장했다. 그의 친할아버지는 철저한 군주주의자였고, 아버지 루이는
프랑스 혁명 당시 왕당파에 가담한 인물로서, 나폴레옹 정부에서 왕실 근위
병의 장교가 되었다. 그 후 루이는 나폴레옹에게 반대하고 부르봉 왕조에 충
성을 버리지 않았다는 이유로 구금생활을 했을 정도로 충실한 왕당파였다.
고비노의 외가 역시 친가와 유사한 정치적 태도를 갖고 있었다. 외조부는 자
신이 루이 15세의 서자라고 주장하던 인물이다.

홍미로운 것은 고비노의 외가는 귀족의 성을 나타내는 'de'가 붙은 드 제
르시(de Gercy) 가문이었으나, 고비노의 가문에는 'de'가 없었다. 고비노 가문
은 실제로는 오랫동안 보르도 지방에서 기반을 쌓은 부르주아 집안이었으나,
이 가문의 구성원 가운데 일부는 이미 스스로의 이름에 'de'를 사용함으로써
자신의 가문이 귀족 가계임을 사칭하곤 했다. 아르튀르 스스로도 이러한 전
통에 따라 거리낌 없이 'de'를 씀으로써 자신이 프랑스 귀족의 일원이며, 스

스로를 완전히 귀족의 이해와 동일시하는 자기 망상을 즐기곤 했다.[36]

그러나 현실은 이러한 자기 망상과는 상당히 거리가 있었다. 고비노의 유년기와 소년기는 불행했고, 성년이 되어서는 끊임없이 경제적인 궁핍에 시달렸다. 한마디로 그는 사회적 낙오자 가정에서 성장했고, 스스로도 오랫동안 사회적으로 밀려난 자의 삶을 살았다. 아버지는 1815년 부르봉 왕조가 복고되었음에도 승진을 하지 못했고, 결국 실망감 속에서 1830년 7월 혁명으로 오를레앙 왕정이 들어선 1년 후 육군 중위로 예편했다.[37] 이후 고비노의 가족은 그다지 넉넉지 않은 연금으로 생활해야 했으므로 더욱 어려운 형편에 처하고 말았다. 엎친 데 덮친 격으로 부모의 결혼생활은 평탄하지 않았다. 유별난 성격의 어머니는 외도를 했고, 마침내 아버지는 이런 어머니와 이혼했다.

고비노는 14세 되던 해인 1830년에 어머니와 어머니의 애인이자 자신의 가정교사였던 쿠앙디에르를 따라 여동생 둘과 함께 스위스로 이주했고, 비엥에 있는 정규학교를 다녔다. 그러나 스위스에서의 생활은 불행했다. 가난한 생활이 이어졌고 무엇인가를 저질러보려는 어머니와의 대립이 계속되었다. 이러한 삶은 고비노에게 굴욕스러운 경험으로 기억되었다. 그러나 여동생들과의 관계는 무척이나 좋았다. 여동생 중 하나인 알릭스는 어려서 죽었으나 살아남은 카롤린은 그의 내면세계를 깊이 이해했고, 그녀와는 그의 생애 내내 친밀한 관계를 유지했다. 또한, 어머니가 애인과의 사이에 낳은 혼외자식 스잔느와도 애정 어린 관계를 유지했다. 1832년 말 고비노는 여동생들과 함께 프랑스로 돌아와 아버지와 함께 살게 되었다. 그러나 아버지가 바라던 생시르 육군사관학교의 입학시험에 떨어지고, 문사가 되기 위해 로리앙과 르동에 있는 대학을 다녔다.[38]

이와 같이 7월 왕정의 시작은 고비노 가족에겐 불행의 심화와 연속을 의미할 뿐이었다. 이러한 가운데 감수성이 충만한 소년 고비노는 보잘것없는 현실로부터 도피하려는 성향을 갖게 되었다고 할 수 있다. 그 도피의 방향은 한편으로는 낯선 나라에 대한 동경이었고, 다른 한편으로는 무능한 아버지와는 달리 고귀한 혈통에 걸맞은 위대한 선조들에 대한 동경이었다.

고비노는 이미 스위스 시절 독일어와 동양의 언어, 정확히 말해 페르시아의 언어를 배웠으며, 로리앙과 르동의 대학을 다니면서 문학, 역사, 특히 동양학에 심취했다. 그의 정신세계는 프랑스의 경계를 넘어 라인강 동편의 독일로, 더 나아가 유럽을 넘어 동양으로 정향定向되었다. 특히 고비노의 페르시아 및 동양에 대한 애정과 관련하여 한때 그의 후원자였던 생 마르틴 자작부인은 18세 때의 그를 다음과 같이 회고했다. "그의 모든 동경은 동양으로 향해 있었다. 그는 오직 모스크와 첨탑만을 꿈꿨다. 그는 스스로를 메카로 순례할 준비를 마친 무슬림이라 불렀다."[39]

소년 고비노의 이러한 코스모폴리탄적인 동경심은 훗날 친독일주의, 더 나아가 문화상대주의로 발전하게 되었다. 1852년 고비노는 토크빌에게 보낸 편지에서 "철학, 신학, 나아가 학문 일반에 있어서 근대적 사상들의 원천"을 탐구하려면 무엇보다 독일이 중요하다는 것을 강조하고 있다. "독일의 대학들이 (중세를 제외하면) 우리의 대학들보다는 더 커다란 사회적 역할을 하면서", 이러한 학문들이 "다른 나라에서는 단지 생각의 진보에 봉사해온 반면, 독일에서는 진보가 더욱 직접적으로 실천과 관련이 있어왔다"는 것이다.[40] 타자에 대한 존중심은 독일의 사례에 그치지 않는다. 역시 토크빌에게 보낸 1843년의 편지에서 그는 파격적이게도 이슬람교에 대해 다음과 같이 말한다. "대다수는 '오늘날의 도덕이 가톨릭교회나 프로테스탄티즘에게만 속한 것'이라고는 말하지 않을 것입니다. 이교도인 무슬림 또한 가장 종교적인 기독교 은둔자만큼이나 높은 도덕적 성격을 갖고 있을 수 있습니다."[41]

특별히 고비노의 동양학에 대한 열정은 평생 지속되었다. 훗날 "오리엔트의 기독교도들을 투르크의 질곡으로부터 해방하는 것"을 목표로 『오리엔트 평론(Revue de l'Orient)』을 창간하려 했으며, 『페르시아의 시학』(1838), 『아시에서의 3년』(1859), 『페르시아의 역사』(전3권, 1865~1869), 『새로운 아시아』(1876) 등의 저술을 남겼다. 물론 그의 관심은 오리엔트나 독일에만 한정된 것은 아니었다. 그가 남긴 세계 곳곳의 사회·정치적 상황에 관한 많은 글들은 그의 인식 지평이 편협한 민족주의자의 그것을 뛰어넘고 있었음을 보여주고 있다. 고비노의 이러한 코스모폴리탄적 인식 지평은 프랑스 역사에 한정된 이제까지의 귀족들의 인종주의(게르만주의) 담론을 세계사를 대상으로 한 아리아 인종주의 역사철학으로 확장시키는 중요한 원천이 되었다.

소년 고비노의 또 다른 현실도피 수단은 자신의 혈통과 가문의 역사에 대한 집착이었다. 자신의 조상에 대한 과도한 동경 속에서 그는 언젠가는 가문의 역사를 쓸 것이라는 목표하에 자료를 모으기 시작했다. 그는 아버지의 무능함에 실망했음에도 불구하고, 가문의 전통에 따라 부르봉 왕가의 적법성과 가톨릭에 대한 충성이라는 편견을 이미 내면화시켰다. 특히 그는 프랑스혁명에 대해 절대적인 반대의 입장을 갖게 되었으며, 이후로 자신의 생일이 하필 바스티유 습격의 날이라는 것을 평생의 골칫거리로 삼았다. 이와 동시에 소년 고비노는 자기 가문의 고결한 혈통에 커다란 자부심을 가졌다. 그는 자신의 가문과 가문의 터전인 지방을 구체제의 봉건적 특권으로서의 '자유'를 유지하는 것과 결부시켰다. 그는 봉건주의의 황금시대에 속하는 이상들을, 즉 기사의 이상과 영웅의 정신, 가장 고귀하고 가장 위대한 꿈들을 받아들였다. 이러한 낭만주의적 중세주의에 도취되어 고비노는 심지어 마음속으로 '원탁의 기사' 이야기에 끌리게 한 자신의 이름 아르튀르(영어로는 아더)에도 특별한 자부심을 가졌다.[42]

1835년 고비노는 파리로 상경하여 문필업에 종사했다. 그는 수년간 우체국과 가스회사의 사무원으로 일하다가 1843년 전업 저널리스트로 전향하여 왕당파 일간지인 『일상(Quotidienne)』의 편집장으로 일했고, 이 기간 동안 왕당파들의 사교계에 진입하여 비슷한 생각을 가진 문인들과 교류했으며, 비록 경제적으로는 궁핍했으나 시, 드라마, 에세이 등 다양한 작품활동을 했다. 그는 1789년의 프랑스 혁명에 대한 증오 속에서, "역사 속에서 귀족을 찾는다. 우리 나라의 현재 속에서 귀족을 찾는다. 그러나 어느 곳에서도 발견할 수 없다"며 귀족의 몰락을 한탄했으며, '모두를 위한 자유, 질서, 안정'과 이를 유지하기 위한 귀족 엘리트의 능력에 대한 신뢰, '우리'야말로 "국민 자체"임을 주장하며 왕당파의 권리와 이해를 주장하고 또 주장했다. 그러나 이 잡지는 몇 년 못 가 결국 폐간되고 말았다.

한편, 고비노는 그가 전업 저널리스트로 전향하던 해에 평생의 멘토 토크빌(1805~1859)을 만난다. 이후 명망 있는 귀족 가문 출신으로서 보수적 자유주의 정치가이자 학자로 활동한 토크빌과의 우정과 교류가 계속되었다. 1848년 정치·경제·문화적으로 중앙집권화된 프랑스의 현실을 비판하면서 고비노는 토크빌과 함께 왕당파 잡지인 『지방평론(Revue provinçiale)』을 창간했으나 이 잡지 역시 예상 독자층이었던 시골 귀족과 지주들 사이에서 그다지 호응을 얻지 못하여 결국 폐간되고 말았다.[43] 고비노에게 이 잡지는 이른바 '지방십자군' 운동의 대의를 실천하기 위한 장이었다. 그에 의하면 이 운동은 유토피아를 실현하기 위해 "조상들의 유골들을 발뒤꿈치로 밀면서 미래로 돌진"하며 무질서와 현기증을 일으키는 상태를 지속시켜온 프랑스 혁명의 유산에 맞서 전통적 프랑스의 질서와 자유를 회복하기 위한 것이었다.[44] 특히 대도시로 성장하는 파리는 이러한 무질서와 현기증을 일으키는 온상이었다. 그곳에서의 인종 간 잡혼이 상징하듯 파리는 전통이 거부당하고 고향과 전통에서 뿌리 뽑힌 인구가 부유하는 곳이었다. 반면 "지방이야말로 기본적으로 프랑스"[45]였다.

이와 같이 청년 고비노는 파리에서 보수주의적 왕당파 지식인으로서의 성공을 추구했으나, 토크빌을 알게 된 것 이외에는 그다지 열망했던 성과와 행운을 얻지 못했다. 이러한 현실에 대한 좌절감은 그를 염세주의자로 만들었다. 두 번씩이나 부르봉 왕가를 배반한 프랑스는 이제 평범성의 나락으로 떨어지게 되었다는 것이다. 그리고 그 깊은 평범성은 부르주아지의 성장과 자유주의, 민주주의, 사회주의라는 혁명적 이념의 흥기 속에서 구체화되었다는 것이다. 그에게 1830년의 혁명이란 루이 필립의 왕가뿐 아니라 전체 사회를 위해서도 재앙을 의미했다. 그는 한탄하기를, 정부는 외교적으로도 무력하고, 사회는 "돈이 힘과 명예의 원리가 되었고, 돈이 영업을 지배하고 인구를 통제하며, 통치를 하고, 양심을 구원하는, 마침내 돈이 인간에 대한 존경심의 척도가 되어버린" 타락한 곳이 되었다고 했다.

그는 7월 왕정에 대해서도 적대적이었지만, 동시에 부르봉 왕가를 지지하는 자신이 속한 왕당파의 비겁함과 무책임성도 경멸했다. 1839년 아버지에게 보낸 편지에서 왕당파의 지도력 부족을 강조했고, "혁명세력의 편에 붙은" 성직자들의 변절에서 프랑스가 몰락하고 있다는 강력한 징후를 보았다. 그는 다음과 같이 강조했다.

우리의 불쌍한 나라는 로마제국이 몰락한 것과 같은 길을 걷고 있습니다. 더 이상 진정으로 귀족다운 귀족들이 존재하지 않는 이곳에서 한 국가가 죽어가고 있습니다. 우리의 귀족들은 자만심이 많은 겁쟁이, 바보들입니다. 저는 더 이상 그 어떤 것도 믿지 않고, 그 어떤 관점도 갖지 못합니다. (…) 우리에게는 열정도, 도덕적 에너지도 없습니다. 돈이 모든 것을 죽여버렸습니다.[46]

이처럼 고비노는 사회적 타락이 더욱 진전되고 있으며, 여기에는 한편으로 물질주의가, 다른 한편으로 귀족들의 쇠락이 작용하고 있다는 염세적 현실 진단을 내리고 있었다. 사회도덕을 주제로 한 토크빌과의 서신 교환에서 알 수 있듯이, 현재의 사회도덕에 대한 그의 평가는 가혹하다. "모든 것의 밑바닥에는 이기심이 있는 듯합니다. 첨언하자면, 이제 철학적 동기들이 이러한 이기심을 확대시키고 고상하게 만들고 있습니다. (…) 불행하게도 바로 이러한 점 때문에 현재의 체제가 허약하다는 것입니다."[47] 그런데 흥미롭게도 고비노는 적어도 1848년 중반까지는 가난한 자들에게 복지와 고등교육의 권리를 부여할 것을 진지하게 주장하는 등 인도주의적 관심과 생생한 사회적 양심을 잃지는 않았다.[48]

그러나 고비노가 문필가와 저널리스트로 활동하던 이 기간에 프랑스를 넘어 전 유럽으로 번진 1848년 혁명이 발발했다. 바로 이 사건을 통해 고비노의 사회·정치사상은 결정적으로 우경화되었다. 이후 보수주의는 반동주의로 더욱 완고해졌으며, 그의 귀족주의는 인종주의로 발전했고, 이와 상응하여 사회적 절망에서 비롯된 그의 염세주의는 더욱 심화되어 그의 종교인 가톨릭 신앙마저 잡아먹고 말았다.

고비노는 자유주의는 사회질서를 존중하지 않기 때문에 위험하다는 기본적 태도를 갖고는 있었지만, 한때는 오스만튀르크에 맞서 독립투쟁을 전개한 그리스의 자유주의자 카포디스트리아스(Capodistrias)를 존경하는 등 그의 반자유주의적 태도가 항상 엄격한 것은 아니었다. 그러나 1848년 이후로는 '질서와 위계서열이라는 진정한 자유'가 자유주의의 환상에 대해 맞서야 한다는 확고한 입장을 갖게 되었다. 또한 그는 평등주의적 이상은 자연스럽게 봉건질서 속에서 성장한 특권적 자유를 위협하고 있고, 완전한 평등은 환상에 불과하며, 평등지향적 정책은 모두의 하향평준화를 가져와 결국에는 테러와 독재로 끝난다고 경고하면서 민주주의를 반대했다. 그런데 이제는 민주주의 비판이—앞서 '지방십자군' 운동에서 언급했듯이—도시화 및 산업화, 중앙집권화 및 국가의 통제에 대한 비판, 마침내 사회주의의 공포와 종합적으로 연결되어 "나는 인민의 권력을 목숨을 걸고 적대시한다"[49]는 비장한 선언으로 발전했다.

1848년 이전에는 사회주의자들의 위협이란 고비노에게 현실적인 것이 아니었다. 상공업의 발전으로 인해 혁명이 일어나기 쉽지 않을 것이란 낙관적 기대 때문이었다. 같은 맥락에서 그는 물적 욕망에 종속되어 안정을 바라는 대중에 대한 낙관적 기대도 갖고 있었다. 그러나 이제 그는 '폭도들과 그들이 자행한 무질서'의 생생한 공포를 목도했다. 산업화와 도시화도 이제 이러한 폭력적 무질서를 증진시키는 온상으로 여겨졌다. 고비노의 시선은 파리의 폭동사태에서 벗어나 독일로도 향해졌다. 독일의 상황 또한 매우 심각했다. "농민들, 그곳에서 그들은 거의 야만인이다. 약탈과 방화, 학살—그런데 이것은 단지 시작일 뿐이다."[50] 동시에 그는 민족주의도 공격했다. 한때는 민중들이 민족적 이해관계와 관련한 문제에서 애국심이 부족하다고 비난했지만, 이제는 민족주의 운동의 자만심을 이유로, 특히 민족주의자들이 행하는 선동과 끝없는 오만함이 민주주의 사회에서 매력적인 것으로 인기를 끌고 있다는 이유로 민족주의를 비난했다.

이러한 정치·사회적 공포와 절망 속에서 고비노의 귀족 엘리트주의는 '인종'으로 채색되기 시작했다. 그에게 '인종'이란 원래 유럽 각국민의 '고유한 민족적 특징'과 동의어로 인식되었다. 그러나 이제 그의 인식 속에서 '민족'과 '인종'이 분리되었다. 그는 다음과 같이 말한다. 서사시 『망프리딘 (Manfredine)』을 준비하던 중 1848년 혁명이 발발하자 "나는 의식적인 게르만인, 귀족, 인종예언가"로 내면적 변화를 했다. 이는 "1848년 5월 루이 블랑 (Louis Blanc)과 르드뤼 롤랭(Ledru-Rollin)의 지도하에 폭력적 무정부 상태를 야기했고, 비로소 카베냐크(Cavaignac)에 의해 진압되었던 민중들은 다른 종류의 인종임을 보여주었다는 것을. 이념들이 거기에서 싸운 것이 아니라, 야만적 본능을 가지고 표어들을 통해 모여진 인간들이 지배적 문명에 대항해 봉기하였다는 것"을 깨달았다는 것이다.[51]

고비노의 귀족주의가 귀족의 인종주의로 변화했음은 혁명 발발 직후 완성된 『망프리딘』에 극명하게 드러난다. 선동가들, 봉기에 참가한 폭도들, 비겁한 에스파냐 귀족 및 시실리 농민들—이들 모두는 라틴 인종에 속하는 자들로서 타락한 사회의 결과물이다. 오로지 주인공인 시실리 백작부인 망프리딘만이 사회적 몰락 과정에 영웅적으로 대처한다. 그녀는 멀리는 바이킹에서 유래하고 중세에 시실리를 정복한 노르만(Norman)인의 후손, 한마디로 귀족적 인종의 후손이다.[52] 고비노는 주인공을 통해 자신을 표현했고, 얼마 뒤 스스로에게 백작 작위를 수여했다.

고비노가 소년 시절에 품었던 고귀한 혈통과 위대한 조상에 대한 낭만적 동경은 이제 자신이 스칸디나비아의 해적(바이킹)을 거쳐 오딘(고대 게르만 종교의 주신)에 이르는 혈통에 속하며, "나 역시 신의 종족이다"라는 확신으로 이어졌다.[53] 그는 마침내 1879년 평생의 숙원이었던 가문의 역사를 완성한다. 『노르웨이의 해적, 오타르 잘과 그 후손의 역사(Histoire d'Ottar Jarl, pirate norvégien, et de sa descendance)』(이하 『오타르 잘』)가 그것이다. 여기서 고비노는 자신의 가문을 10세기에 롤로(Rollo)와 함께 노르망디에 정착한 오래된 귀족 가문으로 미화한다. 그에게 오랜 게르만의 귀족 혈통을 지닌 가문의 역사는 작은 단위의 인종의 역사였다.[54] 『인종불평등론』이 세계사적 차원의 인종의 거시사라면, 『오타르 잘』은 인종의 미시사라고 할 수 있다. 다른 식으로 말하면, 후자가 순수한 가문의 역사라면 전자는 자신의 가문의 역사를 세계사적 차원으로 확대시켜 역사철학적으로 고찰한 것이라고 할 수 있다. 프랑스의 전통적인 '귀족의 인종주의'는 미완성으로 끝난 고비노의 『프랑스 민족학(Ethnograhpie de la France)』에서 다시 한 번 빛을 발한다. 이 책에서 그는 "게르만족에 대한 사랑과 라틴주의 및 켈트족에 대한 적대"를 드러내며, 게르만적인 영국을 찬양하고, "인종 아나키" 상태인 프랑스를 비난했다.[55]

한편, 고비노는 불륜과 이혼으로 가정을 파탄낸 어머니에 대한 부끄러움과 혐오를 안고 살았는데, 그 스스로도 결혼생활이 평탄하지는 않았다. 경제적 궁핍과 생활의 어려움에도 불구하고 1846년 그는 클레망스 몬느로와 낭만적인―그 스스로의 표현에 의하면 "사랑의 도취와 낭만적 기사다움의 혼합"에 의해―결혼을 했으나, 노년에 들어와 금전적인 어려움이 절정에 달한 상태에서 사회적 허영심에 도취된 그녀와 결국 이혼을 하고 만다.[56] 어머니에 대한 혐오는 아내에 대한 혐오로 이어졌다. 동시에 아메리카 식민지에서 태어난 혼혈인, 즉 크리올인 아내와 어머니를 동일시하여 두 여자의 가계를

'니그로의 피가 섞인 더러운 혈통'으로 싫어했다.[57]

1840년대를 경과하면서 고비노의 염세적 현실 진단은 프랑스를 넘어 유럽과 아메리카 대륙으로 확장되었다. 특별히 그가 주목한 것은 독일을 필두로 유럽 전역에서 일어난 대량 이민 사태였다. 그에게 대량 이민은 독일과 더 나아가 유럽의 몰락 징후였다. 유럽 대륙의 몰락에 대한 그의 진단은 이러하다. "낡았다고 말할 수 있는 우리의 세계는 수천 가지 방식으로 그 원시적인 빈곤과 고통으로 회귀하고 있으며, 더 이상 그 거주민들을 수용할 수 없다." 그러나 이른바 신세계마저 개선의 조짐을 보이지 않는다는 것이다.[58] 그런데 1850년대가 되면 그는 서구 '문명'이 이미 타락했다고 단정하고 있다. 다음과 같은 고백을 들어보자. "페스트균에 전염된 이 문명의 환경으로부터, 서구의 열병과 같은 혼란과 불안으로부터 오리엔트의 족장이 다스리는 평화 속으로 기꺼이 도피했다."[59]

이상과 같이 고비노의 염세주의는 귀족적 인종주의와 결합된 채 지속적으로 심화되어갔다. 이 과정에서 그의 가톨릭 신앙도 점점 약화되어갔다. 초월적인 것에 대한 거부는 그를 유물론으로 경도케 했다. 이후 고비노의 내면세계에서 정신과 영혼보다는 몸과 피를 강조하는 인종이론과 기독교 신앙의 불안한 동거가 얼마간 지속되었지만, 마침내 그는 기독교를 거부하고, 또한 기독교 도덕의 세속적 형태인 인도주의마저 떨쳐버리고서, 앞서 언급한 『망프리딘』에서 잘 드러나듯이 몸이 정신을 지배한다는 인종주의적 신념에 귀의했다. 1851년 2월 그는 여동생 카롤린에게 보낸 편지[60]에서, 자신의 사회적 염세주의를 인종주의적으로 표현한 '인종에 관한 두꺼운 책'을 집필하고 있음을 처음으로 밝히고 있는데, 그것이 『인종불평등론』이었다.

한편, 1848년 혁명은 고비노에게 외교관으로서 새로운 이력을 쌓을 수 있는 기회를 제공했다. 1849년 7월 아직 프랑스 공화국의 대통령이었던 루이 나폴레옹(Louis-Napoleon Bonarparte) 치하에서 외교부장관으로 입각한 토크빌은 고비노를 자신의 수석 비서관으로, 얼마 후에는 베른 대사관의 1등 서기관으로 임명했다. 루이 나폴레옹이 쿠데타를 일으켜 황제가 되자 토크빌은 장관직을 사임했다. 그러나 고비노는 계속해서 공직에 머물렀다. 여기에는 아마도 안정적인 수입을 보장하는 직업에 대한 개인적 이해관계가 크게 작용했을 것이다. 어쨌든 공식적으로 고비노는 왕당파의 허약함에 대한 실망감을 토로했는데 더불어 프랑스에 가장 필요한 것은 질서를 수호할 권위임을 강조하면서, 나폴레옹 3세의 보나파르티즘(Bonapartisme) 독재를 자유를 위해서는 미성숙한 프랑스 국민을 위한 자연적이고 어느 정도는 합리적인 "계몽 전제군주제"로 미화했다.[61] 이후 고비노는 1877년 2월까지 스위스, 독일의 하노버와 프랑크푸르트, 페르시아의 테헤란, 뉴펀들랜드, 그리스, 브라질, 스웨덴의 스톡홀름 등지에서 외교관 생활을 했다. 『인종불평등론』은 그가 프랑크푸르트 주재 프랑스 대사관의 서기관으로 재직할 때 출판되었다.

# 03

# 프랑스 역사에 근거한 귀족의 인종주의

『인종불평등론』은 세계사, 정확히 말해 세계 문명 전반을 대상으로 하고 있음에도, 특별히 프랑스적인 배경을 갖고 있다. 프랑스 역사 속에서 그 정당성을 찾으려 했던 "귀족의 인종주의"(토레스)[62]가 그것이다. 고비노의 귀족주의와 반동적 염세주의는 이러한 '귀족의 인종주의'라는 전통 속에서 역사철학적 영감을 발견했다.

프랑스에서는 일찍이 르네상스 시기부터 자국의 역사를 '정복민'과 '피정복민' 간의 대립과 투쟁의 역사로 해석하는 전통이 있었다. 이에 의하면 프랑스 역사는 한편으로 정복민인 프랑크(게르만)족과 다른 한편으로 피정복민인 갈리아족(켈트족) 혹은 갈로-로마족이라는 두 종족(ethnos) 간의 대립과 투쟁의 역사라는 것이다. 종족 간 투쟁의 역사는 훗날 여기에 '인종' 개념이 들어오면서 지배계급인 프랑크(게르만) 인종과 피지배계급인 갈로-로마 인종의 대립과 투쟁의 역사로 재해석되었다. 이러한 프랑크(게르만) 대 갈로-로마인의 대립과 투쟁을 주제로 한 역사논쟁은 이미 1550년에서 1616년 사이에 이 주제를 다룬 문헌이 100편에 달할 만큼 뜨겁게 진행되었다.[63] 또한 이 주제에 관한 각각의 역사해석은 봉건제, 군주제, 공화주의 및 민주주의라는 각기 다른 정치체제의 정당성을 주장하기 위한 이론적 근거로 이용되었고, 1789년 프랑스 혁명이 발발하자 봉건귀족과 제3신분 간의 계급투쟁을 위한 첨예한 무기로 활용되었다.[64]

특히 프랑스의 귀족들은 자신들이 정복민인 프랑크(게르만)족(인종)의 후손임을 내세워 지배계급으로서의 정당성과 봉건제적 정치체제의 적법성을 이러한 역사해석으로부터 이끌어냈다. 이것이 바로 '계급'과 '인종/종족'을 교묘하게 결합시킨 '귀족의 인종주의'라는 프랑스 특유의 이데올로기다.[65]

12세기 이후로 프랑스에서는 종족적인 차이 의식이 사라져, 사람들은 일반적으로 프랑스인들이 프랑크족의 후손이라 생각했고, 사회계급의 차이가 부분적으로나마 종족적 기원에서 유래한다는 것을 알지 못했다고 알려져왔다. 그러나 1646년 발루아(Adrien De Valois)는 『고대 프랑스의 제스처』에서 12세기의 문헌을 인용하면서, 이미 당시에 "모든 세금에서 해방되고 완전한 자유를 누리는 프랑크인이라고 불리는 민족"과 "국제법상으로 프랑크족에게 예속된 갈리아족의 자손들로서 공납의 의무를 진 민족"에 대한 구별이 있었음을 언급하고 있다.

그러나 프랑스 역사에서 게르만족과 갈로-로마족의 대립을 주제로 한 논쟁에 불을 붙인 책은 오트망(François Hotman)의 『프랑코-갈리아』(1574)였다. 그는 절대왕정에 반대한 위그노교도로서 성 바르톨로메오 축일의 학살 사건 이후 제네바로 피신하여 위의 책을 썼다. 그에 의하면 원래 갈리아인과 로마인 사이에 강한 반목이 있었는데, 게르만인이 침입해 갈리아인을 해방시켰다는 것이다. 따라서 갈리아족과 프랑크족 사이의 대립은 없었으며, 이미 메로빙거 왕조시대(5세기 후반~8세기 중반)에 두 민족은 하나의 민족을 형성했다고 주장했다. 프랑스인의 게르만적 기원을 강조한 그의 친게르만적인 주장은 친켈트적인 입장을 가진 이론가들의 반박을 불러일으켰다. 벨포레스트(F. de Belleforest)는 『프랑스의 사실적인 대연대기 및 역사』(1579)에서 갈리아족을 찬미했으며, 1714년 프레어(Nicolas Freret)는 프랑크인들을 하나의 특별한 게르만 혈통(race) 내지 민족으로 간주하지 않았는데, 이를 통해 프랑크인과 갈리아인이 혈통을 공유한다는 생각의 전제를 부정했다. 한편, 루아조(Charles Loyseau)는 귀족에 적대적인 관점에서 쓴 『귀족 신분에 관한 논문』(1701) 등에서 프랑크인들은 갈리아인들을 몰아내거나 말살하지 않고 승리했고, 프랑스 귀족은 갈리아인과 프랑크인의 혼혈에서 비롯되었다는 것을 강조했다. 그러나 동시에 갈리아인들은 "반노예(demi-servitude)" 상태로 전락했다는 점도 강조했다.[66]

별다른 반향이 없었던 루아조와는 달리 블랭빌리에(Henri de Boulainvilliers)는 게르만족과 갈로-로마족의 대립을 주제로 한 논쟁을—이 논쟁에는 몽테스키외와 볼테르도 참여했는데—첨예하게 만들었다. 노르망디의 귀족이며 생세르의 백작이었던 그는 루이 14세 치하 말기에 활동한 중요한 '귀족반동파' 이론가였다. '귀족의 인종주의'는 본격적으로 그에 의해 시작되었다고 할 수 있다. 블랭빌리에는 『위그 카페 시대까지의 프랑스 구정부에 대한 역사적 회고』(1727)에서 명백히 인종주의적 주장에 근거한 사관을 피력한다. 과거나 현재나 모든 귀족에게는 "타고난 평등"이 지배하지만 귀족 신분과 제3신분 간에는 "거대한 불평등"이 지배하는데, 심지어는 제3신분 가운데 최상층을 대표하는 자들도 이 "거대한 불평등"에 의해 최하층의 귀족들과 구별된다는 것이다. 그는 프랑스 국민 형성 이후 나타난 갈로-로마인과 게르만인 간의 갈등을 지적하면서, 이러한 갈등이란 한 나라에 두 개의 '인종(race)'이 있기 때문에 생긴 정치·사회적 결과라고 했다. 블랭빌리에는 귀족을 "정복당하고 평민이 된 인종"인 갈로—로마인과 대립하는 "정복자이자 귀족이 된 인종"인 프랑크족의 직계 후손으로 묘사했다.[67] 그의 이러한 역사관은 봉건제를 정당화하는 정치적 주장의 근거가 되었는데, 그에 의하면 프랑스에 있어서 최고의 체제는 프랑스의 기원인 봉건체제로서, 이 체제 속에서 왕은 평범한 귀족에 지나지 않고 귀족들의 특권과 자유를 존중한다. 그와 반대로 절대왕정은 왕이 나라를 더 효과적으로 억압하기 위해서 귀족을 제거하고 제3신분 출신의 중산계급에 의지한다는 점에서 역사적인 재앙이라는 것이다.[68]

블랭빌리에는 고비노에게 직접적 영향을 주었다. 그가 쓴 'race'라는 단어는 비록 생물학적 특징을 강조하는 근대적 인종 개념이라기보다는 종족 개념에 더 가깝기는 하지만 사회적 불평등성을 '피'의 불평등성과 결부시켰다는 점에서 근대 인종주의의 원형(prototype)이라고 할 수 있다. 고비노는 이러한 점을 잘 알았고, 따라서 앞서 언급한 『오타르 잘』 2판 서문에서 다음과 같이 말하고 있다. "그는 인종사상에 첫발을 디뎠다. 그러나 두 번째 발을 디디지는 못했다. 아직 그의 이론은 인종사상의 맹아만을 품고 있었을 뿐이다."[69]

블랭빌리에에 대한 직접적 반발은 군주제의 옹호자였던 뒤보스(Jean-Baptiste Duboss)에게서 나왔다. 뒤보스는 『갈리아 지방에서 프랑스 왕정의 확립에 대한 비판적 역사』(1734)에서 프랑스 국민의 로마적인 요소를 강조했다. 그는 갈리아 지방에서 프랑크족의 정복이 실제로 있었던 일인가에 대해 논박했으며, 프랑크족은 로마인들의 적이 아니라 연합군으로 갈리아에 왔고, 따라서 외래 정복 인종의 지배를 말하는 것이 언어도단이라고 주장했다.[70] 한편, 공화주의자인 마블리(Gabriel Bonnot de Mably)는 당시 널리 읽힌 『프랑스사에 대한 고찰』(1765)에서 두 민족을 단결시키기 위해 이들이 공유하는 원리를 만들어내려고 했는데, 그것이 바로 게르만의 자유를 갈로-로마인들이 요구했다는 것이고, 따라서 아주 일찍부터 인민주권이 확립될 수 있었다는 것이다.

이상과 같이 '귀족의 인종주의'는 헌법 및 정치이론에 국한되어 있었고, 따라서 이론적 논쟁의 대상이었다. 그러나 프랑스 혁명이 발발하자 이제는 그것이 제3신분에게는 직접적인 정치투쟁의 대상이 되었고, 귀족계급에게는 하층민들을 공격하기 위한 정치적 무기로 작동했다.

『제3신분이란 무엇인가』의 저자 아베 시에예스(Abbé Sieyès)는 '귀족의 인종주의'를 정면으로 공격했다.[71]

> 만약 귀족들이 인민을 억압한다면 (…) 제3신분은 그들의 권리에 과감하게 도전할 것이다. 만약 그들이 '정복의 권리에 의해'라고 대답한다면 이는 먼 과거로 돌아가는 것이라고 인정해야 한다. 제3신분은 과거를 따져보는 일을 두려워할 필요가 없다. '정복'이 이뤄진 그해로 갈 것이다. 그런데 오늘날에는 제3신분이 정복당하기에는 너무 강하며, 효과적인 저항을 계속할 것이다. 자신들을 여전히 정복 인종의 후손으로 생각하고 또 그들의 권리를 상속받았다고 터무니없는 주장을 하고 있는 이 모든 가문들을 독일 프랑켄의 숲으로 돌려보내는 것이 마땅하지 않은가?

시에예스는 '귀족의 인종주의'에 맞서 한편으로는 제3신분도 고결한 인종이며, 또 그렇게 될 수 있음을 주장한다.

이렇게 그들이 제거된다면 국민은 이 시간부터 겨우 갈리아인과 로마인의 후손들로 축소될 것이라는 생각으로부터 치유될 것이다. (…) (그렇지 않다면) 우리가 갈리아인과 로마인의 후손이라는 사실이 최소한 고대 독일의 숲과 늪지에서 유래한 시캄브리안(Sicambrian), 웰치들 그리고 다른 야만인들의 후손만큼 좋은 것이라는 점이 천명되지 못할 것이다. (…) 우리는 (세습귀족이) 다른 가계를 통해 대를 잇도록 조정해야 한다! 제3신분이 이번에는 정복자가 됨으로써 다시 고결해질 것이다.

그러나 결론적으로 시에예스는 '귀족의 인종주의'에 입각한 불평등한 질서를 혼혈을 통해 이성과 정의가 지배하는 새로운 국민의 질서로 바꿀 것을 주장한다.

그러나 우리가 모든 인종들이 혼혈되는 것을 받아들인다면, 만약 프랑크의 피(순수할수록 더 좋다)가 이제 갈리아인의 피와 섞인다면, 제3신분의 아버지들이 전체 국민의 아버지가 된다면, 우리는 다음을 희망할 수 있지 않을까? 어느 날 한 계급이 모든 다른 계급들에 맞서 매일 자부심을 느끼며 실행하는 이러한 긴 존속살해의 종말을 볼 수 있다는 것을. 마땅히 이성과 정의가 (…) 제3신분의 질서 안에서 자신이 다시 살아날 수 있도록 강하게 특권신분의 질서를 압박해야 하지 않을까?

한편, 프랑스 혁명이 일어나자 대다수 귀족들은 영국과 독일 등지로 망명을 갔다. 이 망명귀족들 사이에서 블랭빌리에로 대표되는 '귀족의 인종주의'는 정치 무기로서 그 유용성을 발휘하기 시작했다. 이들은 프랑스 평민들을 정복당한 이민족 출신 노예로 간주했으며, 이들의 반란을 막기 위해 귀족들

의 국제연맹 및 게르만 민족의 연맹을 만들려고 시도했다.[72] 그러한 망명귀
족 중 하나인 몽로지에(François D. R. comte de Montlosier) 백작은 『프랑스 군
주정』(1814)에서 다음과 같이 주장했다. 귀족이 원래의 프랑스 민족을 만들
었다. 귀족은 갈리아에 거주하던 게르만인, 갈리아인, 로마인, 이 세 인종 모
두에서 유래하는 자유인들의 후손으로 구성되어 있다. 반면 제3신분은 프랑
스 역사가 진행되면서 이 세 인종 가운데 노예들과 공납의 의무를 진 자들의
후손들로 구성된 혼합물이다. 귀족이 12세기까지 국가를 만든 "옛 민족"이라
면, 제3신분의 구성원들은 이후에 등장한 "새로운 민족"으로서 "옛 민족"의
주적이 되어 투쟁했고, 조금씩 "옛 민족"의 권리를 빼앗았다. 그리고 프랑스
혁명이야말로 이러한 약탈의 절정이었다는 것이다.[73] 그의 주장은 시에예스
에 대한 답변으로 볼 수 있다.

이처럼 몽로지에는 귀족의 우월성의 근거를 '정복민의 혈통'에서 프랑스
고유의 '자유민의 혈통'으로 대체하고 제3신분을 '피정복민의 혈통'에서 나
중에 프랑스에 흘러들어온 '노예 및 예속민의 잡종혈통'으로 격하시킴으로
써, '귀족의 인종주의'를 세련되게 만듦과 동시에 계급투쟁의 첨예한 무기
로 변화시켰다. 그러나 동시에 간과할 수 없는 것은 이러한 투쟁의 무기 속
에 내포된 게르만주의이다. 블랭빌리에에서 몽로지에까지 프랑스의 귀족들
은 끊임없이 자신들의 게르만적 기원을 직간접적으로 내세웠으며, 이들의 반
대편에 서 있던 사람들 또한 이러한 사실을 당연시했다. '귀족의 인종주의'에
내포된 게르만주의는 심지어 앞서 언급한 부르주아 출신 역사가 티에리가
1840년대에 계급과 인종을 동일시하면서 "게르만(프랑크)족 귀족계급"과 "켈
트(갈리아)족 부르주아계급"을 구별해야 한다고 주장할 만큼 프랑스 사회에
긴 여운을 남겼다.[74]

'귀족의 인종주의'는 한편으로 '계급'/'신분'과 '인종'을 결합시키고, 다른 한편으로 게르만주의를 내세움으로써 프랑스 국민국가의 모든 구성원을 하나의 국민/민족으로 통합시키려는 근대적 민족주의에 정면으로 대립되는 반동의 이데올로기로 작용했다. 그러나 동시에 '귀족의 인종주의'는 한나 아렌트가 올바르게 지적하듯 바로 이러한 점 때문에 불평등한 위계질서를 정당화하는 데 논리적으로 가장 일관된 입장을 견지할 수 있었고, 프랑스를 인종주의의 종주국으로 만들 수 있었다. 그리고 이러한 반민주적이고 반동적인 인종주의의 정점에 고비노가 있었다.[75]

고비노는 '귀족의 인종주의'를 특유의 염세적 기조基調 속에서 '아리아 인종주의'로 업그레이드시켰다. 그는 귀족의 지배계급으로서 정당성을 위한 역사적 전거를 중세 초에서부터 시작된 프랑스 역사에서 선사시대부터 시작하는 세계사로 확장했으며, 게르만주의를 아리아주의로 추상화하고 일반화했다. 이른바 '외래 인종에 의한 정복'이라는 것은 프랑스사의 시원에만 해당되는 것이 아니라 이와 동일한 현상이 나머지 세계에도, 즉 "인류의 아리아적 기원"에도 존재한다는 것이었다.

'아리아 인종', 즉 산스크리트어의 단어 뜻을 그대로 적용하면 '고상한 인종'은 언어학 이론과 인종사상의 결합물이다. 당시 유럽은 동양학 열풍에 휩싸였는데, 특히 인도의 카스트 제도와 동양의 언어에 대한 탐구가 유행했다. 물론 고비노도 이러한 지적 유행에 휩쓸렸다. 동양어 연구는 이미 1780년대에 인도유럽어족 개념을 발명한 영국의 문헌학자 존스(William Jones)에 의해 확립되었다. 그는 산스크리트어, 그리스어, 라틴어, 페르시아어, 켈트어, 게르만어는 서로 연결되어 있으며, 이 언어들 사이에는 공통된 어머니 언어가 있는데 그것을 '아리아어'라고 했다. 존스의 연구는 인종사상의 발전에 엄청난 영향을 끼쳤는데, 사람들은 이러한 언어군이 하나의 인종과 일치하는 것으로 믿었다. 이로써 '아리아 인종' 관념과 이것과 깊은 연관이 있는 피의 신화가 탄생했던 것이다.[76]

# 04

## 『인종불평등론』에 나타난 고비노의 역사철학<sup>77</sup>

고비노의 『인종불평등론』은 일차적으로 1789년에서 1848년 사이에 일어난 혁명적 변화들을 어떻게 설명할 것인가라는 관심에서 출발했다. 그러나 이 책은 국가나 민족의 역사와 같이 단기적 리듬을 갖는 정치사가 아니라 장기지속적인 문명의 역사를 다루고 있다. 그는 하노버 왕조의 조지 5세에게 헌정한 서문에서 이 책의 목표가 "새로운 시대의 불안한 동요에 깃든 잘못된 느낌" 속에서 "이른바 개혁적이라는 소요"의 "직접적 원인"이 아니라, 이러한 "사회적 질병"의 "깊은 원인"을 밝히려는 것임을 강조한다. 그리하여 그는 이 책이 "수백 년 단위의 정신적 지질학"을 추구한다고 밝히고 있다.<sup>78</sup>

『인종불평등론』의 주제는 "문명의 출현과 몰락은 어떻게 설명될 수 있는가?"로 요약된다. 물론 '문명의 몰락'에 방점이 찍힌 주제이다. 그의 문명사는 낙관적인 시대 분위기를 반영한 당대의 다른 문명사와는 결을 달리한다. 19세기 전반기 '문명' 개념은 진보낙관주의와 유럽중심주의를 함축적으로 표현하는 유행어였다. 특히 프랑스에서는 '문명' 단어의 사용 빈도수가 두드러졌다. 예를 들어 1830년에서 1845년에 이르는 15년 사이에 이 단어의 사용 빈도는 1781년에서 1800년에 이르는 기간과 비교해볼 때 거의 일곱 배로 증가했다. 이러한 현상은 유럽의 민족들이 세계사의 진보운동의 정점에 서 있다는 자부심이 사회 전반에 팽배했음을 보여준다.[79] 당대의 역사가들은 『인류사』(1785)를 통해 인종결정론을 펼친 계몽사상가 마이너스의 문제의식을 이어받아 "어째서 유럽의 민족들은 문명화되고 나머지는 그렇지 아니한가?"를 질문했다. 자신의 책 『유럽 문명의 역사』에서 영광스런 유럽 문명, 사회의 비약적 발전과 인간 정신 및 도덕의 숭고한 진보로 요약되는 '본질적으로 유럽적인 하나의 위대한 문명'을 역설한 기조(1787~1874)가 그 대표적인 사례가 될 것이다.[80]

고비노의 이 책은 무척 방대하다. 셰만(Karl Ludwig Schemann)이 번역한 독일어판의 경우 4권 6책으로 이뤄져 있으며, 본문만 1,445쪽에 달한다. 그러나 불과 3년여라는 짧은 기간에 완성되었는데, 이는 이 책이 과거 사회들에 대한 세심한 자료수집이라는 귀납적 과정을 거친 고통스러운 학문적 성취라기보다는 충동과 직관, 상상력의 소산이었음을 말해준다.[81] 그럼에도 불구하고 고비노는 나름대로 인류학, 언어학, 역사학 등 당대의 다양한 학문적 성과를 종합하여 자신의 명제와 이론에 대한 유사과학적 포장을 시도했다. 이를 근거로 그는 자신이 역사의 필연적 법칙, 즉 "아직 인식되지 않은 역사의 진정한 토대를 발견"했다는 것을 공공연하게 과시하고 자랑했다.[82] 그는 당대의 지식계급에게 자신이 역사학의 새로운 지평을 연 혁신적인 역사가로서 인정받기를 염원했던 것 같다. 그러나 진실은 언젠가는 밝혀지는 법. 영(Earl. J. Young)의 연구에 의하면, 고비노는 훗날 영국 수상이 된 디즈레일리(Benjamin Disraeli)가 쓴 소설들의 문구를 그대로 표절했다고 한다. 이 소설들은 『코닝스비(Coningsby)』(1844), 이와 부분적으로 유사한 주제와 비슷한 성격의 인물이 재현된 『사이빌 혹은 두 개의 민족(Sybil, or The Two Nations)』, 『탕크래드(Tancred)』(1847)로, 모두 인종사상을 표현하고 있다. 특히 노르만족 출신의 제1차 십자군 원정 지도자 탕크래드를 소재로 하여 쓴 『탕크래드』는 영국 제국주의의 유토피아를 노래한 것으로 잘 알려져 있다.[83] 굳이 표절 문제를 지적하지 않더라도 고비노의 성경에 근거한 인종학, 아리아인의 신체적 유형에 대한 믿음 등이 과학적 성과와 어긋난다는 것을 근거로 이미 1917년 스피스(C. Spiess)는 이 책이 "학문적 저술이 아니라, 귀족의 신앙고백"에 불과하다고 단언했다.[84]

『인종불평등론』은 '문명과 사회의 몰락'에 대한 전통적인 설명들을 비판하면서 시작된다. 고비노는 현학적이고 장중한 어투로 다음과 같이 주장한다.[85]

- 여러 문명과 인간사회는 영원하지 않다. 문명과 사회가 죽을 운명에 처해 있다면, 이는 보편적이고 공통적인 원인으로부터 기인한다.
- 그러나 (흔히 말해지듯이) 광신이나 사치, 풍속의 타락 혹은 종교성의 부족이 필연적으로 사회의 멸망을 가져오지는 않는다. 예를 들어 멕시코의 아즈텍 민족은 자신의 구성원들에게 극도로 흉포했으나 그 때문에 몰락하지는 않았고, 외부에서 온 코르테스에 의해 멸망했다. 많은 사회에서 사치가 횡행했다. 이미 몰락한 고대 그리스, 페르시아, 로마에서도 사치 풍조가 있었다. 그러나 그것이 오늘날의 영국, 프랑스, 독일에서만큼 퍼져 있지는 않았다. 고대 로마에서는 풍속의 타락이 심하여 여자와 어린애들이 짐승처럼 취급당했다. 그럼에도 불구하고 로마는 훗날 강대국으로 성장했다. 한편, 페르시아, 유대, 중남미 문명의 경우처럼 강한 종교

적 믿음들을 지닌 사회도 많이 있었지만 그럼에도 불구하고 멸망했다.

- 나쁜 정부냐 좋은 정부냐, 혹은 유능한 정부냐 무능한 정부냐 하는 것은 민족의 수명에 그 어떤 영향도 끼치지 않는다. 정부 형태는 결정적인 원인이 아니다. 참주정 당시의 아테네, 마찬가지로 14세기 영국 지배하의 프랑스, 필리페 2세 치하의 에스파냐 등은 결코 몰락하지 않았다.

그렇다면 무엇이 몰락의 진정한 원인인가? 고비노는 지금까지 언급한 것들은 단지 몰락의 "징후"에 지나지 않는다고 하면서, "사회를 지배하는 자연법칙", 즉 사회적 유기체 자체에서 몰락의 진정한 원인을 발견해야 한다는 것을 강조한다. 이에 의하면 인간사회는 본질적으로 생물학적 유기체이고, 따라서 한 민족의 "사회적 몸"이 중요하다. 그러나 "사회적 몸"이 병이 든다면 그 민족은 자신의 문명과 함께 필연적으로 몰락할 수밖에 없다는 것이다.[86] 그는 이러한 주장을 조지 5세에게 바치는 서문에서는 좀 더 명료하게 표현한다. 그는 자신이 하나의 개별적 결론을 내리고 이를 통해 다른 결론을 추론하는 귀납적 절차를 거쳐 "인종문제야말로 역사의 다른 모든 문제를 지배하고 있으며, 역사를 해명하는 열쇠를 쥐고 있다"는 것과 "민족이란 여러 인종이 모여 구성된 것으로서, 이러한 인종 간의 불평등이 여러 민족의 운명의 연쇄를 충분히 해명할 수 있다"는 것을 확신한다고 밝히고 있다.[87]

그는 계속해서 묻는다. 그렇다면 불평등한 인종들로 구성된 한 민족의 "사회적 몸"은 어째서 병들었는가? 여기서 그는 자신의 인종결정론적인 역사관을 다분히 염세적인 어조로 표현한다. "사회적 몸의 내부"에서 그 필연적 원인을 찾을 수 있는데 그것이 바로 인종적 '퇴화'이다. '퇴화'는 문명을 건설한 고귀하고 위대한 혈통을 가진 사람들(인종)이 열등한 사람들(인종)과의 혼혈을 통해 지속적으로 피의 질이 더럽혀지면서 벌어진다. "퇴화된 민족"은 "이전에 지녔던 내적 가치를 더 이상 갖고 있지 않다. 왜냐하면 그 자신의 혈관 속에 더 이상 같은 피를 갖고 있지 않기 때문이다. 끊임없는 혼혈이 점점 그 피의 가치를 떨어뜨렸다." 그리하여 조상의 활력은 사라지고 광신이나 사치, 풍속의 타락 혹은 종교성의 부족, 나쁜 정부와 같은 도덕의 타락이 수반된다. "퇴화된 민족"은 "자신의 부를 잘못 사용하면서, 스스로를 잘못 통치하고, 사탄 혹은 무신론에 물들어 민족의 시조始祖가 지녔던 여러 미덕을 잃어버린 민족"이다. 이러한 과정은 서서히 진행된다. 그러나 그 끝은 민족과 그 민족이 지닌 문명의 몰락이다. 그는 선언한다. "한 민족이 퇴화된 요소들로 구성된다면, 그 민족은 죽는다."[88]

'퇴화'야말로 고비노 역사철학의 열쇠 개념이다. 그는 '퇴화'라는 이미 규정된 선험적 공식에 따라 전체 인류사와 문명사의 진행 과정을 설명한다. 이에 의하면 역사란 불평등한 가치를 지닌 인종들이 서로 엮이면서 발생하는 혼혈과 이종교배, 이로 인한 인종적 퇴화와 이에 상응하여 나타나는 도덕적 타락, 그리고 문명적 몰락의 연쇄 과정이다. 여기서 지구상의 개별 문명과 민족들의 역사, 역사적 사건과 사실들은 이러한 공식을 증명하기 위한 여러 사례에 불과하다.

이러한 염세적인 인종결정론에 의거하여 고비노는 인간의 불평등을 제도화한 전통을 찬양하고 민주주의와 평등사상이 지배하는 현대를 맹비난한다. 인종 간 불평등은 법률제도의 결과가 아니라 원인이라는 것이다. 그는 말한다. 아주 먼 옛날 이후 모든 곳에서 존재한 통치이론의 기초는 바로 인종불평등 사상이다. 카스트 제도, 귀족계급, 귀족정은 그것들이 출생의 우위권에 기초하는 한 바로 이러한 사상에서 나왔다. 이러한 제도들은 각 민족이 타민족에 대해 갖는 우월감에 근거한다. 반면, 국가 구성원의 대수가 혼혈된 피를 갖게 된다면, 비로소 이때만이 이러한 다수에게만 적절한 제도를 보편적이고 절대적인 진리로서 각인하려 할 것이며, 사명감을 갖고서 만인은 평등하다는 주장을 할 것이다. 폭군에 맞선 정당한 봉기는 이에 그치지 않고 우월한 것이 자연스러운 근거를 지닌다는 것을 부정하는 데로 나아간다. 이는 가치가 전도된 것일 뿐만 아니라 주제넘은 것이다. 문명을 만들 수 있는 능력이 소수의 선택된 사람들의 유전적 소질이 아니라 모든 인류의 공동재산이라고 주장하기 때문이다. 이러한 퇴폐적 발명품의 총합은 '모든 인간은 형제'라는 거친 폭풍과 같은 정치적 교의에서 잘 드러난다.[89] 이와 같이 민주주의와 평등사상은 인종 퇴화의 결과물에 지나지 않는다. 이러한 주장이 갖는 함의는 명백하다. 당시의 프랑스 민족은 이미 선조의 순수한 피를 잃어버렸고, 따라서 도덕적 활력이 사라진 죽어가는 민족이라는 것이다. 1789년에서 1848년에 이르는 혁명적 변화들은 단지 그 징후일 뿐이다.

또한 이러한 복고적 낭만주의자 고비노는 앞서 살펴본 계몽사상가 마이너스보다 훨씬 단호하게 환경결정론과 결별한다. 여러 민족의 역사적 진보 혹은 정체는 그들을 둘러싼 환경과는 상관이 없다는 것이다. 그는 고대 아메리카 문명에서 중국, 로마제국, 유대 민족, 유럽 중세의 한자도시동맹에 이르기까지 여러 역사적 사례를 들면서 다음과 같이 주장한다. 환경, 즉 기후, 토양, 지리 그 어떤 것도 결정적 요소들이 아니다. 세계 도처에는 환경의 차이와 상관없이 무수한 야만과 문명이 존재한다. 땅에 대해 도덕적·경제적·정치적 가치를 부여하는 것은 결국 사람이다. 물론 그가 말하는 '사람'은 자유의지를 지닌 개인이 아니라 인종적 자질에 종속된 존재다.[90]

지금까지의 관찰을 바탕으로 고비노는 두 가지 명제를 천명한다. (1) 다수의 인종은 스스로를 문명화할 수 있는 능력이 없다. (2) 각종의 정부 형태나 기후 및 지리적 상태와 같은 외적 동인은 그 인종이 능력을 결여하고 있는 한, 문명의 성장을 위해 아무런 영향력도 발휘할 수 없다. 이와 관련하여 고비노는 기독교야말로 "모든 인류 문명의 최고봉"이며, 따라서 유색인종의 문명화를 담당하는 첨병이라는 관념을 비판한다. 이러한 기독교적 문명화의 사명 이데올로기는 특별히 고비노 자신도 그 일원인 왕당파, 봉건주의자, 가톨릭교회의 대변자들 사이에서 일반화된 것이기도 했다. 그러나 그에의하면 기독교는 결코 문명을 이룰 수 있는 자질(태도)을 창조하거나 이를 위해 인간을 변화시킬 수 없다. 그는 기독교와 문명은 결코 상관이 없으며, 특별히 기독교적인 문명도 없다고 주장한다. 그는 말한다. '니그로'는 유럽 문명을 위해 아무런 역할도 하지 않지만 좋은 기독교인이 될 수 있으며, 선교사들은 중국인이 계속해서 댕기머리를 하거나 에스키모가 모피 옷을 입도록 허용한다. 또, 쌀을 먹거나 바다표범의 지방을 먹는 것도 금지시키지 않는다. 한마디로, 불평등한 모든 인종이 교회와 기독교의 품속에 받아들여지는 데는 아무런 차별이 없으며, 역으로 모든 인간은 기독교를 받아들이는 데 있어서 만큼은 동등한 능력을 지닌다. 그러나 비록 신 앞에서 인간은 평등하지만 인간들 사이에서는 그렇지 못하다. 수백 년 전부터 기독교를 받아들인 남아메리카 원주민의 사례에서도 알 수 있듯이 기독교도이면서도 언제나 야만 상태에 있는 경우도 무수히 많다. 물론 기독교가 직접적이지는 않지만, 간접적으로나마 유색인종의 문명화에 기여할 수 있다는 선교사들의 주장도 있다. '니그로'가 백인들처럼 읽고 쓰기를 배울 수도, 음악을 배울 수도, 은행 사무원이 될 수도 있다. 그러나 이것은 단순히 흉내내기에 불과하다. '니그로'는 진정한 문명 상태에 도달할 수는 없다. 진정한 문명 상태는 모방을 넘어서서

외부의 지도 없이 스스로의 힘으로 진보를 이룩할 수 있는 것을 의미하기 때문이다.[91]

이와 같이 기독교적인 문명화의 노력이란 결국 헛수고에 불과하다는 고비노의 비판은 여기서 그치지 않고 자연스럽게 계몽식민주의의 전통에 선 '문명화의 사명' 이데올로기 일반에 대한 비판, 나아가 제국주의적 팽창에 대한 우려로 이어진다. 염세주의적 인종결정론에 근거한 그의 역사관에 의하면, 유럽인과 문명화의 능력이 없는 유색인종 간의 사회적 융합과 혼혈은 필연적으로 유럽인의 '퇴화'를 가져오고, 이는 유럽 사회와 문명의 몰락으로 귀결될 것이기 때문이다. 이러한 점에서 일부 역사가들은 고비노의 역사관이 갖는 정치적 함의를 제국주의적 팽창이 아닌 인종주의적 반反식민주의로 규정한다.[92] 그러나 아래에서 알 수 있듯이 그가 전 세계적 차원의 인종적 위계질서를 보장하는 식민주의 및 제국주의를 원론적으로 부정한 것은 아니었음도 지적할 필요가 있다. 그는 공포심과 미래에 대한 비관적 전망에 근거하여 단지 제국주의적 팽창과 진보낙관주의가 결합된 당대의 시대정신을 거부했을 뿐이다. 좀 더 정확히 말해 의도적으로 행해진 식민지 확대와 제국주의적 '팽창' 정책, 그리고 이러한 정책의 이데올로기로 작용했던 '문명화의 사명'을 비판했을 뿐이다. 이처럼 이 문제에 대한 그의 태도는 전반적으로 양가적이었다고 할 수 있다.

고비노는 본격적으로 인종과 문명의 관계를 역사적으로 해명하기 위한 절차로 먼저 많은 지면을 할애하여 문명을 새롭게 정의한다. 여기서 그는 기조와 훔볼트(Wilhelm v. Humboldt, 근대 지리학을 창시한 알렉산더 훔볼트의 형이자 베를린 대학의 창립자)의 문명 개념을 비판한다. 기조가 문명을 일련의 실제 성취된 사실들, 특히 정치적 자유와 입헌정부와 같은 순전히 정치적 성격을 지닌 사실들로 파악한다면, 훔볼트는 문명을 각 민족들의 제도와 풍속, 그리고 내적인 정신('문화')에 있어서의 "인간화"로 규정한다. 그러나 외적인 물적 성취만을 강조하거나, 아니면 내적이고 정신적인 성숙만을 강조하는 이 둘의 문명 정의는 일면적이다. 반면 힌두교의 'Prakriti'(여성적인 창조적 에너지 혹은 본원적 자연)와 'Puruscha'(남성적인 순수한 의식 혹은 의식의 원천인 혼)나 클렘의 '여성적' 혹은 '남성적' 원리는 종합적으로 인종적 본능과 연관지어 문명을 정의하는 데 도움을 준다. 인간의 문화적 활동은 남성적 원리, 즉 물질적·실용적 욕구와 여성적 원리, 즉 지적·정신적 욕구 이 둘에서 동시에 기원한다. 이 둘이 사회발전의 동인이다. 모든 인종(혹은 종족, 혈통)의 본능적 요구는 이 둘 중 어느 하나와 더 친화성이 있다. 그렇다고 해서 그들 모두가 이러한 두 가지 중 하나를 문명을 성취하기에 충분할 정도로까지 자신의 동력으로 삼을 수 있는 것은 아니다. 또한 문명화를 이룰 수 있는 민족들은 둘 중 어느 하나를 억누르지 않는다는 것이다.[93]

이어서 고비노는 문명의 시작을 설명하면서 문명 개념을 보다 정확하게 정의한다. 먼 옛날 선사시대, 문명화를 이룰 능력을 가진 종족(혈통)이 비슷한 본능을 가진 사람들을 자신에게 병합하여, 법을 통해 이들에게 자신의 욕구와 감정을 내면적 확신으로 승화시키고, 개별적 이해관계 대신 공동의 원리를 자발적으로 받아들이게 했을 때 문명이 시작되었다. 이와 같이 개인들의 민족공동체 전체를 위한 자발적이고 기쁨 섞인 헌신으로부터 가능한 한 지속적으로 이러한 상태를 유지하려는 염원이 나왔고, 인종이 순수하면 할수록 더욱더 이 상태가 잘 유지되었다. 그들의 사고 범주가 바뀌지 않았기 때문이다. 그러나 피할 수 없는 혼혈로 인해 공동체의 순수성이 파괴되고 원래의 민족적 근본사상이 변질되었다. 외적인 국가 형태를 변화된 민족의 정서에 걸맞은 형태로 바꾸려는 불만과 열망이 시작되었다. 때때로 이러한 변화는 실제적 진보를 가져왔다. 특히 각 민족들의 역사시대를 알리는 여명기에 들어와 지배 인종의 압도적 우세 속에서 국가사상이 복속된 (근친적) 인종들에게 엄격함과 억압의 기제로 작동한 곳에서 그러했다. 훗날 전혀 다른 종에 속한 자들이 복속되어 이들의 욕구가 이 국가공동체 본래의 민족혼과 조화를 이루지 못한 곳에서도 이러한 변화는 필연적으로 일어났다. 비록 이러한 변화가 전체 구성원의 복리를 위해서는 더 이상 유용하지 못했다 하더라도 원래적 종족적 특징의 영향하에, 또한 언제나 상황을 개선하려는 노력들이 손상받지 않은 채, 원래적 문명을 지속적으로 유지하려는 본능적 염원은 살아 있었다.

이상과 같이 고비노는 문명의 본질을 "성취된 것을 지속적으로 유지하려는 본능적 욕구"에서 찾는다. 그리하여 공동체의 이익과 안녕을 위한 개인의 (자발적) 희생(집단주의), 지배 인종의 우월한 생물학적·정신적 순수성을 지키기 위한 엄격한 신분(카스트)제도, 타민족에 대한 정복과 억압(전 세계로 확장된 카스트 제도, 즉 식민주의와 제국주의)을 문명의 유지를 위한 필연적인 요소로 정당화한다. 구체적으로 그는 다음과 같이 문명을 정의한다. 문명이란 "인간 무리가 평화적인 방식으로 자신들의 욕구를 만족시키기 위해 노력하며, 이를 통해 자신들의 정신과 도덕 풍속을 고상하게 만드는 것이 비교적 지속되는 상태"이다.

그는 계속해서 문명론을 펼치는데, 그 주요 주장은 다음과 같다.

● 여러 문명이 동등한 것은 아니다. 또한 동일한 방향(남성적 혹은 여성적 방향)이나 동일한 힘을 갖는 것도 아니다.

- 유럽 근대 문명은 인간 정신이 세운 "가장 영광스러운 기념비"이다. 그 렇다고 우리 문명이 절대적으로 과거의 문명보다 우월한 것은 아니다.

- 각 문명이 원래 지녔던—남성적인 것이냐 여성적인 것이냐 하는—본 질적 특징은 언제나 그 문명의 시작 당시 지배적이었던 인종의 정신과 동일하다. 그러나 이 문명은 그 인종의 피와 마찬가지로 변화한다. 그러 나 마침내 그 인종이 사라진다 하더라도 문명은 한동안 지속되는데, 이 를 통해 각 민족의 가치척도와 고유성, 민족 구성원 개개인에게 성찰의 수단을 제공할 수 있다.

- (여기서 그는 한 번 더 강조하는데) 천부적으로 문명을 창조할 수 있는 능력 을 타고난 인종이 있다. 반면, 다른 인종들은 아무리 상황이 좋아도 그 러한 능력을 원래부터 갖고 있지 못하다.[94]

문명론에 이어 고비노는 본격적으로 1권의 10장에서 15장에 걸쳐 인종론 을 전개한다. 그의 인종론의 궁극적 목표는 누가 문명을 건설했고 몰락을 유 발했는가, 누가 인종 퇴화의 희생자이고 주범인가를 설명하는 데 있다. 먼저, 고비노는 인종을 설명함에 있어서 인류단일기원설과 다기원설 간의 종합을 시도한다. 한편으로 그는 인류는 아담의 후손들뿐만 아니라, 그 뿌리를 달리 하는 여러 인종으로 이루어져 있다는 인류다기원론자들의 주장을 반박하면 서 인류는 공통의 조상을 갖고 있다고 주장한다. 그 증거로 무엇보다 인종 간 혼혈로 생겨난 잡종인간들이 생식력을 갖고 있다는 것을 꼽는다. 그러나 다른 한편으로 그는 예를 들어 인류단일기원설을 주장하는 자연연구가들의 주장, 즉 인종적 차이는 환경이 가져다준 우연의 결과이며, 따라서 본질적인 것이 아니라 충분히 변화 가능한 현상에 불과하고, 나아가 모든 인종은 완성을 향한 동일한 능력을 지닌다는 주장을 역사적 사례를 들어 반박한다. 결론적으로, 고비노는 인류는 공통의 조상을 갖고 있지만, 그럼에도 "인종 간 차이는 영원하다"고 주장한다. 예를 들어 '니그로'의 검은 피부, 중국인의 노란색 피부는 우연의 소산도 가변적인 것도 아니다. 이러한 것은 영원히 지속되는 인종적 특징이라는 것이다. 특별히 그는 영국의 민족학자인 프리차드의 생리학적 묘사에 근거해 몽골인과 '니그로'는 신체적으로 백인과 거의 공통점이 없다는 점을 강조한다. 특히 "오스트레일리아 지방의 니그로"는 인간보다는 원숭이에 가깝다고 단언한다.[95]

이와 같이 고비노의 인종론은 외견상 인류단일기원설과 다기원설 간의 절충주의에 기초하고 있다. 그러나 인종적 차이는 명백하며 인종적 특징은 영속적이라는 그의 인종 개념은 비록 그가 인류단일기원설을 주장하고는 있지만, 내심으로는 다기원설에 경도되었음을 웅변하고 있다. 이러한 점은 인류단일기원설의 또 다른 보루인 교회의 가르침에 대한 그의 모호한 비판에서도 잘 나타난다.[96] 그는 한편으로 성경에 의거하여 아담이 백인종의 조상이라는 것은 부인할 수 없는 진리라고 주장한다. 이는 다기원설 옹호자들의 주장이기도 하다. 그러나 성경 자체는 노아의 아들 가운데 함을 흑인의, 셈을 근동지방 민족들의, 야벳을 유럽 민족들의 조상이라고 주장하지는 않으며, 이는 단지 교부敎父들이 내린 주석을 자의적으로 해석한 것에 불과하다는 것이다. 나아가 그는 지구상 도처의 다양한 인종들, 특히 광범위하게 퍼져 있는 황인종에 대한 진술은 성경에서 발견할 수 없다고 하면서 인종의 기원에 관한 한 성경의 진술은 명료하지 않다고 한다. 부연하자면, 그는 아래에서 알 수 있듯이 함, 셈, 야벳의 후손 모두를 백인종에 포함시킨다.

여기서 흥미로운 것은 그가 인종 기원과 관련하여 더 이상 성경의 권위를 훼손하지 않으려 했다는 점이다. 그는 "교회가 친 울타리" 밖을 넘어서는 안된다고 하면서, 인종 간 차이 및 이로 인해 나타나는 현상들은 본질적으로 단일한 기원이냐 아니면 다양한 기원이냐의 문제와는 별개의 것이라고 주장한다. 이처럼 그의 모순적 절충주의는 가톨릭교회의 교리와 권위를 의식한 기회주의적 발상이라고 할 수 있다.

고비노는 정확한 인종 구분을 위하여 해부학적 방식을 채택하는데, 특히 네덜란드의 해부학자 캄퍼르(Pieter Camper, 1722~1789)가 행한 두개골 측면적 및 옆얼굴 너비(폭) 측정 방법, 이후 진행된 블루멘바흐, 카루스 등의 두개골 측정 연구를 차용한다. 이와 같은 맥락에서 그는 마이너스의 인종 구분법을 비판한다. 마이너스는 인간 변종들을 단지 외모에 입각하여 "아름다운 인종, 즉 백인종"과 "못생긴 나머지 인종"이라는 두 종류만으로 구분했는데, 이는 "극히 단순한 구분"이라는 것이다.[97]

이러한 해부학적·과학적 방식과 성경에 나오는 창조의 역사를 버무리면서, 고비노는 인종의 기원을 추적한다.[98] 이 과정에서 그는 여러 인종의 본질적이고 영속적인 불평등한 특징을 지적한다. 그는 성경의 에덴동산을 염두에 두면서 전 인류의 고향을 험준한 산악지대가 아닌 "자연의 평화"가 지배하는 개방되고 완만한 지역으로 특정짓는다. 아무튼 인류는 자의건 타의건 부단히 이동했다. 여기서 고비노는 「창세기」에 나오는 최초의 인류 대신에 두 번째로 출현한 인류에 관심을 집중한다. 이 두 번째 유형의 인간이 실제적으로 오늘날 지구상 모든 민족들의 조상이다.

그는 두 번째 유형의 인류를 세 개의 인종으로 구분한다. 백인종, 황인종, 흑인종이 그것이다. 이 세 인종이 바로 "근원적 인종"이다. 그는 피부색에 따른 인종 구별이 "완전히 정확하지는 않지만, 비교적 적절하고 간단한" 것이라고 주장한다. 그의 인종 분류 또한 성경의 창조 역사와 과학적 분류의 혼합으로 이뤄져 있다. 백인종에는 코카서스 인종, 즉 셈과 야벳의 후손이, 흑인종에는 이른바 함의 후손(그러나 그는 다른 곳에서는 함족 또한 백인종으로 분류함)이, 황인종에는 몽골족, 핀족, 타타르족이 속한다. 그에 의하면, 백인종은 중앙아시아의 알타이산맥 고원지대에서 발원하여 주로 서쪽 지역으로 뻗어나갔고, 황인종은 아메리카 대륙에서 유라시아 대륙으로 건너와 알타이산맥의 북동부 지역으로, 흑인종은 아프리카에서 시작하여 유라시아 대륙의 남쪽 지역으로 세를 불려나갔다고 한다.[99]

아무튼 이 세 인종이 계속해서 대규모로 이동하면서 정복과 피정복이 일어났다. 이러한 접촉 과정에서 세 인종 간에는 융합과 혼혈이 일어났는데, 이 세 인종 간 혼혈의 결과 셀 수 없이 많은 변종들이 나타났다. 예를 들어 나중에 출현한 폴리네시아인 혹은 말레이 인종은 황인종과 흑인종의 혼혈이며, 더 늦게 나타난 물라토는 백인종과 흑인종의 혼혈이다. 그러나 오늘날의 백인종, 황인종, 흑인종도 원래의 순수한 인종이 아니라 혼혈의 결과물인 변종이다. 예를 들어 백인종의 경우 근원적 유형(제2유형)은 고사하고, 혼혈은 되었지만 아직 순수한 형태를 유지한 유형(제3유형)은 역사시대에 들어와서는 거의 찾아볼 수 없다는 것이다. 문명 창조와 발전의 과정에서 끊임없이 타민족들과의 혼혈이 이뤄졌기 때문이다. 이와 같이 고비노가 말하는 "근원적 인종"은 역사의 저편에 위치한 형이상학적 단위이다. 이와 관련하여 고비노는 다음을 주장한다.

● 순수한 유형의 황인종과 흑인종은 그 어떤 역사도 갖지 못한다. 이들은 야만인에 불과하다. 문명을 이룩할 수 있는 능력은 오로지 백인종에게

만 속하는 것이며, 따라서 백인종과의 접촉을 통해서만 역사를 가질 수
있다.

- 각 인종은 육체적 아름다움에 있어서 차이가 난다. 가장 아름다운 인종
  은 유럽인이다. 다음 단계에는 유럽인의 친척들, 즉 인도와 페르시아에
  사는 퇴화된 아리아인, 함족의 피가 가장 적게 섞인 여러 셈족 계통의
  민족들이 있다. 이처럼 백인종 유형과 차이가 나는 민족일수록 그 등급
  이 떨어져서 마침내 매우 못생긴 민족들이 최하위에 위치한다.
- 신체적 강건함의 서열 또한 이와 유사하다.
- 인종들은 정신적 능력에 있어서도 불평등하다. 백인종만이 가장 뛰어난
  능력을 갖고 있다.
- 인류에게는 무한한 완성의 능력이 없다. 따라서 개별 인종들은 서로 평
  등해질 수가 없다.
- 언어들 또한 서로 불평등하다. 언어의 위계서열은 인종들의 위계서열과
  일치한다.

이에 덧붙여 고비노는 인종과 문명의 다양한 상관관계를 다음과 같이 규
정한다.

- 인종이 불평등하므로 문명 또한 차이가 난다.
- 상이한 문명들은 충돌한다. 완전히 낯선 인종들로부터 나온 두 문명은
  서로가 서로에게 결코 융합되지 못하고 서로를 배척한다.
- 그러나 혼혈을 이룬 인종은 혼합된 문명을 지닌다. 이 경우는 두 가지
  로 나뉜다. 오늘날의 야만적인 종족은 언제나 야만이었고, 앞으로도

그러할 것이다. 이 야만 종족은 문명화된 서클 내에서 살 수 있다. 그렇다면 고귀한 종족은 이 종족의 친척이 될 수밖에 없다. 이와 동일한 상태가 다음의 경우에도 필연적으로 일어난다. 만약 다양한 문명이 서로가 서로에게 강하게 영향을 주거나, 혹은 이 다양한 문명이 서로 섞여 구성된 다른 문명을 만들어내는 경우가 그러하다.

마지막으로 고비노는 백인종, 황인종, 흑인종, 이 세 인종의 생물학적이고 사회적인 위계 관계를 종합적으로 정리한다. 세 인종의 위계가 문명사회의 토대를 결정한다는 것이다. 이로써 문명의 출현과 몰락 과정을 설명하기 위한 자신의 이론 틀을 완성한다. 각 문명의 사회적 토대는 다음과 같은 특징을 지닌다.[100]

- **흑인종** 최하위의 위치를 차지한다. 골반을 볼 때 생물학적으로 짐승과 거의 유사하며, 정신적으로 단 한 번도 타고 태어난 한계를 뛰어넘은 적이 없다. 이 인종의 사고능력은 중간 정도이다. 반면 욕망은 매우 격렬하다. 기분과 감정이 매우 불안정하므로, 이 인종에게는 미덕과 악덕 개념이 적용될 수 없다. 불안정한 정서와 마찬가지로 빨리 잊고 망각하는 데에도 익숙하다. 삶의 가치를 가볍게 여겨 살인도 예사로 저지른다.
- **황인종** 중간 위치를 차지한다. 다른 인종보다 더 강한 비만 성향을 갖고 있다. 육체적으로 허약하며, 신체적 능력도 부족하다. 흑인과는 달리 방탕하지도 않고 격렬한 욕망을 갖고 있지 않다. 다만, 물질적인 것을 향유하려는 한결같고 조용한 감각을 갖고 있다. 모든 측면에서 중간적 성향을 보인다. 이해력에 있어서는 너무 뛰어나지도 모자라지도 않

은 그저 그런 능력을 갖고 있다. 이 인종은 문자 그대로 실용적인 사람들이다. 유용한 것을 좋아하며, 규칙을 존중하고 자유가 주는 여러 이점을 의식한다. 그러나 이론을 싫어하고, 발명 능력이 거의 없다. 단지 이익만을 생각하고, 안락함만을 즐긴다. 이 인종이 문명사회의 민중과 소시민 신분을 구성한다. 그러나 이 사회에 활력과 아름다움, 창조의 기쁨을 부여하는 재료를 주지는 않는다.

- **백인종** 이 인종에 속하는 민족들이 최상의 위치를 차지한다. 이들이 '지배 인종'이다. 이들은 뛰어난 활동력 혹은 더 뛰어난 생생한 통찰력을 지닌다. 황인종과 마찬가지로 유용성에 대한 감각을 지니고 있을 뿐만 아니라 이 인종보다 더 고상하고, 더 용감하고 이상적인 견해를 지닌다. 어려움과 맞서는 불굴의 의지를 지녔을 뿐만 아니라 극복 수단도 갖고 있다. (이하 고비노는 자유에 대한 사랑, 명예 관념 등은 백인종만의 특징이라면서, 이 인종에 대한 온갖 찬사를 늘어놓는다.)

- 이 세 인종이 다양한 형태의 접촉과 혼혈을 통해 새로운 변종들이 출현하면서 새로운 계급의 인종 및 인종적 사회계급이 만들어진다.

- 간혹 혼혈이 기존의 인종보다 더 나은 새로운 변종을 만들어내기도 한다. 말레이 인종은 자신의 뿌리가 되는 황인종이나 흑인종보다 우월한 가치를 지닌다. 백인종과 황인종 간의 혼혈족도 마찬가지의 경우이다. 그러나 일반적으로는 열등한 민족들은 혼혈을 통해 그 가치가 올라가지만, 고상한 민족들은 더 나빠지고 몰락한다.

- 마찬가지로 혼혈은 "인류 가운데 대중에게는" 혹은 "다수 하층민"에게는 "유용"하다. 이들을 "중간층으로 상승시키고 고상하게 만들기" 때문이다. 그러나 이는 한시적일 뿐이다. 계속되는 혼혈을 통해 이들은 결국

하향화된다. 더욱더 그 가치가 떨어지는 교배가 지속되면서 마침내 무질서와 혼란이 온다. 이는 결국 인간사회를 천박한 상태로 이끈다. 바로 역사가 이 점을 우리에게 가르치고 있다.

문명사회는 본질적으로 세 인종 간의 위계질서를 토대로 구성된다는 고비노의 사회사상은 근대 서유럽 (신분)사회를 설명할 때도 잘 드러난다. 물론 이 '근원적 3대 인종'은 이미 역사시대의 시작 이후 사라지고 혼혈된 변종들만 남아 있지만, 이러한 위계질서를 세운 '정신'은 생생하게 살아 있다는 것이다. 그에 따르면 귀족, 시민, 민중이라는 '세 개의 근원적 계급'은 인종적 위계질서가 제도화된 것으로, 모든 사회의 토대가 되어왔고 오늘날 유럽 사회에서도 지속되고 있다. 그에 따르면 귀족은 "승리한 인종"(아리아-게르만)의 후손이고, 시민은 "지배 인종에 가까운 혼혈인들"로 형성되었으며, 민중은 "노예 혹은 매우 억압된 위치"를 차지하는 열등한 인간들로서 "남쪽에 있는 니그로, 북쪽에 있는 (황인종의 한 지파인—인용자) 핀족"이 그들이다. 다만 지배 인종이 사라지는 순간 그 '정신'은 이러한 제도의 지속을 더 이상 허용하지 않는다는 것이다.[101]

마침내 고비노는 문명의 출현을 설명한다. 그는 단호히 말한다. 인류 역사상 열 개의 문명이 있었으며, 이 모든 문명은 백인종의 주도하에 출현했다.[102] 여기서 그는 백인종의 범주에 유대인, 페니키아인 등 셈과 함의 후손이라고 명명될 수 있는 제 민족, 켈트족, 이베리아족, 그리고 여러 지파의 아리아인을 포함시킨다. 그리고 10대 문명으로 (1) 인도 문명, (2) 이집트 문명, (3) 아시리아 문명, (4) 그리스 문명, (5) 중국 문명, (6) 이탈리아반도의 문명 (여기서 로마 문화가 나왔음), (7) 게르만족 문명, 즉 '서구 문명', 그리고 아메리카 대륙의 여러 문명, 즉 (8) 앨러게니아(Alleghania), (9) 멕시코, (10) 페루 문명을 꼽는다. 여기서 그는 특별히 독일의 동양학자 몰(Julius von Mohl)의 다음과 같은 주장을 반박한다. 몰에 의하면 지구상에는 단지 3대 문명이 있었는데, 인도인, 셈족, 중국인이 주도하여 이 문명들을 만들었으며, 역사란 이 세요소 간의 투쟁이라는 것이다.[103]

고비노는 백인종 가운데서도 특별히 아리아 지파의 우월함을 강조한다. 위에서 언급한 (1)에서 (7)번까지의 문명은 아시리아 문명을 제외하면 모두 아리아 인종으로부터 나왔다는 것이다. 그러나 그는 아시리아 문명 또한 이란으로부터 이동한 아리아 인종의 한 지파(조로아스터교를 믿는 이란족)가 재생시켜 역사적 명성을 얻을 만큼 최고로 번성하게 되었음을 강조한다. 나아가 그는 아리아 지파가 지배하지 않았다면, 백인종을 조상으로 하는 유럽 민족들 사이에서 진정한 문명은 존재할 수 없었다고 주장한다. 그러나 오늘날 이들 대부분이 유럽 대륙을 차지하고는 있지만, 이제는 그 숫자에 있어서 아리아 계통이 아닌 자들이 다수를 차지하고 있다고 하면서 아리아 피의 고갈 현상이 현대 유럽의 사회와 문명을 특징짓고 있음도 지적한다.

이에 덧붙여 고비노는 다시 한 번 흑인종과 황인종이 그 어떤 문명도 주도하지 못했음을 강조한다. 예를 들어 그는 흑인종이 기여한 예술과 서정시조차 백인종과 혼합되었을 때만이 가능했다고 한다.(2권 2책 7장) 또한 그는 중국 문명을 예로 들면서, 황인종에 대해서도 비슷한 지적을 한다. 황인종은 단지 아리아인의 피가 동력으로 작용했을 때만이 문명화를 이룰 수 있었고, 그 문명마저도 아리아인의 피가 고갈되면서 정체되었다는 것이다. 부연하자면, 그는 아직 정확한 증거가 없다고 하면서도, 중국 문명은 이집트 문명과 유사하게 인도로부터 온 아리아 인종이 정주하면서(2권 3책에서는 이를 구체적으로 지적하는데, 크샤트리아 카스트가 이주하면서) 시작되었으며, 아리아인의 피가 말레이 및 황인종의 피에 의해 흡수되어 정체 상태에 들었으나, 재차 인도 계통이 아닌 북서쪽에서 온 아리아인의 대량 이주에 의해 보강되었다고 주장한다.

이어 2권에서 4권에 걸쳐 고비노는 이러한 문명의 시작과 몰락의 과정을 세계사적인 연대기 속에서 상론한다. 지루한 반복, 장황한 문체와 과도한 은유로 점철된 역사적 설명과 묘사를 진행한 후, 결론 부분에서 그는 다음과 같은 은유를 통해 자신의 인종결정론을 요약한다. 인류사는 거대한 직물이며, 지구는 이 직물이 걸쳐진 베틀이고, 수세기를 거친 역사의 연대는 지칠 줄 모르는 장인이다. 이 역사의 시간이라는 장인이 태어나자마자 베틀의 북을 잡고 이것의 수명이 다할 때까지 작동시킨다. 이렇게 하여 거대한 직물이 점점 더 크게 만들어진다. 이 직물의 재료는 다양한 색깔, 다양한 재료로 구성된다. 흑인종과 황인종이라는 질이 낮은 인류의 양대 변종은 거친 재료, 즉 목화와 양모다. 반면 백인종은 비단인데, 이 비단이 섞임으로써 목화와 양모가 부드러워진다. 한편, 아리아 집단은 그 직물의 표면에 금과 은으로 된 아라베스크라는 찬란한 걸작을 디자인하면서 고상한 세대의 연속을 통하여 그 부드러운 명주실들을 돌린다.[104]

이어서 인종 간 사회적 융합과 혼혈, 이로 인한 퇴화라는 세계사의 흐름을 다음과 같은 시대구분을 통해 정리한다. 그는 인간이 지구를 지배하는 기간, 즉 인류사의 전체 시간을 대략 1만 4,000년에서 1만 2,000년으로 상정한 후 이를 두 시기로 나눈다.

그중 전반기(BC 7000 / 6000~예수 탄생까지)는 백인종, 특히 아리아 인종의 분투 속에 문명이 시작되고 유지된 시기, 다시 말해 그가 말하는 '신의 시대'와

'영웅시대'이다. 비록 이 시기에도 부단히 열등 인종과의 혼혈이 일어나 순수한 백인종의 문명('신의 시대')은 사라졌지만, 백인종과 아리아 인종은 아직 그 숫자와 힘을 강하게 유지했고, 이는 4대 혼합문명(아시리아, 인도, 이집트, 중국 문명)으로 이어졌다('영웅시대'). 물론 이 시기에도 이미 사회의 기본 요소들의 씨앗이 시들어가기는 했지만 아직은 "젊음과 활기와 인류의 정신적 힘"이 보존된 시기이다.

그러나 후반기(예수 탄생 이후)는 걷잡을 수 없는 퇴화의 힘이 세계를 지배하는 '혼혈의 시기'이다. 세계 도처에서 끊임없이 혼혈사회가 출현하고 다수의 잡종인간들이 백인종의 고귀한 피를 흡수함으로써, 백인종이 자신의 힘과 활기를 더 이상 회복할 수 없게 된 시기(백인종의 입장에서는 '귀족의 시대')이다. 이제 인류는 필연적인 몰락을 향해 "노쇠하고 무기력한 발걸음"을 천천히 딛고 있다. 이러한 경향 속에 마침내 모든 인류가 혼합되어 인종들의 순수함이 사라지고, 사회의 모든 요소가 융합되어 힘과 활기를 완전히 잃어버리는 그날, 다시 말해 전체 인류가 완전히 퇴화에 이르는 종말의 날이 "그다지 머지않은 장래"는 아니더라도 언젠가는 반드시 닥쳐올 것이다. 여기서 고비노는 비록 정확한 시기는 예견할 수 없다고 하지만, 내심 인류에게 허용된 시간을 4,000여 년에서 5,000여 년으로 계산했다고 추론할 수 있다.[105]

이러한 역사 비극을 서술하는 가운데 고비노는 게르만족과 이 종족이 주도한 '서구 문명'의 세계사적인 의미를 강조한다. 고비노는 역사상 최후의 아리아 지파인 게르만족에 대해 무한한 애정을 쏟는다. "아리아 피의 마지막 방울"인 이 게르만−아리아인이 5세기 로마제국을 침략함으로써 이미 셈족의 문명으로 퇴화된 유럽 문명과 서구의 정신을 재생시켰다는 것이다. 그는 말한다. 지리상의 대발견의 완성에서부터 학문적 업적에 이르기까지 게르만족은 서구의 문명적 발전을 이루었다. "게르만 인종은 아리아 인종의 모든 활기를 부여받았다. 이 인종은 스스로에게 부여된 역할을 완수할 수 있었음에 틀림이 없다. 이 인종 이후로 백인종 가족은 더 이상 그 어떤 강하고 생명력이 있는 것을 내놓지 못하였다." 이러한 맥락에서 고비노는 비록 서구 문명의 발전 과정 또한 필연적으로 황인종 및 흑인종 후예들과의 혼혈을 통한 퇴화를 수반했고, 이는 아무도 막을 수 없는 것이기는 하지만, 아직 상대적으로 게르만적 요소가 우세한 서유럽과 북미에는 현재 문명의 마지막 형태를 대변하는 대중들이 있으며, 이들은 아직 힘의 아름다운 징후를 보여주고 있고, 이탈리아나 고대 페르시아 및 예멘 지역의 거주민들보다 실제로도 덜 타락했다고 진단한다.[106] 이와 관련하여 첨언하자면, 그는 현재에는 로마제국의 혼혈인과 접촉을 하지 않은 영국인만이 가장 순수하게 "게르만의 영향을 이어받은" 유일한 민족임을 강조한다.[107]

'서구 문명'의 우위에 대한 고비노의 강조는 동양에 대한 서양의 절대적인 우위 선언으로 확대된다. 그에 의하면 백인종만 역사를 갖고 있고, 모든 문명은 서양에서만 발전했다. 동양의 문명은 이미 오래전에 몰락하여 이제 그 "흔적"만 찾을 수 있는 반면에, 서양에서는 몰락과 재생을 반복하면서도 꾸준히 문명의 발전이 이어져, 오늘날에도 계속되고 있다. 그는 인도와 중국의 예를 들어 이렇게 된 이유를 밝힌다. 백인종 대 흑인종 및 황인종 간의 항구적 인종투쟁으로 인해 동양사회는 이미 오래전에 인종적 원동력을 잃어버린 불모지로 바뀌었다. 이제 흑인과 황인종의 혼혈 지역으로 전락한 동양에서는 그 어떤 역사도 불가능하다는 것이다. 반면 그는 기원전 3000년 이래 서양의 문명화된 민족들은 그 어떤 "진정한 피의 혁명", 즉 동양에서와 같은 그러한 수준의 혼혈 현상을 겪지 않았다는 것을 지적한다.[108]

# 05

# 염세적 인종주의에서 인종 증오주의로

고비노의 『인종불평등론』을 정독한 최초의 독자는 그의 후원자이자 친구인 토크빌이었다. 1853년 10월에서 12월까지 토크빌은 여러 차례 이 책에 대한 감상을 적은 편지를 보냈다.[109] 여기서 토크빌은, 비록 자신이 "칭찬과 비판의 감정이 섞인 당혹감"[110] 속에 있다고는 했지만, 실제적으로는 매우 부정적인 입장을 명확히했다. 그의 일관된 지적은 고비노의 이 책이 개인의 자유의지를 부정하고, 물질주의적 세계관(유물론)에 빠져 있으며, 그 결과 결정론과 숙명론을 부추긴다는 것이다. 이와 관련하여 그는 '우리 시대가 병들어 있다'면서 이 책의 위험성을 강조한다. 그는 혁명 이후 프랑스의 상황을 다음과 같이 묘사한다. 혁명에 대한 피로감, 열정의 약화, 수많은 관대한 이념과 위대한 희망이 성과 없이 끝났다는 생각이 지배적이며, 이러한 가운데 사람들은 스스로를 변화시키고 개혁할 수 있는 힘과 용기를 잃어버렸다. 이와 같은 상황에서 고비노의 이 책은 이러한 경향을 더욱 부추긴다는 것이다.[111]

이러한 비판과 함께 토크빌은 고비노의 이 책이 결코 대중의 관심을 끌지 못할 것이며, 이에 대해 너무 실망하지 말라고 충고한다. 그러나 여기서 토크빌이 말하는 '대중'은 다양한 대중이 아니라 무엇보다 왕당파, 보수주의자 및 가톨릭교회의 영향력 아래 있는 대중, 즉 프랑스 우파의 하위문화에 포섭된 대중을 뜻한다. 그는 지적하기를, 비록 사람들은 물질주의적 문화를 즐기기는 하지만 "그들의 철학에 있어서는 극단적 유심론자(spiritualist)"가 되어가고 있고, 정치적 열정이 가신 채 모든 "정통적이지 못한 것"과 토론하기를 즐기지 않는다고 한다. 그런데 고비노가 마치 사회주의자들처럼 물질주의적 세계관(유물론)에 입각한 이론을 펼치는 것 같으며, 이러한 대중이 사회주의자들의 주장에 무관심한 것같이 고비노의 이론도 그러하리라는 것이다.[112]

　토크빌의 이러한 비판은 정확히 사실을 짚은 것이었다. 실제로 고비노의 이 책은—심지어는 그가 쓴 다른 소설과 비교해서도—대중적 성공을 누리지 못했다. 특히 고비노가 기대했던 프랑스 우파 진영에서의 반응은 차가웠다. 가톨릭을 민족종교의 근간으로 삼으려고 했던 우파는 토크빌이 지적한 것처럼 고비노의 역사철학을 사회주의자의 그것처럼 신앙을 해치는 위험한 유물론 사상으로 간주했다.[113] 나아가 민족주의의 헤게모니에 포섭되어 있던 다수의 일반 시민들에게도 고비노의 이 책은 프랑스 국민을 인종으로 가르고 게르만주의를 주창한 프랑스 귀족의 반민족주의적인 인종주의의 연장선상에 놓인 것으로 여겨졌다. 확실히 고비노의 이론은 반민족주의적이었다. 이에 따르면, 근대 민족이란 오랜 세월 진행되어온 혼혈을 통한 퇴화의 결과물에 불과했고, 식민지 팽창이란 프랑스 국민국가의 몰락만을 가속화할 뿐이었다. 이와 같이 정치적으로 고비노의 역사철학은 민족주의, 그중에서도 특별히 그의 잠재적 지원군이었던 우파의 민족주의와 불화를 일으켰다. 로베라(Josep R. Llobera)가 적절하게 표현했듯이 고비노의 이 책은 아무도 만족시키지 못했다. 문헌학자들은 생물학적 과도함을 두려워했고, 자연주의자들은 이 책의 역사적 내용에 놀라워했다. 프랑스 독자들은 애국심의 결여를 싫어했으며, 우파나 좌파 모두 고비노와 동의할 수 없는 강한 이유들을 발견했다.[114]

그러나 대중적 실패에도 불구하고 고비노의 역사철학은 학문적 영역에서는 당대인에게 어느 정도 영향력을 발휘할 수 있었다. 필자는 앞에서 고비노의 이 책이 르낭, 텐 등의 역사서술에 직접적 영향을 끼쳤음을 지적한 바 있다. 부연하자면, 르낭(1823~1892)은 고비노의 영향 아래 인종이야말로 역사를 설명하는 주요 요소라고 보았다. 그 역시 인종을 3대 유형으로 나눴는데, 열등 인종(개선될 수 없는), 문명화된 인종(중국인 및 동아시아 제 민족 등), 고귀한 인종(셈족, 특히 아리아족)으로 나누고 열등 인종들은 우월한 인종과의 접촉을 통해 복속되거나 인종적으로 동화될 수밖에 없다고 주장했다. 또한 그는 언어적이고 인종적인 구분에 따라 셈족과 아리아족을 나누었으며, 셈족보다는 아리아족이 문명에 더 많은 기여를 했다고 주장했다. 이와 관련하여 그는 셈족은 궁극적으로 서구 문명을 받아들일 수 없고, 따라서 아리아 인종의 적으로 남아 있으므로 결국에는 제거될 수밖에 없는 존재라고 했다. 다만, 고비노와는 달리 그는 인종 간 혼혈을 역사발전의 맥락에서 긍정적으로 파악했다. 이런 맥락에서 르낭은 프랑스 인종주의 역사철학의 또 다른 창시자로 불리기도 한다. 텐(1828~1893) 또한 인종을 환경, 시대와 함께 역사의 3대 주요 요소로 꼽았다. 그는 인종을 "조상으로부터 물려받은 내적인 성향"으로 파악하면서 민족과 인종 간에는 강한 연관이 있음을 주장했다. 즉, 그에 의하면 인종이란 사람들이 역사를 통해 드러내는 지속적인 특징들과 정신적 습성을 포괄하는 것이다. 그러나 고비노와는 다르게 환경과 시대가 인종에 변화를 준다고 주장했다. 이 밖에 콩트(Auguste Comte, 1798~1857)에게서도 우리는 고비노의 간접적 영향을 읽을 수 있다. 그는 생물학적 환경과 사회적 환경을 구별했으며, 인종과 환경 간의 상호작용을 중시했다. 그는 비록 인종의 위계서열은 부정했으나, 무엇보다 흑인은 정서적이고, 황인은 행동지향적이며, 백인은 사변적이라고 각 인종의 스테레오타입을 규정하면서, 인종 간 상호보완성을 주장했다.[115]

고비노는 『인종불평등론』을 출간한 이후에도 상당 기간 동안 외교관 생활을 계속했다. 이 기간 동안 또다시 프로이센-프랑스 전쟁, 파리코뮌, 제3공화정의 성립으로 이어지는 일련의 정치적 격변이 벌어졌다. 1870년 그는 브라질에서 돌아와 잠시 트리이(Trye) 시장이자 쇼몽(Chaumont)의 군단관구장을 지냈는데, 이때 프랑스의 패전과 파리코뮌을 직접 체험한다. 이후 그는 공화국과 공화주의 정치가 강베타(Léon Gambetta)의 열렬한 적대자가 되었다.[116]

1870년 이후 고비노가 쓴 소설, 드라마, 정치 에세이 등은 놀라울 정도로 그가 『인종불평등론』을 쓸 때의 문제의식과 신념이 전혀 변하지 않았음을 보여준다. 이 시기 그가 쓴 작품들의 주제는 (1) 타락한 세상을 구원할 귀족적·인종주의적 엘리트, (2) 프랑스가 처한 몰락과 타락의 위기, (3) 세계 전체가 처한 위기에 집중되어 있다.

고비노는 자신의 소설 가운데 가장 유명한 『플레이아데스(Les Pléiades)』(1874)와 철학적 드라마 『르네상스(La Renaissance)』(1877)에서 타락한 세상을 구원할 엘리트를 형상화한다.[117] 특히 고비노의 이 드라마는 훗날 볼트만(Ludwig Woltmann)과 같은 독일 지식인들에게 커다란 영향을 주었다. 『플레이아데스』는 프랑스, 영국, 독일 출신의 재능 있는 젊은이 세 사람의 다양한 모험에 초점을 맞춘다. 이들 모두는 자신들이 사는 세상이 평범함과 타락의 수렁에 빠졌다고 생각하여 모험에 나선 것이다. 이들은 사회적 관행 및 사회적 인정과는 별도로 자연적으로 형성된 귀족이기 때문에 우월한 엘리트들이다. 이들은 자신들이 왕들의 자손이라는 정신 속에서 존재하는 찬란한 별들이다. 고비노는 르네상스가 라틴화와 연관되어 있다는 이유로 르네상스에 적대적이었기 때문에, 『르네상스』에서 더욱 엘리트적인 게르만 영웅들을 묘사하고 이들의 우월성에 내포된 도덕적 함의들을 강조한다. 그의 드라마 속에서 체사레 보르자는 지배를, 율리오 2세는 외세로부터 이탈리아의 해방을 꿈꾼다. 미켈란젤로와 라파엘로는 정치적인 타락의 시기에 개인의 예술적 천재성을 드러낸다. 이들은 모두 퇴화와 타락의 한가운데 있는 위대한 인물들이다. 여기서 고비노는 전형적인 인종주의자의 입장에서 피에 의한 도덕적 예정설을 엘리트주의적 윤리의 핵심으로서 주장한다.

고비노는 생전에 미완성 상태로 있었던 『1870년에 프랑스에서 무엇이 일어났는가(Ce qui est arrivé à la France en 1870)』(1870~1871), 『프랑스 제3공화국과 가치 있는 것들(La Troisième République Française et ce qu'elle vaut)』(1877), 『프랑스에서의 혁명적 본능(L'Instinct Révolutionnaire en France)』(1877)과 같은 정치 에세이를 통해 프랑스의 패전, 파리코뮌 당시와 그 이후 프랑스의 위기 상태를 진단하고 있다. 첫 번째 에세이에서는 프랑스가 프로이센에 패전한 것은 깊고 오래된 도덕적 부패의 결과임을 강조한다. 두 번째 글에서는 공화주의자들이 평등을 추종하는 것과 자신들이 잡아 마땅한 권력과 영향력 획득을 스스로 가로막는 여러 왕당파 집단의 비겁함과 우유부단, 이 둘이 프랑스를 망치고 있다고 격분한다. 마지막 글에서 고비노는 현재 프랑스에 필요한 것은 질서와 안정이고, 모든 정치가들도 이를 주장하고는 있지만, 정치 이념들 간의 갈등이 너무 많으므로 그 결과 혁명적 무질서를 피할 길이 없다고

한탄한다.[118]

고비노는 이러한 정치 에세이들에서 프랑스의 정치·사회적 타락에 격노하고 있다. 도덕적 퇴보, 물질주의, 과도한 민족적 오만함은 민주주의, 자유주의, 평등주의와 사회주의 같은 그릇된 정치 이념들과 함께 인종적 위기의 징후라는 것이다.[119]

고비노에게 프랑스가 앓고 있는 병은 단지 서구 세계가 직면한 훨씬 광범위한 위기의 징후에 불과했다. 그리고 이 위기에 대처하기 위해서는 유럽 대륙 너머의 사정을 주의 깊게 독해해야 한다고 주장했다. 고비노가 이미 『인종불평등론』에서 예견한 전 지구적 위기가 현실이라는 믿음은 변함없이 지속되었다.[120] 그가 은퇴 후 저술한 『아시아에서 일어난 제 사건(Ce qui se fait en Asie)』(1880~1881)은 이러한 위기의식을 여과 없이 보여준다. 여기서 그는 문명의 대문 바로 앞에 닥친 황인종의 위험에 대해 편집증적인 집착을 보인다. 그러면 고비노의 황화론黃禍論을 간략히 묘사해보자. 자세한 내용은 뒤에서 다시 언급할 것이다. 중국인의 과도한 이민 물결로 인해 오스트레일리아, 미국, 영국령 인도, 미얀마, 중앙아시아 등이 공포로 떨고 있다. 그러나 유럽은 과도한 라틴 인종 및 여러 이질적 요소로 인해 허약해 있다. 이런 상황에서 '아시아적인 슬라브족'(러시아)은 유럽의 몰락을 재촉하고 있다. 특히 중국을 잇는 유라시아 대륙횡단철도 부설로 인해 슬라브족은 고대에 그랬던 것처럼 인종 중개자 역할을 하면서, 또다시 동양인 무리들의 인종적 영향 앞에 유럽을 무기력하게 만들고 있다는 것이다.[121] 이처럼 노년의 고비노는 피할 수 없는 인종적 파멸과 지구적 위기에 대한 종말론적인 예언을 유산으로 남겨주었다.

생의 마지막 시기에 고비노는 또 한 번의 운명적인 사건을 맞이한다. 독일의 낭만파 민족음악가이자 오페라 제작자, 작가로서 명성을 날리고 있던 바그너(Richard Wagner)의 초대를 받아 1881년부터 1882년까지 바이로이트에 체류하게 되었던 것이다. 이미 1876년 로마, 1880년 베네치아에서 그를 만난 적이 있던 바그너는 그의 『아시아에서 일어난 제 사건』을 『바이로이트지(Bayreuther Blätter)』(1881년 5월호)에 번역하기에 이르렀고,[122] 마침내 자신의 바이로이트 서클과 교류하게 했다. 이로써 고비노는 훗날 독일에서 커다란 명성을 얻게 되었다. 그러나 그의 죽음은 쓸쓸했다. 1882년 10월에 이탈리아 여행을 떠난 고비노는 여행 중인 10월 13일에 죽었고, 토리노의 묘지에 묻혔다. 언론은 그의 죽음에 대해 아무런 주목을 기울이지 않았다.[123]

많은 학자들은 고비노가 후세대의 인종주의자들과 비교해볼 때 아직 특정 인종을 적대 인종으로 지목하지는 않았다고 주장한다. 그 근거로 언급되는 것이 그가 반유대주의를 부각시키지 않았다는 점이다. 물론 그 역시 근대 유대인에 대해서는 당시의 관례에 따라 적대적 감정을 종종 표현하기도 했다. 그러나 그는 『인종불평등론』에서 고대 이스라엘인을 문명을 주도한 백인종 가족의 일원으로 간주했으며, 나아가 다른 글에서는 아리아 인종과의 공통점을 강조하면서 경쟁상대로서의 유대인에 대한 존경을 표현하기도 했다. 인종적 순수함을 지속하기 위한 이 인종의 고립주의야말로 이 인종이 "강한 인종"임을 말해주고 있다는 것이다. 이와 같이 고비노는 유대인을 적대 인종으로까지 규정하지는 않았음에 틀림없다.[124]

그러나 앞에서 살펴본 것처럼 고비노는 말년에 이르러 『아시아에서 일어난 제 사건』에서 황화론을 주장하면서, 황인종을 명백히 적대 인종으로 규정했다. 더욱이 그의 황인종에 대한 적개심은 특정한 시점에서 특정한 사건을 계기로 새롭게 생겨난 것은 아니었다. 이미 그 맹아적 형태를 우리는 『인종불평등론』에서도 발견할 수 있다. 여기서 고비노는 퇴화의 힘이 세계를 지배하는 '혼혈의 시대'에 "백인종의 피를 빨아들이고, 백인종의 진정한 순수함을 빼앗은 두 열등 인종이 이를 통해 스스로도 변화했는데, 그중에서도 황인종의 경우가 극단적인 경우"라고 하면서 황인종의 변화에 주목하고 있다.[125] 구체적으로 그는 아리아인이 주도하여 중국 문명이 시작되었을 때는 이 문명이 아리아인의 정신에 걸맞게 가부장적인 성격을 지녔으나, 이후로는 모든 사람에게 개방된 과거제도를 통한 관직 등용에서 알 수 있듯이 본질적으로 "민주적" 문명으로 바뀌었다는 것을 강조한다. 나아가 그는 촌락공동체에 주목하면서 중국 사회를 일종의 사회주의 형태로 간주하기도 했다.[126] 그에게 여러모로 중국은 1789년 이래 프랑스의 정치 상황을 분석하기 위한 좋은 유사비교 모델이었다. 이는 민주주의와 사회주의를 퇴화와 타락의 징후로 간주했던 그가 황인종을 백인종에 비해 단순히 약하고 열등한 존재로 보았을 뿐만 아니라, 이미 위험한 존재로 인식하고 있었다는 것을 의미한다.

『인종불평등론』이 완성된 몇 년 뒤에 나온 『아시아에서의 3년』(1859)에서 고비노는 더욱 노골적으로 황인종에 대한 적개심을 표현하고 있다. "아시아는 매혹적인 먹거리이기는 하지만, 독이 있어서 이것을 먹는 자를 중독시킬 것이다."[127] 그의 황인종의 위험에 대한 편집증적인 집착은 이미 황화론이 본격적으로 유럽 사회를 떠들썩하게 만들기 전에 시작되었다고 할 수 있다. 이와 같이 고비노의 염세적 인종주의는 손쉽게 인종 증오주의로 전화되어갔다. 흔히 고비노 연구에 있어서 수정주의자들은 그의 사회적·문화적 염세주의를 지나치게 부각시켜, 마치 그의 인종주의와 역사철학이 훗날의 범게르만주의자들과 나치당에 의해 왜곡되었을 뿐이고, 원래는 정치적 폭력과 인종 테러와는 무관한—나아가 무해한—것으로 해석하려 한다.[128] 그러나 이

루드비히 셰만(1852~1938)

미 고비노의 염세적 인종주의 속에는 19/20세기 전환기에 등장하여 파시즘
의 시대에 절정에 달할 폭력적인 인종 증오주의가 배태되고 있었다는 것을
강조해도 지나침이 없다.

　고비노가 죽은 지 2년이 지난 1884년 『인종불평등론』 2판이 출간되었다.
이는 고비노 르네상스의 시작을 알리는 신호였다. 마침내 1894년 2월 12일
독일에서 고비노협회(Gobineau-Vereinigung)가 창설됨으로써 고비노는 명실상
부 인종주의 역사철학의 아버지로서 부활했다. 이 협회는 바이로이트 서클
의 셰만이 주도하여 창설되었다. 셰만은 바그너의 제자이자 고비노의 열렬
한 추종자였다. 그는 고비노의 전도사를 자임하여, 고비노 전기 등 많은 책
을 썼으며, 『인종불평등론』을 독일어로 번역했다. 이 밖에 볼초겐(Hans von
Wolzogen)과 체임벌린 등 바이로이트 서클을 대표하는 젊은 인종주의자들이
이 협회의 임원이나 회원으로 활동했다. 아이러니하게도 반유대주의를 내세

운 적이 없는 고비노는 유대인을 위험한 적대 인종으로 규정한 바이로이트 서클과 고비노협회를 통해 널리 선전되었다.[129] 그러나 이들과 고비노는 그 주적만 달랐을 뿐 적대 인종에 대한 증오를 품고 있었다는 점에서 이미 교집합을 이루고 있었다.

한편, 영국에서는 이미 19세기 중엽 이후 비록 고비노의 이름이 특별히 유명세를 타지는 않았지만 실제로는 그의 생각들이 받아들여지거나 유사하게 응용되곤 했다. 특별히 고비노는 다윈(Charles Darwin), 『이코노미스트』지의 편집장 베이지호트(Walter Bagehot)와 함께 주요 식민지 총독들에게 지대한 영향을 끼쳤다.[130] 그러나 프랑스에서 고비노는 전반적으로 볼 때 여전히 불신을 받고 있었다. 무엇보다 그가 독일의 바이로이트 서클과 고비노협회가 선전한 범게르만적 이념과 게르만적 인종의식의 영웅이자 선포자로 간주되었기 때문이다. 그럼에도 불구하고 이전과 달라진 것이 있다면, 학계를 넘어서서 그의 이론을—비록 인정하지는 않았다 하더라도—재평가하고 모방하려는 움직임이 나타났으며, 이러한 움직임은 무시할 수 없는 것이 되었다. 이렇듯이 고비노는 프랑스에서도 조금씩 되살아나고 있었다.[131]

고비노 르네상스는 제국주의가 그 절정으로 치닫던 시기에 일어났다. 고비노의 염세적인 인종주의 역사철학은 이제 인종 증오주의를 위한 무기로 변화되어갔다. 고비노협회 회원뿐만 아니라 당시 유럽 각국의 수많은 인종과학자들, 인종 신비주의자들은 그의 인종 퇴화론을 진지한 현실의 경고로 받아들여 민족의 인종적 재생, 나아가 민족을 엘리트 인종으로 만들기 위한 노력에 매진했다. 제국주의적 팽창과 민족의 몸을 해하려는 안팎의 적들에 대한 무자비한 투쟁 및 박해는 이러한 민족 재생 프로젝트와 동전의 앞뒷면 관계를 이루고 있었다. 세기말의 인종 증오주의 속에서 고비노의 역사철학적 기본 개념, 이론 틀과 명제들, 그리고 역사 내러티브는 때로는 신랄한 비판을 통해 수정되면서 다양하게 수용되고 변형되었다. 고비노는 이전 세대의 인종 우월주의와 이후 세대의 인종 증오주의를 매개한 사상가였다. 흥미롭게도 그 스스로도 나이가 먹음에 따라 세대에 따른 인종주의의 이러한 변화와 유사한 궤적을 밟았음은 물론이다.

## 제3부

# 인종 증오주의와 '악마적 인종'의 발명 I

## : 유대인의 위험

**유대인의 위험**
그림은 1940년경 출판된 『시온 장로들의 프로토콜』 프
랑스어판의 표지다. 이 문건은 수없이 반복되어 출간되
면서 유대인 세계지배 음모론을 전 세계에 퍼트린 매우
강력한 가짜뉴스의 매체로 기능했다. 이 판본에서는 유
대인을 날카로운 손톱으로 지구를 움켜쥐어 피를 흘리
게 하고, 사람들을 죽이는 악마로 형상화하고 있다.

# 급진적 민족주의의 적대 인종 담론
## : 반유대주의 담론과 황화론

19세기에서 20세기로의 전환기는 제국주의의 무한경쟁 시기였다. 동시에 근대화의 위기가 전반적으로 심화된 시기이기도 했다. 삶의 전 영역에 걸친 단절과 변화의 폭은 더욱 커지고 그 속도 또한 빨라졌다. 끊임없는 과도기의 경험과 사회적·경제적 몰락에 대한 두려움, 머지않아 엄청난 격변이 있을 것이라는 위기감 속에서 서양인들은 노이로제에 시달렸다.[1] 더불어 사회혁명의 공포나 세계대전의 기대 또한 공공연하게 표출되곤 했다.[2] 이러한 안팎의 위기 속에서 서양 각국에서는 조국의 부국강병과 세계제패, 민족/국민의 안녕을 기치로 제국주의적 민족주의, 즉 급진적 민족주의가 승리했다.

서양 각국의 급진적 민족주의자들은 '우리는 적들의 세계에 포위되어 있고, 강력한 적이 우리와 대항하고 있다'고 끊임없이 주장하고 있었다. 그 적은 경쟁국의 국민/민족일 수도 있었고, 서양 제국주의 열강의 지배 아래 있는 사람들일 수도 있었으며, 자국 내의 급진자유주의자, 사회주의와 노동운동 세력, 여성운동가나 부르주아 도덕규범에서 일탈한 모든 사람들, 이민자들, 유대인 등 정치적·사회적 혹은 종족적·문화적 소수자들일 수도 있었다.

오로지 군주제적·가톨릭적인 전통과 조국의 가치만을 맹목적으로 부르짖은 『락시옹 프랑세즈(L'Action Française)』지의 창설자 모라스(Charles Maurras)와 그 지지자들을 제외한다면, 대다수 급진적 민족주의자들은 인종주의적 신념을 많건 적건 간에 자신들의 제국주의적 애국심과 결합시켰다. 급진적 민족주의와 결합된 인종주의는 가공할 만한 악마적 힘을 소유한 채 '우리'를 위협하고 있다고 상상된 '적대 인종'을 발명했다. 이제 외부의 적은 이러한 악마적인 '적대 인종'이라는 범주 속에서 표상될 수 있었고, 내부의 적은 이놈의 부역자이거나 제5열일 수 있었다.

프랑스 혁명과 나폴레옹 전쟁을 거치면서 이른바 '사탄주의'가 유럽을 휩쓸기 시작했다. 그것이 정치적 당파든 계급이든 혹은 민족이든 간에 자신이 속한 공동체를 정당화하고 그 폐쇄적 순결성을 강조하기 위해 적대적 타자를 악마화하는 경향이 분출했다. 예를 들어 독일의 민족주의자 피히테(Johann Gottlieb Fichte)는 독일을 "신의 영토"로, 나폴레옹에 대항하는 전쟁을 "사탄에 대항하는 신이 택한 선민의 투쟁"으로 규정했다. 이와 유사한 묵시론적 표현은 러시아의 차르 알렉산드르가 개념화한 나폴레옹과 프랑스 혁명에 맞서는 "신성동맹"에서도 발견된다. 사탄으로 호명된 것은 특정 개인만이 아니라 자신과 반대되는 '악마적 대응 사상'을 지닌 운동이나 집단도 마찬가지였다. 계몽사상의 시기에는 종교와 형이상학이 실증주의자들의 악마였고, 세속화된 합리주의 신봉자들은 이전의 역사적 시기 전체를 '암흑시대'로 명명했다. 마르크스 이후로 부르주아지는 프롤레타리아를 착취하는 악마였고, 좌파 지식인들에게 파시즘은 악마였다.[3]

특별히 급진적 민족주의와 결합된 인종주의는 자신들의 민족 혹은 인종을 위협하는 '적대 인종'을 향해 '사탄주의적' 메타포를 사용했다. 1860/70년대 이후 1900년을 거치면서 서양의 인종주의 담론은 전통적 반유대주의를 새롭게 포장했을 뿐만 아니라, 동시에 황화론과 결합되면서 진행되었다. 여기서 한편으로는 유대인이, 다른 한편으로는 동아시아 민족들, 즉 황인종이 위험한 '적대 인종', 나아가 무시무시한 '악마적 인종'으로 표상되었다. 이른바 인종주의적 반유대주의(Anti-Semitism) 담론과 황화론은 종말론적 플롯을 지닌 인종투쟁의 역사관과 결합되었다. 그 내용적 다양성에도 불구하고 이러한 역사관에서는 과거가 염세적인 현재 진단을 위해 활용되고 있으며, 염세적인 현재 진단은 머지않아 있을 최종적 위기와 파국에 대한 예견의 징후로 이용되고 있다. 이에 의하면 역사는 인종투쟁의 역사이며, 현재는 적대 인종의 최종적 승리를 바로 목전에 둔 역사의 마지막 환란 단계라는 것이다. 이러한 종말론적 인종투쟁 사관은 '적대 인종'이 열등할 뿐만 아니라 악하고 위험한 존재임을 논리적으로 증명하고, 이 '적대 인종'에 대한 위기감과 적개심을 정당화시키며, 이 악하고 위험한 '타자'로부터 선하고 고결한 '우리'를 보호하기 위한 모든 행위는 올바른 것이라는 신념을 확산시키기 위한 도구로 사용되었다. 바로 이 지점에서 인종주의는 이전의 우월주의나 염세주의에서 벗어나 공격적이고 폭력적인 증오의 이데올로기로 변모했다.

그러나 '적대 인종'에 대한 두 담론은 내용적으로는 명백히 상호모순 관계에 있다. 전자가 유대인으로 체화된 근대 자본주의 물질문명을 비판하고 있다면, 후자는 황인종에 맞서 서양이 성취한 근대 자본주의 물질문명을 수호하자는 것이었기 때문이다. 이러한 점은 이제 인종주의가 근대화 과정 속에서 나타난 대중의 사회적 불만과 위기감을 감정적으로 자극하고 공포심을 극대화하는 공격적이고 비이성적인 선동 담론의 성격을 갖게 되었음을 보여준다.

# 01

## 인종주의적 반유대주의 정치운동

　프랑스 혁명의 또 다른 성과는 유대인 해방이다. 프랑스는 1791년 유대인 에게 완전한 시민권을 부여했다. 이후 유럽 각국에서 게토(ghetto)가 폐지되고 유대인에게 시민권을 부여했다. 예를 들어 영국에서는 1860년에, 독일어권에서는 함부르크(1860)를 필두로 오스트리아(1867), 프로이센(1869) 순으로 유대인에게 시민권을 부여했다.[4] 이로써 유대인은 법적인 평등과 사회적 계층 상승의 기회를 누리면서 국민공동체로 통합되기 시작했다. 그러나 1870 년대를 검게 물들인 경제공황의 위기 속에서 유럽 각국에서는 유대인의 시민권 박탈, 나아가 유대인의 이민금지 및 추방 등을 주장하는 반유대주의 정치운동이 일어났다.

　반유대주의 정치운동의 발상지는 독일이다. 1879년 베를린에서 궁정설교가 슈퇴커(Adolf Stoecker, 1835~1909)는 반유대주의 대중정당을 결성했다. 보수적 개신교 목사인 슈퇴커는 기독교사회노동자당(Christlichsoziale Arbeiterpartei)을 확대시킨 기독교사회당(Christlichsoziale Partei)을 창당했다. 이러한 슈퇴커의 베를린 운동에는 '염세적 문화비판가'이자 급진민족주의자이며, '보수주

아돌프 슈퇴커(1835~1909)　　　　　빌헬름 마르(1819~1904)

의 혁명' 그룹의 선구자로 추앙받는 라가르데(Paul de Lagarde)도 참여했다.[5]

　슈퇴커의 운동에 맞서 언론인이며 정치선동가인 마르(Wilhelm Marr, 1819~1904)는 같은 해에 역시 베를린에서 반反셈족주의자동맹(Antisemiten-Liga)이라는 또 다른 대중정당을 만들었다. 마르는 한때 혁명가이자 급진적 민주주의자로 활동했으며, 반교권주의자이자 무신론자로 알려져 있었다. 따라서 종교적이고 정치적인 이유로 두 사람은 사이가 좋지 않았고, 두 사람이 만든 반유대주의 정당도 처음부터 상호 협력적 관계는 전혀 기대할 수 없었으며, 기껏해야 경쟁관계에 머물렀다.[6] 특히 기독교사회당의 일부 목사들은 유물론적 세계관에 기반하여 인종을 강조하는 마르의 반유대주의 운동을 반기독교적인 것으로 보았고, 나아가 "새로운 이단"이라고 규정했다.[7]

　이처럼 반유대주의 정치운동은 그 탄생부터 분열적이었고, 향후에도 여러 파벌과 분열로 점철되었다. 1880년대 이후로도 수많은 반유대주의 정당이 생겨났으나, 이합집산을 거듭했다. 1881년의 '사회적 제국당(Soziale Reichspartei)', 1889년의 '독일개혁당(Deutsche Reformpartei)', 1891년의 '독일사회당(Deutschsoziale Partei)', 1894년의 '독일사회개혁당(Deutschsoziale Reformpartei)', 1900년의 '독일사회당(Deutschsoziale Partei)' 및 '독일개혁당(Deutsche Reformpartei)' 등이 그것들이며, 이 밖에도 여러 반유대주의 정당이 생겨났다 사라지기를 반복했다.[8]

그럼에도 불구하고 반유대주의 정치운동은 반자유주의·반민주주의·반자본주의가 혼합된 반동적 이데올로기와 대중의 사회적 불만과 위기의식을 자극하려는 선동정치적 성격을 일관되게 유지했다.[9] 이미 "사회적" 그리고 "개혁"이라는 단어가 들어가거나 이것들이 조합된 당명에서 알 수 있듯이 반유대주의 정당들은 끊임없이 이른바 '사회개혁'을 내세우면서 기존 질서에 불만을 가진 대중을 유혹했던 것이다. 이런 점에서 이 운동은 훗날의 나치 운동, 더 나아가 오늘날의 극우파 운동의 원형이라 할 수 있다.

흥미로운 것은 슈퇴커와 마르가 반유대주의 선동정치에 투신함으로써 자신들의 지금까지의 정치적 이력으로부터 단절되거나 혹은 변절했다는 것이다. 슈퇴커는 정치적으로나 세계관적으로 철저한 보수주의자였다. 그는 모든 근대적 세계관에 대해 비타협적이고, 전통적인 루터교의 교의에 충실한 이른바 정통파 신학자였으며, 프로이센의 토지귀족(융커)이 주도하는 보수당에 대해 변함없는 충성심을 견지하고 있었다. 그러나 권위, 위계질서와 엘리트주의를 선호하던 다수의 보수주의자들과는 달리, 보통선거권의 의미와 산업대중의 정치적 중요성을 깨달아 선동정치라는 새로운 정치 스타일을 보수 진영에 도입했다.[10] 특별히 슈퇴커는 1860년대와 70년대를 경과하면서 성장하기 시작한 사회주의 노동운동에 맞서, 농촌 중심의 보수주의를 도시 중심의 인민주의 운동으로 새롭게 변화시키려 했다. 그의 이러한 시도는 보수 진영 내에서 어느 정도 영향력을 발휘하기도 했다. 그럼에도 불구하고 바로 이 때문에 그는 보수당 내의 전통주의자들로부터 대중선동가로서 부단히 견제당하고, 때로는 사회주의적인 급진주의자로 몰려 마침내 1896년 초 결국 당에서 쫓겨나고 말았다.[11]

마르는 앞서 언급한 것처럼 급진적 민주주의자였으며 1848년 혁명에 참가한 혁명가였다. 그는 유대계 낭만파 시인 하이네(Heinlich Heine)와 역시 유대계 정치작가 뵈르네(Ludwig Börne)와 함께 혁명적인 "청년 독일" 운동에 가담했다. 이 운동은 프랑스 혁명 당시의 공화주의를 본보기삼아 공화주의적 이상을 추구했다. 마르는 당시 프로이센 왕 프리드리히 4세 치하의 독일을 "왕정적-야만적 독일"이라 비판했다. 더 나아가 개인주의를 지지했음에도 독일 사회주의의 아버지 가운데 하나인 바이틀링(Wilhelm Weitling)과 교류했으며 계급이나 빈곤과 같은 이슈를 수신할 때엔 공산주의적 관용구들을 사용했다. 마르는 1848년 혁명의 실패로 인한 좌절감 속에서 1852년에 중앙아메리카의 코스타리카로 이민을 가서 10년을 살다 독일로 귀국했다. 그러나 귀국 후 몇 달 뒤 공개적으로 공화주의 이상들의 포기와 급진적 반유대주의자로의 전향을 선언했다. 이후 그는 자신의 새로운 고향 함부르크의 민주주의적이고 급진적인 공동체를 탈퇴했다.[12] 이와 더불어 사생활에서도 커다란 단절을 경험했다. 1873년에서 1877년까지 짧은 기간 동안 그는 두 번의 이혼과 한 번의 사별을 겪어야 했다. 세 명의 부인 중 두 명은 유대계 여성이었다. 마르의 전기를 쓴 침머만(Moshe Zimmermann)은 마르가 반유대주의자가 된 것이 무엇보다 이 두 명의 유대계 부인 때문이었다고 주장한다.[13]

반유대주의 정치운동은 전통적인 반유대주의와는 다른 새로운 형태의 반유대주의, 즉 인종주의적 반유대주의를 내세웠다. 특히 마르는 가장 노골적으로 인종주의적 반유대주의를 선전했다. 그는 유대인이 아리아(인도유럽)인과는 다른 인종인 '셈족'이라는 것을 강조하기 위해 신조어 '반反셈족주의(Antisemitismus)'를 자신의 정당 이름 Antisemiten-Liga(반셈족주의자동맹)에 쓰거나 '셈 인종(sematische Race)'이라는 표현을 사용하는 등, 이 말을 유행시키는 데 결정적으로 기여했다.[14] 훗날 마르는 스스로를 "반셈족주의의 태조太祖"라 불렀다. 물론 그가 이 신조어를 처음 쓴 것은 아니다. 이미 1822년에 '반셈족주의자(Antisemit)'라는 용어가 등장했으며, 1860년대에 프랑스의 문헌학자이자 역사가 르낭도 우수한 아리아 인종과 열등한 유대인을 구별하기 위해 '셈족'이라는 유사한 신조어를 사용했다.[15] 그럼에도 불구하고 이 용어가 향후 영향력 있는 정치표어로 자리 잡는 데 있어서 마르의 역할이 결코 과소평가되어서는 안 된다. 나아가 마르는 인종주의적 반유대주의를 이론화하는 데 있어서도 선구자였다고 할 수 있다. 독일 역사가 브룬스(Claudia Bruns)는 최근의 연구에서 마르를 독일의 인종주의적 반유대주의를 정초한 "아버지"로 부른다. 그는 마르가 중앙아메리카 식민지에서의 생활 경험을 바탕으로 식민지의 인종주의를 반유대인 담론에 전위시킴으로써 독일 반유대주의의 발전에 중요한 역할을 했다는 것을 강조한다.[16]

마르와 경쟁관계에 있던 슈퇴커의 베를린 운동 역시 나름대로 인종주의적 반유대주의를 내세우고 있었다. 앞서 기독교사회당의 일부 목사들이 인종을 강조하는 마르의 반유대주의 운동을 반기독교적인 것으로 보았고, 나아가 "새로운 이단"이라고 규정했다는 사실을 언급했다. 그러나 기독교사회당의 주류가 새로운 인종주의적 반유대주의에 대해 적대적이었다고 생각한다면 이는 잘못된 것이다. 당내 많은 목사들은 인종 개념을 믿고 있었다. 슈퇴커 자신도 셈족과 아리아족(게르만족)의 투쟁을 강조하곤 했다.[17] 인종 개념이 기독교 원리를 손상시킬 수 있다는 일부의 우려에도 불구하고 인종주의적 반유대주의는 기독교와 결합될 수 있었다. 예를 들어 기독교는 게르만 인종의 정신적 특성을 대변하는 상징으로 간주되곤 했다.

그러나 반유대주의 정치운동이 인종주의와 결합된 새로운 반유대주의를 탄생시켰다거나, 마르가 유행시킨 '반셈족주의'라는 신조어만이 인종주의적 반유대주의를 대변했다고 생각한다면 이는 잘못된 것이다. 이미 1860년대부터 독일어권에서 유대인을 노골적으로 하나의 낯선 인종으로 호명하는 '유대 인종(jüdische Race)'이라는 용어가 확산되고 있었다. 1862년 프로이센 보수주의의 대변지 『십자가 신문(Kreuzzeitung)』의 편집장 바게너(Hermann Wagener)는 "기독교도이자 독일인은 유대화(verjüdelt)될 수 있지만 유대인은 기독교인이나 독일인이 될 수 없다. 그의 몸, 피, (동화되지 않은—인용자) 나머지 마음이 이를 경고하며, 유대 인종이라는 폐쇄성과 유일성이 이를 방해하기 때문이다"라고 말하고 있다. 비슷한 시기인 1869년 법학자이자 메이지 유신 이후 일본의 국가철학에 영향을 준 몰(Robert von Mohl)은 "유대 인종과 게르만 인종" 간의 차이가 "독일과 다른 유럽 민족들 간의 차이"보다 더 크다고 주장했다.[18] 이러한 사례는 이미 1860년대부터 독일인과의 민족적·인종적 대립을 강조하는 인종주의적 반유대주의의 맹아적 형태가 출현했음을 의미한다. 반유대주의 정치운동은 인종주의적 반유대주의를 대중선전을 위해 보다 체계적이고 급진적인 형태로 가다듬었다는 것이 좀 더 정확한 이해일 것이다.

# 02

## '악마적 적대 인종'으로 개념화한 유대인

그렇다면 인종주의적 반유대주의는 어떤 점에서 새로웠는가? 서양에서의 반유대주의는 이미 그 연원을 로마제국에서 찾을 수 있을 정도로 오래된 것이다. 전통적으로 반유대주의는 무엇보다 기독교적이고 미신적인 세계관에 입각해 행해진 종교적인 편견·차별·경멸·혐오를 의미했다. 유대인에 대한 증오는 본질적으로 유대인이 개종을 거부하는 '우리 안의 이교도'였기 때문이다. 유대인에 대한 전형적 비난은 '신의 아들 예수를 죽인 자들'이었으며, 이것이 기독교 세계의 미신과 결합해 '성체를 훼손하는 놈들', '기독교도를 해하려는 사탄의 동맹세력', 심지어 '유월절이 되면 기독교도 어린이들을 살해하는 악마의 후손'(유대인의 살해의례) 등 끊임없이 반복된 악의적인 비난들로 이어졌다.

이러한 종교적 반유대주의와 함께 유대인을 '고리대금업자', '수전노', '신의 없고 사악한 자들'로 정형화한 경제적 반유대주의도—이 역시도 노동을 통하지 않은 이윤증식을 죄악시한 기독교 세계관과 연관을 갖고 있는데—전통적 반유대주의의 한 축이었다. 이와 더불어 유대인의 외모를 비하하는 '매부리코', '안짱다리' 등의 부정적 이미지도 반복되었는데, 이는 인종주의적인 것이라기보다는 이 완강한 이교도이자 풍속이 다른 이방인을 조롱하고 경멸하며, 때로는 혐오하기 위한 것이거나 기껏해야 오늘날 '외국인(타민족)혐오(Xenophobia)'라고 규정할 수 있는 것의 전근대적 표현이었다.[19]

이와 같이 전통적인 반유대주의는 종교적이거나 문화적인 혹은 사회적·경제적인 이유를 들어 유대인의 특정 측면을 공격했다. 그러나 이와는 달리 인종주의적 반유대주의는 '유대인 그 자체'라는 추상적 존재를 공격 목표로 삼았다. 유대인을 '우리 민족공동체'를 위협하는 '적대 인종'으로 만들었을 뿐만 아니라, '모든 악의 원흉인 악마적 인종', 그것도 모든 것을 '유대화'할 정도로 가공할 능력을 지닌 '악마적 인종'으로 추상화시켰다.

이에 상응하여 이러한 반유대주의는 유대인에 대한 증오의 논리적 근거와 도덕적 정당성을 더 이상 기독교가 아니라 새로운 역사관을 통해 찾았다. 역사는 빛의 세력인 '우리 민족공동체'와 어둠의 세력인 유대 인종과의 투쟁의 역사이며, 현재는 유대 인종의 최종적 승리와 '우리 민족공동체'의 멸망을 바로 목전에 둔 역사의 마지막 환란 단계라는 종말론적인 인종투쟁 사관이 그것이다.

이상과 같이 인종주의적 반유대주의는 기존의 유대인에 대한 온갖—때로는 서로 모순되기까지 했던—정형화된 편견들과 부정적 표상들을 대체하는 새로운 편견과 표상들을 만들어냈다기보다는 이것들을 하나로 통합시키는 이데올로기적 틀을 제시했다.

그렇다면 유대인은 구체적으로 어떻게 악마적 적대 인종으로 개념화되었는가? 우리는 마르에게서 그 전형적 사례를 찾을 수 있다. 마르는 먼저 계몽적 관점에서 기존의 종교적 반유대주의를 비판한다. 종교적 반유대주의는 유대인의 사악한 간계에 속아넘어간 멍청한 반유대주의라는 것이다. 그는 '비종파적 관점에서 관찰된'이라는 부제가 붙은 『유대 인종의 게르만 인종에 대한 승리(Sieg des Judenthums über das Germanenthum)』(1879)에서 종교적 이유에 근거한 전통적인 유대인 증오가 얼마나 어리석은가를 강조한다. 유대인이 예수가 십자가에 못 박혀 죽은 데 책임이 있다는 주장, 유월절에 유대인들이 기독교도 어린이들을 도살한다는 주장 등을 역사적으로 근거가 없는 터무니없는 것들로 비판하면서, 유대인에게 종교란 자신의 이익을 가리기 위한 은폐 수단이며, 따라서 유대인에 대한 종교적 박해는 오히려 유대인의 실제적 위험을 호도하고 있다는 것이다.[20]

이어서 마르는 어째서 유대인이 악마적 힘을 지닌 적대 인종인가를 상론한다. 먼저 그는 유대인이 결코 동화될 수 없는 '낯선 인종'이라는 점을 강조한다. 그는 유대인 해방과 관련하여 자신의 옛 동지인 브레멘의 민주주의자 호벨만(Hobelmann)에게 보내는 1862년 6월 4일자 편지에서 동등한 권리 부여를 통한 유대인의 독일 국민국가로의 동화 가능성에 대해 회의를 표한다. 그리고 그 이유를 유대인의 인종적 특이성에서 찾는다. "유대인이란 자신의 인종적 특이성(Stammeseigentümlichkeit) 때문에 우리의 정치적·사회적 생활과 공존할 수 없다고 생각합니다. 유대인은 자신의 내적인 천성 때문에 틀림없이 국가 안의 국가를 세우려 할 것입니다."[21]

더 나아가 마르는 유대인을 니그로의 피가 흐르는 "천한 인종"으로 규정한다. 그는 같은 해 출판된 『유대인의 거울(Judenspiegel)』에서 유대인이 해방될 수 있는 유일한 길은 '혼혈'을 통해 인종적으로 개선되어 "서구의 동료 시민들에게" 동화되는 것뿐임을 강조한다. "유대인이 이미 이집트에서 겪은 혼혈 과정이 다시 받아들여진다면 이번에는 너희 민족이 강화되고 고상한 존재로 개선될 것이다. (…) (왜냐하면 니그로의 피가 너희들 혈통에 흐르고 있다는 것을 너희들도 부인하지 않을 것이기 때문이다.)"[22]

동시에 마르는 문화의 가치를 모르는 천한 인종인 유대인이 또한 노예제도와 대량학살의 발명자이기도 하다는 점을 지적하면서 유대인의 비인간적이고 잔혹한 천성을 강조하고 있다. 그는 『구약성서』에 근거하여 이집트의 총리가 된 요셉이 노예제를 도입했으며, 모르드개(Mordechai)가 대량학살을 시행했고, 더 나아가 이러한 악독한 행위가 부림절(Purim)을 통해 아직까지도 유대인들에게 기억되고 있다고 비난한다.[23]

유대인을 악마적 적대 인종으로 개념화하는 마르의 작업은 마침내 유대인이 기존 사회에 동화하지 않을 뿐만 아니라 거꾸로 기존 사회를 유대화(Verjudung)시켜 지배하는 무시무시한 능력을 갖고 있다는 주장으로 발전한다. 그는 사회다윈주의의 표어인 '생존투쟁'을 차용하면서 말한다. "(역사상 모든 유대인 박해란) 사회의 실제적 유대화에 맞서 각 민족들이 본능적으로 벌인 싸움, 즉 생존투쟁이다."[24]

이상과 같이 마르는 유대인을 악마적 인종으로 새롭게 형상화했다. 유대인은 서구인과 영원히 함께 어울릴 수 없는 이질적 존재이며, 비천하고 동시에 인간성도 결여된 존재다. 그런데 이러한 인종이 모든 사회와 민족을 자신에게 동화시켜 지배하는 초인적인 능력을 갖고 있다는 것이다.

여기서 무엇보다 그가 사용하는 유대인의 "인종적 특수성", "유대화"와 같은 용어에 주목할 필요가 있다. 그는 매부리코나 안짱다리 같은 유대인의 신체적 특징을 정형화시키는 전통적 토포스(topos)를 사용하지 않는다. 대신 유대인의 인종적 특징을 정신적인 것, 18세기 식으로 말하면 타고난 자질과 성향(Anlage)에서 찾는다. 특히 "유대화"라는 용어에서 알 수 있듯이 그는 유대

「어떤 미래상」, 「정치 화집」 28호, 드레스덴, 1898.
랍비가 이끄는 일군의 유대인들과 이들의 하수인 사회주의자 및 자유주의자들이 오만한 태도
로 황제에게 자신들의 요구를 하고 있다. 바닥의 두루마리에는 "탈무드. 세계는 이스라엘 사
람 덕택에 창조되었다"고 적혀 있다.
* 출처: BA Koblenz, Palkatensammlung.

인종의 내적인 소질과 성향이 독일인마저 오염시킬 수 있을 만큼 무시무시
하다는 것을 강조하고 있다. 그에게 유대 인종이란 단순히 생물학적 혈연집
단이 아니라, 궁극적으로—악마적인—영적·정신적 실체를 의미했다. 이 같
은 논리를 따를 경우 생물학적으로는 유대인이 아닌 사람도 '유대화'되었다
면 그는 정신적 혹은 내적인 유대인으로 간주될 수 있다. 이러한 생각은 정
치적으로 매우 효과적인 투쟁 수단이 될 수 있었다. 자유주의자든 민주주의
자든 사회주의자든, 혹은 특정 자본가든, 나아가 근대 문명 전반을 대변하는
세력이든, 자신이 적대하는 모두는 유대화된 존재 혹은 내적인 유대인이며,

따라서 공동체의 순결성을 파괴하는 악마의 세력이라고 비난할 수 있었다.

이러한 생각은 마르에게만 한정된 것이 아니었다. 이와 유사한 생각은 뒤에서 살펴볼 것처럼 슈퇴커에게서도, 나아가 다른 반유대주의 선동가들에게서도 발견된다. 예를 들어 반유대주의 인민당(Antisemitische Volkspartei)을 창당한 사람 가운데 하나였던 저널리스트 알바르트(Hermann Ahlwardt)는 1895년 제국의회에서 반유대인법의 제정을 주창하면서 유대인을 전염력이 강한 '콜레라균'에 비유했다. 그의 연설을 들어보자.

> 우리가 유대인은 해로운 존재라고 말할 때 유대인의 인종적 특징이 게르만 민족의 인종적 특징과 장기적으로는 조화를 이룰 수 없으며, 지금 이 순간 그 어떤 비행도 저지르지 않은 유대인들조차 특정한 조건에서는 그 인종적 특징 때문에 돌변할 수밖에 없다는 것을 뜻합니다. (…) 정작 수치스러운 일은 5,000만 명의 독일인들이 몇 명 되지도 않는 유대인들을 두려워하고 있다는 사실입니다. (…) 그러나 그 기생충 같은 유대인이 우리의 적이라면 문제가 전혀 다릅니다. (…) 리케르트 의원도 단 한 마리의 콜레라균을 두려워하지 않습니까, 여러분! 유대인은 콜레라균입니다. (…) 여러분! 문제는 유대인의 전염력과 착취권력입니다."[25]

# 03

# 기독교 종말론을 차용한 인종투쟁 사관

인종주의적 반유대주의는 유대인을 '모든 악의 원흉인 악마적 인종'으로 추상화시켰다. 이와 동시에 종말론적인 인종투쟁 사관을 통해 유대인에 대한 증오를 세계관적으로 정당화시켰다. 종말론은 유대-기독교 전통에 입각한 모든 역사관에서 발견된다. 세계사의 진행은 완전한 파국을 향한 몰락의 과정이며, 현재는 그 파국 전야의 암흑기로 파악된다. 마침내 최후의 순간(kairos)이 도래하여 기존의 역사는 끝나고 완전히 새로운 출발이 시작된다는 것이다. 따라서 종말의 그 순간은 어떤 이에게는 희망과 구원의 순간이지만, 다른 이에게는 공포와 멸망의 순간이다.[26]

반유대주의 선동가들은 이러한 역사관을 대중선동에 적극적으로 활용했다. 이들은 현대 세계의 온갖 정치·사회·문화적 현상을 유대 인종이 '우리'를 멸망시킬 마지막 순간이 머지않았다는 징표로 활용하면서 정치공포극을 만들어내고, 유대 인종에 맞서는 최후의 결전을 선동했다. 여기서 인종주의적 반유대주의 담론은 이러한 정치공포극의 플롯을 기독교 종말론에서 차용하면서 전통적인 종교적 반유대주의 담론과 결합되었다. 먼저 종교적 반유대주의의 기독교 종말사관을 알아보고, 이것을 인종주의적 반유대주의가 어떻게 변형시켜 전유했는가를 살펴보자.

독일과 미국에서 활동한 가톨릭 신학자 롤링(August Rohling)은 종교적 반유대주의의 표준서로 평가받는 『탈무드 유대인(Der Talmudjude)』(1871)의 저자이다. 이 책에서 그는 유대인을 '적敵그리스도의 대리인'으로 규정했다. 롤링은 1875년에 『적그리스도와 세계의 종말(Der Antichrist und das Ende der Welt)』이라는 교회사를 저술했다. 롤링은 근대 세계의 탄생과 성장을 종말의 마지막 단계를 향한 악의 득세와 환란의 심화 과정으로 묘사한다. 특히 현재 시기를 최후의 심판 전야의 암흑기로 규정한다. 여기서 최후의 심판은 새 하늘과 새 땅으로 상징되는 완전히 새로운 세상, 혹은 천년왕국으로 들어가는 대격변을 뜻한다. 이제 적그리스도의 구현체인 술탄(sultan)이 세계를 지배하고 유대인은 사람들을 적그리스도에게로 유혹한다. 술탄은 기독교 세계의 최대의 적인 이슬람 세력과 오스만제국이고, 유대인은 그 하수인이다. 그리고 최후의 심판 직전에 벌어지는 인류의 마지막 전쟁(아마켓돈 전쟁)은 기독교도 및 소수의 회개한 유대인 대 술탄과 그 하수인 유대인을 따르는 이교도, 타락한 기독교도 등의 대결이다. 그의 종말론을 좀 더 자세히 살펴보자.

롤링은 종말의 진행 과정을 일곱 개의 시기로 나누었다. 그중 제1시기는 백마 탄 기사, 우박, 불, 피의 시기로서 로마제국이 기독교를 공인한 시기다. 제5시기는 순교자의 피로 상징되는 시기로서 종교개혁을 일으킨 루터가 지옥 심연의 열쇠를 받아 개봉한 시기다. 마침내 일곱 번째 시기인 최후의 심판의 시기가 도래했다. 이 시기에는 적그리스도가 나타나 향후 수백 년간 세계를 지배한다. 도덕과 신앙에 대한 보편적 반역 앞에서 아무런 희망도 없는 듯이 보인다. 타락과 부패의 아들이 작은 군주가 되어 콘스탄티노플을 영지로 얻은 후, 투르크의 술탄이 되어 고대 로마제국의 영토와 서구 전체, 마침내 지구 전체를 복속시킨다. 새로운 술탄이 콘스탄티노플을 접수할 때, 이집트인들이 독립을 쟁취하기 위해 봉기를 일으킬 수 있고 서구의 여러 세력이 이를 지원하게 될 것이다. 그러나 새 술탄은 무리를 모아 지옥의 힘들에게 지원을 받은 채 전광석화와도 같이 승리를 쟁취하여 전 세계를 장악한다. 그는 유대인들에게 자신을 메시아라고 소개한다. 유대인의 주도하에 이교도, 타락한 기독교도 등 많은 신자의 무리가 그를 따른다. 그러나 다수의 기독교도와 소수의 회개한 유대인들은 술탄에 대한 경배를 거부한다. 이에 다수 대중이 이들 하나님의 종을 박해한다. 마침내 술탄의 지배가 무너지고 술탄을 경배했던 유대인, 이교도, 타락한 기독교도들이 회개한다. 잠시 평화의 시기가 이어진 후 마침내 최후의 심판이 갑작스럽게 도래한다.[27]

종교적 반유대주의와 기독교 종말론이 결합된 사례를 롤링에게서 찾을 수 있다면, 슈퇴커에게서는 인종주의적 반유대주의와 세속화된 형태의 기독교 종말론이 결합된 대표적 사례를 발견할 수 있다. 1879년 슈퇴커는 베를린 기독교사회노동자당 집회에서 「근대적 유대인에 대한 우리의 요구」라는 제목으로 강연을 했다. 이 강연은 반유대주의 정치운동의 횃불을 당긴 것으로 유명하다.[28] 이 강연은 반유대주의 운동의 주도권을 잡고자 했던 마르에게 자신의 운동이 슈퇴커의 운동에 흡수되어버릴지도 모른다는 우려를 자아낼 정도로 성공적이었다.[29] 그날 집회에 참석한 700여 명에 달한 청중들은 대부분이 산업화 과정의 수혜자라기보다는 피해자인 자영업자, 수공업자 등 전통적 '중간신분(Mittelstand)'과 일부 노동자들로 구성되었으리라 강하게 추측된다. 이후 수년간 이 강연은 기독사회노동자당의 선전 팸플릿으로 여러 차례 인쇄되어 베를린 지역뿐 아니라 다른 지역의 수공업자, 노동자, 중소농

민, 보수적 기독교도들, 나아가 반유대주의 정당의 지지자들에게 상당한 영향력을 행사했다.[30]

슈퇴커는 이 강연에서 "근대적 유대인" 개념을 통해 유대인을 유대교 신자가 아니라 근대 자본주의 물질문명을 지배하고 있는 낯선 인종으로 새롭게 규정한다. 그는 "근대적 유대인"과 "셈족"을 동의어로 쓰고 있다. 그에 의하면 "근대적 유대인"이란 전통적 유대교 신앙에서 벗어나 "계몽주의 시대의 메마른 잔존물"에 뿌리를 내리고 있는 세속화된 유대인들로서 이들은 "배금주의(물신숭배) 정신"을 구현하고 있다. 그는 때때로 "유대적 배금주의 정신"이라는 표현을 씀으로써 "근대적 유대인"과 "배금주의 정신"("셈족의 정신") 사이의 밀접한 관련성을 강조하고 있다.[31] 그는 "근대적 유대인"의 "구역질나는" 배금주의 정신은 "무신론"과 "유물론"적 세계관의 필연적 결과임을 강조한다.[32] 그는 비록 '근대적 유대인'이 "인간성"과 "전체 인류의 행복"이라는 인본주의적이고 현세 행복주의적인 이상을 말하지만, 이는 배금주의 정신의 다른 표현에 불과하다는 것이다.[33]

슈퇴커는 자본주의를 "근대적 유대인"의 배금주의의 결과물로 본다. "일방적인 돈의 경제", "고삐 풀린 자본주의"[34]와 같은 표현을 쓰면서, 자본주의를 "씨를 뿌리지 않고 수확하려는" 경제적 태도, 즉 투기, 고리대금, 지대수익 등 "고단한" 노동의 가치를 무시한 경제생활 형태로 묘사한다.[35] 그리고 이러한 자본주의야말로 "우리 시대의 재앙"이라고 강조한다.[36]

이와 같이 슈퇴커는 무신론, 유물론, 배금주의, 물질주의적이고 행복지상주의적인 문화적 태도, 일방적인 돈의 경제로 대표되는 현대 자본주의 물질문명에서 롤링이 말하는 적그리스도가 지배하는 종말의 마지막 단계를 본다. 한편, 롤링과는 다르게 '근대적 유대인'을 단순히 적그리스도의 대리인(하수인)이 아니라, 적그리스도의 구현체와 같은 존재로 보고 있다. 그러므로 유대인의 회개(동화) 가능성은 전혀 고려되지 않는다. 슈퇴커는 '근대적 유대인'이라는 위협적 상징을 전면에 부각시키면서 무엇보다 보수적 소시민층의 근대 산업사회에 대한 비관적 태도를 극대화시키는 공포극을 만들어낸다.

슈퇴커는 이 강연에서 반복해서 독일의 현재를 비극적 상황으로 묘사한다. "독일의 종말이 왔다", "독일 정신은 죽음에 이르렀다", 사회적으로 병든 "민족의 몸", "몰락의 시대", "피할 수 없는 파국" 등의 비장한 표현들이 반복된다. 더 나아가 그는 "유대 정신"의 "지배"에 의한 독일 민족의 문화적이고 경제적인 빈곤화, 혹은 독일 정신의 "유대화" 등의 위협적 표현을 통해 근대 산업사회에 대한 공포와 적개심마저 불러일으킨다.[37]

이어서 슈퇴커는 최후의 심판을 앞두고 벌어지는 일종의 아마겟돈 전쟁을 선동한다. 그에게 이 인류 최후의 전쟁은 바로 '근대적 유대인' 대 '독일인'의 인종투쟁이다. 이를 위해 그는 양자 간의 인종적 적대를 극대화한다. 그는 문화적으로 "근대적 유대인"이 구현하고 있는 무신론적·배금주의적 정신, 즉 "셈족의 정신" 내지 "낯선 정신"과 독일인이 대변하는 "기독교적이고 게르만적"인 정신, 즉 배금주의적 탐욕이 아닌 "이상주의적인 정신"을 대립시킨다. 또한 사회경제적으로 "유대 자본의 힘" 대 "전체적인 독일 노동", "유대 재산" 대 "기독교 노동"의 대립을 강조한다. 이를 통해 그는 무엇보다 산업자본주의 발전에 적대적인 보수주의적 소시민들의 민족적 자부심을 인종적이고 윤리적인 관점에서 고취시키면서 이들을 유대인과의 인종투쟁의 주력으로 삼으려 한다.

동시에 슈퇴커는 자유주의자와 사회주의자들을 "유대 정신"의 대변자로 규정하면서, 정치적으로 최후의 인종투쟁을 보수주의 진영 대 자유주의 및 사회주의 진영과의 싸움으로 몰아가려 한다.[38] 슈퇴커에게 자유주의는 경제적으로 화폐자본(Geldkapital)과 맨체스터주의(자유방임주의), 문화적으로 반기독교적인 세속문화의 대변자이다. 한편, 사회주의는 폭력적 혁명주의와 무신론의 담지자이며, 조국을 위험에 빠트리고 있다. 그리고 양자는 내적으로 밀접한 관계에 있다. 자유주의는 앞서 말한 속성으로 인해 사회주의의 확산과 성장을 증진시키고 있다는 것이다.[39] "사회민주당은 궁핍과 시대정신의 자식이다. 도덕적 야만과 종교적 몰락, 경제적 부정의와 빈곤으로부터 태어났다."[40]

1890년대가 되면 슈퇴커는 '근대적 유대인'에 의해 구현된 '셈족의 정신'이 필연적으로 가져올 총체적 파국의 위험을 곧 닥칠 사회주의 혁명에서 찾았다. 그의 「근대적 유대인에 대한 우리의 요구」 강연에서 시작된 종말론적인 정치공포극은 1891년의 현실 진단을 통해 그 절정에 달한다.

> 많은 동시대인들은 (…) 우리가 도망칠 수 없는 파국 앞에 서 있다는 확신
> 을 갖고 산다. 근심하지 않는 자는 아무도 없다.[41]

한편, 마르는 『유대 인종의 게르만 인종에 대한 승리』에서 역사란 유대 인종 대 나머지 민족들 간의 생존투쟁의 역사라는 사회다윈주의적인 사관을 피력한다. 그러나 그에게서도 역사를 종말의 마지막 단계를 향한 악의 득세와 환란의 심화 과정으로 묘사하고, 특히 현재 시기를 적그리스도가 지배하는 최후의 심판 전야의 암흑기로 규정하는 기독교 종말론의 흔적을 찾을 수 있다.

마르는 유대인 문제에 관한 자신의 저술이 순전히 역사적 관점에 입각해

있음을 강조한다. 자신의 책이 "유대인의 세계사적 승리"에 관한 "문화사적 사실 입증"이라는 것이다.[42] 실제로 이 책은 매우 빈약하긴 하지만 세계문화사의 형식을 갖추고 있다. 이 책은 19세기 초반 이후 유럽에서 일반화된 '이동하는 정복 인종'과 '정주하는 피정복 인종', 그리고 '두 인종 간의 공생과 융합'이라는 기존 패턴의 역사관을 교묘하게 뒤집는다. 마르는 유대인의 세계사적 승리를 설명하기 위해 '이동하는 피정복 인종', '정주하는 정복 인종', '두 인종 간의 끝없는 투쟁'이라는 수정된 범주를 사용한다. 그는 정복 인종과 피정복 인종의 관계를 다음의 세 가지 유형으로 나눈다.

(1) 정복자가 피정복자의 문화에 동화되어 정복자의 특징을 잃어버린 경우. 중국을 정복했으나 중국인이 되어버린 칭기즈칸의 타타르족이나 이탈리아에 동화된 롬바르드(랑고바르드)족이 그 사례다.

(2) 정복자가 자신의 특징을 피정복자에게 각인시킨 경우. 북아메리카를 정복한 앵글로-색슨 인종과 이 인종의 중남 아메리카에 대한 영향력이 그 본보기다.

(3) 완전히 새로운 유형인 유대인의 경우. 이 경우 피정복자가 정복자의 세계로 이동한다. 피정복자는 정복자와 융합을 거부하고 끝없는 투쟁을 벌인다. 마침내 피정복자가 정복자를 자신에게 동화시켜 승리를 쟁취한다. 이를 상론하자면 다음과 같다.

● **끊임없이 이동해온 피정복 인종**  마르는 바빌론의 유수, 로마제국 당시의 디아스포라 등의 예를 들면서 이 "완전한 셈 인종(Volksstamm)"은 고향인 팔레스타인으로부터 폭력적인 추방을 당하고, 포로가 되어 끌려왔으

며, 마침내 흩어지기를 반복해왔다고 하면서 유대인을 "끊임없이 이동해온 피정복 인종"으로 규정한다.

- **모든 민족의 증오의 대상이 된 인종** 동시에 그는 유대인이 역사에 등장한 이후 실제적 노동을 꺼리고, 모든 비유대인들에게 적대하는 그 인종적 특성 때문에 예외 없이 모든 민족에게 증오의 대상이 되어왔다는 것을 강조한다.

- **고전고대 문명을 파괴한 인종** 마르는 유대인이 포로로 유입되었지만 신전을 파괴하는 등 로마의 종교적 관용을 악용하고, 폭리를 취하는 악덕 상행위와 고리대금의 정신을 로마 사회에 들여온 배타적 존재로서 로마인들의 미움을 받았으며, 자신의 "현실주의"를 위해 콘스탄틴 대제 시대에 "기독교도"라는 "새로운 유대인"을 "금권세력"으로 만들어, 결국 로마의 고전고대 문명을 파괴했다고 주장한다.

- **간계로써 서구를 정복한 인종** 그는 계속해서 서구의 중세 및 근대의 역사를 말한다. 유대인은 검을 지닌 정복자로서 서구에 온 것이 아니라 정치적 포로로서 로마인에 의해 서구에 유입되었고, 따라서 게토에 격리되고 조롱받고 억압과 박해를 받았지만, 특유의 간계와 교활함과 술수라는 천부적인 재능, 즉 고리대금과 악덕상인의 정신으로써 국가 안에 국가, 사회 안에 사회를 형성한 채 끈질긴 전쟁을 벌여 결국 승리했다고 한다. "유대인은 1,800년간 서구 세계와 투쟁했으며, 자신을 신민으로 만들었던 서구 세계에 승리했다."[43] 특히 "민족적 우월감은커녕 민족의식마저 없는" 독일은 정치·사회·경제·문화적으로 "셈족"이라는 독재자가 지배하는 팔레스타인이 되어버렸다고 한탄한다.

- **유대인이 승리한 생존투쟁의 역사와 그러한 역사의 원동력으로서 악마적인**

**유대 정신**  마르가 묘사한 세계문화사의 진행 과정은 결론적으로 "유대인이라는 외세의 지배로 끝난 생존투쟁"의 역사다. 그는 이것이 문화사 발전의 "철의 법칙"이라고 단언한다.[44] 그런데 이러한 유대인의 승리는 "신정神政정치적 광신주의"에서 에너지를 충전받아 그 형태를 바꿔가면서 파괴적 활력을 발휘하는 "유대 정신" 때문이다. "이 민족은 자신의 유대 정신으로써 세계를 정복했다."[45] 그리고 이러한 역사적 진행에 나타난 현상은 "악마적 현상"이라는 것이다.[46]

마르는 이와 같은 역사 관찰을 기초로 매우 비관적인 현실 진단을 한다.

● 우리의 게르만적 요소는 유대인이라는 외세의 지배에 대해 무능하고 문화사적으로 무력하다는 것이 입증되었다. "유대적 신들의 황혼"이 닥칠 것이란 징후는 그 어디에도 없다. 우리의 민족자유당은 "유대화된 정신"이 지배하고 있다. 집권보수당에도 "유대적 요소들이 우글대고 있다." 우리의 저술들, 일간지들 대다수가 유대인의 수중에 넘어가 있다. 유대인의 사회적·정치적·종교적 지배는 왕성하게 진행되고 있다. 유대 자본과 대기업이 지배하는 사회구조 전체는 이미 되돌릴 수 없을 만큼 유대화되어 있다. 기독교 국가의 도움도 받을 수 없다. 유대인이 이 근대적 기독교 국가의 가장 좋은 시민, 독일 의회와 애국주의의 지도자, 즉 "제국의 벗(Reichsfreunde)"이기 때문이다.[47] 우리 독일인이 '탈유대화'되기에는 우리의 육체적·정신적 힘이 허약하다. 사회민주주의자(사회주의자)들은 사회의 실제적 유대화에 대해 무의식적으로 대항해왔다. 그러나 그 지도자가 지금은 셈족인 라쌀(Ferdinand Lassalle)이다.[48]

● 프랑스는 이미 유대화되었다. 영국은 독일을 미워하는 셈족 출신(디즈레일리)이 정권을 잡고 있다. 루마니아는 셈족에게 문호를 개방했다. 오스트리아도 희망이 없다. 유일하게 "반쯤 문명화된" 러시아만이 유대인의 지배라는 외세의 지배에 맞서 저항하고 있다. 그러나 유대인의 러시아 정복은 시간문제다. 러시아에서는 전대미문의 혁명이 터질 것이다. 유대인 개인들뿐만 아니라 유대적 정신, 유대적 의식이 세계를 장악하고 있다.[49]

마지막으로 마르는 이러한 역사 관찰과 현실 진단에 기초하여 독일 민족, 게르만 인종의 종말이 눈앞에 다가왔음을 비관적으로 예견한다.

유대인과 맞선 1,800년 전쟁의 끝이 다가왔다. 미래와 삶은 유대 인종에게, 과거와 죽음은 게르만 인종에게 속한다. 우리 독일 민족의 문화사적 발전은 이렇게 진행될 것이다. 이러한 철의 세계법칙에 맞서 그 어떤 것도 도움을 줄 수 없다. (…) 우리는 그 어떤 것도 우리를 구원할 수 없을 만큼 이미 유대화의 늪에 깊이 빠졌다. 유대인에 대항하는 폭력적인 봉기가 폭발한다 해도 그것은 유대화된 우리 사회의 붕괴를 늦출 수는 있어도 막을 수는 없다. 유대인의 케사리즘적 독재는 (…) 단지 시간의 문제이다. 이 케사리즘적 독재가 최고조에 달한 후에야 비로소 아마도 '미지의 신'이 우리를 도울지도 모른다. (…) 우리는 그것을 바꿀 수도 피할 수도 없다는 것을 안다. 그것의 이름은 게르만 인종의 종말이다.[50]

마르 또한 이러한 종말론적 예견을 통해 슈퇴커가 그랬던 것처럼 천년왕국과 최후의 심판을 앞두고 벌어지는 일종의 아마겟돈 전쟁, 즉 유대인에 대한 최후의 인종전쟁을 선동하려는 강한 정치적 의도를 표현했다.

# 04
# 인종주의적 반유대주의의 확산

지금까지 언급한 마르의 『유대 인종의 게르만 인종에 대한 승리』는 1879년 2월에 출간되어 그해 가을에 이미 12판이 출판될 정도로 성공적이었다.[51] 그만큼 반유대주의 정서가 널리 퍼져 있었음을 알 수 있다. 1893년 오스트리아의 저널리스트 바르(Hermann Bahr)는 반유대주의 현상이 당시 전 유럽에서 전염병처럼 확산되고 있다는 판단 아래 이 문제를 정확히 진단하기 위해 유럽과 미국의 저명한 지식인 및 정치지도자들과 인터뷰를 했다. 그 결과 그는 반유대주의야말로 "보통사람들의 아편"이라는 결론에 도달했다. 이른바 근대화의 위기 속에서 서양의 주류사회는 불안과 공포를 달래고, 스트레스와 분노를 해소할 희생양을 찾았는데 그것이 바로 전통적인 왕따집단이었던 유대인이었다. 바르에 따르면 반유대주의를 선동하는 "지도자들"은 특별한 선동의 도구 없이도 쉽게 대중을 현혹시킬 수 있었다. 왜냐하면 대중 속에는 이미 "반유대주의 심리"가 만연하고 있었기 때문이다. 따라서 사회주의 사회의 도래와 같은 혁명적 변화가 없는 한 그 누구도 이러한 시대적 대세를 거스를 수가 없다는 것이다.[52]

이와 같은 바르의 진단은 이를테면 그가 인터뷰한 마르크스의 친구이자 독일 사민당의 지도자 베벨(August Bebel), 마르의 '반셈족주의' 용어를 퍼트리는 데 일조한 베를린 대학의 역사학자 트라이취케(Heinrich Treitschke)와 유대인 문제를 놓고 논쟁을 벌인 자유주의 역사학자 몸젠(Theodor Mommsen)의 현실인식을 통해서도 강하게 확인된다. 이들 진보인사들은 반유대주의에는 반대하지만, 동시에 반유대주의의 원인을 유대인 스스로의 잘못에서 찾는다.[53] 진보적 지식인과 혁명적 사회주의자가 보여주는 이러한 은밀한 유대인 혐오의 태도는 반유대주의가 몸젠이 비난한 바와 같이 단순히 "악당 혹은 천민들의 신념"이나 사회주의자들이 경멸한 "바보들의 사회주의" 이상이었다는 것을 보여준다. 반유대주의는 특정 집단의 점유물이 아니라 계층과 교육 정도, 그리고 정치-이데올로기 노선을 뛰어넘어 만연했던 대중적 심리현상이었다.

그러나 반유대주의 정서가 대중 속에 만연했음에도 불구하고 정작 반유대주의 정치운동은 제1차 세계대전 직전까지도, 드레퓌스 사건으로 떠들썩했던 프랑스를 제외한다면, 서유럽과 중부 유럽에서는 그다지 만족스러운 성과를 내지 못했다. 비록 1882년 9월에는 수백 명이 참석한 가운데 드레스덴에서 '제1차 국제반유대주의자대회'가 열렸고, 독일에서는 반유대주의 정당들이 제국의회에 진출했으며, 오스트리아에서는 시장도 배출했지만, 이는 대중의 일시적 주목을 끄는 데 그쳤을 뿐이지 어떠한 지속적인 정치적 결과로 이어지지는 않았다.[54] 이 운동이 거둔 거의 유일한 지속적인 정치적 성과는 역설적이게도 유대인 사이에서 나타났다. 시온주의(Zionism)라는 다분히 인종주의적인 유대 민족주의의 성장을 자극했기 때문이다. 이를 제외한다면 반유대주의 선동운동은 전반적으로 정치적 에피소드 수준에 머물렀다.

그 실패의 원인은 매우 복잡하다. 반유대주의 정치운동의 실제적 목표, 전략, 노선 및 세계관을 둘러싼 분열,[55] 위에서 언급한 몸젠의 발언에서도 알 수 있듯이 교육받은 중산층의 선동정치에 대한 거부감 등 다양한 원인을 찾을 수 있다. 심지어는 마르가 존경해 마지않았던 반유대주의자 리하르트 바그너마저 마르의 '반셈족주의' 선동을 전문적이지 못하고, 나아가 "피상적인 것"으로 간주했다. 바그너는 마르에게 보낸 1879년의 편지에서 마르의 팸플릿이 "즐거움"을 주고 또 "유대인에 대한 투쟁에 있어서 새로운 면들"을 보여주기는 하지만, 유대인 문제는 예수회에 대한 문제와 비슷하게 "우리의 민중 선동이 다루기에는, 즉 아무런 생각 없이" 다루기에는 "어려운 문제"라는 것을 강조하고 있다.[56]

그러나 반유대주의 정치운동은 그 정치적 실패에도 불구하고 최소한 독일어권에서는 문화적 영역에서 어느 정도 성과를 거둘 수 있었다. 이 운동이 인종주의적 반유대주의를 확산시키는 데 기여했기 때문이다.

반유대주의 정치운동이 내세운 인종주의적 반유대주의는 문화적인 분위기 형성에 적지 않은 영향을 끼쳤다. 인종주의적 반유대주의는 특히 교육받은 중산층에게 은밀하지만 지속적인 문화적 영향력을 행사했다.[57] 마르가 사용한 용어와 주장들은 비슷한 패턴의 용어와 주장으로 이어졌고, 이를 통해 광범위하게 확산되었던 다양한 형태의 유대인 혐오를 특정한 방향으로 몰아갈 수 있었다. 예를 들어 1881년 한때 사회주의자를 자처했으며 엥겔스와의 논쟁으로 유명해진 뒤링(Eugen Karl Dühring)은 마르의 주장을 이어받아 "민족의 문화, 관습, 존재에 대한 인종적 해악성으로서의 유대인 문제"를 제기했다. 여기서 그는 유대인을 "하나의 종족이자 인종"으로 규정하면서 유대인의 세계지배 음모를 주장했을 뿐만 아니라, 나아가 유대인의 독일인과의 통혼금지와 공직참여금지 등 유대인을 막기 위한 '댐 쌓기'를 주장했다. 그의 요구는 훗날 나치의 국가정책으로 실현되었다.[58]

또한 유대인과 독일 민족 간의 인종적 대립을 강조하기 위해 '셈족', '셈인종' 및 '반셈족주의(Antisemitismus)'라는 신조어 이외에도 앞서 언급한 것처럼 '유대 인종'이라는 용어가 사용되었는데, 이 용어가 사용된 표현의 출현 빈도가 1900년을 전후로 급증했다. "아리아 민족들과 유대 인종 간의 절망적 투쟁", "인종으로서 유대인", "유대 인종의 문제"와 같은 표현들이 그 대표적 사례다.[59]

작곡가 바그너는 앞서 언급한 바와 같이 1879년의 편지에서 마르를 비판했다. 그럼에도 불구하고 이 선동가의 저작에서 "유대인에 대한 투쟁에 있어서 새로운 면들"을 발견했다고도 했음을 상기하자. 이는 의례적인 말이 아니었다. 이미 그는 1850년 『음악에서의 유대인(Judentum in der Musik)』이라는 글에서 "민족 안에서 유대인 존재를 내적 깊숙이 거부하는 무의식적인 느낌"을 강조한 바 있기 때문이다.[60] 이후 바그너는 비록 선동정치는 경멸했지만 유대인을 독일 민족(게르만 인종)과 대적하는 악마적 인종으로 표상하는 데 주저함이 없었다. 이후 그의 제자 셰만과 체임벌린은 고비노의 인종이론을 수입하여 유대인에 대한 편견과 혐오를 게르만인과 유대인의 인종적 적대에 기초한 체계적인 이데올로기로 발전시켰다. 특히 훗날 히틀러와 나치에게 적지 않은 영향을 준 체임벌린의 문화사 서술 『19세기의 기초(Die Grundlagen des Neunzehnten Jahrhunderts)』(1899)는 이러한 인종주의적 반유대주의를 체계적인 역사철학을 통해 정당화시켰다. 여기서 체임벌린은 서구 전체의 역사를 세계사의 주역인 게르만 인종과 그 적대세력들의 치열한 투쟁으로 해석하는 역사철학적 도식 속에서, 특별히 게르만 인종 대 ─ 가장 강력한 적대

인종인—유대 인종 간의 세계의 운명을 좌우할 생존투쟁이 현대 세계를 지배하고 있음을 강조했다. 그 구체적 내용에 대해서는 뒤에서 자세히 살펴보겠다.

역사학자, 신학자, 철학자 등 전문적 학자들은 체임벌린의 책을 그다지 높게 평가하지 않았으나, 민족주의에 젖어 있던 대다수의 이른바 교양시민들은 그의 책에 열광했다. 체임벌린의 책은 1912년이 되면 10판이 인쇄될 정도로 베스트셀러가 되었다. 특히 교사들이 다수를 차지했던 전독일연맹(범게르만연맹)의 회원들은 이 책을 민족종교의 계시록이라고 극찬했다. 이처럼 민족주의의 스타가 된 체임벌린의 팬 가운데는 독일제국 황제 빌헬름 2세도 있었다. 빌헬름 2세는 그와 개인적 친분을 쌓았을 뿐만 아니라, 그의 책을 프로이센에 있는 사범학교의 필독서로 지정했다.[61]

그러나 인종주의적 반유대주의가 당시 독일어권을 넘어서 유럽 전역에도 적지 않은 영향을 끼쳤다고는 말할 수 없다. 반유대주의는 매우 복잡한 현상이었다. 대중적으로 만연했던 유대인에 대한 혐오는 종교적인 편견과 전통적인 고정관념의 소산일 수도 있었고, 경제적 이유 때문이기도 했으며, 자민족중심주의와 외국인에 대한 적대감 때문일 수도 있었다. 예를 들어 종교적인 반유대주의의 끈질긴 생명력은 제2차 세계대전 직후 폴란드의 키엘체(Kielce)에서 벌어진 유대인 박해와 학살 사건에서도 발견된다. 이곳에서는 나치 강제수용소에서 살아 돌아온 유대인 가운데 41명이 살해당했는데, 이는 기독교적·미신적으로 정형화된 전통적인 비난, 즉 유대인이 유월절에 기독교도 어린이들을 도살한다(유대인의 종교적 살해의례)는 것 때문이었다.[62] 심지어는 인종주의적 반유대주의 본산이었던 독일어권에서도 가톨릭교회는 자신의 반유대주의를 "기독교적인" 반유대주의로 규정하면서, 인종주의적인 "비기독교적" 반유대주의와 거리를 취했을 뿐만 아니라 경우에 따라서는 이와 대립하기도 했다. 가톨릭교회의 입장에서는 인종주의적 반유대주의는 무신론적이고 세속적인 근대 과학에 기초함으로써, 유대인과 마찬가지로 근대 문명을 대변하는 위험한 세력으로 비쳐졌기 때문이다.[63]

따라서 반유대주의 전체를 결코 하나의 특수한 반유대주의, 즉 유대인을 공동체를 위협하는 악마적 인종으로 표상하는 인종주의적 반유대주의와 동일시해서는 안 된다. 심지어는 드레퓌스 사건을 일으킨 프랑스의 정치적 반유대주의 선동조차 슈퇴커나 마르가 한 것처럼 '우리 민족공동체'의 모든 것을 '유대화'시켜 결국 멸망에 이르게 할 것이라는 종말론적 공포극을 만들어 내지 않았을 뿐만 아니라, 유대인을 프랑스인의 특별한 '적대 인종'으로 규정하지도 않았다.

예를 들어 마르는 유대인을 다른 외국인과 확실히 구별했다. "(유대인을 제외한) 독일로 들어오는 모든 이민들은 게르만 민족에 흔적도 없이 흡수되었다. (…) 반면 이 셈 인종(Sematische Race)은 더 강하고 더 질긴데, 이 인종은 모든 것을 견디며 살아남았다."[64] 그러나 프랑스의 반유대주의는 대개의 경우 일반적인 외국인(타민족)혐오 및 반이민 정서와 연결되어 있었다. 특히 제1차 세계대전 이후 낯선 유대인은 모든 외국인을 대표하는 스테레오타입으로 기능했다. 예를 들어 1808년 초기 사회주의자 푸리에(Charles Fourier)가 묘사한 유대인 「이스가리옷」과 달라디에의 전쟁내각에서 공보장관을 지낸 지로두(Jean Giraudoux)의 1939년의 서술을 비교하면 놀라우리만큼 일관성이 있다는 사실을 발견하게 된다. 푸리에는 말한다. 이스가리옷은 영국 돈 10만 파운드를 가지고 프랑스에 와서 엄청난 재산을 모아 나라를 떠나 독일에 정착했다. 지로두의 서술은 다음과 같다. "폴란드와 루마니아의 게토에서 도망친 수십만 명의 유대인들이 우리 나라로 들어왔다. (…) 우리 시민들을 경쟁에서 떨어뜨리고 동시에 그들의 직업적 관습과 전통을 파괴하며 (…) 인구, 세금과 노동에 관한 모든 조사를 무시한다."[65] 심지어 유대계 드레퓌스 대위를 독일의 첩자로 기소한 데서 비롯된 드레퓌스 사건마저 극단적으로 말하면 독일인을 대상으로 한 외국인(타민족)혐오, 즉 독일혐오증의 표현이라고 말할 수도 있을 것이다.

물론 프랑스에서도 19세기 말 인종적 퇴화에 대한 우려와 결합되어 인종주의적 반유대주의의 움직임이 나타나기도 했다. 일부 지식인 사이에서는 유대인 감염 바이러스가 프랑스의 건강한 유기체에 침투해 있고 따라서 최후의 심판이 머지않았다는 우려가 확산되었던 것이다. 그러나 이러한 종류의 반유대주의는 결코 프랑스식 반유대주의를 대표한다고 할 수 없다.

이렇듯이 유독 독일어권에서 인종주의적 반유대주의가 일찍이 문화적으로 영향력을 행사했다는 사실은 어쩌면 '독일사의 특수성'을 보여주는 지표일 수도 있다.[66] 그러나 늦어도 제1차 세계대전 이후가 되면 인종주의적 반유대주의는 더 이상 독일어권에만 한정되지 않고, 유럽과 미국 그리고 전 세계로 퍼져나갔다. 그 결정적 계기가 바로 유대인 세계정부 음모론이었다.

# 05

## 유대인 세계정부 음모론

독일과 서유럽에서 반유대주의 선동이 기대했던 정치적 성과를 내지 못하고 있을 때 사람들을 공포에 떨게 할 새로운 반유대주의 선동의 파도가 밀려왔다. 보다 완결된 형태와 스토리를 갖춘 유대인 세계지배 음모론이 그것이다. 이러한 음모론에 의하면, 유대인은 세계비밀정부의 지휘하에—정부의 회합은 프라하의 공동묘지에서 밤에 열리는데—정치·경제·문화적 권력을 이용하여 각국을 다양한 위기와 혼란에 빠트리면서 세계를 지배하려 한다는 것이다.

이로써 인종주의적 반유대주의는 한층 진화를 하게 되었다. 유대인이 다양한 모습으로 변신 가능한 무서운 능력을 지닌 채 모든 악의 원흉으로 작용하고 있다는 것이 구체적으로 증명된 것처럼 주장되었기 때문이다. 예를 들어 이 음모론은 유대인이 국제적 금융자본가이자 동시에 자본주의 체제를 전복시키려는 볼셰비키 선동가라는 명백히 서로 모순되는 주장마저 유대인 세계비밀정부의 전략의 일환이라는 논리적 틀 속에 엮음으로써 오히려 유대인의 가공할 만한 악마적 능력의 증거로 활용했다.

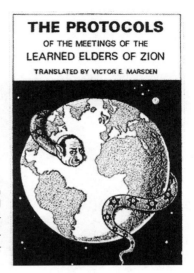

THE PROTOCOLS
OF THE MEETINGS OF THE
LEARNED ELDERS OF ZION
TRANSLATED BY VICTOR E. MARSDEN

**「시온 장로들의 프로토콜」**
『시온 장로들의 프로토콜』은 여러 나라의 언어로 번역되어 출판되었다. 오른쪽 그림은 영국의 저널리스트 빅터 마스든(Victor E. Marsden)이 1923년에 러시아본을 영어로 번역한 판본의 표지다. 영어본 중에서는 마스든의 이 판본이 가장 많이 읽혔다.

유대인 세계정부 음모론의 진원지는 러시아였다. 악명 높은 반유대주의 위서偏書인 『시온 장로들의 프로토콜(The Protocols of the Learned Elders of Zion)』은 이러한 음모론의 최상의 표현이자 유포 수단으로 기능했다. 『시온 장로들의 프로토콜』은 기존의 여러 반프리메이슨, 반유대주의 풍자문 및 소설 들을 짜깁기하여, 이미 1890년대 중엽에 파리에서 러시아 비밀경찰의 지휘 아래 익명으로 작성된 것으로 알려져 있다. 이 문건이 처음으로 활자화된 것은 1903년 8월 26일에서 9월 7일 사이 러시아의 상트페테르부르크에서 『깃발(Znamya)』이라는 신문에 급진적·전투적 반유대주의자이자 편집인이었던 크루셰반(P. A. Krushevan)이 이를 게재하면서이다.[67] 이후 이 문건은 1907년까지 러시아에서 소책자 형태로 여러 차례 개정 출간되었으며, 1920년을 전후로 하여 서유럽과 미국에서 번역 출판되었다. 이러한 과정을 거쳐 이 문건은 또 한 차례의 반유대주의 광풍을 일으키는 데 커다란 역할을 했다. 특

헨리 포드(1863~1947)와 그가 만든 모델 T 자동차

별히 영국 역사가 콘(Norman Cohn)은 이 문건으로 인해 기존의 반유대주의
가 업그레이드되었음을 강조했다. 그에 의하면, 이로써 반유대주의는 "광기
어린 증오"의 차원으로 심화되었고, 마침내 홀로코스트를 낳았다는 것이다.[68]

『시온 장로들의 프로토콜』에 상세한 주석과 실증적 고찰이라는 살을 입
혀 유대인 세계정부 음모론을 보다 그럴듯하게 스토리텔링하고 전 세계
에 확산시킨 사람은 '자동차 왕'이라 불리는 미국의 기업가 포드(Henry Ford,
1863~1947)였다.[69] 포디즘(Fordism)으로써 대량생산체제와 소비자 사회를 창조
한 이 미국의 '국민영웅'은 제1차 세계대전 이후 등장한 새로운 스타일의 반
유대주의의 성장과 확산에 결정적인 공헌을 했다.

포드는 제1차 세계대전 시기에는 평화주의자로서 평화선을 유럽에 보내

전쟁을 중지시키려 했다. 그런데—그의 회고에 의하면—그 평화선에서 이 전쟁이 전쟁을 통해 이익을 취하려는 유대인 금융자본가들의 음모로 인해 벌어졌음을 듣게 되었고, 이후 유대인들이 전쟁을 일으켰다고 확신하게 되었다. 이 말의 진위는 확인할 수 없지만 아무튼 포드가 『시온 장로들의 프로토콜』에 깊은 감명을 받았다는 점은 확실하다. 이미 많은 사람이 이 문건이 사실과 부합하지 않는 위서임을 주장하고 있었음에도 불구하고, 그는 이 문건의 사실적 권위를 공개적으로 대변했다. 1921년 『뉴욕 월드(New York World)』지 기자와의 인터뷰에서 포드는 다음과 같이 말했다. "그 프로토콜에 대해 내가 유일하게 할 수 있는 말은 그 문건이 실제 일어나는 일과 너무나 잘 들어맞는다는 것이다. 그 문건은 나온 지 16년이 되었지만, 현재까지 진행된 세계의 사정에 잘 들어맞아왔다. 그리고 지금 이 순간에도 잘 들어맞고 있다."[70]

1918년 말에 포드는 주간지 『디어본 인디펜던트(Dearborn Independent)』를 창간했다. 이 신문은 포드의 편집 프로그램을 방해하는 어떤 상업적 영향력도 원하지를 않아, 아무런 광고도 게재하지 않았다. 이 신문은 그의 생각과 비전을 있는 그대로 전달하기 위한 포드 개인의 매체로 구상되었다. 그의 비서 리볼드(Ernest G. Liebold)가 이 신문을 직접 관리했으며, 모든 내용은 포드의 재가를 받아야 했다. 이 신문은 구독요청이 없었음에도 미국 전체의 학교, 도서관, 대학들에 보내졌다.[71]

포드의 이 매체는 처음부터 반유대주의적 성격을 가진 것은 아니었다. 그러나 이 신문은 『시온 장로들의 프로토콜』이 미국에 소개된 지 불과 몇 달만에, 1920년 5월 22일 「국제 유대인—세계의 문제」라는 기사를 실었다. 이를 시작으로 1927년까지 음모론에 입각하여 유대인에 대한 집요하고도 폭력적인 공격을 계속했다. 이 가운데 1922년까지의 기사들은 포드를 저자로 하여 단행본으로 출판되었는데, 그것이 『국제 유대인』이다. 이 책은 같은 제목의 제1권이 1920년 말에 출간된 이후 모두 4권으로 출판되었다.[72]

이처럼 포드는 『시온 장로들의 프로토콜』을 기반으로 유대인 세계정부 음모론을 집대성하고, 이를 미국뿐만 아니라 세계 전체에 대량으로 유통시켰다. 이로써 포드는 산업가로서의 국제적인 명성에 힘입어, 당시 가장 영향력 있는 유대인 음모론의 세계적 전도사로서도 확고한 입지를 구축했다.[73] 이제 무명의 지방지에서 악명 높은 반유대주의 선동지가 된 『디어본 인디펜던트』는 1920년에 이미 20만 부가 발행되었고, 1921년 6월에는 30만 부가 발행되었다.[74] 이어 1923년부터 1927년 사이에는 50만 부(1920년에서 1927년 사이에는 70만 부)가 발행되었다.[75] 또한 『국제 유대인』은 미국 내에서 1920년대 초(1922년 추산)에 이미 20만 부가 팔렸고,[76] 이후로도 끊임없이 팔려나갔으며, 프랑스어, 독일어, 러시아어, 에스파냐어, 심지어는 아랍어까지 포함하여 모두 16개 언어로 번역되어 전 세계로 퍼져나갔다.[77] 1920년대 중반 어느 저명한 유대인 변호사는 세계여행을 마친 후 포드의 『국제 유대인』을 "지구상의 가장 외진 곳에서도 보았다"고 했다. 그는 "그런데 포드의 이름이 가진 권위를 위해서라면" 그것은 출판되지 말았어야 했으며, "만약 그랬더라면 훨씬덜 해로웠을 것"이라고 했다. 이어서 포드라는 "마술적 이름에 의해" 『국제 유대인』은 "들불처럼 번졌고, 모든 반유대주의자의 성서가 되었다"고 했다.[78]

"모든 반유대주의자의 성서"가 된 『국제 유대인』[79]은 스스로를 "유대인 문제에 대한 과학적 연구"를 통해 대중들에게 단순히 유대인에 대한 증오와 편견, 그리고 감정적 대응을 넘어서서, 유대인의 무시무시한 실체를 "계몽"시키려는 작업으로 이해하고 있다.[80] 그 강조점을 개괄해보면 다음과 같다.

- "유대인은 유대교라는 종파의 신자"란 말은 유대인의 속임수에 불과하고, 실상은 하나의 '인종' 혹은 '인종에 기반한 민족'이다. 유대인은 "다른 민족들의 한가운데서 하나의 민족을 형성"(1권, 77쪽)하면서, "그 어떤 신앙의 변화로도 풀 수 없는 피의 끈을 통해 연결"된 "한 인종과 한 민족"(2권, 16쪽)으로 남아 있다. 따라서 유대인은 결코 동화될 수 없는 영원한 타자이다.

- '노동의 기피', '금권에 의한 생산자 착취', '독재적 천성', '독창적 능력의 결여'와 '교활함과 속임수' 등 유대인의 인종적 본성은 한마디로 사악하다. 옛날부터 "인종으로서 유대인을 그 누구도 결코 좋아하지 않았다."(1권, 19쪽)

- 유대인은 모든 비유대적인 것에 대해 적대적이다. 유대인은 현존하는 모든 비유대적 정부를 혐오한다. 유대인은 "군주정에 대해서는 공화주의자, 공화국 속에서는 사회주의자, 사회주의에 대해서는 볼셰비키주의자이다."(1권, 72쪽)

- 오늘날 대영제국보다 더 단단하게 조직된 유대인 세계비밀정부가 무소불위의 권력을 가진 채 각국을 지배하고 있다. 이 유대인 정부의 지배 프로그램은 전쟁, 혁명, 무정부 상태, 혹은 평화와 신질서의 확립 등 다양하다. 이 정부의 권력 수단은 금융자본과 언론이다.

- 유대인 세계비밀정부의 세계지배 전략은 다음과 같다. 돈의 힘으로 지배하고, 정치적으로 지배하며, 교육에 대해 영향을 끼친다. 현대적 대중문화와 사치산업을 통해 정신을 천박하게 만들며, 그리고 현존 질서를 전복하는 모든 파괴적 이념의 씨앗을 뿌린다.

- 세계지배를 위해 현재 국제 유대인 금융자본은 유대 볼셰비즘과 연대하

고 있다. 한편으로는 각국의 무역과 산업을 지배하면서, 다른 한편으로는 사회주의, 공산주의, 노동운동 지도자들을 후원한다. 특히, 볼셰비키 혁명은 국제 유대인 금융자본의 기획 작품이다. "러시아의 볼셰비즘을 지지한 것은 미국의 유대인 황금이다."(2권, 133쪽) 바로 이 세력이 볼셰비즘을 미국에 수입하려 한다. 따라서 진정한 투쟁은 자본과 노동 사이의 그것이 아니라, 유대인 대 비유대인 자본 간의 투쟁이다.

포드의 반유대주의 선동[81]은 유대계 시민들의 거센 반발과 저항을 불러일으켰다. 작은 규모이긴 하지만 피츠버그, 톨레도, 신시내티 같은 대도시에서는 소요가 발생했으며, 다른 대도시에서는 『디어본 인디펜던트』의 판매원이 위협받거나 공격을 받았다. 유대계 시민들은 시위원회에 언론을 검열할 것을 청원했고, 신문의 가두판매를 급감시켰다. 유대계 연극프로듀서는 명예훼손 소송을 제기했으며, 폭스영화사 대표는 자신의 뉴스영화에서 모델 T 자동차의 사고 장면을 집중 보도할 것이라고 협박했다. 거의 모든 전국 유대인 조직과 종교단체의 대표자들은 포드의 선동을 비난하는 공동성명을 발표했다. 몇몇 공공도서관은 포드의 신문을 더 이상 받지 않을 것을 결의했다. 윌슨(Thomas Woodrow Wilson) 전 대통령을 포함한 119명의 저명한 기독교인들은 포드에게 그의 "잔인한 선전"을 중단할 것을 요청했다. 당시 하딩(Warren Gamaliel Harding) 대통령은 미국유대인위원회의 의장인 마셜(Louis Marshall)의 청원을 받고, 포드에게 유대인에 대한 공격을 멈출 것을 요구했다. 대부분의 유대계 회사와 유대계 시민들은 포드자동차의 제품을 보이콧했다. 유대계 시민들과 거래를 하던 비유대계 회사들도 고객을 만족시키기 위해 자동차의 주문을 취소했다. 이는 포드사에게 돌이킬 수 없는 경제적 손실을 입혔다.[82]

1918년에서 1930년 사이 『디어본 인디펜던트』의 축적된 부채는 거의 5백만 달러에 달했다. 더욱이 유대계 시민들의 보이콧과 포드의 명성에 대한 훼손으로 인해 손실은 더욱 컸다. 그럼에도 포드는 완강하게 반유대주의 선동을 밀고나갔다. 물론 이는 전후의 호황 덕분에 유대계 시민들의 보이콧에도 불구하고 포드의 회사가 결정적 타격을 입지 않았기 때문이기도 했다.[83]

더욱 중요한 사실은 위와 같은 거센 반발과 저항에도 불구하고, 포드에 대한 지지가 강력했다는 것이다. 1914년에서 1929년까지 특히 농촌 거주 미국인 사이에서 포드의 인기는 절정에 달했다. 포드가 발한 정치적 흡인력은 놀라울 정도여서 당시 언론은 '포드 열광(craze)'이라는 용어를 사용할 정도였다. "일종의 대중적 집단 최면"이 포드의 이미지로부터 나왔다. 그의 정치 연설회에는 모델 T 자동차와 트럭을 탄 농부 가족들이 구름떼처럼 몰려들었고, 이러한 광경은 "헨리 아저씨는 좋은 차를 만들었으므로, 백악관에 들어가 좋은 정부를 경영할 수 있다는 관념"을 유권자들에게 심어주었다. 서민 대중의 강한 지지를 바탕으로 포드는 1916년 미시간과 네브래스카에서 열린 대통령 예비선거에서 승리했으며, 이를 필두로 1920년 시카고에서 열린 대통령 지명대회에서 승리할 수 있었다.[84] 그의 반유대주의적 견해가 널리 알려진 1923년에도 전국 여론조사에서 포드는 하딩 대통령보다 14% 앞서는 지지율을 보이면서 가장 강력한 대통령 후보로 등장했다. "포드를 대통령으로"라는 이름을 내세운 단체들이 전국적으로 퍼져나갔다.[85] 그가 벌이는 반유대주의 선동도 이에 한몫했음은 의심의 여지가 없다.

시간이 지날수록 포드의 유대인 세계비밀정부 음모에 대한 믿음은 편집증 단계로 심화되었다. 『아메리칸 히브리(The American Hebrew)』의 편집장 랜드맨(Isaac Landman)은 포드에게 거액의 돈을 낼 테니까 유명한 탐정을 고용하여 진짜로 유대인 세계비밀정부가 있는지 확인하자고 제안했다. 그러나 포드는 이를 거절하고, 자신이 직접 고용한 스파이단을 뉴욕으로 파견했다. 전직 정보요원, 광신적 반유대주의자, 전문탐정(실상은 사기꾼)으로 구성된 스파이들은 여러 기관과 단체, 심지어는 대법원 판사 공관과 백악관까지 전화 도청을 하는 등 비밀작전을 수행한 후, 유대인 이민 보호 및 교육에 전념한 공식 조직인 '뉴욕 유대인 공동체'가 유대인 세계비밀정부이며, 윌슨 전 대통령, 후버(Herbert Hoover, 훗날 미국 대통령), 윌슨의 고문이자 저명한 외교관이었던 하우스(Edward M. House)가 유대인 세계비밀정부에 봉사하는 '비유대인 전선', 즉 부역자라고 발표했다. 그리고 포드는 이러한 결론을 믿는다고 선언했다. 포드는 언제나 스파이들을 즐겨 고용했다. 그의 공장은 이들로 우글거렸다. 이들은 노동자, 간부진, 더 나아가 서로가 서로를 몰래 감시했다. 그런 포드였으나, 종국에 가서는 혹시 이들 파견 스파이마저 유대인에게 쉽게 매수당할 수 있다고 의심했다.[86]

마침내 1927년 포드의 반유대주의 선동에 대한 결정적 반격이 일어났다. 『디어본 인디펜던트』에 실린 농업 지배권을 얻으려는 유대인 중간상인에 대한 기사를 구실로 시카고의 변호사 사피로(Aaron Sapiro)는 포드를 명예훼손으로 고발했다. 사피로는 역시 변호사이자 미국유대인위원회 의장인 마셜이 그러했던 것처럼 포드의 반유대주의 선동에 맞서 싸워온 사람이었다. 그러나 사피로의 고발건은 그해 6월 마셜의 중재로 포드가 유대인에 대한 그간의 공격을 사과하는 공개 진술서를 씀으로써 재판 없이 합의로 해결되었다.[87]

포드는 진술서에서 유대인에 대한 사과와 함께, 자신도 그간의 『디어본 인디펜던트』의 반유대주의적 기사들을 검토한 결과 충격을 받았으며, 이 신문 및 『국제 유대인』이 『시온 장로들의 프로토콜』이라는 위서와 허구적인 유대인 음모론의 확산 매체로 작용했음을 깨닫고, 즉각 배포를 중지시킬 것이며, 이미 국내외에 유통된 것들은 가능한 모든 노력을 기울여 회수할 것을 약속했다.[88] 이로써 포드의 유대인 음모론 전도사로서의 공식 활동은 중단되었다.

마셜은 진술서를 통한 공개사과와 유대인에 대한 공격 철회를 받아내는 것이 더 효과적이라 생각하여 이러한 방식을 택한 것이었다. 그리고 포드의 진술서는 마셜이 직접 작성했고, 포드가 서명을 한 것으로 알려져왔다. 그러나 훗날 포드의 조수 버네트(Harry Bennett)는 포드의 서명은 사실은 자신이 한 것이라고 폭로했다. 포드는 결코 자신의 신념을 포기할 생각이 없었던 것이다. 공개 진술서는 사업가로서의 포드의 한계와 함께, 동시에 사업가로서 그의 교활함을 잘 보여준다. 당시 그는 새로운 자동차 모델의 생산, 반유대주의 선전이 매출을 해치고 있다고 생각하는 딜러들의 압박, 경쟁사의 자동차 시장 잠식 등 많은 문제에 시달리고 있었다.[89]

또한 포드는 유대인 단체의 집요한 요구에도 불구하고 자신의 진술서를 확인하는 그 어떤 글도 공식 매체에 발표하지 않았으며, 이미 유통된 반유대주의 문건들을 회수하려는 적극성도 보이지 않았다. 비로소 제2차 세계대전이 발발한 뒤인 1942년에 가서야 포드는 자신의 문건을 회수하려는 노력을 기울였다. 전쟁을 혐오했던 왕년의 이 평화주의자는 이 전쟁은 유대인이 일으킨 것이 아니라, 그가 동지의식을 갖고 있던 독일의 나치가 일으켰다는 사실에 당혹스러웠을 것이다.[90] 또, 애국주의의 이름으로 유대계 시민을 전쟁에 동원할 필요성도 절실했을 것이다. 그러나 미국이 참전하기 전인 1940년까지도 포드는 "언젠가는 『국제 유대인』을 다시 출간하기를 희망한다"[91]고 말했었다. 그의 반유대주의는 그토록 완고한 것이었다.

포드는 다른 인종주의적 반유대주의자들, 더 나아가 인종주의자들 대다수가 그러했듯이 근대 자본주의 문명을 비판했다. 그는 산업과 테크놀로지 시대의 모든 문제들을 비난하기 위해 유대인을 희생양으로 만들었다. 현대 세계의 모든 혼란과 잘못된 진행 과정은 모두 유대인들과 그들의 음모 때문이라는 것이었다.

먼저, 포드의 국제 유대인 금융가들이 각국의 산업과 무역을 지배한다는 끊임없는 비난은, 곧 자본주의의 현재 모습, 다시 말해 금융자본의 산업지배로 대표되는 이른바 독점자본주의에 대한 비판이기도 했다. 포드는 금융자본을 산업(기업)으로 보지 않았다. 산업의 존재 이유는 '가치창조'와 '봉사'임에 반해 금융자본의 그것은 '돈'이다. 다만, 금융이 산업에 봉사하기 위해 존재할 때만이 "인류를 위한 서비스의 도구로 인정"받을 수 있다는 것이다.[92]

포드는 "미국에서 유대인 문제는 본질적으로 도시적 속성을 갖는다"고 하면서 대도시와 유대인을 동일시했다. 그는 유대인 세계비밀정부의 수도로 런던, 뉴욕, 파리 같은 대도시를 꼽았으며, 특히 뉴욕을 지목해 "뉴욕은 미국 유대인의 수도", "볼셰비즘의 온상"이라고 했다.[93] 그에게 유대인에 대한 증오는 곧 대도시에 대한 혐오를 의미했다. 포드는 단호히 말했다. "모든 미국인에게 뉴욕은 자신들의 수도가 아니라 미국 변방의 낯선 지방이다."[94]

특히, 포드는 유대인이 장악한 현대 대중문화에 대해 강한 위기의식을 느꼈다. 『국제 유대인』 서문에서 포드는 "유대인 문제는 일반적으로 알려진 것들, 즉 금융과 무역의 지배, 정치권력의 지배, 모든 생활필수품의 독점, 미국 언론에 대한 자의적인 영향과 같은 것뿐만 아니라, 유대인 문제가 문화생활 영역에 침투하고 있고, 따라서 미국인들의 삶의 문제가 되고 있다"고 밝히고 있다.[95] 포드는 스포츠 의상에서, 술 담배, 댄스홀, 각종 오락산업과 놀이기구 산업, 연극, 영화, 재즈 음악에 이르기까지 대중문화의 전 영역을 일일이 탐색하며 유대인의 악영향을 꼬집었다. 유대인은 문화를 돈벌이 수단으로 이용하면서, 오늘날 미국 청소년들의 경박함과 부주의에서 볼 수 있듯이, 미국인의 정신을 타락시키고 도덕을 파괴시킨다는 것이다.[96]

그런데 여기서 포드는 유대인의 위험을 경고하는 것을 넘어서서, 보수주의적 관점에서 대중문화 자체에 대한 혐오와 거부감을 강하게 표현했다. 그는 연극·영화를 통해 표현되는 현대 예술을 섹스를 주로 다루는 "선정적이고, 멍청하며, 천박한" 것이라고 폄훼했다. 이러한 예술의 팬들은 "도덕적으로 타락한 자나 알코올 중독자와 도박에 빠진 자들"이라는 것이다.[97] 더 나아가 재즈에 대해 "서인도제도 흑인들의 옹알이를 흉내내도록 하는 싸구려 예술", "원숭이의 재잘거림, 정글의 꿀꿀거리는 소리와 쩍쩍대는 소리, 발정난 짐승 소리"라고 욕을 하면서, 이는 유대적 기원에서 유래한다고 단정지었다.[98]

더 나아가 포드는 국수주의적 관점에서 외래적인 것의 유행에 의해 "앵글로색슨적–미국적" 기풍이 무너지고 있다는 위기감을 표출했다. "우리의 문학, 놀이, 사회적 행위들에서 뚜렷한 퇴보를 유발시키는 특정한 영향의 동향이 관찰되어왔다. 기업은 과거의 본질적인 건강함에서 동떨어지고 있다. 표준들의 일반적인 하락이 도처에서 느껴지고 있다. 그것이 바로 (…) 형편없는 오리엔탈리즘이다." 여기서 그는 물론 '오리엔탈리즘'은 하나의 "인종적 원천"을 갖고 있는데, 그것이 유대인이라는 언급도 빼놓지 않았다.[99]

이 밖에 포드는 관용과 자유주의라는 계몽사상과 프랑스 혁명의 유산도 산업과 테크놀로지 시대의 중요한 문제 가운데 하나로 간주했다. 그는 유럽에서 유래한 "자유주의에 대한 잘못 이해된 관념과, 관용에 대한 불명료한 관념"이 미국에 수입되어 위험을 초래하고 있다고 진단했다. 관용과 자유주의야말로 이념 및 사회갈등을 통해 한 민족을 분열시켜 지배하려는 유대인의 문화적 도구로 보았기 때문이다.[100]

이상과 같이 포드는 유대인 음모론을 통해 20세기 초반 미국 사회의 근대성을 각인시켰던 독점자본주의, 대도시, 대중문화, 그리고 관용과 자유주의에 기반한 정치문화를 혐오하고, 이러한 모든 것을 유대인이 만든 작품으로 타자화했다.

# 06

## 헨리 포드의 유대인 음모론이
## 나치에게 미친 영향

포드의 유대인 세계정부 음모론은 독일의 나치에게 직접적 영향을 주었다. 1946년 뉘른베르크 전범재판의 5월 26일자 심리에서 나치 독일 당시 히틀러소년단(Hitlerjugend)의 지도자로 활동했던 시라흐(Baldur von Schirach)가 증인으로 법정에 섰다. 어떤 책을 읽고 나치의 영향을 받게 되었는가를 묻는 검사에게 그는 자신의 청소년 시절에 유명한 인종주의 이론가 체임벌린의 대표작 『19세기의 기초』와 바르텔스(Adolf Bartels)의 『세계문학 입문』 및 『독일 민족문학의 역사』에 흥미를 가졌다고 했다. 그런데 이 책들은 반유대주의적 경향을 크게 드러내지 않았음에 비해, 그가 당시 읽었던 "결정적인 반유대주의 책"이자 자신의 동급생들에게 "영향을 끼쳤던" 책이 "헨리 포드의 책, 『국제 유대인』"이었다고 진술했다. 계속해서 그는 말했다. "나는 이 책을 읽었다. 그리고 반유대주의자가 되었다. 그 당시 이 책은 내 친구들과 나 자신에게 매우 깊은 인상을 주었다. 왜냐하면 헨리 포드에게서 성공의 대변자, 즉 진보적인 사회정책의 전문가를 보았기 때문이다. 가난에 시달리고 비참했던 그 당시 독일에서 청소년들은 미국을 동경했다. (…) 우리에게 미국을 대표했던 사람이 포드였다."[101]

시라흐의 진술은 포드가 나치에게 끼친 영향이 결정적이었음을 보여주는 하나의 사례에 불과하다. 위에서 그가 언급한 체임벌린은 히틀러와 나치의 이데올로기를 공식적으로 체계화시킨 로젠베르크(Alfred Rosenberg)의 정신적 대부였다. 그런 체임벌린도 1923년 말 『국제 유대인』을 온 힘을 다하여 열심히 읽어내렸다.[102] 앞서 필자는 포드야말로 당대 세계 최고의 유대인 음모론의 전도사였음을 지적한 바 있다. 특히 독일에서 『국제 유대인』의 영향력은 매우 컸고, 또 지속적이었다. 물론 여기에는 그에게서 가장 큰 감동을 받은 나치들의 역할이 결정적이었다. 나치 지도부가 존경해 마지않았던 독일 반유대주의의 거장 프리취(Theodor Fritsch)가 편집장으로 있던 함머(Hammer) 출판사는 『국제 유대인』의 독일어 번역본을 1920년에서 1922년 사이에 6판을 출간했으며, 1933년 말에는 29판을 출간했다. 나치가 권력을 장악한 1933년 이후로 이 책은 나치 선전의 상투적인 아이템이 되었다. 독일의 모든 학생은 교육 기간 동안 이 책을 여러 번 접해야 했다.[103]

포드의 책이 나치 선전에 상투적으로 이용된 몇 가지 사례를 꼽자면, 1933년 6월 "미국에는 오늘날 유대인 문제가 더 이상 없다", "헨리 포드는 미국에서 유대인 문제를 노출시킨 용감한 사람"이라는 표지 광고문이 실린, 프리취의 『유대인 문제 편람』과 함께 한 쌍으로 엮여서 나온 『국제 유대인』 대중보급판을 들 수 있다. 또, 나치 선전부에서 갈라져 나온 '나치 세계 서비스(Weltdienst)'는 나치당 공식 문건들을 8개 언어로 번역하여 보급했는데, 포드의 책을 요약한 『헨리 포드와 전쟁의 유발자』라는 팸플릿은 이 기구의 월별로 가장 빈번하게 요청된 팸플릿 목록에서 4위를 차지하고 있었다.[104]

포드의 유대인 음모론은 미국의 나치에 의해서도 조직적으로 전파되었다.

그 핵심에 쿤(Fritz J. Kuhn)이 있었다. 쿤은 오스트리아 출신의 화학자로 제1차 세계대전에 장교로 참전하여 철십자 훈장을 받았다. 전후 우익민병대로 활동했고, 1923년 히틀러의 뮌헨 봉기에 참가했으나 실패한 후 멕시코로 이민을 갔다가 1927년 미국으로 이주했다. 그 후 포드사의 병원 및 계열사에서 근무하면서 '미-독 민족동맹(America-Deutscher Volksbund)'이라는 미국 나치단체의 지도자가 되었다. 이 단체는 선전활동의 일환으로 무엇보다 엄청난 양의 반유대주의 및 나치 출판물을 배포했는데, 『국제 유대인』은 나치당 기관지 『민족의 관찰자(Völkischer Beobachter)』 등과 함께 상투적인 선전 아이템 가운데 하나였다. 그런데 문제가 되었던 것은 쿤이 이러한 정치활동에 전념하면서 실제적으로 근무를 할 수 없었음에도 오랫동안 포드사에서 유급으로 재직할 수 있었다는 사실이다. 이로 인해 포드는 1930년대 후반까지도 이 나치단체의 재정을 후원하고 있다는 비난에 시달려야 했다.[105]

그러나 우리는 그 누구보다도 히틀러에게서 포드가 나치에게 끼친 직접적이고도 강한 영향을 확인할 수 있다. 히틀러는 뮌헨 봉기가 실패한 후 쓴 『나의 투쟁』(1925~1927)에서 자신이 갖게 된 유대인의 국제적 음모에 대한 시각이 포드의 생각을 복사한 것에 지나지 않는다고 고백하고 있다. "이러한 성찰들 모두는 그 대부분이 헨리 포드 씨의 신문인 『디어본 인디펜던트』로부터 베낀 것이다. 이 신문에 의해 퍼트려진 반유대주의적 선전은 독일에서 아직까지도 통용되고 있다." 같은 책에서 히틀러는 유대계 미국인들의 『디어본 인디펜던트』 보이콧 운동을 염두에 두고서, "한 명의 위대한 사람, 포드"만이 유대인 금권력에 맞서 "지금까지도 홀로 서서 어려운 싸움을 잘 버티고 있다"고, 동지애적 공감을 표하고 있다.[106]

이미 수년 전부터 히틀러에게 포드는 우상이었다. 1923년 3월 8일자 『시카고 트리뷴(Chichago Tribune)』지에 실린 기사를 보자. 1922년 겨울 방문객들이 뮌헨의 나치당 본부를 찾아가 히틀러를 만났을 때 다음과 같은 말을 들었다고 했다. "선거를 돕기 위해, 나는 나의 돌격대(SA) 중 일부를 시카고와 미국의 여러 대도시에 파견할 수 있기를 원한다. (…) 우리는 헨리 포드가 미국에서 성장하고 있는 파시스트 운동의 지도자라고 본다. (…) 우리는 그의 반유대적 기사들을 번역하고 출판했다. 그 책은 전 독일에 수백만 부가 유통 중이다." 또, 그들은 대기실의 커다란 탁자 위에 『국제 유대인』 독일어 번역본이 쌓여 있는 것과, 히틀러의 집무실 벽에 커다란 포드 사진이 걸려 있는 것을 보았다고 증언했다.[107]

히틀러가 인종주의적 반유대주의자이며 유대인 음모론의 전도사 포드에게 열광한 것은 반유대주의 운동의 새 장을 연 포드가 동시에—앞서 언급한 시라흐의 표현을 빌리자면—"성공의 대변자, 즉 진보적인 사회정책의 전문가"였기 때문이다. 『국제 유대인』 이외에 히틀러가 소중하게 간직했던 포드의 또 다른 책이 바로 포디즘에 기반해 새로운 미래를 제시한 그의 자서전 『나의 생애와 일』이었다.[108]

이상과 같이 유대인을 자신이 속한 공동체를 위협하는 악마적 인종으로 만들기 위한 여러 담론과 그 역사적 파장을 살펴보았다. 세기말의 인종주의적 반유대주의 정치선동에서 시작되고 제1차 세계대전을 전후로 하여 『시온 장로들의 프로토콜』과 『국제 유대인』을 통해 대량생산된 '악마적 유대 인종이 세계를 지배하려 한다'는 망상은 나치들의 세계관을 깊게 각인시켰다. 물론 나치는 '반셈족주의'라는 용어를 선호하지 않았다. 이미 괴벨스(Joseph Goebbels)는 뉘른베르크 인종 차별법(뉘른베르크법)이 시행되기 전인 1935년에 이 용어를 쓰지 말 것을 지시했다. 셈어를 사용하지만 유대인에 대해서는 적대적인 아랍인을 유대인과 구별하기 위해서였다. 같은 맥락에서 나치당의 편람은 이 용어를 '반反유다이즘(Antijudaismus)'으로 대체할 것을 주장하기도 했다.[109] 이른바 나치 독일의 '인종 교황'이라 불리는 우생학자 귄터(Hans Friedrich Karl Günther)는 1920년대부터 '셈 인종'이란 없으며, 단지 셈어를 말하는 사람들만 있을 뿐이라고 하면서, 유대인은 '유대 인종'이라고 불러야 한다고 주장했다.[110] 이는 괴벨스의 말대로 유대인과의 전쟁에 집중하기 위해서였다. 그러나 특정 용어의 호불호에도 불구하고 우리는 나치당의 공식 이데올로그 로젠베르크의 다음과 같은 말에서 놀라울 만큼 지속적으로 반복된 토포스를 발견한다.

> 리하르트 바그너가 말했다. 인류를 멸망에 이르게 하는 악마가 변신 가능한 모습으로 체현體現된 것이 바로 유대인이다. 바그너의 이 말은 모든 우연적인 것을 넘어서서 역사적 상황을 상징적으로 웅변하고 있다.[111]

이러한 혐오스러운 말들의 역사는 결국 나치의 유대인 대학살로 끝났다. 더러운 담론이 최악의 폭력적 현실을 만든 것이다.

## 제4부

# 인종 증오주의와 '악마적 인종'의 발명 II

: 황인종의 위험

The Mongolian Octopus.—His Grip on Australia.

## 〈문어와 같은 몽골인(The Mongolian Octopus)〉

백인들을 휘감고 있는 몽골인의 문어발에는 '싸구려 노동력', 중국식 복권놀이인 'PAK AH-PU', '부도
덕', '장티푸스를 퍼트리는 찻주전자', '아편', '뇌물수수', 중국식 도박인 'FAN-TAN', '세관 강도질' 같은
글귀가 쓰여 있다.

* 출처: 필 메이(Phil May), 「문어와 같은 몽골 인종, 오스트레일리아를 움켜쥐다(The Mongolian
Octopus — His Grip on Australia)」, *The Bulletin*, Sydney, 1886.08.21.

| *Intro* |

# 황화론 개괄

반유대주의 정치운동이 유럽 내부를 시끄럽게 만들고 있을 때 '황인종'이라는 또 다른 '적대 인종'이 발명되었다. 이른바 '황화黃禍(Yellow Peril)', 즉 '황인종의 위험'을 주제로 한 담론이 미국의 캘리포니아와 오스트레일리아를 거쳐 유럽 각국을 휩쓸었다. 중국인 혹은 일본인, 아니면 이 둘 모두를 주적으로 삼은―때로는 여기에 러시아까지 포함되기도 했는데―황화론은 서양 제국주의의 이데올로기적 기제로서 적극적이고 선동적인 영향력을 발휘했다. 황화론 속에는 제국주의 열강의 식민지와 해외시장에서의 경제적·정치적·군사적 주도권을 유지하려는 욕망과 함께 세기말의 염세적 심성도 함께 곁들여져 있다. 황화론은 자국의 쇠퇴와 몰락의 염려, 타자의 팽창에 대한 공포를 극대화시켰다. 이러한 공포는 때로는 파국이 머지않았다는 종말론적 차원으로 상승되기도 했다. 황화론은 19세기 중엽 이후 시작된 중국인의 해외로의 대량 이주로 인해 촉발되었다. 이후 청일전쟁(1894~1895)과 의화단 사건(1900)을 거치면서 빠른 속도로 확산되었으며, 러일전쟁(1905~1906)을 통해 절정에 달했다. 이 담론에는 맬서스(Thomas Robert Malthus)의 비관적인 과잉 인구이론, 보호관세주의자들과 금은양본위주의자들의 주장, 정치적·군사적인 표상과 예측, 사회다원주의와 인종주의 등이 뒤섞여 있었다.[1]

백인종 국가들에 대한 황인종의 위협은 다양한 시각에서 주장되었으며, 다양한 내용을 갖고 있었다. 백인종 국가들의 노동계급, 특히 캘리포니아와 오스트레일리아의 백인 노동조합 및 노동자들 사이에서는 최소한의 생활수준과 값싼 노동력을 통해 인력시장의 덤핑으로 작용한 쿨리(중국인 노동자)와의 경쟁에 대한 두려움이 황화론을 통해 표현되었다. 다른 한편으로 은본위제에 기반한 동아시아의 급속한 산업화와 자본주의 성장에 대한 지속적인 두려움이 표현되었다. 특히 일본의 성공적인 경제발전은 유럽 및 미국의 기업가들과 상인들을 공포로 몰아넣었다. 세 번째로 또한 거대한 인구를 지닌 황인종 민족들의 완전한 정치적 해방이라는 미래상이 상상되었다. 이에 의하면, 황인종 민족들은 근대적 무기로 무장한 채 일어설 것이고, 머릿수에 있어서 우월한 위치를 기반으로 동아시아에서 유럽인과 미국인들을 몰아낼 뿐만 아니라 아시아를 제패하고, 나아가 심지어는 전 세계를 지배할 수 있다는 것이다. 이러한 두려움은 황인종 노동자뿐만 아니라 황인종 농민과 이민들이 이제까지 백인들이 지배해온 식민지들을 서서히 잠식할 것이라는 생각과 결합되었다.[2] 황인종의 세계지배라는 표상은 특히 러일전쟁에서 일본이 승리함으로써 동아시아에서 결코 무시할 수 없는 군사력이 등장했음을 증명해 보이자 더욱 구체화되었다.[3]

# 01

## '황화' 표어의 등장과 확산

황화 담론 속에 '황화'라는 표어가 등장한 것은 1895년 청일전쟁이 종식될 무렵부터이다. 골비처(Heinz Gollwitzer)의 연구에 의하면 이 표어는 프랑스에서 가장 먼저 유포되기 시작했다.[4] 금은양본위제 지지자 알퐁스 알라르(Alph. Allard)는 1896년 3월 13일 브뤼셀의 『종합 평론(Revue Générale)』에 기고한 「황화」라는 제목의 글에서 다음과 같이 말한다. "지난 20년 혹은 25년 동안 우리에게 인도나 일본 혹은 중국의 생산물이 범람하고 있다. 그 누구도 여기에 대해 자극받지 않았다. 그런데 갑자기 신문, 잡지, 소설 그리고 진지한 서적들이 단지 '황화'만을 이야기하고 있다."

그렇다면 왜 프랑스가 '황화' 표어의 발원지가 되었던 것일까? 무엇보다 프랑스가 일찍부터 동아시아와 관계를 맺어왔기 때문일 것이다. 특히 나폴레옹 3세 이후 본격적으로 시작된 제국주의적 진출로 인해 프랑스와 동아시아의 관계는 더욱 밀접해졌다. 인도차이나반도의 점진적인 점령, 1860년 영국과 공동으로 행해진 청에 대한 군사적 개입(제2차 아편전쟁), 1884년의 청불전쟁, 이어서 이뤄진 중국 내 이른바 조차지의 병합, 1895년의 동아시아 삼국동맹 및 러일전쟁 시기 러시아에 대한 지원 등으로 이어지는 일련의 사실들은 프랑스가 동아시아 사정에 관해 결코 둔감할 수 없었음을 말해준다.

반면 독일에서는 1900년 의화단 사건 이후에나 이 표어가 언론과 소책자 등을 통해 확산되기 시작했다. 물론 독일에서도 1896년 베를린에서 간행된 『비판(Die Kritik)』지에 이미 1895년에 작성된 크렙스(W. Krebs)의 논문 「황화와 무시무시한 공포」가 실린 이후, 황화 표어가 등장했다. 그러나 1900년 이전까지 독일의 언론에서는 '황화' 표어가 거의 등장하지 않는다. 영미권에서는 런던 일본협회(Japan Society of London)의 회장이었던 다이오시(Arthur Diosy)가 1898년 자신의 저서 『새로운 극동(The New Far East)』에서 "황화"라는 말을 하긴 했지만, 독일과 마찬가지로 1900년 이후에야 확산되기 시작했다. 이후 '황화' 표어의 서양 세계에서의 확산은 러일전쟁을 계기로 제1차 세계대전 전야까지 절정을 이루었다.[5]

그러나 '황화' 표어의 등장과 확산은 황화 담론의 대중화 과정을 알 수 있는 지표에 불과하다. 이 표어가 등장했다는 것은 황화 담론이 대중적 담론으로 정착되기 시작했다는 것을 의미한다. '황화'라는 표현이 없다 하더라도 황화 담론은 이미 청일전쟁 이전부터 존재했으며, 이러한 담론 속에서 아시아 민족들의 위험을 표현하기 위한 여러 슬로건이 다양하게 동원되곤 했다. 예를 들어 독일의 지리학자이자 나치 이데올로기의 주요소 가운데 하나였던 '생활공간(Lebensraum)'이라는 개념을 최초로 사용한 것으로 유명한 라첼(Friedrich Ratzel)은 캘리포니아와 오스트레일리아의 중국인 이민문제와 관련하여 1876년 '엄청난 인구를 가진 몽골 인종의 걷잡을 수 없는 홍수라는 의미'에서 "황색공포(Gelber Schrecken)"라는 표현을 사용했으며, 미국에서는 비슷한 맥락에서 "황색유령(Yellow spectre)"이라는 표어가 등장하기도 했다.[6]

# 02
## 황화론의 시작

19세기 중엽에 이르기까지 동아시아는 유럽인들에게 특별히 중요한 의미를 지닌 곳이 아니었다. 물론 예수회 선교사들의 활동에 힘입어, 예를 들어 볼테르나 볼프 등에서 확인할 수 있듯이 18세기 계몽사상가들 사이에서 동아시아는 우호적으로 다루어진 주제였다. 이들에 의하면 중국의 도덕 및 사회시스템, 국가제도, 사회철학, 예술과 문학 등은 유럽을 각성시킨다는 것이었다. 그러나 다른 한편으로 계몽사상가들 사이에서는 호감을 가지고—심지어는 경탄과 열광 속에서—동아시아를 표상했던 입장과는 반대로 경멸적이고 부정적인 입장들도 있었다. 이를테면 몽테스키외나 루소 등에서 볼 수 있듯이 중국의 동방 전제주의, 경직성, 살인적인 획일성과 부자유를 비판하는 목소리도 있었다.[7]

한편, 계몽사상의 시대는 유럽인들이 동아시아인을 백인종에서 황인종으로 변화시킨 시기이기도 하다. 16/17세기까지만 해도 유럽의 선교사, 상인, 여행가들은 대체적으로 동아시아인을 '백인'으로 보았다. 그러나 18세기에 들어와 린네와 같은 박물학자들은 동아시아인을 백인에서 퇴화된 변종인

'황색인'으로 분류했고, 블루멘바흐는 형질인류학적 관점에서 '몽골 인종'으로 규정했다. 우리는 앞서 마이너스가 블루멘바흐의 영향을 받아 동아시아인을 '못생긴 몽골 인종'의 하위 범주로 분류했음을 살펴본 바 있다. 이윽고 19세기가 되면 동아시아인을 '황색 몽골로이드'로 규정하는 것이 일반화되었다.[8]

19세기의 자유주의자들은 '아시아의 자의적 지배'를 강조하곤 했다. 이때 러시아는 일반적으로 아시아적이고 반¾몽골적인 것으로 폄하되면서 이러한 '아시아의 자의적 지배'를 상징하는 나라로 인식되었다. 자유주의자들은 빈 체제를 '반동체제'로 비판하면서 그 중심국 오스트리아를 '유럽의 중국'이라고 명명하기도 했다. 이러한 인식은 유럽인의 역사의식 속에 확고히 뿌리박힌 훈족, 헝가리, 몽골의 침입에 대한 기억과도 연관이 있다. '러시아가 유럽을 정복할 것이고 나중에는 러시아 역시 타타르족에 의해 정복당할 것', '타타르인의 지역에서부터 새로운 민족이동이 일어날 것'과 같은 토포스들이 반복되곤 했다.[9]

그러나 동아시아에 대한 이러한 표상들은 동아시아에 대한 적극적인 탐구 과정에서 나온 것이 아니었다. 그것들은 이른바 '대상에 대한 철저한 거리두기'의 결과물이었다. 19세기 중엽에 이르기까지 유럽과 식민지와의 관계 및 각 대륙 간의 관계를 주제로 한 국제정치적 저작과 언론 기사들 중에는 식민주의가 유럽인에게 끼치는 영향과 이와 관련하여 조만간 유럽인들의 해외 지배가 붕괴하지 않을까 하는 문제들이 논의되었지만 중국과 일본은 아직 주요 대상이 아니었다. 이 국가들은 단지 러시아가 궁극적으로 아시아 민족들을 조직하고 이들을 투입하여 자신이 의도하는 유럽 정복을 완성하지 않을까 하는 반¾러시아 담론에 조연으로 등장할 뿐이었다. 심지어는 1870

년에도 친독주의자인 르낭은 독일과 프랑스 관계의 분열적인 전개상황을 비난하고 양국 관계를 회복하기 위해 러시아가 조장한 아시아의 위험을 강조하고 있었다.[10]

아편전쟁(1840~1842) 이후로 중국이, 1854년 페리의 원정 이후로 일본이 문호를 개방했다. 이러한 사건은 곧바로 교육받은 유럽 공중의 눈을 새롭게 동아시아의 세계로 향하게 했다. 리히트호펜(Ferdinand Frhr. v. Richthofen), 귀츨라프(Karl Friedrich August Gützlaff), 윅(Évariste Régis Huc), 노이만(Karl Friedrich Neumann), 그리고 앞서 언급한 라첼 등의 중국 정치·역사·지리·문화 등에 대한 연구는 이 시기를 전후로 해 나온 중요한 성과물들이다.[11]

황화 담론은 1860년대서부터 시작되었다. 이 담론이 이전 시기의 반反아시아 담론과 다른 점은 인종주의 담론과 결합되었다는 것이다. 중국인 노동자들의 이민 물결이 거세지자 오스트레일리아와 캘리포니아에서는 백인 노동자들과 노동조합이 주도하여 이를 저지하려는 운동이 일어났다. 반중국인 집회가 연달아 열렸으며, 위협당하는 '백인 노동'이라는 지속적인 캠페인이 등장했다. 이러한 운동은 처음에는 중국인 노동자들의 자유의사에 반하는 강제계약 상태를 고발하는 등 휴머니즘적인 대의명분을 내세웠다. 그러나 '백인 노동'을 위한 이러한 운동이 내세운 주장은 그 무게가 곧 인종주의적으로 옮겨갔다. 중국인 거주 지역은 더러움과 부패의 온상이며, 악덕과 전염병의 부화 장소, 즉 위생적으로나 도덕적으로 나라의 페스트라는 것이었다. 나아가 중국인은 완전히 다른 사회조직과 풍속 및 사고방식을 지닌 하나의 낯선 존재들이며, 이러한 중국인과 함께 사는 것은 틀림없이 백인들을 망하게 할 것이라는 주장이 터져나왔다. 백인 노조와 노동자들은 반유대주의적 표현을 차용하여 중국인 노동자들을 고용한 기업가들을 "자기 인종을 배신한 유대인 이스가리옷"으로 불렀다. 1869년에는 "앵글로-색슨 인종 보호 위원회"라는 테러단체가 생겨났는데, 이 단체는 기업가들을 "중국인의 존"이라고 하면서 이들에게 엄청난 압력을 가했다. 황인종의 이민을 저지하려는 투쟁들이 중국인 박해로부터 언론을 통한 싸움, 나아가 의회에 대한 효율적인 영향력 발휘에 이르기까지 온갖 종류의 수단을 통해 이루어졌다. 그렇게 미국과 오스트레일리아에서 점차적으로 황인종의 이민제한 및 금지 조치가 성공적으로 시행되기에 이르렀다. 20세기 초가 되면 중국인을 대상으로 일어났던 일이 일본인을 대상으로 반복되었다.[12]

황화 담론은 백인 노조가 주동이 된 선동적 캠페인에만 한정되지 않았다. 역사적으로 저명한 급진주의자이자 토지개혁운동의 대부 헨리 조지(Henry George)도 여기에 동참했다. 조지는 1869년 자신이 『뉴욕 트리뷴』지에 기고한 「태평양 해안의 중국인」을 주제로 밀(John Stuart Mill)과 서신을 교환했는데, 여기서 밀의 자유주의적이고 개인주의적인 사상을 공격했다. "당신은 '가장 미천한 중국인' 역시 당신과 똑같이 캘리포니아 땅을 이용할 자연적 권리를 가진다고 생각한다. 이는 거주지를 태양 아래 원하는 모든 지역으로 옮기는 것은 양도할 수 없는 권리라는 당신의 명제에 근거한다. 나는 바로 이러한 생각에 강하게 반대한다. 인간들은 단지 개인들인가? 가족이나 민족 혹은 인종과 같은 것들 또한 존재하지 않는가? 연합할 수 있는 권리(가 있다면) 이와 마찬가지로 배제할 수 있는 권리 또한 존재하지 않는가?"

조지는 계속해서 강연과 신문 기고문들을 통해 중국인 문제를 다루었다. 그는 북아메리카 인구가 지금까지 압도적으로 인종적 동질성을 지녀왔음을 강조했다. 물론 그는 흑인이라는 예외도 인정했는데, 이러한 소수인종 문제와 관련해 흑인과 중국인을 명백히 구별했다. 그는 흑인들을 무지하지만 고분고분한 어린이들, 그들의 문명적인 개선을 위해서는 어쨌든 간에 단지 백인종의 문화와 결합되는 길밖에는 없는 반₩야만인으로 묘사한다. 반면 중국인들은 니그로와 비교해볼 때 "날카롭지만 제한된 오성을 지녔고 그 속성상 스스로에게 도취되어 변화될 수 없는 성인"이었다. "중국인들이 고유의 역사와 문화를 지닌다면, 이는 다른 모든 인종을 무시하도록 조장하는 내용 없는 오만불손에 불과하며, 또한 오랫동안 대를 이어 지속되어 이제는 유전적인 것이 되어버린 고유한 사고 습관에 불과할 것이다. 현재대로라면 우리는 중국계 인구 비율을 일정 정도로 유지할 것이다. 그러나 시간이 오래 지남에 따라, 그 개별 요소들이 끊임없이 변화하는 인구집단, 또한 중국에서 태어나서 그곳에서 자라고, 다시 그곳으로 돌아가려고 작정하고 있는 인구집단, 더 나아가 이곳에 체류하는 동안 조금도 동화되지 않은 채 일종의 작은 중국 안에서 살고 있는 완벽하게 이교도적이며 신뢰할 수 없고 음탕하며 비겁하고 사나운 인구집단이 점점 더 큰 문제가 될 것이다."

훗날 조지는 중국인 문제의 해결방안을 제시했다. 중국인 문제는 봉쇄정책보다는 토지문제 자체를 공정하게 해결함으로써 해소된다는 것이다. "토지를 강탈하는 자들을 청소해라. 그러면 중국인은 틀림없이 돌아간다. 백인종을 토지에 뿌리내리게 하라. 그러면 수백만의 아시아인이 그것을 처분하지 못할 것이다."[13]

# 03
## 황화론의 전개

시간이 지남에 따라 이상과 같은 조지의 낙관주의와는 달리 황인종의 위협 앞에 서양 문명이 붕괴할지도 모른다는 염세적 기조의 주장들도 제기되었다. 우선 미국을 살펴보자. 시어도어 루스벨트(Theodore Roosevelt) 대통령과 친밀한 교분을 쌓고 있던 헨리 애덤스(Henry Adams)는 『문명과 몰락의 법칙』(1895)에서 사회다원주의에 입각하여 다음과 같이 예견한다.

> 모든 문명은 중앙 집중화이다.
> 모든 중앙 집중화는 경제이다.
> 경제적 중앙 집중화에 있어서 아시아가 유럽보다 값이 싸다.
>
> 세상은 경제적 중앙 집중화의 경향을 보인다.
> 그러므로 아시아는 생존하려는 경향을 보이지만
> 유럽은 소멸하려는 경향을 보인다.[14]

그의 형제 브룩스 애덤스(Brooks Adams)는 『미국의 경제적 우위(America's Economic Supremacy)』(1900)에서 헨리와 유사하게 서양 문명의 붕괴를 예상했다. "아시아가 산업화되고 독립을 요구한다면, 이는 직접적으로 미국의 몰락과 전체 서구 문명의 몰락을 초래할 것이다. 안전보장의 이유 때문에 미국은 아시아와 유럽 그리고 세계를 지배해야 한다." 이러한 비관적 기조와 상응하여 명백히 인종주의적 색채를 띤 경고들이 이어졌다. 인종이론가 그랜트(Madison Grant)는 니그로에 대한 백인의 우위뿐만 아니라 황인종을 미국으로부터 배제할 것을 주장하면서, 오스트레일리아와 뉴질랜드 역시 중국인 쿨리와 일본인 이주자에 맞서 "순수한 북방적 피의 공동체", "백인의 나라"로 발전할 것을 주장했다. 「진정한 황화」라는 논문에서 러스크(Hugh H. Lusk)는 전체 "몽골 인종"의 성장과 이 인종의 동남아시아와 오스트레일리아를 향한 거의 피할 수 없는 대량팽창, 그리고 이 팽창이 마침내 북미의 경계 지점인 남서 아메리카와 멕시코까지 확대될 것을 예견하면서 백인 호주주의를 찬성했다.[15]

서양 문명의 붕괴에 대한 비관적 예견은 미래의 인종전쟁에 대한 구체적 예측으로 이어졌다. 레아(Homer Lea)는 일본과의 다가올 생존투쟁을 준비하기 위해 중국으로 갔다. 거기서 그는 쑨원孫文의 군사고문관이자 '참모장'으로서 만주 왕조를 붕괴시키고 중국에 공화국을 도입시킨 혁명군을 조직했으며, 중국의 장군으로 승진했다. 제1차 세계대전 와중인 1915년 폭탄 전문가이자 군수산업에 종사하던 맥심(Hudson Maxim)은 『방위력을 잃어버린 미국』을 출판했다. 그가 보기에 독일의 위험보다 더욱 나쁜 것이 일본의 위험이었다. 일본은 한 달도 채 못 되어 25만 명이 미국의 태평양 연안 지역에 상륙할 수 있는 상태에 있으며, 미국을 치기 위하여 언제나 미국보다 훨씬 빠른 속도로 자국의 정규군을 지휘할 수 있다는 것이다. 맥심은 제1차 세계대전이 끝나면 미국, 영국, 독일, 프랑스, 러시아가 세계문제를 놓고 서로 "조언"할 수 있기를 희망했다. 그런데 이러한 협력관계 속에는 단지 인종적 "친척들"만이 함께해야 하고, 일본은 제외되어야 한다는 것이었다. 위험이 사라질 때까지는 무장만이 유일한 대안이라는 것이었다.[16]

이상과 같이 미국의 황화 담론은 서양 문명의 붕괴와 다가올 인종전쟁의 예견으로 발전했다. 그러나 이렇게 다가올 위험에 대한 염세적 예견은 다른 나라의 황화 담론에서도 쉽게 발견된다. 예를 들어 독일 언론에서는 1890년대 이후 '인종투쟁'이라는 용어가 확산되고 있었다.[17] 1883년에 이미 굼플로비치(Ludwig Gumplowicz)는 『인종투쟁』에서 아시아인들의 유럽 습격이 가능하다고 보았다.[18] 영국의 하트 경(Sir Robert Hart)은 20세기 초 일어난 중국에서의 사건들을 조망하면서 "미래에는 '황색' 문제가—아마도 황색 '위험'이—다루어져야 한다는 사실은 내일 태양이 떠오를 것처럼 확실하다"라고 했다.[19]

프랑스의 문학사가이자 자유주의 언론인이었던 파구에(Émile Faguet)는 1895년 황인종과 흑인종의 위협을 방어하기 위해 유럽연합국 건설을 주장했다. 그는 예견한다. "아, 유럽연합국이라는 1848년의 오래된 꿈은 아마도 1948년경이 되면 실현되어 있을 것이다. (…) 마치 옛날에 폴란드가 투르크에 맞서서 기독교 세계를 위해 그러했던 것처럼, 황인종에 맞서는 백인종의 요새이며 커다란 빗장인 러시아에 의해 보호된 채, 우리의 후손들은 (…) 침략자들의 무서운 돌진에 맞서 싸울 것이다. 무시무시한 전투들이 있을 것이다." 그러나 그의 희망적 예견은 여기까지다. 이후의 예견은 매우 비관적이다. 유럽인들 사이에서 내적 갈등과 투쟁이 더욱 심해져서 결국에는 "백인종에 대해 황인종이 최종적으로 승리할 것이다. 하지만 더 멀리 보면 이러한 승리는 황인종에 대한 흑인종의 승리의 가능성을 내포하고 있다. 황인종에 의해 지배당하는 유럽은 아마도 백 년에서 2백 년 동안 지속될 것이다."[20]

이처럼 1900년을 전후로 한 시기에는 황화에 대한 공포가 '유럽 이념'의 원천으로 작용했다. 동시에 당시 파리에서 활동하던 사회학자 노비코프 (Jacques Novicow)가 지적했다시피 황화에 대한 공포는 프랑스의 세기말 사조에 담긴 모든 인종주의적인 공포의 중심 역할을 수행했다. 이런 상황에서 그는 동시대인들의 백인종의 미래에 대한 염세주의를 비판하는 글을 통해 무엇보다 "모든 측면에서 볼 때 황화의 조짐이 보인다"는 생각을 무력화시키기 위해 애써야 했다.[21] 이 밖에도 무수한 사례가 있다. 그러나 그 모든 사례를 언급할 수는 없다. 단지 여기서 강조하고 싶은 것은 이러한 염세적 예견이 때로는 '최후의 그날이 머지않았다'는 종말론적 차원으로까지 상승되었다는 점이다.

# 04

## 종말론적 황화론과 인종투쟁의 역사관

종말론적 황화론의 대표적인, 아마도 최초의 사례는 노년의 고비노에게서 발견된다. 우리는 앞서 『아시아에서 일어난 제 사건』에서 피력된 고비노의 황화론을 간략하게 살펴보았다. 또한 이 논문의 독일어 번역이 바그너의 『바이로이트지』(1881년 5월호)에 게재되었음도 언급했다. 코지마 바그너(Cosima Wagner)에 의해 번역된 이 논문의 독일어 제목은 「현재 세계에 대한 판단」이다. 여기서 서구 문명의 인종적 허약함에 대한 한탄, 오스트레일리아, 미국, 미얀마, 인도 등지에 밀물처럼 밀려드는 중국인 떼거지와 중앙아시아로 확대되는 중국의 패권에 대한 공포, 대륙횡단철도 부설로 중국인들의 유럽 침략에 다리를 놓아주는 '아시아적인 슬라브 인종'(러시아)에 대한 증오 등은 이처럼 고비노 개인만의 것이 아니라 범게르만주의와 '독일민족운동(völkische Bewegung)'의 중요한 축을 담당한 바이로이트 서클과 공유된 정서였다는 것을 강조할 수 있겠다.

이제 세계사가 완전한 파멸을 향한 최후의 단계로 접어들고 있다는 고비노의 종말론적 표상은 위에서 언급한 위기의 여러 징후에 근거한다. 특히 그는 러시아에 의한 유라시아 대륙횡단철도 부설을 고대와 중세 초의 유럽을 향한 "침략 루트"가 다시 열리는 매우 위험한 징조로 파악한다. 고대 슬라브족, 켈트족, 게르만족 혹은 훈족, 중세의 헝가리, 투르크, 몽골, 티무르 휘하의 타타르족의 이동 경로가 이 "침략 루트"와 일치한다는 것이다. 그리고 이 루트가 이미 대량 이주를 하고 있는 중국에 열렸다는 것이다. 이러한 역사적 유비추론類比推論 속에서 고비노는 위에서 언급한 황색 야만인들이 연상되게끔 중국인을 무서운 존재로 묘사한다. 그는 중국인이 제2차 아편전쟁 당시 영불연합군에 의해 "탁월한 전사"로 양성되었다는 점을 지적할 뿐만 아니라, 중앙아시아의 무슬림 세력을 폭력적으로 탄압할 때 보여준 현실주의적인 냉철함을 언급한다. 그는 중국인이 휘두르는 폭력의 동기가 "상업적 이윤"과 "이기심"이라는 것을 강조한다. 여기서 우리는 고비노가 특별히 반유대주의자는 아니었지만, 반유대주의적 토포스를 차용하고 있음을 알 수 있다.[22]

이를 토대로 고비노는 "아시아에서 점증하는 위험"이 "유럽에서 폭발할 것"이라고 예견한다. 그런데 여기서 그는 그 폭발의 시점, 다시 말해 서구가 몰락하기 시작하는 시점이 점점 빨라지고 있다는 것을 강조할 뿐만 아니라, 그 시점을 향후 10년 내라고 정확히 예견한다.

> 나는 이러한 위험들이 자라고 발전하는 놀라운 속도에 충격을 받고 있다. 아마도 10년 안에 세계의 얼굴이 바뀌기 시작할 것이다. 동양에서는 급속한 운동과 격변이 일어나고 있는데, 이에 반해 전체 서양 세계 속에서는 이상하게도 급속한 몰락과 무기력함이 확산되고 있다고 생각한다.[23]

제2부에서 살펴본 것처럼 고비노는 『인종불평등론』에서 인류사의 전체

시간을 대략 1만 4,000년에서 1만 2,000년으로 상정한 후 이를 두 시기로 나누었다. 그리고 퇴화의 힘이 전 세계를 지배하는 후반기의 시간 속에서 이제 인류의 역사는 종말을 향해 천천히 나아가고 있으며, 비록 "그다지 머지 않은 장래"는 아니더라도 언젠가는 최후의 날이 닥칠 것이라고 했다. 그러나 이제는 이를 수정할 수밖에 없다는 것을 고백한다.

> 나는 이러한 이상한 현상을 오래전에 내 책 『인종불평등론』에서 목도하고 예견했었다. 그러나 나는 당시에 이러한 것들이 이처럼 빨리 오리라고는 생각하지 않았다는 것을 인정해야겠다. (…) 나는 이미 인종 간 혼합이 상당히 진전된 단계에 들어섰다는 사실 앞에서 현재의 여러 위험이 그 논리적 결론을 향해 달려가는 속도에 대해서도 의혹을 가졌어야 했다는 것을 인정할 수밖에 없다.[24]

고비노는 1887년 간행된 비극적 서사시 『아마디(Amadis)』에서 백인종과 황인종 간에 벌어지는 최후의 세계사적 투쟁을 그린다. 고귀한 백인 영웅들은 문명과 사회질서를 창조하고 오랫동안 지탱해왔다. 그러던 어느 날 이들은 혼혈인들로 구성된 중간층이 지도하는 평민들의 혁명에 의해서 전복된다. 그러나 이들 중간층 또한 인종적으로 열등한 하층 신분들의 반란에 직면하게 된다. 이처럼 내적으로 허약해진 상태에서 유럽은 유럽 경계 바깥에서 게걸스럽게 먹어치울 자세를 갖춘 포식자들에 저항할 수 없는 손쉬운 먹잇감이 되어버린다. 마침내 반쯤 아시아적인 슬라브족의 지원을 받은 셀 수 없이 많은 황인종(중국인) 떼거지가 침략하자 이에 맞서기 위해 백인종의 귀족들이 나서 최후의 항전을 벌인다. 그러나 이들 아리아 인종의 영웅들은 비록 패배를 모른 채 끝까지 전투를 치르지만, 결국에는 자신들이 죽인 시체들의 바다 속에 빠져 죽고 만다.[25]

고비노의 황화론을 연구한 블루(Gregory Blue)는 고비노의 위와 같은 노년의 작품들을 통해 그의 역사학과 종말론이 우연히 일치하고 있다고 한다. 『인종불평등론』에 묘사된 역사의 여명기에 황인종 무리가 아리아인의 고향을 붕괴시킨 광경과 『아마디』에 그려진 문명 최후의 날의 모습이 명백히 닮아 있다는 것이다.[26] 그러나 히브리인과 기독교인의 종말론적 역사관을 상기해보자. 이들의 역사관에서 과거란 미래에 대한 약속이기 때문에 과거에 대한 해석은 곧 미래에 대한 예언이며 따라서 과거는 미래에 대한 준비라는 점에서 그 의미를 갖는다. 나아가 현대의 역사가들도 역사를 뒤돌아보며 미래에 대한 관심을 쏟고 있다. 고대의 역사가들은 '그 일이 과거에 어떻게 일어났는가'를 묻는 데 반해 현대의 역사가들은 '우리는 앞으로 어떻게 나아갈 것인가'를 묻는다.[27] 이런 점에서 볼 때 고비노의 역사학과 종말론의 일치는 우연이 아니라 필연적 결과다. 그의 염세적 역사관과 종말론적인 미래관은 내적으로 완벽하고도 일관성 있게 연결되어 있다.

여기서 인종주의 역사관이 지닌 하나의 특징을 도출할 수 있다. 앞서 살펴본 바와 같이 인종주의적 반유대주의자 마르 또한 고비노와 비슷한 방식으로 주로 과거의 역사적 사례로부터 유비추론을 실시하거나 때로는 과거로부터 현재에 이르는 역사진행의 경향을 추론함으로써 몰락의 징후들을 찾아내고 파국의 날이 가까이 왔음을 예견했다. 이처럼 '과거로부터의 추론-염세적 현재 진단-종말론적 예견'으로 이어지는 인종주의 역사관은 '적대 인종'이 위험한 존재임을 증명하고, 이 '적대 인종'에 대한 위기감과 적개심을 정당화시키며, 이 위험한 '타자'로부터 '우리'를 보호하기 위한 모든 행위는 올바른 것이라는 신념을 확산시키기 위한 도구로 사용되었다.

이러한 인종주의 역사관에 입각한 황화론은 피어슨(Charles Henry Pearson, 1830~1894)의 『민족의 생활과 성격─하나의 예견』(1893)에서도 발견된다.[28] 피어슨은 영국의 역사가이자 오스트레일리아로 이주하여 그곳에서 교육부장관을 지낸 인물이다. 이 책은 그가 노년에 영국으로 돌아와 오스트레일리아에서의 경험을 바탕으로 저술한 일종의 인종주의 역사철학서다. 이 책에서 그는 다윈과 스펜서의 영향 아래 인류를 '우수한 인종'(백인종)과 '열등한 인종'(유색인종)으로 나누고 세계사의 진행을 이 두 인종 간의 생존투쟁으로 묘사한다. 그의 문제의식은 '이러한 세계사가 장래에 어떻게 진행될 것인가'에 있었다. 명확히 세계사의 미래 진행에 대한 예견서의 성격을 갖는 이 책은 제국주의의 기저에 깔린 서양의 팽창, 진보, 승리라는 낙관주의에 대한 경고의 성격을 갖고 있었다. 피어슨의 이 책은 영미 세계 및 프랑스에서 커다란 주목을 받았으며, 특히 백인 호주주의 정책의 이데올로기적 기반이 되었다.[29]

피어슨은 현재까지 진행된 세계사는 다음과 같은 경향을 보인다고 진단한다. '흑인종과 황인종'은 인구 팽창과 역동적인 산업발전을 통해 점점 우월해지고 있는 반면에 '우수한 인종'인 백인들은 자유와 개인주의에 토대한 삶의 활력을 잃어버리고 계속해서 '정체'되고 있다. 도시화와 가족생활의 몰락, 경제 도덕의 타락, 예술적인 언어의 힘의 고갈, 저급한 문학 장르에 의한 고상한 문학 장르의 배제 및 이로 인한 "품격의 몰락", 특히 출산율 저하와 산업적 사회주의(국가적 사회주의, 복지국가)가 이러한 '정체'의 원인이다. 반면 '흑인종과 황인종'은 지구상의 많은 지역에서 기후 조건 때문에 정주하기가 힘든 백인종보다 더 빠르게 인구수가 늘고 있다. 인구 구성상 '흑색과 황색'으로 연속된 지역(zone)이 지구를 둘러싸고 있으며, 이러한 지역이 계속해서 늘

찰스 헨리 피어슨(1830~1894)

어나고 있다. 특히 동아시아의 산업화는 활기차게 진행되고 있으며, 아시아 시장을 독점하고 세계시장에서 효과적으로 경쟁하는 중국인들이 심지어 라틴아메리카에 이르기까지 세계 곳곳에 침투하고 있다. 이러한 중국인들은 유색인종의 해방을 위한 지도자 민족으로 성장하고 있다.

이처럼 피어슨은 고비노를 연상케 하는 방식으로 유색인종의 우세와 백인종의 정체를 대조시킨다. 그리고 이러한 상태는 계속 진행될 것이며 마침내 백인종의 우월성이 사라져버린 탈식민화된 세계가 출현할 것이라고 예견한다. 그는 '우월한 인종'이 몰락하는 그날이 결코 피할 수 없을 뿐만 아니라 "그리 머지않았다"고 강조한다. 그의 목소리를 직접 들어보자.

그날은 올 것이다. 아마도 그날은 그리 머지않았다. (그날이 오면) 유럽의 관찰자들은 흑인종과 황인종의 연속된 띠에 둘러싸인 지구를 보게 될 것이다. 흑인종과 황인종은 더 이상 침략당하거나 보호가 필요할 만큼 허약하지 않다. 이들은 자신들의 지역에서 이뤄지는 무역을 독점하면서, 또한 유럽인들의 산업을 포위하면서 통치에 있어서도 독립적이거나 실제적으로 그러한 상태에 도달한다. 중국인들과 힌두스탄 토착민들, 인디언들이 우세한 중남 아메리카의 여러 나라들 (…) 아마도 아프리카의 여러 민족이 유럽의 바다들에서 함대를 통해 자신들을 대변하며, 여러 국제회의에 초대되고, 문명화된 세계의 분쟁들 속에서 동맹세력으로 환영받을 것이다. 그런 후에는 (이들 유색인은) 백인종들의 사회적 관계 속에 편입될 것이고 영국 본토나 파리의 살롱들로 몰려올 것이다. 그리고 인종 간 결혼이 허용될 것이다. (…) 우리가 비굴한 존재라고 업신여겼던 사람들이, 언제나 우리의 필요에 봉사해야 한다고 여기던 사람들이 우리를 팔꿈치로 치고, 거칠게 떠밀며, 심지어는 옆으로 밀치는 것을 눈을 똑똑히 뜨고 바라보게 될 것이다.[30]

고비노에서 시작된 세속화된 종말론에 입각한 황화론은 러시아의 보수적인 종교철학자 솔로비요프(Vladimir Solov'yov, 1853~1900)의 기독교적·묵시록적 종말론에서 그 절정에 달했다.[31] 솔로비요프가 '황화'에 대해 관심을 가진 것은 1888년 파리의 지리학협회의 한 회합 때문이었다. 거기서 그는 파리 주재 중국 대사관의 서기관이자 『두 세계 평론(Revue des Deux Mondes)』의 기고자였던 천지퉁陳季同의 발언을 들었다. 솔로비요프의 묘사에 의하면 최상의 정확한 프랑스어 실력을 가진 이 황인종 남자의 말을 통해 세간에 떠도는 황화에 대한 인식이 계시처럼 엄습해왔다고 한다. 그가 요약한 천지퉁의 발언은 다음과 같다. "우리는 우리에게 필요한 모든 것들, 즉 당신들의 정신

블라디미르 솔로비요프(1853~1900)

적·물질적 문화의 전체적 기술을 당신들로부터 받아들일 수 있고 또한 그러할 준비가 되어 있다. 그러나 우리의 힘은 당신들의 힘보다 더 견고하다. 당신들은 끊임없는 시도와 노력을 통해 고갈될 것이다. 그런데 우리는 강해지기 위해 당신들이 추구한 노력의 열매들을 이용한다. 우리는 당신들의 진보를 기뻐한다. 그러나 우리는 당신들의 진보에 적극적으로 동참할 필요도 없으며, 또한 이를 원하지도 않는다. 당신들을 제압하기 위해 우리에게 필요한 수단들을 당신들 스스로가 마련하고 있다."

이후 솔로비요프는 중국 문화의 실체를 연구했고, 이러한 노력 끝에 1890년 「중국과 유럽」이라는 논문을 출간했다. 솔로비요프는 먼저 중국의 동남아시아, 오스트레일리아 및 캘리포니아로의 팽창과 곧 실현될 중국의 국가적·군사적 힘의 근대화를 다루면서 명백히 공포심을 표출했다. 그러나 서술의 중심점은 중국의 정신세계, 다시 말해 중국적 이상을 설명하는 것이었다. 여기서 그는 옛것의 변화 없는 보존이라는 중국적인 원칙에 반대하여 "세계의 진보라는 기독교적·유럽적 이념"을 내세웠다. "우리의 삶을 끊임없이 더 좋게, 더 완전하게" 만들어야 한다는 이러한 이상적인 미래를 지향하는 기독교적·유럽적 이념이야말로 유럽인이 더 우월하다는 것을 증명할 뿐만 아니라 "더 이상 발전의 능력이 없고 쇠약함에 내맡겨진, 따라서 더 이상 충만함을 발견할 수 없는" 중국에 줄 수 있는 유럽인의 복음이었다. 그러나 이를 위해서는 마치 기독교 설교자들이 그리스·로마의 이교도 세계에 대해 그랬던 것처럼 현재의 유럽인 스스로가 기독교가 선사하는 완전한 진리에 충실해야 한다. 반대의 경우에는 중세에 무슬림 세계가 유럽에 대해 그러했던 것처럼 중국이 유럽인에게 정복의 대상이 아니라 임박한 위험이 될 것이라고 했다.

솔로비요프는 중국에 대한 비판을 통해 궁극적으로 유럽에 대한 자기비판을 이끌어냈다. 그는 유럽에서 기독교적인 진보의 이상이 불충분하게 실현되었다고 보았다. 대신 프랑스 혁명과 이로 인해 출현한 자유주의 그리고 반동세력의 "그릇된 기독교"로 이뤄진 "잘못된 진보"만이 위험에 맞서 힘겹게 싸우고 있다는 것이다. 그는 '황화'가 유럽이 기독교적인 진리의 충만함에 대한 배신이라는 죄를 저질렀기 때문에 현실화되었다고 생각했다. 그는 결론에서 다음과 같이 말한다. "우리의 잘못된 보수주의는 그릇된 진보주의와 마찬가지로 내적인 모순들로 인해 붕괴하고 있다. 그런데 중국인들은 실제로 더 강해지고 있을 뿐만 아니라 정정당당한 사람들이 되어간다. 그들은 스스로에게 충실하기 때문이다. 만약 유럽의 기독교 세계가 스스로에게 충실하다면, (…) 중국은 우리에게 위험한 존재가 될 수 없으며 우리는 또한 극동을 정복할 것이다. 그러나 이는 무기를 통해서가 아니라 완전한 진리에 대한 신앙고백을 자기 것으로 하고 그 어떤 종족에 속하든지 상관없이 모든 인간의 영혼에 영향을 끼치는 정신적 힘을 통해서이다."

같은 해 솔로비요프는 중국에 이어 일본에 대해서도 논문을 썼다. 그는 일본이 중국과는 달리 서양 문명의 편에 서 있다고 생각했다. 그러나 동시에 당시 서양에서 동양적이고 불교적인 종교 형태를 선호하는 풍조가 확산되고 있던 현상에 주목했다. 그리고 그 배후를 일본으로 지목했다. "일본이 속으로 감추고 있는 종교가 유럽을 회생시킬 수 있다면 이는 특이한 것이 될 것이다. 여기에는 아마도 또 다른 강력하고 비밀스러운 운동이 숨어 있다. 그리고 아마도 이러한 새로운 불교야말로 세계 기독교의 최종적인 승리에 앞서 행해지는 이교도적 동양의 마지막 세계적 반동일 것이다."

이와 같이 솔로비요프의 미래관은 한편으로는 황인종의 세계사적 승리라는 염세적 표상에 의해 각인되었다. 그러나 다른 한편으로 이러한 염세적 표상은 유럽이 다시 기독교적 진리에 충실하게 된다면 오히려 황인종에 대해 승리할 것이라는 희망에 의해 상대화되었다. 바로 여기서 세속화된 종말론과 기독교적·묵시록적 종말론의 결정적 차이를 읽을 수 있다. 전자는 완전한 파국을 말한다. 그러나 후자는 적그리스도(사탄)와 그의 지배를 받는 세력이 일시적으로는 승리하지만 마지막으로는 그리스도의 재림에 의해 기독교도가 최후의 승자가 된다는 것이다.

솔로비요프에게 특별히 청일전쟁은 황인종의 승리가 눈앞에 다가왔음을 보여주는 결정적 징표였다. 이 전쟁에 자극을 받아 그는 황인종의 공포를 노래하는 시 「범몽골주의」를 썼다. 여기서 황인종은 무시무시한 사탄의 군대로 묘사된다. 이 시는 러일전쟁 당시 다시 한 번 출판됨으로써 러시아의 공공여론을 움직였다.

범몽골주의! 공포의 단어!

그렇지만 나는 이 사나운 소리가 마음에 든다네.

힘든 과정의 마지막 운명을

우리가 발견하기를 하나님은 원하시기 때문에 (…)


경쟁을 위해 이미 열광적으로 무장하고 있다네.

투쟁을 위해 황색 민족들은 그렇게 무장하고 있다네.

이미 수백만의 총검이 정렬해 있다네.

중국의 국경에서 돌격의 채비를 갖춘 채.


사탄의 힘 안에서, 맞서기 힘들게

민족들의 바다가 이쪽으로 쏟아져 몰려오고 있다네.

피에 굶주리고, 탐욕스러운 그리고 셀 수 없을 만큼 많은

마치 메뚜기떼와도 같은, 무시무시한 군대가!


오 러시아여, 너의 명예는 파괴될 것이고,

너의 쌍독수리 문장은 밤중에 끌어내려지겠지.

그리고 누런 얼굴을 가진 놈이 웃으면서 가지고 놀겠지.

갈기갈기 찢겨진 깃발들을 흔들며 찬란한 것들을.


고통스럽구나, 너에게서 사랑과 믿음이 사라졌다는 것이

이제 무시무시한 심판이 도래했구나.

세 번째의 로마는 먼지 속에 있을 뿐,

그러나 네 번째는 존재하지도 않는구나.

이후 솔로비요프가 몰두한 주제는 황인종과 유럽 인종 간에 벌어질 최후의 전 세계적 투쟁이었다. 그는 『선한 것의 정당화』(1897)에서 황인종과의 싸움이야말로 "인류의 운명"을 결정할 최후의, 최악의 "세계대전"이라고 예견한다. "앞으로 다가올 아시아를 사이에 두고 벌어지는 유럽과 몽골 인종의 이러한 싸움이야말로 자연히 마지막 세계대전, 또한 가장 무서운 세계대전이 될 것이다."

솔로비요프는 그가 죽던 해인 1900년 『세 가지 대화』를 출판했다. 그중 세 번째 대화편에 있는 "무정부주의자가 한 짧은 이야기"에서 그는 황인종이 20세기에 유럽을 지배할 것이라는 자신의 예견을 묵시록적으로 스토리텔링했다. 여기서 그의 종말론적인 스토리는 몽골제국의 유럽 침략이라는 역사적 사실을 토대로 하고 있다.

범헬레니즘, 범아메리카니즘, 범슬라브주의, 범이슬람주의를 모방하여 일본은 범몽골주의의 깃발 아래 아시아연합을 만든다. 일본이 지도하는 아시아연합은 유럽인들의 분열과 이들의 이슬람 세계에 대한 최후의 결전으로 인해 수월하게 결성된다. 중국인, 만주인, 몽골인 및 티베트인들이 여기에 모인다.

범몽골주의적 팽창의 첫 번째 단계는 이러하다. 인도차이나로부터 프랑스인들이 추방되고 미얀마로부터 영국인이 추방되는 일이 일어난다. 몽골의 두 번째 복드칸(Bogd Khan, '신성한 지배자'라는 뜻이며, 티베트의 달라이 라마처럼 신정정치를 편 몽골의 황제. 여기에 나오는 복드칸은 1911~1921년까지 몽골 복드칸국의 황제로 실존했던 복드칸이 아닌 가공의 인물이다.)—이 사람은 일본의 왕실 출신이며,

그의 어머니는 중국인이다―치하에서 25만 명 규모의 군대가 중국과 투르키스탄 지역에서 동원된다. 이 군대는 명목상 인도 정복을 위해 편성되었지만 실제로는 러시아령 중앙아시아를 침공하여 이곳의 비러시아계 주민들이 제정러시아에 대항하여 봉기하도록 자극한다. 연이은 타격으로 인해 러시아와 다른 유럽 세력의 군사적 붕괴가 일어난다. 유럽은 점령군의 견제를 받는 복드칸의 봉신국들로 이뤄진 체제로 바뀐다.

다음으로 범몽골주의적인 지배자는 유럽으로부터 귀환한 다음 해군력을 이용해 미국과 오스트레일리아를 향해 돌진한다. 황인종에 의해 50년간 유럽이 지배당하는 동안 중국인과 일본인 노동자들이 홍수를 이루게 된다. 사회경제적 문제들이 위험 수위에 이르기까지 첨예화된다. 이 시대는 정신사적으로 서양과 동양의 시스템들의 상호 침투에 의해 특징지어진다. "기본적으로 알렉산드리아의 낡은 혼합주의(Synkretismus)가 반복된다."

그러나 복드칸의 승리에 의해 나타난 정치적·사회경제적·문화적 상태는 오래 지속되지 않는다. 비밀결사들의 모반과 이들과 결합한 각 민족 정부들에 의해 유럽에 대한 범몽골주의의 지배는 붕괴한다. 대정복자의 손자는 유럽연합군에 의해 목이 잘린다. 유럽 대륙은 억압의 국면으로부터 젊어지고 강해진 채 유럽연합국 동맹이 되어 출현한다. 이후 기독교의 최종 승리로 끝나는 최후의 심판 과정이라는 묵시록적인 국면이 본격적으로 시작된다.

종말론적 황화론은 1895년 여름 독일 황제 빌헬름 2세가 스케치한 "유럽의 민족들이여, 당신들의 가장 신성한 재산을 지켜라!"라는 문구가 들어간 그림에서도 확인된다. 화가이자 카셀 미술아카데미의 교수였던 크나푸스(Hermann Knackfuß)는 황제의 스케치를 다듬어 이 그림을 완성했다. 이 그림은 그해 봄에 일어난 일본의 청일전쟁 승리와 시모노세키 조약 체결, 그리고

**〈황화(The Yellow Peril)〉**
이 그림은 빌헬름 2세가 그린 스케치를 크나푸스가 다듬어 완성한 것이다. 애초 빌헬름 2세의 그림에는 "유럽의 민족들이여, 당신들의 가장 신성한 재산을 지켜라!"라는 문구가 달려 있었으며, 크나푸스도 동일한 문구를 그림 설명으로 넣었다.

일본을 견제하기 위한 프랑스·독일·러시아의 삼국간섭 등의 사건을 직접적 배경으로 한다. 훗날 영국 언론은 이 그림에 '황화(The Yellow Peril)'라는 제목을 달았다.[32]

이 그림은 황인종의 침략을 다음과 같이 형상화한다. 독일인의 수호천사인 천사장 미카엘은 찬란히 빛나는 광활한 풍경을 가리키고 있다. 그 풍경의 뒷면에서는 도시 하나가 불타오르고 있고 뭉실뭉실 피어오르는 연기는 용의 모습으로 뭉쳐지고 있다. 짙은 연기 위로 그러한 파괴를 뚫어지게 바라보는 차가운 눈을 가진 부처의 모습이 보인다.

빌헬름 2세는 이 그림을 다음과 같이 설명한다. "천국에서 파견된 천사장 미카엘에 의해 유럽 각국의 천재들이 소집되어 있다. 이들은 십자가의 수호를 위해 서로 단결하여 불교, 이교, 야만의 침투에 맞서고 있는 유럽 열강들을 대변하고 있다. 그림의 강조점은 모든 유럽 열강의 일치된 저항이다. 이러한 일치된 저항은 외부의 적뿐만이 아니라 내부의 적들, 즉 무정부주의, 공화주의, 니힐리즘에 맞서기 위해서도 필수불가결하다."[33] 이처럼 빌헬름 2세는 황인종의 위험과 내부의 적을 막기 위한 유럽 열강의 단결을 주장함으로써 일종의 유럽연합 이념을 표현하고 있다.

이 그림 덕택에 빌헬름 2세는 오랫동안 독일에서 '황화'라는 단어를 처음 쓴 사람으로 오해를 받아왔다. 물론 미국인 치과의사 데이비스(Arthur N. Davis)의 비망록에 의하면 황제 스스로가 그러한 주장을 했다고 한다. 그러나 이는 확실치 않다.[34] 중요한 것은 황제가 이 단어의 발명자인가 아닌가가 아니라, 황제가 이 그림을 통해, 또 1900년 의화단 사건과 관련하여 행해진 "아틸라의 군대처럼 무자비한 복수"를 지시한 이른바 '훈족 발언' 등과 같은 향후의 발언들을 통해서 황화론이 확산되는 데 실제적으로 엄청난 기여를 했다는 점이다.[35] 빌헬름 2세의 '황화론 황제'로서의 위상은 1900년에 앞서 언급한 솔로비요프가 자신의 글 「용―지그프리트에게」를 이 독일 황제에게 헌정할 정도로 확고한 것이었다. 여기서 빌헬름 2세는 몽골 인종의 돌진으로부터 유럽을 지키는 수호자로서의 임무를 위임받은 자다. "칼을 찬 기사의 후예여! 당신은 십자가 깃발에 충실하라. 그리스도의 불길이 당신의 강철검 속에 번쩍인다. 또한 당신의 위협적인 발언은 신성하다."[36]

빌헬름 2세는 황화론을 자신의 제국주의 정책의 효과적인 도구로 이용했다. 황인종의 위험을 끊임없이 경고함으로써, 서양 제국주의 열강 사이에서 주도권을 행사하려 했다. 그는 러시아의 관심을 오로지 동아시아로 향하게

함으로써 유럽 문제에 개입하지 못하도록 했고, 영일동맹을 맺은 영국을 고립시키고자 했으며, 미국에게는 끊임없이 일본의 위험을 경고함으로써 동아시아에서 영국 및 일본과의 협력을 막으려 했다.[37] 물론 빌헬름 2세가 제국주의 정책에 '황화'를 이용한 유일한 인물은 아니다. 예를 들어 미국의 제국주의 대통령 시어도어 루스벨트는 의회에서 대규모 함대 건설안을 위해 의원들의 공감을 얻고자 황화 표어를 이용했다. 황화론을 연구한 독일 역사가 골비처에 의하면 오스트레일리아를 제외한 그 어떤 국가에서도 '황화'에 대한 공포가 미국에서와 같이 대외 및 국내 정치의 강력한 효소로서 작용한 곳이 없었다고 한다.[38]

그러나 루스벨트는 황인종의 위험을 당면한 문제로 간주하지는 않았다. 그는 비록 오스트레일리아에는 황화가 현재적 위험이지만, 미국에게는 먼 미래에나 가능한 위험이라고 생각했다. 예를 들어 빌헬름 2세가 보낸 편지(1905년 9월 4일자)에 대한 그의 반응을 보면 이러한 점이 잘 드러난다. 이 편지에서 빌헬름 2세는 "백인종과 황인종 간의 삶과 죽음을 놓고 벌어지는 본격적인 싸움"을 예견하면서 "백인종에 속하는 민족들이 이를 깨닫고 다가오는 위험에 공동으로 맞서는 일이 빠르면 빠를수록 더 좋다"고 경고했다.[39] 특히 빌헬름 2세는 일본의 미국에 대한 공격 가능성을 언급했다. 그러나 루스벨트는 이러한 경고를 진지하게 받아들이는 데 인색했다. 그는 독일 황제가 보낸 이러한 경고성 편지를 "몽상夢想의 소인이 찍힌 편지"라고 폄하했다.[40]

반면 빌헬름 2세는 황인종의 위험이 목전에 다가왔음을 진심으로 믿은 것 같다. 1905년 그는 예견하기를 일본인들이 대서양과 태평양 양편에서 파나마운하를 공격하려 할 것이라고 했으며, 나아가 일본인들은 중국 영토에 대해 더 많은 꼼수를 가지고 있고, 일본 뒤에는 주요 공모자인 영국이 있다고 했다. 나아가 1908년 미국 통신원 윌리엄 헤일과의 인터뷰에서는 "미국인들이 1년이나 2년 안에 일본과 전쟁을 하게 될 것"이라고 예견했다. 이와 관련하여 루스벨트는 자신의 측근들에게 독일 황제의 정신 상태와 의도가 심각하게 의심스럽다고 말했다고 한다. 그러나 빌헬름 2세는 지칠 줄 모르고 자신의 '황화'에 대한 경고가 존중되지 않고 있으며, 이제 "동양과 서양 간의 전쟁이 시작되려 하고 있다"는 발언을 반복하고 또 반복했다.[41]

앞서 언급한 블루는 고비노와 빌헬름 2세의 황화론이 매우 유사하다는 점을 강조하면서 '고비노 – 바이로이트 서클 – 빌헬름 2세의 최측근 오일렌부르크 백작(Philipp zu Eulenburg-Hertefeld) – 빌헬름 2세'로 연결되는 황화론의 궤적을 추적했다.[42] 물론 구체적인 궤적은 드러나지 않지만, 확실한 것은 범게르만주의와 '독일민족운동'의 중요한 축을 담당한 바이로이트 서클의 영향력이 독일 제2제국의 황제와 그의 측근 그룹에게 상당했음을 알 수 있다. 뒤에서 언급할 체임벌린의 인종주의 역사서술도 이런 메커니즘 속에서 자연스럽게 황제에게 영향력을 발휘할 수 있었다.

# 05

# 가까이 닥친 위험에서 먼 미래의 위험으로

　지금까지 살펴본 것처럼 황화 담론에서 표상된 종말의 시나리오는 러시아의 지원을 받는 중국인의 유럽 침입에서부터, 중국인이 지도하는 유색인종의 승리, 나아가 일본이 지도하는 범아시아연합의 백인종 세계의 침략에 이르기까지 다양했지만 '그날이 머지않았다'는 종말의 시점에 대한 '가까운' 기대를 공유하고 있었다. 그러나 황화론 모두가 이러한 종말론적 기조에 물든 것은 아니었다. 많은 수의 인종주의자, 범게르만주의자, 혹은 급진적 민족주의자들은 황인종의 위험을 당면한 위험이 아니라 '먼' 미래의 위험으로 간주하곤 했다.

　이를테면 고비노의 영향을 깊게 받은 프랑스 인종이론의 황제 바세르드 라푸즈(Georges Vacher de Lapouge)는 "전 세계적 차원에서 벌어지는 아시아 인종(Homo Asiaticus) 및 아프리카 인종(Homo Africanus)과의 인종투쟁"을 당면한 현재의 위험이 아니라 미래에나 가능한 위험으로 간주했다. 그는 1889/1890년에 몽펠리에(Montpellier) 대학에서 개최된 국가학 자유과정 강의에서 일본인들과 미국의 '니그로'들이 첨예한 위험을 불러일으키고 있다는 것을 '부차적'이긴 하지만 인정했다. 그러나 동아시아의 경제적 위험을 과장하는 것을 거부했다. 또한 동아시아로부터의 군사적 침략은 처음부터 믿지 않았다. 다만 그는 황인종 및 흑인종이 서양 민족들과 같은 정도의 교양 수준에 도달하는 순간에야 비로소 곤란한 일들이 생길 것이라고 생각했다.[43]

한편, 바세르 드 라푸즈는 중국의 몰락과 서양 열강에 의한 분할점령으로 특징지어진 당시 동아시아의 정세를 언급하면서 황인종과 백인종의 군사적 투쟁이 벌어진다면 위험할 수 있다는 우려를 표현했다. 그러나 황인종의 군사력을 두려워한 것이 아니라, 마치 로마제국의 권력집단이 게르만인들을 군사적으로 활용한 것처럼, 황인종이 백인 권력자들의 용병으로 투입되어 백인 민간인들을 폭력으로 진압하는 상황을 우려했다. "군사적 관점에서 볼 때 내가 두려워하는 것은 중국을 지배하는 유럽의 권력집단에 의해 강력한 황인종 군대가 백인종에 맞서 투입되는 것이다. 나는 서양의 정부들이 질서를 지키기 위해 유색인 군대의 도움을 받는 것, 다시 말해 서양의 정부들이 서양의 민중들을 억압하기 위해 프랑스나 독일의 수도에 주둔시킬지도 모르는 황인종이나 흑인종으로 구성된 수비대를 두려워한다. 내가 더욱 두려워하는 것은 커다란 싸움의 날이 오면 러시아의 차르가 수백만의 중국 군인들을 자신의 군대에 편입시켜 서양에 대한 학살을 자행하는 일이 일어날 수 있다는 사실이다."[44]

황인종의 위험은 독일의 범게르만주의적 민족주의 및 독일민족운동 세력 내에서도 과소평가되는 경향이 있었다. 그 대표적 인물이 알브레히트 비르트(Albrecht Wirth, 1866~1936)였다. 뮌헨 공대의 역사교수이자 독일민족운동 그룹을 대표하는 인종이론가로서 훗날 히틀러를 지지한 이 사람에 대해서는 뒤에서 다시 한 번 언급할 것이다. 여기서는 그의 황화론에 대한 입장만을

**알브레히트 비르트(1866~1936)**
그는 역사가이자 여행가로서 일본을 거쳐 조
선과 만주에 머물기도 했는데, 이때 청일전쟁
을 직접 경험했다.

확인하겠다.

비르트는 세계사에 있어서 아시아의 새롭게 부각되는 독자적인 의미를
높게 평가했다. 그의 『세계사 속의 동아시아』(1901)의 첫 문장은 다음과 같
다. "동아시아의 문화는 유럽 문화보다 젊다. 중국은 폐쇄된 나라도 격리된
나라도 아니다. 중국 문화는 영원히 정체되어 있지도 고루하지도 않다. 중국
은 몰락하는 나라가 아니라 가장 위대하게 성장하고 있다. 중국은 분할될 수
없다."[45] 그러나 그는 황인종의 위험을 결코 과대평가하지 않았다. 1901년
『범게르만 잡지(Alldeutsche Blätter)』에 실린 「일본의 위험성」이란 논문에서 그
는 독일인들이 "우리 조국, 나아가 유럽 전체가 위험에 처해 있다"는 주장에
너무나 쉽게 부화뇌동한다고 비판한다. 한때는 유대인의 세계지배 위험이,
다음에는 앵글로–색슨의 세계지배 위험이 주장되다가 이제는 "쿨리들과 불
교도들에 의해 유럽이 침수될 것"이라는 "황화" 주장이 판을 치고 있다는 것
이다. 그는 아리아 인종과 일본인 사이의 원칙적인 생물학적 적대관계란 없

으며, 당시 동아동문회東亜同文会(Ostasiatische Kulturbund) 회장 고노에 아쓰마로近衛篤麿 공작의 동아시아 민족들의 문화적 단결이라는 범아시아주의적인 노력들이 비록 서양에게는 위험이 될 수 있으나, 이는 단지 서양이 그것을 수수방관하는 경우에만 가능하다고 주장했다.

비르트는 1904년 출간한 『역사 속의 민족과 세계열강』에서 황화문제를 이전보다는 더 심각한 것으로 간주했다. 그러나 그에게 황화란 단지 잠재적인 위험에 불과했다. 그는 다음과 같이 예견한다. "1680년에서부터 1780년까지 진행되었던 유럽의 팽창이 또다시 침체될 것이고, 동양은 다시 성장할 것이 틀림없다." 그러나 동양이 "지도적 역할"을 할 만큼 성장하지는 못할 것이라고 예견한다. "그것은 아마도 미국 때문에 불가능할 것이다. 다만 (동양은) 동서 간의 투쟁을 가장 폭력적 국면으로 몰아붙일 수 있을 정도의 세력으로까지는 틀림없이 성장할 것이다." 이에 덧붙여 그는 중국이 성장한다면 주로 "단지 러시아만을 위험에 빠트릴 수 있을 것"이라는 예측도 빼놓지 않았다.[46]

러일전쟁이 발발하자 집필한 『황색 및 슬라브의 위험』(1905)에서도 황화를 과소평가하는 비르트의 주장은 계속되었다. 이른바 '황색 세계' 내부의 엄청난 차이에 대해 언급했으며, 또한 범몽골주의와 범불교주의는 서로 일치하지 않는다는 사실도 지적했다. 또한, 그는 남아프리카의 사례를 들어 중국 노동자들의 위험성을 상대화시켰다. "황색 위험이 흑인들과 싸운다. 그런데 두 분쟁 당사자들에게서는 제3자가 어부지리를 얻는 법이다. 제3자가 바로 백인이다."[47]

황인종의 위험에 대한 과소평가는 확고한 인종주의적 신념을 지닌 채 독일 동아시아 기병연대의 소위로 복무한 빌라모비츠-묄렌도르프(Wichard Graf von Wilamowitz-Moellendorff) 백작에게서도 발견된다. 그는 정치적 다원주의와 인종주의에 충성을 맹세했고, 반유대주의자임을 공공연하게 드러냈으며, 체임벌린, 헤켈(Ernst Haeckel) 등에게서 자신의 정치관과 역사관을 충전받았다. 그는 프랑스 혁명을 근대의 최악의 불운이라고 생각했으며, 사회민주주의와 평화주의 운동을 백인종의 몰락의 징조로 간주했다. 그러나 그는 『황화가 존재하는가?』(1905)에서 정치적인 '황색 위험'이란 단지 환상일 뿐이며 이러한 위험이 독일에게는 가장 적다고 단언했다. 그는 명쾌하게 결론을 내린다. "황인종이야말로 슬라브 인종에 맞서는 게르만 인종의 자연적인 동맹세력이다."[48]

독일의 바세르 드 라푸즈라고 할 수 있는 사회인류학자이며 우생학자인 암몬(Otto Ammon)은 한걸음 더 나아가 인종투쟁에서 백인종이 승리하여 황인종을 지배할 것이라는 낙관적인 예견을 했다. 그는 1900년 『알게마이네 차이퉁』의 부록에 실린 「미래의 동아시아에 대한 백인의 지배」라는 글에서 다음과 같이 주장한다. 백인은 언제나 더욱 강하게 확산될 것이고, 곧 지구는 백인 인구에 의해 넘쳐날 것이다. 열등한 인종들(흑인 및 인디언)은 투쟁에 질 것이다. 중국인들도 이와 유사한 과정을 거칠 것이다. 중국인들은 자신들의 환경 적응력 덕분에 완전히 밑바닥으로 추락하지는 않더라도 백인종의 지배를 받을 것이다. 유럽의 창고는 곧 고갈될 것이고, 세계경제의 초점은 엄청난 석탄 매장량을 가진 중국으로 이동할 것이다. 이후 새로운 사회질서가 출현하여, 중국인들은 제2급의 노동자가 될 것이다. 중국인들은 그 어떤 고상한 노력도 하지 않을 것이며, 모든 노동을 기꺼이 받아들일 것이다. 물론 그들에게는 어떤 투표권도 보장되어서는 안 된다.[49]

# 06

## 유대 인종과 황인종

 

 

 

지금까지 살펴본 바와 같이 일부 인종주의자 및 이들과 연계된 급진민족주의자들은 황인종의 위험을 과소평가하거나 아예 무시하고 있었다. 독일 역사가 골비처는 이런 맥락에서 바세르 드 라푸즈의 예를 일반화시켜 프랑스의 정치적·과학적 인종주의는 백인종과 황인종 사이의 투쟁을 자신의 중심적인 주제로 부각시키지 않았다고 평가한다.[50] 그의 이러한 명제가 얼마나 정확한지는 별도의 연구를 통해 검증되어야 할 것이다. 그럼에도 최소한 인종주의자들과 급진민족주의자들 사이에서는 일반적으로 무엇보다 유대인이 제1급의 적대 인종으로 표상되었던 반면, 황인종은 기껏해야 제2급의 적대 인종으로 간주되었던 것 같다. 물론 고비노와 같은 예외도 있지만 말이다. 앞서 언급한 비르트는 황화를 당면한 위험이 아니라고 간주하면서도 무엇보다 슬라브 인종 및 유대 인종의 위험을 강조하고 있다. 그는 『역사 속의 민족과 세계열강』 2판 서문에서 다음과 같이 말한다. "단지 유대인만이 아직 문제이다. 완성된 우리 민족은 앞으로도 계속될 낯선 인종들의 쇄도를 저지하거나 아예 차단하는 권리와 의무를 가진다. 현재의 민족국가를 위해서는 슬라브족 혹은 유대인의 피가 증가하는 일은 위험하다."[51]

그럼에도 불구하고 독일어권의 반유대주의 선전에서 황인종과 유대 인종은 언제나 서로 결합할 수 있고 교환 가능한 개념적 등가물로 사용되었다. 반유대주의 언론들은 유대인을 유럽의 중국인이라고 명명했으며, 1882년 미국의 중국인 이민금지 법안에 의해 영감을 받아 중부 유럽에서 이와 유사한 반反이스라엘인 조치들을 요구했다. 이러한 맥락에서 반유대주의적인 『신독일 인민일보(Neue Deutsche Volkszeitung)』는 1882년 7월 20일자에 다음과 같은 견해를 밝혔다. "미국에서의 중국인 이민금지와 그동안 요구되어온 유대인 이민금지 사이에는 환영할 만한 유사점을 찾을 수 있다. 만약 (국민) 전체적 이해관계가 이를 요구한다면, 권리와 자유가 제한받을 수 있다는 것을 가장 자유로운 이 나라가 증명했다." 1886년 말 오스트리아의 보이를레(Karl Beurle)는 『순수한 독일의 말들』에서 이와 매우 유사한 주장을 했다. "우리에게는 중국인들의 정확한 짝이 유대인들인 것처럼 보인다. 잘 알려진 다음과 같은 묘사들, 즉 도시 전체가 지속적으로 중국인에 의해 점령되고 있다는 것, 중국인에 의해 기독교인들의 노동이 싼값에 팔리고 있다는 것, 중국인들에 의해 모든 상업 분야가 독점되고 있다는 것, 중국인의 머릿속을 꽉 채울 수 있는 유일한 이상이란 이윤뿐이라는 것, 중국인들은 장사에 있어서 기꺼이 기만과 사기 행위를 할 수 있다는 것―이러한 모든 것에 있어서 '중국인' 대신 '유대인'이라는 단어를 집어넣는다면, 이는 사람들이 일반적으로 유대인 집단에 반대하여 거론하는 각각의 모든 이유를 정확히 재현하는 것이다." 그는 미국의 반反중국인 법안에 대해 이 법안이 향후 유대인에게 적용될 수 있는 조치의 이정표가 된다고 환영했다.[52] 한편, 인종주의 역사철학서 『19세기의 기초』의 저자 체임벌린은―뒤에서도 살펴보겠지만―경제·산업·정치 영역의 성취를 '문명'으로, 예술과 도덕·종교·세계관적인 성취를 '문화'라고 정의하면서, 유대인과 중국인에게서는 "모든 문화가 부재하고, 문명만이 일방적으로 강조된다"는 점에서 이 두 인종은 눈에 띄게 닮았다고 주장했다. 바로 이러한 점 때문에 그는 이 둘 모두를 게르만 인종이 건축한 근대 유럽의 문명과 문화를 위협하는 적대 인종으로 규정했다.[53]

세기말의 인종주의는 공동체를 위협하는 적대 인종들을 만들어내고, 이들을 악마화시키면서 타자에 대한 차별의 이데올로기에서 증오의 이데올로기로 변모해갔다. 이제는 타자에 대한 우월감이 아니라 타자에 대한 공포와 증오가 전면에 부각되었다. 공동체의 타락/쇠퇴/몰락에 대한 염세주의적 우려 또한 악마적 적대 인종에 대한 공포와 증오의 감정을 북돋우는 데 중요한 기여를 했다. 지금까지 언급한 유대 인종의 '황금색 위험'이나 황인종의 '황색 위험' 이외에도 이른바 남아프리카의 헤레로(Herero) 부족과의 전쟁으로 촉발된 '흑색 위험'(흑인종의 위험), '적색 위험'(사회주의의 위험), '색깔 없는 위험'(인종 간 혼혈의 위험), '아메리카의 위험', '러시아의 위험' 등 온갖 위험을 강조하는 표어들이 난무했다.[54] 이처럼 끊임없이 가상의 적을 찾아 헤매던 폭력적 인종주의는 국가와 민족들 간의 무한투쟁이라는 제국주의의 문법 앞에서 민족주의와 결합되었을 때 그 파괴력이 극대화되었다. 그러나 앞서 살펴본 것처럼 민족 및 국가 공동체를 타자의 위험으로부터 방어하기 위한 수단은, 벨기에가 자행한 콩고 대학살, 독일의 헤레로족 대학살 등 아프리카에서 벌어진 살육의 에피소드들을 제외한다면, 아직은 대부분의 경우 이민제한 혹은 이민금지, 추방, 나아가 (특히 유대인의 위험을 막기 위한) 정치·사회적인 배제 장치들의 요구 등에 머물러 있었다. 그러나 상상력의 지평이 더욱 넓어져 나치 독일의 유대인 대학살로 대표되는 적대 인종에 대한 제노사이드라는 극단적 조치로 발전하기까지는 그리 오랜 시간이 걸리지 않았다.

세기말의 폭력적 인종주의는 자신에게 필요한 논리와 대의명분, 나아가 도덕적 정당성을 줄 수 있는 새로운 역사관을 찾았다. 뒤에서 살펴볼 여러 역사관 및 역사철학은 여기에 대한 응답이었다. 이것들은 민족주의, 제국주의 및 범민족주의, 사회다원주의 및 우생학의 —각기 비중을 달리하는— 다양한 조합으로 이루어졌으며, 때로는 인종 신비주의와 결합하기도 했다.

제5부

# 내적 인종 증오주의의 탄생
## : 민족주의에서 국가인종주의로

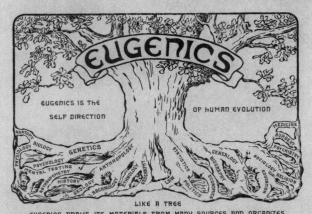

**우생학 나무**

"우생학은 인류 진화가 나아가야 할 본래의 방향을 의미한다. 마치 나무처럼 우생학은 자신의 재료를 수많은 다양한 원천으로부터 끌어와서 조화로운 전체로 조직한다. 그 원천은 해부학, 생리학, 생물학, 유전학, 정신 검진, 역사학, 인류학, 지질학, 고고학, (…) 종교, 사회학, 정신과학, 의학 등이다."

**우생학 결혼증명**

"이 카드의 발신인을 검토한 결과 이 사람이 육체적으로나 정신적으로 균형 잡혀 있으며, 인종의 행복과 장래의 인종적 안녕을 증진시키기에 적절한 우생학적 사랑의 탁월한 가능성을 발견했음을 증명합니다."

# '내부의 적'과의 전쟁 선포

'적대 인종'의 위협 앞에서 인종주의의 성격이 변화했다. 인종주의는 이제 단순히 인종 우월주의와 인종 차별주의에 머물지 않고 공격적인 인종 증오주의로 진화했다. 이러한 인종 증오주의는 외부의 적에 대한 국민/민족의 단결과 내적 통일을 강조했음에도, 혹은 바로 그 이유 때문에 곧 내적인 인종 증오주의로 발전했다. 이러한 과정은 '국민/민족을 엘리트 인종으로 만들기'라는 인종 재생 프로젝트를 통해 이루어졌다.

'우리' 국민/민족이 도덕적으로 타락하고 있고 인종적으로 퇴화하고 있다는, 이미 고비노가 드리운 바 있는 염세적 인종주의의 그림자는 19/20세기 전환기에도 쉽게 가시지 않았다. 그것은 오히려 앞서 살펴본 것처럼 '적대 인종'의 위협 앞에서 '최후의 그날이 머지않았다'는 종말론적 공포로 상승하기도 했다. 이러한 위기의식의 확산 속에서 국민/민족의 '인종적 재생'이라는 과제가 이 시기 인종주의 담론의 전면으로 부상했다.

이제 내부의 적과의 전쟁이 선포되었다. 인종 재생 프로젝트는 인종주의가 과학 담론의 틀에서 벗어나 제국주의적 민족주의 정치 담론의 영역으로 확대되는 데 결정적 역할을 했다. 이 시기 수많은 다양한 과학적 인종이론들은 사회다윈주의와 우생학 혹은 인종위생학이라는 공리를 공유하면서 제국주의적 민족주의의 정치와 직접적으로 결합했다. 인종적 재생의 정치는 한편으로 국가적 효율성과 시민적 도덕규범의 이름으로 시민계급 여성에 대한 출산 강요 등 국민/민족 공동체 내부의 구성원들을 규제하고 억압했다. 동시에 다른 한편으로 국민/민족 공동체의 인종적·생물학적 건강성을 해치는 모든 사람을 내부의 '적'으로 증오하면서 이들을 배제하고, 나아가 말살하려 했다. 일탈한 청소년, 부랑자, 창녀, 알코올 중독자, 정신적·육체적 장애인 등 이른바 '사회적 부적격자'로 몰린 사람들과 유대인, 집시, 동성애자 등 종족적·문화적 소수자들이 이러한 인종적·생물학적인 적으로 규정되곤 했다. 이처럼 세기 전환기의 인종 재생 프로젝트는 나치 독일의 우생학 정치를 담론적 차원에서 선취하고 있었다.[1] 한마디로 이 프로젝트는 국가의 효율성을 떨어뜨리는 사회문제를 해결한다는 미명하에 부유하고 학식 있는 자가 사회를 지배하는 인종적 위계사회로 재편하고, 사회주의와 노동계급에 대한 탄압을 정당화하는 수단이었다.

이러한 가운데 민족주의의 성격과 기능도 바뀌었다. 해방과 통합, 그리고 정치적·문화적 주체 형성의 민족주의에서 억압과 배제, 그리고 국가로부터 국민/민족이 소외되는 국가인종주의로의 변화가 그것이다. 19세기 전반의 민족주의는 그 안에 아무리 자민족 우월주의와 타민족 혐오주의가 섞여 있었다고 해도 기본적으로 자유주의적인 규범을 지니고 있었다. 정치·사회적 억압으로부터의 해방, 국민국가를 통해 자유롭고 평등한 주권자로서의 시민의 연대를 구성하려는 이상, 인류애 속에서 각 민족의 개성과 권리를 존중하려는 태도가 그것이다.[2] 그러나 인종주의와 결합된 민족주의는 국민을 관리

대상으로 만들어 규제하거나 '민족과 인종에 대해 낯선 자들'로 타자화하여 배제하는 억압의 이데올로기로 변모했다.[3] 그러면 민족주의에서 국가인종주의로 변화는 어떻게 일어났는가?

# 01

## 19세기 전반기의 민족주의 담론
### :국민/민족을 문화적 엘리트로 만들기

민족주의와 관련하여 한국인에게 너무나 익숙한 구별법이 있다. 이른바 정치적 민족 대 종족적(ethnic)·문화적 민족 혹은 정치적 민족주의 대 종족적·문화적 민족주의로, 전자는 영국·프랑스의 민족주의에 의해 대변되고 후자는 독일 민족주의에 의해 대표된다는 이분법적 구별이 그것이다. 이는 그 기원을 거슬러 올라가자면 스위스 출신의 법학자로서 독일에서 활동한 블룬칠리(Johann Caspar Bluntschli) 때문이다. 그는 문화적 개념인 Nation과 정치적 개념인 Volk를 구별하면서—그러나 이와는 반대로 그의 동시대 독일인들은 Volk를 문화적 개념으로, Nation을 정치적 개념으로 이해했는데—전자를 '문화공동체', 후자를 '국가공동체'로 규정했다. 이후 19세기 말 그의 책이 동아시아에 소개되면서 전자는 족민族民 혹은 민족民族으로, 후자는 국민國民으로 번역되었다.[4] 서양의 nation이 단어적으로 국민과 민족으로 구별된 이후 우리는 너무나 쉽게 이러한 이분법적 구별을 받아들였다. 그러나 영국이나 프랑스의 민족주의에도 종족·언어 등을 강조하는 문화적 성격이 내포되어 있으며, 반대로 독일 민족주의에도 1871년 국민국가 건설 이후로는

'Staatsnation(국가민족)'이라는 표현에서도 알 수 있듯이 국민을 강조하는 정치적 성격이 들어가 있었다. 프랑스의 르낭은 흔히 "민족이란 매일매일의 국민투표"라는 경구로 알려진 인물이다. 그는 이 말을 통해 민족이라는 정치적 공동체에 귀속하려는 사람들의 자발적이고 주관적인 의지를 강조했다. 그러나 동시에 인종, 유사한 언어, 역사, 그리고 이해관계의 공유에 의해 문화적으로 형성된 자연적인 집단이 민족 구성에 중요한 변수라는 것도 받아들이고 있었다.[5] 정리하자면, 이러한 이분법적인 구별은 이론적 분석의 도구로는 활용될 수 있으나 역사적으로는 오류다. 영국·프랑스·독일의 민족주의는 모두 동질적인 정치적 국민공동체와 문화적 민족공동체를 상상하는 정치적 민족주의요, 동시에 종족적·문화적 민족주의였다.

프랑스 혁명 이후 민족주의 담론을 통해 사람들 사이에 자민족을—부정적으로 인식된—타민족보다 우월한 문화적 공동체로 상상하는 것이 일반화되어갔다. 민족주의 담론은 위대한 조상을 설정하고 이러한 조상으로부터 물려받은 천부적인 개성과 지적·도덕적 자질을 강조했다. 이를 통해 자민족을 정신적·도덕적으로 '자연적 귀족'이라거나, '뛰어난 자질, 재능' 혹은 '천재성'을 지닌 문화적 엘리트로 규정했다. 여기서 종족적 기원의 신화, 순결한 언어, 위대한 역사적 전통과 문화적 유산 등이 서로 뒤섞인 채 민족의 우월성을 증명하는 상징으로 기능했다.

18세기 말 이후로 영국인 사이에서는 자신들의 앵글로–색슨적 기원에 관한 관심이 널리 퍼져가고 있었다. 예를 들어 역사소설 『아이반호(Ivanhoe)』 (1819)로 유명한 영국의 작가 스콧 경(Sir Walter Scott)은 노르만족과 대적하는 "색슨족의 자유와 정직성"을 강조했다. 19세기 중엽이 되면 영국인들은 민족/국민을 앵글로–색슨의 종족적·문화적 계승자로 자리매김했다. 이때 앵글로-색슨은 유럽의 가장 강하고 가장 창조적인 민족들의 시조가 되는 튜턴족(게르만족)의 한 지파로 간주되었다. 이처럼 영국의 민족주의는 게르만주의와 결합되어 있었다. 그러나 영국식 게르만주의는 튜턴족 가운데서도 오로지 앵글로-색슨 지파만이 '정직성, 충직함, 자유에의 사랑'이라는 유산을 계승하고 있다고 주장하는 방식으로 영국인의 민족적 자부심을 북돋웠다.[6] 물론 여기에는 약간의 내용적 변형도 있었다. 예를 들어 1849년 자유주의 역사가이자 정치가였던 매콜리(Thoms B. Macaulay)는 "이 세계에서 그 누구에게도 뒤지지 않는" 영국인들은 "대튜턴(게르만) 가족의 3대 지파", 즉 앵글로-색슨족, 데인족(Danes), 노르만족으로 이뤄졌음을 강조했다.[7] 그러나 영국 민족의 우수함을 게르만주의의 틀 안에서 주장하고 있다는 점은 분명하다.

앵글로-색슨 민족만이 게르만족의 진정한 유산을 계승하고 있다는 영국식 민족주의는 영국이 대영제국으로 발돋움한 19세기 중반 이후로도 계속되었다. 1879년 미국을 방문한 옥스퍼드 대학의 역사교수였던 프리맨(Edward. A. Freeman)은 미국의 청중들 앞에서 앵글로-색슨 민족들은 "피, 언어, 기억"으로 묶여 있으며, 중단 없이 입헌주의적 전통을 유지하고 있으므로, 앵글로-색슨 민족만이 게르만족의 "가장 진정한 대표자"라고 주장했다. 흥미롭게도 이 발언 당시 프리맨은 독일인들이 민족 영웅으로 신화화한 헤르만(라틴어로는 Arminius)을 영국 민족의 조상이라고 주장했다.[8]

이러한 영국의 민족주의 담론은 정치적 민족주의의 문법과도 자연스럽게 연결되었다. 영국에서는 자유·평등·박애의 정신을 외국의 발명품이라고 홀대하면서, '영국인의 권리'를 보편적인 '인간의 권리'보다 더 나은 것으로 간주하는 경향이 강했다. 영국의 정치가 버크(Edmund Burke)는 이미 프랑스 혁명 당시 이 혁명의 '추상적 원리'를 비난하면서 영국 국민의 자유를 "조상으로부터 상속받았고, 후손에게 물려주어야 할 양도유산"이라고 강조했다.[9] 이는 특권계급의 상속된 권리로서의 자유라는 봉건적 개념을 영국 국민 전체에게 확대시키려는 시도였다. 이처럼 버크는 영국 국민 전체를 일종의 귀족계급으로 설정했다. 따라서 시민권은 추상적 인간의 권리가 아니라 오직 국민 전체가 귀족인 영국인만의 권리로 간주되었다. 같은 맥락에서 훗날 수상이 된 디즈레일리 또한 '인간의 권리'가 아닌 '영국인의 권리'를 강조했다.[10] 이상과 같은 '양도된 유산으로서의 자유와 권리', '전체 국민의 귀족화'라는 관념은 가장 우수한 종족인 태고의 게르만족에서 기원한 앵글로-색슨 민족의 고귀한 덕성인 '자유, 정직' 등을 정치적으로 표현한 것이었다.

독일의 종족적·문화적 민족주의 또한 독일 민족의 기원을 게르만 신화를 통해 미화하고, 이에 기반하여 민족의 우월함을 태고의 게르만족으로부터 물려받은 고귀한 문화적 유산에서 찾았다. 그런데 이러한 독일의 민족주의는 훗날 나치의 인종주의 때문에 마치 인종주의의 원형적 모델로 인식되는 경향이 있다. 그러나 독일의 민족주의는 종족적 기원과 우월함을 강조하기는 했어도 적어도 그것이 탄생했을 때에는 인종주의와는 거리가 먼 것이었다.

계몽사상가이자 독일 낭만주의 운동의 씨를 뿌린 헤르더는 종족적·문화적 민족주의의 시조가 된 인물이다. 그러나 그는 인류를 인종으로 분류하는 것을 명백히 거부했다. 그는 "원숭이는 당신의 형제가 아니지만 니그로는 당신의 형제이다. 당신은 그를 억압하거나 약탈해서는 안 된다"고 단언했다. 같은 논리에서 그는 슬라브족과 게르만족도 한 형제임을 주장했으며, 유대인이 전 유럽에서 어서 속히 동화되기를 염원했고, 사람들 간 혼혈이 가장 많이 이뤄진 곳이 유럽이라고 말했다. 헤르더는 사람들을 연결하는 생물학적 끈이란 없고, 단지 문화적이고 언어적인 유대만 있을 뿐이라고 생각했다. 나아가 그는 공통의 문화를 지닌 여러 민족을 나무의 여러 가지에 비유하면서, 각 민족이 인류의 전체성과 단결을 향해 나아가야 한다고 촉구했다.[11]

헤르더는 인류와 그 인류를 이루고 있는 각 민족을 유기체라고 생각했다. 그는 지구상의 모든 민족은 역사적인 요소, 지리적인 요소, 타고난 민족적 성격 등과 같은 여러 내적인 힘들에 의해 결정된 '개성', '천재성'을 갖는다고 했다. 여기서 그는 특히 '에스닉'한 차원을 중시했다. 모든 민족은 자신의 고유한 개성, 즉 '민족정신'을 갖고 있으며, 이로써 각 민족은 단순히 인간들이 모인 집단이 아니라, 독특한 역사적 개인이라는 것이었다. 여기서 헤르더는 무엇보다 언어를 강조했다. 언어야말로 '민족정신'을 가장 명료하게 드러내 보이는 것이기 때문이었다. 한편, 헤르더는 민족신화의 필요성도 인정했는데, 이때 민족신화란 민족 고유의 사고방식과 언어 속에서 생겨난 신화여야 했다.[12]

헤르더의 독일 민족과 관련한 태도를 살펴보자면, 그는 고대 게르만의 신화를 야만스럽다고 거부하면서도 교황과 가톨릭교회, 프랑스식의 중앙집권적 절대주의 등 로마제국의 유산과 대립하는 민족신화를 정초하기를 원했다. 그는 독일 민족의 고유한—정확히 말해 우월한—개성을 로마인과 대비시켜 강조했다. 독일인들의 "크고, 강하고, 아름다운 신체, 또한 남에게 두려움을 주는 푸른 눈은 신의가 있고 검소한 정신에 의해 생기가 불어넣어진 것이다." 이러한 독일 민족이야말로 지구상의 다른 민족들보다 더 큰 영향력을 행사할 수 있는 능력을 갖는다는 것이었다.[13]

여기서 헤르더 역시 자민족의 정신적·신체적 우월함을 은근히 과시하고 있는 것처럼 보인다. 그러나 그의 민족관은 다원성과 공존의 모델에 기초하고 있었다. 그에 의하면 일반적으로 각 민족들 모두에게는 강한 것과 약한 것이 균형을 이루고 있다. 따라서 모든 민족은 자신의 존재 가치를 지닌 채 인류사에 개별적인 기여를 하고 있다는 것이다.[14]

그러나 나폴레옹이 독일을 침략하자 독일의 민족주의 담론은 공격성을 띠게 되었다. 그 대표적인 사례를 낭만주의 철학자 피히테에게서 발견할 수 있다. 잘 알려져 있다시피 피히테는 독일민족운동에 자극을 가한 인물이다. 그는 『독일 민족에게 고함』에서 무엇이 독일인의 존재를 규정하는가를 묻고, 이에 대한 답으로 태초부터 지속된 '원래적' 특징을 강조했다. 여기서 그는 게르만주의와 게르만 신화를 전면에 내세웠다. 그는 게르만족의 우월함을 역사 속에서 찾았다. 그는 게르만족을 세계사의 발전에 결정적 기여를 한 종족, 즉 "근대 세계를 정초한 뿌리민족(Stammvolk)"이라고 규정했다. 이 '뿌리민족'이 몰락한 고전고대와 대조되는 새로운 시대를 발전시키고, 중세에서 근대로 이어지는 유럽 문화를 건설했다는 것이다. 이어서 그는 독일인이야말로 '뿌리민족'인 게르만족의 큰 가지로서 특별한 '품위'를 가지고 있음을 강조했다. 그 근거로 피히테는 독일 민족이 "뿌리민족의 원래적 거주지에 살고 있는" 유일한 민족이며, 따라서 "뿌리민족의 원래적 언어를 유지하고 발전시킨" 민족이기 때문이라는 것을 내세웠다.[15]

이처럼 피히테는 독일인의 민족적 개성을 무엇보다 게르만족의 역사적 업적과 게르만적 기원을 순수하게 간직한 언어에서 찾았다. 반면 프랑스로 대변되는 "새로운 라틴적", 즉 로망 민족들은 외래적 요소들과의 혼합 속에서 언어의 순결성을 잃어버렸기 때문에 원래의 게르만적 뿌리에서 멀어진 낯선 민족이 되어버렸다는 것이다. 그러나 여기서 피히테는 '인종' 및 인종 간 '혼혈'에는 큰 의미를 부여하지 않았다. 그는 역사진행 속에서 민족의 이동과 타민족과의 혼혈은 당연한 것이며, 독일 민족도 상당수가 슬라브족과 혼혈이 되어 '종족(Abstammung)'적인 순결성을 잃어버렸지만, 언어적 순결성을 유지하고 있기 때문에 게르만 '뿌리민족'의 당당한 후예라는 것이었다. 이러한 맥락에서 그는 독일어를 잊어버리지 않았다면 그 누구나 민족공동체의 구성원이 될 수 있음을 강조했다.[16]

피히테는 모든 민족을 동등하게 존중한 헤르더와 달리 게르만적 기원을 순수하게 간직한 독일 민족을 인류의 진보를 위한 구세주로 격상시켰다. 독일인은 자유의 대변자요, "무한한 개선", 인류의 "영원한 진보"의 대변자라는 것이었다. 이처럼 피히테는 독일 민족의 세계사적 사명을 강조하면서 민족적 우월감을 고취시켰다.[17] 이러한 종족적·문화적 민족주의는 '자유'와 '통일'을 슬로건으로 내세운 후배 세대의 정치적 민족주의와 자연스럽게 결합될 수 있었다. 프랑크푸르트 국민의회에 모인 수많은 자유주의자들은 미래의 독일 국민국가의 정치적 이상으로서 게르만적-독일적 민족에 합당한 "게르만적 자유"를 외치는 한편, 보수주의자들과 마찬가지로 서구의 중세에서 근대에 이르는 문화가 "이교적-로마적 전통"과 대립되는 "기독교적-게르만적" 역사 전통의 산물임을 강조하고 있었다.[18]

독일의 민족주의는 국민국가가 없었던 상태에서 무엇보다 타민족보다 우월한 문화적 공동체로서의 독일 민족이라는 관념을 전면에 내세웠다. 유대계 낭만파 시인이자 혁명가였던 하이네는 이러한 민족주의를 다음과 같이 비꼰다. "우리 독일인은 가장 강하고 가장 영리한 민족이다. 우리 군주들의 가계들은 유럽의 모든 왕좌에 앉았고, 우리들의 로스차일드(독일-유대계 국제 금융자본가 가문—인용자)들은 세계의 모든 주식을 지배하고 있다. 우리 학자들은 모든 학문을 다스리고 있으며, 우리들은 화약과 인쇄술을 발명했(다.)"[19]

국민/민족을 문화적 엘리트로 만들려는 이러한 종족적·문화적 민족주의의 기획은 어렵지 않게 인종주의와 결합할 수 있었다. 민족의 기원신화는 인종신화로, 조상으로부터 상속된 정신적 유산은 유전형질로, 언어의 순수성은 피의 순수성으로 쉽게 바뀔 수 있었다. 종족공동체로서의 '민족'을 '인종'으로 이해하려는 경향은 무엇보다 '게르만', '슬라브', '로망(라틴)'이라는 언어학적 용어들이 민족과 인종을 지칭하는 말로 사용되기 시작했다는 사실에서 잘 드러난다. '게르만주의', '로망주의', '(범)슬라브주의' 운동과 결부되어 '게르만 인종'(혹은 '튜턴 인종'/'앵글로-색슨 인종'), '라틴 인종', '슬라브 인종'이란 표현이 민족을 지칭하는 용어로 등장했다. 이러한 표현은 19세기 초에는 조심스럽게 사용되었으나 19세기 말에 이르기까지 정치화된 인종 이해가 점점 확산됨에 따라 서서히 그 사용 빈도가 상승했다.[20]

종족적·문화적 민족주의가 인종주의와 결합되었음을 보여주는 최초의 사례는 독일의 민족 시인 아른트(Ernst Moritz Arndt)와 체조의 아버지 얀(Friedrich Ludwig Jahn)에게서 발견된다. 아른트는 이미 1814년/15년에 행해진 발언들 속에서 독일 민족의 고유한 개성은 게르만족으로부터 물려받은 '순수한 피' 속에 녹아 있다는 것을 강조했다. 그는 게르만족을 "태고의 순수한 혼혈되지 않은 뿌리민족"으로 간주하면서, "이방민족들과 잡혼을 하지 않아 혼혈민족이 되지 않았고, 따라서 이러한 종적·자연적 순수성으로 인해 시간의 부단한 법칙들에 맞춰 서서히 그리고 조용하게 발전할 수 있었다. 이처럼 운이 좋은 독일인이야말로 근원적(게르만) 민족이다"라고 독일 민족의 우수한 인종으로서의 순수성을 선언했다. 이와 같이 아른트는 피히테의 '언어적이고 정신적인 근원적(게르만) 민족' 개념을 생물학적 개념으로 바꾸었다.[21]

나아가 아른트는 특히 영국에서 유행한 당시의 짐승 인공동종교배 시도에 주목하면서, 고귀한 자들끼리의 짝짓기가 고귀하고 우수한 후손들을 만드는 반면, 혼혈인은 부조화스럽고 불확실하며, 방탕한 존재라고 주장했다. 또한 비록 동종교배라고 해도 고귀한 자와 천한 자 간의 잡종적 성격의 동종교배는 언제나 후자의 지속적인 승리를 낳는다고 했다. 이처럼 아른트는 이미 훗날의 우생학을 선취하고 있었다. 이러한 생각은 얀에게서도 발견된다. 이미 1810년 얀은 민족들 간의 동종교배에 대해 심사숙고하면서 "한 민족이 순수하면 할수록 더 좋아지고, 혼혈되면 될수록 범죄 집단적 성격이 강해진다"고 결론을 내렸다.[22]

영국에서도 영국 민족의 천부적 개성과 정신적·도덕적 우월함을 강조하던 사람들이 동시에 인종을 말하고 있었다. 디즈레일리는 자신의 소설 『탕크래드』에서 "모든 것은 인종이다. 이것만이 진리다"라고 선언했으며, 『코닝스비』에서는 고결한 유대인 '시도니아(Sidonia)'라는 인종적 스테레오타입을 만들어내기도 했다. 디즈레일리의 이러한 소설들은 고비노의 『인종불평등론』에 직접적인 영향을 주었다.[23] 제2부에서 언급한 녹스 또한 『인종들』에서 모든 문명/문화의 시원에 인종이 있음을 강조했다. 녹스는 '슬라브 인종'과 함께 '색슨 인종'을 우월한 인종의 반열에 올려놓았다.[24] 녹스는 인류다기원설 지지자였다. 그와 그의 추종자들은 혼혈인을 참된 인간이 아닌, 어떤 인종에도 속하지 않고 "모든 세포가 내란의 무대"인 일종의 괴물로 폄하했다.[25]

또한 영국 민족주의를 탄생시키고 발전시킨 중산층은 이미 19세기 초부터 골상학(phrenology)에 열광했다. 뇌의 여러 부위가 담당하는 기능이 각각 따로 있으며 특정 기능이 우수할수록 그 부위가 커지는데, 그것이 두개골의 모양에 반영되므로 두개골의 형태와 크기를 측정하여 그 사람의 성격과 재능을 알 수 있다고 주장하던 이 사이비과학은 인종의 신체적 특징보다는 내면적인 지적·도덕적 능력을 판가름하는 기준을 제공했다. 고귀한 가문과 혈

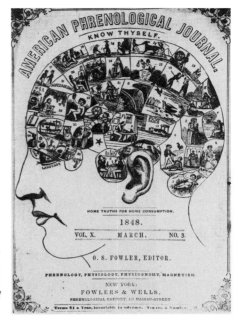

**골상학(phrenology)**
골상학은 인간과학 중 하나이다. 뇌의 각 부분은 여러 성격 및 재능 요소를 담당하고 있다. 그림은 1848년판 *American Phrenological Journal*의 표지이다.

통을 갖지 못한 중산층 시민들은 민족의 조상으로부터 상속받은 천부적 개성과 고상한 자질을 생물학적으로 증명할 수 있는 수단을 얻었다고 생각했다. 시민의 민족주의와 시민의 인종주의는 이미 우생학이 탄생하기 이전부터 조화를 이루고 있었다.[26]

그러나 19세기 전반기에는 아직 민족주의가 인종주의와 완벽한 결합을 이루고 있었다고는 할 수 없다. 영국의 사례를 계속 들자면, 대중적인 차원에서 'race' 범주가 동물이 아닌 인간에게 적용된 것은 19세기 중엽 이후에나 나타난 현상이었으며, 이러한 맥락에서 생물학적으로 유전되고 정신적·도덕적으로 불평등하며 서로 색깔이 다른 '인종' 개념에 기반한 인종주의가 대중화된 것도 이 시기 이후였다.[27] 나아가 내용적으로 볼 때도 19세기 전반기에 나타난 민족주의와 인종주의의 결합은 모호하고 불안정한 것이었다. 먼저, 정치적인 측면에서 볼 때 인종주의와 결합된 민족주의는 논리적으로 내적 모순을 일으키고 있었다. 아른트나 얀과 같은 독일 민족주의자들은 명백히 인종주의적 발언을 하고는 있었지만, 동시에 인류사상과 만인평등의 이상 또한 강하게 표명하고 있었다. 얀은 진정으로 평등한 다수의 민족들이 있어야 한다고 주장하고, 이러한 민족들이 다수가 되어야 비로소 인류가 실현될 수 있다고 주장했다. 아른트 또한 폴란드와 이탈리아의 민족해방운동에 대해 강한 유대감을 표시하면서 "다른 민족들을 정복하고 지배하는 자는 저주를 받으라"고 외쳤다. 정치적으로 이들의 민족주의는 나폴레옹 군대라는 외세의 억압에 맞서는 해방의 이데올로기로 기능했다. 이들의 인종주의는 수많은 영방국가領邦國家로 분열되고, 종교적으로 나뉜 채 신분제의 유제遺制 속에서 살아가는, 따라서 정치적·종교적 공감대나 서로 공유하는 역사적 기억이 거의 없는 독일인들에게 민족의식을 깨우기 위한 도구주의적 성격이 강했다고 할 수 있다.[28] 바로 이 점이 인종불평등의 원리에 따라 타민족의 권리를 부정했을 뿐만 아니라, 비록 민족적 단결을 주장했지만 실제로는 민족 내부 구성원들 간에도 인종적 자질에 따라 사회적 위계를 관철시키려 함으로써 해방이 아닌 억압의 도구로 전락한 제국주의 시대의 인종주의적 민족주의와 정확히 구별되는 차이점이다.

다음으로, 종족적·문화적 민족주의에서는 민족 형성에서 '인종'보다는 '언어'가 더 중요한 것으로 강조되고 있었다. 언어학자이자 인도학 전문가인 뮐러(Friedrich Max Müller)의 사례가 이를 증명한다. 그는 '아리아 인종' 신화의 확립에 중요한 기여를 한 인물이었다. 그는 '아리아 인종'에서 기원하는 '독립심'과 '자립성'의 덕목이 아리아 인종에 속하는 민족들이 발전시켜온 자질이라고 보았다. 그러나 뮐러는 공통의 피가 아니라 공통의 언어가 민족을 규정하는 결정하는 요인이라는 것을 강조했다. 그에 의하면 공통의 언어가 없다면 공통의 피를 나눈 사람들은 서로 이질적인 존재로 남아 있을 것이다. 즉, 언어가 공동체의 본질을 만든다는 것이었다.[29]

마지막으로, 프랑스의 사례에서 알 수 있듯이 인종주의와 민족주의가 내적 결합은커녕 상호 적대적인 이념으로 작용하는 곳도 있었다. 게르만(프랑크)족 귀족과 켈트(갈로-로마)족 평민의 역사적 대립에 기초한 귀족의 인종주의는 제2부에서 살펴본 것처럼 프랑스 혁명 당시와 그 이후로 내전의 무기로 사용되었고, 국민통합이 아닌 국민분열에 기여했다.[30] 귀족의 인종주의를 계승한 고비노의 인종이론 역시 제국주의 시대에 두각을 나타낸 프랑스의 우파 민족주의자들에게는 인기가 없었다. 1871년 독일과의 전쟁에서 패배한 이후 이들은 인종주의를 범게르만주의자들의 지적 전통으로, 따라서 "철천지원수 같은 독일적인 것"으로 간주했기 때문이다.[31] 우파의 강력한 지도자 중 하나였던 작가 바레스(Auguste-Maurice Barrès)는 고비노의 이론이 민족적 단결보다는 코스모폴리탄적인 귀족성을 지지하고 있다고 비판했다. 그의 친구 모라스 역시 가톨릭 신앙에 입각하여 개종을 위한 세례에 반대하는 인종주의에 대해 모호한 태도를 견지했다. 이들 우파 민족주의자들은 가톨릭이야말로 프랑스의 역사적인 민족종교이며 이러한 신앙을 공유하지 않는 것은 프랑스를 훼손시키는 것이라고 믿고 있었다.[32]

그럼에도 불구하고 프랑스에서도—비록 그 영향력이 제한적이긴 했지만—국민/민족의 인종적 자질을 향상시키려는 생각이 인종주의의 언어를 통해 꾸준히 표현되고 있었음도 사실이다. 이에 의하면, 귀족과의 혼혈을 통해서 국민/민족 전체가 고결하게 될 수 있다는 것이다. 이미 프랑스 혁명의 전야에 아베 시에예스는 『제3신분이란 무엇인가』에서 불평등한 질서가 사라진 국민국가의 건설을 강조하면서 "우리가 모든 인종들이 혼혈되는 것을 받아들인다면, 만약 프랑크의 피(순수할수록 더 좋다)가 이제 갈리아인의 피와 섞인다면, 제3신분의 아버지들이 전체 국민의 아버지가 된다면" 희망의 미래가 올 것이라고 주장했다.[33] 이후 르낭은 혼혈을 잘 관리한다면 더 많은 프랑스 국민이 귀족적 자질을 갖게 될 것이라고 낙관했다. "만일 귀족적 혈통이 동양과 중국에서처럼 사라진다면 그것은 비천한 평등과 유사할 것이지만 사실 귀족의 피가 조금이라도 섞이게 된 사람들은 조금이나마 고귀해질 수 있습니다. 그래서 프랑스는 사실 세계에서 가장 귀족적인 역할을 하고 있습니다."[34]

# 02

## 국가인종주의 담론
### :국민/민족을 엘리트 인종으로 만들기

마침내 19/20세기 전환기에 이르러 인종주의와 민족주의가 밀접하게 결합했다. 이 시기에 들어와 민족/국민의 인종적 정체성을 전면에 내세우는 용어들이 홍수를 이루었다. 기존의 '게르만 인종', '튜턴/앵글로−색슨 인종', '슬라브 인종', '라틴 인종' 이외에 '영국 인종(English race)', '프랑스 인종'과 같은 신조어들이 출현했으며, 독일에서는 '아리아 인종'의 외연을 게르만(독일) 분파로 제한함과 동시에 그 가치를 드높이기 위한 표현인 '북방 인종' 혹은 '북유럽 인종'이라는 개념도 등장했다.[35] 민족/국민을 인종과 동일시하려는 시대적 조류는 대서양 건너 미국에서도 발견된다. 예를 들어 훗날 대통령이 된 두 인물, 즉 "게르만 민족 가운데 가장 강인하고 우수한 인종"이 영국인이며, 그중에서도 가장 강한 부류가 신대륙으로 건너와 미국인이 되었다는 시어도어 루스벨트[36]와 "미국 헌법의 민주주의적 성격은 앵글로−색슨 인종의 천재성과 결부되어 있다"는 윌슨, 이 둘의 발언이 그것이다.[37] 이제 민족 구성원과 민족에 속하지 않는 사람을 가르는 기준이 문화적 범주에서 인종적 범주로 옮아갔다. 마침내 민족의 생물학화가 이뤄진 것이다.

이 시기는 과학적 인종주의의 전성시대였다. '생존투쟁', '자연선택과 최적
자의 생존', '우수한/열등한 유전자', '인종 개량'과 같은 사회다윈주의와 우
생학/인종위생학의 공리를 공유한 수많은 인종이론이 유행했다. 인류사회학
(Anthroposociologie), 인종인류학, 인종 및 사회 생물학, 사회인류학, 정치인류
학 등으로 다양하게 호명된 수많은 다윈주의적 인종과학들이 국민국가의 발
전을 위한 사회생물학적 패러다임의 근간이 되고자 백가쟁명으로 다투고 있
었다. 이러한 과학적 인종주의의 혼란상 앞에서 당대인들도 헷갈렸던 것 같
다. 따라서 당시 오스트리아의 사회민주주의자 헤르츠(Friedrich Otto Hertz)는
인종이론을 소개하면서 독자들의 이해를 돕기 위해 인종과학의 여러 이론을
인류학과 결합된 문화적·언어학적 노선, 인류학 학파, 생물학파, 사회학적 노
선이라는 네 개의 범주로 정리할 정도였다. 물론 그의 구분은 상당히 자의적
이다.[38]

이러한 과학적 인종주의는 사회다윈주의와 우생학/인종위생학을 매개로
서유럽, 북유럽, 중부 유럽 및 남동 유럽의 여러 나라, 나아가 북미 지역의 민
족주의와 제국주의에 지대한 영향을 끼쳤다. 이제 한 민족/국민의 인종적
자질이 그 민족/국민의 성격을 결정하며, 조국의 장래와 안녕은 민족/국민
의 인종적 자질의 향상에 달려 있다는 신념이 민족주의자들과 제국주의자들
사이에서 일반화되어갔다. 특별히 이들은 우생학/인종위생학을 "민족주의의
과학"으로 간주했다.[39] 그렇다면 과학적 인종주의와 결합된 민족주의 및 제
국주의 담론은 구체적으로 어떠한 특징을 갖고 전개되었는가? 그 전형적 사
례를 독일의 급진민족주의 담론을 통해 살펴보자.

가장 전투적인 제국주의와 반유대주의를 내세우며 민족주의 우파의 전위
조직 역할을 했던 전독일연맹(Alldeutscher Verband/범게르만연맹, 1891년 창설)

및 그 유관단체들에 모인 범게르만주의자들의 담론은 '민족공동체'를 구성하는 문화적 범주들에서 인종원리에 대한 관심으로 그 비중이 급속히 옮아갔다. '자연선택과 최적자의 생존', '생존투쟁'이라는 사회다윈주의의 원리가 이들의 담론적 모체母體를 이루었다. '인종의 순수한 보존', '인종정치'라는 슬로건이 유행하는 가운데, 이들 급진민족주의자들은 독일제국의 사회적 동질성과 효율성, 체제 순응이라는 자신들의 가치관을 표현하기 위해 '인종'을 적극적으로 활용했다. 이때 급진민족주의자들의 인종 의미론은 어느 특정 학파의 인종이론 담론에만 결합된 것이 아니라, 사회(인종)인류학과 우생학/인종위생학이라는 틀 내에서 다양하게 전개된 여러 인종 의미론과 결합되었다.[40]

또한 급진민족주의 담론에서는 '민족의 몸'과 이를 위협하는 '낯선 몸들'이라는 메타포가 빈번히 쓰이고 있었다. 원래 몸의 이미지는—예를 들어 중세의 기독교 공동체를 '신성한 몸'으로 표현한 것처럼—전통적으로 공동체의 올바른 질서, 기원, 목표 등을 드러내기 위한 것이었고, 이러한 맥락에서 몸의 메타포는 종교적·정치적 공동체의 단결을 호소하기 위해 사용되었던 것이다. 그러나 급진민족주의자들은 이러한 몸의 메타포를 통해 생물학적, 의학적, 인종위생학적 개념들과 유추들을 사용하면서 민족공동체의 인류학적 확립을 의도했다. 나아가 '민족의 몸' 메타포는 푸코(Michel Paul Foucault)가 말한 이른바 '생명정치'의 영역으로 전위되었다. 남녀 성역할, 성정치, 인구정책 등에서 급진민족주의자들의 규범과 도덕관념이 이 메타포를 통해 표현되었다. 정치적·사회적으로 건강한 민족의 몸을 재생산하는 것이 이들의 목표였다. 남녀 고유의 역할이 장려되었으며, '민족공동체'를 위해 투쟁하는 민족주의적 남성성이 강조되었고, 이러한 '남성'과 '남성 아닌 자'의 구별 속에서 여성성이 혐오되었다. 따라서 민족공동체 안팎의 '민족의 적'들은 여성적 특성을 지닌 자들로 규정되었다. 예를 들어 프랑스인, 폴란드인, 그리고 유대인이 그 대표적 사례였다. 또한 여성운동은 사회민주주의 및 유대인과 동일시되면서 '민족의 몸'을 해치는 '독일적이지 않은' 것으로 비난받았다. 바세르 드 라푸즈와 함께 '인류사회학'을 창시한 암몬의 "페미니즘이 승리한 민족"들은 "이로부터 생물학적 퇴화(Entartung), 민족의 몰락, 혹은 다른 인종에 의한 흡수"의 길을 가게 될 것이라는 발언은 급진민족주의자들에게 그대로 전유되었다. 이들의 적은 여성해방운동뿐만이 아니었다. 여성의 고등교육과 직업 참여를 주장하는 '근대적' 교양시민 여성도 적의 반열에 올랐다.[41]

급진민족주의자들은 출산율 저하 문제에 심각한 우려를 표명했다. 이들은 민족의 재생산이라는 고유의 역할을 거부하는 여성들을 다른 사회적 일탈자들과 똑같은 존재로 간주했으며, 나아가 '민족공동체'에서 배제될 수 있다고 주장했다. 출산문제는 제1차 세계대전 전야가 되면 군사적 문제로 간주되었다. 급진민족주의자들은 머지않아 유럽 열강들 간에 전쟁이 발발할 것을 예상하면서, 이러한 대전쟁이 벌어지면 이를 위한 "인적자원"의 생산이 가장 중요하다고 생각했다. 이제 전쟁을 위한 "인적자원의 생산"이 급진민족주의적 생명정치의 궁극적 목적이 되었다. 이처럼 생명정치가 군국주의와 결합하면서 여성의 몸은 군사화되었다. 이와 같이 인종생물학적이고 사회다윈주의적인 해석 모델이 확산되면 될수록 남녀의 성적 관계는 더욱더 '민족화'되었다. 비록 시간이 갈수록 여성 역할에 대한 평가가 향상되기는 했지만 여기에는 항상 '민족의 몸'의 생물학적 재생산이라는 정치전략적 목표가 중심 역할을 했다. 이를 통해 동종교배와 성이 민족주의적 통제를 위해 노력해야 할 대상이 되었다. 은밀한 생활 영역의 '민족화'는 시민사회의 공적·사적 영역의 구분을 상대화시키고 급진민족주의적 생명정치의 전체주의적인 요구를 명료하게 했다. 동시에 은밀한 생활 영역의 '민족화'는 남성들과 여성들의 생활세계 속에 생물학적이고 사회다원주의적인 해석 모델을 뿌리내리게 하는 데 결정적으로 기여했다. 이처럼 급진민족주의의 목표는 단지 "민족과 인종에 낯선 자들"을 배제하는 것뿐만 아니라 민족의 구성원들, 즉 "민족의 동지들"의 삶을 엄격히 규정하는 것을 포함했다.[42]

이상과 같이 인종과학과 결합된 독일의 급진민족주의는 사실상 푸코가 말한 국민/민족을 대상화하고 타자화하는 일종의 '국가인종주의' 내지 '내적 인종주의'로 변모했다. 이러한 인종주의는 국민으로부터 열성유전자 내지 비정상적 유전자를 지닌 자들을 도태시킴으로써 '종의 생명'을 향상시키는 것을 목표로 했다.[43] 물론 민족주의의 국가인종주의로의 변화는 독일에만 한정된 것이 아니었다. 이 시기 이후 20세기 중엽에 이르기까지 서양의 여러 나라에서 '피와 조국', '건강한 몸의 정치와 강한 국민국가'라는 슬로건이 유행했으며, 이민제한법, 단종법, 우생학에 근거한 복지정책 및 인구정책이 중요한 국가정책으로 추진되었다는 것은 비교적 잘 알려진 사실이다.[44]

인종과학자들은 국가인종주의에 이론적 기반을 제공했다. 종종 그들의 상상력의 지평은 일반 수준의 민족주의자들의 그것을 훨씬 능가하곤 했다. 특히 인종과학자 가운데 일부는 인종 개량의 최종 목표로서 단순히 '인종의 순수한 보존'과 '건강한 민족의 몸'을 넘어서서 '완전한 인간', 즉 '초인超人으로서의 민족'을 지향했고, 이러한 사회생물학적 유토피아에 도달하기 위한 방법으로서 배제, 억압, 통제뿐 아니라 말살의 수단까지 고려했다. 이와 같은 급진적인 국가인종주의야말로 문자 그대로 한 사회 내에 "살아 마땅한 자와 죽어 마땅한 자"를 나누는 "생명 권력"(미셸 푸코)의 민낯을 여과 없이 드러냈다. 물론 국가인종주의를 인종과학자들의 과학적 인종주의로만 한정시킬 수는 없다. 뒤에서 살펴볼 인종 신비주의에 입각한 민족(인종)종교운동 역시 국가인종주의의 한 형태다. 그러나 과학적 국가인종주의가 제국주의 시대의 공공여론과 정부정책에 직접적 영향을 주었다는 점만은 분명한 사실이다.

인종과학자들이 내세운 국가인종주의의 양대 이론적 지주는 사회다윈주의라는 사회 및 역사 철학과 우생학이라는 인종 재생(개량) 프로젝트다. 이를 통해 서양의 인종주의는 고비노의 염세주의와 이별할 수 있었다. 제2부에서 살펴본 것처럼 고비노는 '열등 인종과의 혼혈 – 인종적 퇴화 – 도덕적 타락 – (문명, 사회, 민족의) 몰락'으로 이어지는 인종 퇴화론에 기반하여 염세적인 역사 철학을 주장했다. 그는 다윈의 진화론에 대해서 "인간은 원숭이로부터 나온 것이 아니라, 원숭이로 진화하는 길 위에 있다"고 말한 것으로 유명하다.[45] 그러나 국가인종주의는 고비노의 유산을 새롭게 전유하여, 인종 퇴화론은 수용하면서도 염세적 인종주의는 거부했다. 이제 사회다윈주의라는 복음과 우생학이라는 만병통치약을 통해 인종 퇴화는 돌이킬 수 없는 몰락 과정의 전조가 아니라, 한 민족의 더 높은 단계로의 진보와 발전에 수반되는 극복 가능한 위기 현상으로 재해석되었다. 염세적 인종주의와의 결별은 복잡하게 전개되었다. 사회다윈주의에 근거한 진보낙관주의의 우세, 인종 퇴화론의 도전, 그리고 우생학을 통한 종합이라는 변증법적 과정이 그것이다.

고비노의 『인종불평등론』 마지막 권이 출간되고 4년 뒤인 1859년에 다윈 (Charles Robert Darwin, 1809~1882)의 『종의 기원』이 출판되었다. 여기서 다윈은 새로운 환경에 잘 적응한 개체는 생존해 동종교배에 성공하는 반면, 적응도가 떨어지는 다른 개체는 제거되는 자연선택이 작용하며, 이러한 자연선택 과정이 세대를 거듭하여 반복되면 적응도가 증가한 개체군은 새로운 종으로 변화한다고 주장했다. 이 일련의 과정을 그는 '진화'라고 불렀다. "생물은 지극히 단순한 발단에서 시작하여 가장 아름답고 가장 경이로운 형태로 끝없이 진화해왔으며, 지금도 진화하고 있다"는 것이다.[46] 그가 끼친 영향력은 새삼 언급할 필요가 없을 정도로 지대한 것이었다. 이로써 다윈은 진화론이라는 창조론을 뒤흔든 근대적 세계관의 선구자로 기억되고 있다. 물론 그가 최초의 진화론자는 아니었다. 그가 이전의 진화론자들과 다른 점은 경험적 증거 위에서 진화론을 주장했다는 것이다.[47] 그러나 다윈 스스로는 '진화'라는 용어를 사용하기보다는 "변이를 수반한 유전"이라는 말을 훨씬 많이 사용했다. 그는 진화의 과정을 규칙적이고 계층적인 발전이 아니라 나뭇가지가 방향 없이 뻗어나가는 것처럼 불규칙적이고 무목적적이며 우연한 '분기分岐'의 과정으로 간주했다. 따라서 그는 '진화'가 '진보', '발전' 등과 같은 내재적, 목적론적인 개념과 혼동되는 것을 원치 않았고, 이런 맥락에서 '진화'라는 말을 사용하기를 꺼렸다.[48]

그럼에도 불구하고 당대인들에게 다윈은 사회진화론 혹은 사회다윈주의라는 용어와 밀접하게 연관되어 있다. 물론 다윈은 사회진화론자 혹은 사회다윈주의자이기는커녕 위에서 언급한 바와 같이 목적론적인 진화 개념을 주장한 사람도 아니었다. 그러나 다윈의 다른 책 『인간의 유래(The Descent of Man)』(1871)에 주목하는 사람들은 다윈도 사회다윈주의에 책임이 있다고 본다. 여기서 다윈은 자신의 생물학 이론을 인간의 육체적·심리적 차원들로 전위시키기를 원했기 때문이다. 그러나 다윈이 아니라 이미 1852년에 「발전가설」에서 진화를 주장한 스펜서(Herbert Spencer, 1820~1903)를 사회다윈주의의 원조로 보는 견해도 우세하다. 스펜서는 '진화'와 '진보'를 동일시하면서 단순한 것에서 복잡한 것으로, 동질적인 것에서 이질적인 것으로의 진보의 법칙을 가정하고, 이 법칙을 무기질에서 유기질, 그리고 인간까지 포괄하

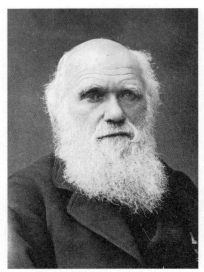

찰스 다윈(1809~1882)                          허버트 스펜서(1820~1903)

는 전체 우주에 적용했다. 그리고 그는 상업, 문학, 정부, 언어 등 모든 사회적인 것이 이 법칙에 종속된다고 생각했다. 이처럼 스펜서는 인간 진보의 결정론적이고 목적론적인 구상을 시도했다. 그는 획득형질의 유전을 주장하는 라마르크주의자였다. 특정한 압박이 일어나면 이에 대응하기 위해 유기체, 가족, 사회에서 특정한 필요들이 출현하는데, 그것이 다양화, 복잡성의 증대, 이질성의 증가와 같은 새로운 특징들이다. 그리고 이러한 특징들은 후세에게 전달된다는 것이다. 그러나 그는 라마르크주의자였음에도 진화적 변화의 주요한 기제로서 자연선택이라는 다윈의 견해를 따랐다. 또한 스펜서는 다윈과 마찬가지로 진화적 변화의 원인으로 맬서스의 견해에 근거하여 인구 압박을 꼽았다.[49]

전반적으로 보아 사회다윈주의와 — 이 용어는 다윈 사후에 등장했는데―다윈의 관계는 모호하다. 사회다윈주의가 다윈을 왜곡시켰을 수도, 다윈을 사회다윈주의자의 선구로 볼 수도 있다. 그러나 역설적이긴 하지만 사회다윈주의라는 말이 없었다면 다윈 자체는 그다지 유명한 인물로 기억되지 않았을지도 모른다. 아무튼 사회다윈주의는 다윈의 생존투쟁 및 자연선택 이론과 스펜서의 목적론적 진화론, 그리고 기타 잡다한 사회이론이 뒤섞인 이론이라고 할 수 있다. 사회다윈주의의 기본 요지와 특징은 다음과 같다.

- 한편에는 강한 개인, 사회, 인종이 있고, 다른 한편에는 약한 개인, 사회, 인종이 있다.
- 개인, 사회, 인종의 삶은 '생존투쟁'에 의해 특징지어진다. 이 '생존투쟁'은 '자연선택', 즉 '최적자의 생존'과 '약자 도태'의 원리에 지배받는다.
- 국가는 약한 자를 보호하기 위해 사회에 개입해서는 안 된다. 만일 국가가 개입한다면 자연선택의 과정이 작동하지 않을 것이고, 따라서 사회는 개선을 멈추게 될 것이다.
- 사회적 계층화가 인위적으로 방해받아서는 안 된다. 왜냐하면 사회적 계층화란 근면하고 검소한 사람들과 게으르고 낭비벽이 심한 사람들 사이에 나타난 자연적인 결과이기 때문이다.
- 사회다윈주의는 제국주의 및 인종주의와 친화성이 있다.[50]

사회다윈주의는 자연세계에서부터 인간사회와 문명, 그리고 역사에 이르는 전 우주적 진보/진화의 법칙이 존재한다는 믿음을 심어줌으로써 진보낙관주의를 확산시키는 데 기여했다. 그 대표적 사례를 이른바 '다윈의 사도'로서 국제적인 명성을 날렸던 독일의 의사이자 동물학자 헤켈(1834~1919)에게서 찾아볼 수 있다. 헤켈은 전형적인 독일제국의 우파 지식인으로 활동했다. 그는 예나 대학의 비교해부학 교수로 재직하면서 독일제국에서 정치문화의 특징이었던 이른바 '학자정치(Gelehrtenpolitik)'를 주도한 정치교수 중 하나였다. 이러한 독일제국의 정치교수들은 1848년 혁명기의 정치교수들과는 다르게 의회 및 정당정치로부터는 거리를 취했지만 국가, 민족, 국민의 이름으로 시민계층, 더 나아가 대중의 여론을 주도하는 세력이었으며, 따라서 그들 대다수는 민족주의 우파 진영에 속하거나 우파와 친화성을 가지고 있었다.[51] 더불어 헤켈은 전독일연맹, 즉 범게르만연맹의 주요 창설자 가운데 하나였다. 그는 무엇보다 이 단체의 프로그램에 과학적 기초를 마련하는 데, 즉 사회다윈주의와 인종주의적 요소를 결합시키는 데 일조했다. 그 한 예로 '독일을 위한 투쟁'이라는 이 단체의 상투적 슬로건이 진화론의 자연선택 원리인 '생존을 위한 투쟁'에 입각했다는 것을 꼽을 수 있다.[52] 이 밖에도 헤켈은 식민지협회(Kolonialgesellschaft)와 함대협회(Flottenverein)에 가입하여 활동했다.

헤켈은 1863년 슈테틴(Stettin, 오늘날의 폴란드 슈체친)에서 열린 독일 자연과학자들과 의사들의 모임에서 「다윈의 발전이론에 관하여」라는 주제로 강연을 했다. 여기서 그는 끊임없는 종의 변화라는 법칙에 근거하여 역사 속에서도 전체 삶의 세계에서 지속적인 점진적 변화, 진보적 형태 변화, 모든 유기체의 변형과 향상이 필연적으로 일어날 것이라고 예견했다. 그에 의하면 자연에서와 마찬가지로 인간사회에서도 만인의 만인에 대한 무자비하고 부단한 투쟁이 일어난다. 그러나 이 투쟁은 성직자들과 전제군주들의 역사를 퇴행시키려는 노력들에 상응하는 각 민족들의 전쟁이 아니라, 역사진보와 고등한 문화로의 단계적 발전을 이끄는 경제·정치 영역에서의 경쟁원리를 뜻한다. 인류의 진보란 생존투쟁과 자연적 품종 개량(인종의 개선)이라는 자연법칙

에른스트 헤켈(1834~1919)　　　　　　앨프리드 러셀 월리스(1823~1913)

에 의해 담보된 것이었다.[53] 이러한 진보낙관주의적 관점에서 헤켈은 급진민
족주의자였음에도 불구하고 평화주의의 중요성을 설파했다. 다윈주의적 자
연사의 관점에서 '생존투쟁'은 이중의 의미를 내포하는데, 그중 하나가 "평화
로운 경쟁투쟁"이며, 다른 하나가 "적대적인 실존투쟁"이다.[54] "피할 수 없는
'경쟁투쟁'이 유혈의 살인적인 '실존투쟁'으로 퇴화(Entartung)되지 않도록" 하
는 것이 평화주의라는 것이다.[55] 구체적으로 그는 평화로운 국제질서를 향한
진보를 이루기 위해 게르만 인종 간의 '이타주의적' 연합체인 '동서 게르만
대동맹'을 구상했다. 이러한 게르만 인종동맹은 독일과 영국, 그리고 "독일적
요소와 영국적 요소가 압도적으로 섞여 있는" 미국으로 구성된다. 이 동맹
은 게르만 인종 전체의 문화제국주의적 이해에 봉사하는 '이타주의적' 군사
동맹이며, 이에 기초하여 게르만 인종만의 '이기적' 국제주의를 표현한다는

것이었다.[56] 헤켈의 진보낙관주의는 그가 경탄했던 영국의 다윈이나 스펜서, 혹은 다윈과 유사하게 자연선택을 통한 진화를 주장한 월리스(Alfred Russel Wallace, 1823~1913)의 역사관을 계승한 것이라고 볼 수 있다.[57]

이상과 같은 사회다윈주의적 진보낙관주의는 독일의 지리학자 키르히호프(Alfred Kirchhoff, 1838~1907)에게서도 발견된다. 그는 1884년 마그데부르크(Magdeburg)에서 열린 자연연구가 회합에서 「제 민족 발전에 있어서 다윈주의에 관하여」라는 제목의 강연을 했다. 여기서 그는 "각 민족들의 고유성"은 지구에서 벌어진 자연선택의 "결과"임을 밝히면서 국제적인 생존투쟁에서 언제나 육체적으로나 도덕적으로 유능한 민족이 승리했음을 강조했다. 이어서 그는 다음과 같이 주장했다. "그런데 문화민족들은 인간성의 정신 속에서 함께 발전하여, 이제는 단지 극심한 도덕적 타락이 없다면 이러한 공통점(인간성의 정신 — 인용자)을 다시 잃어버릴 가능성이 희박할 정도가 되었다." 그러나 이러한 희박한 가능성마저도 각 민족들의 끝없는 투쟁이 계속되면 될수록 더욱더 희박해진다. 바로 이러한 "퇴화된 민족들을 패배시키고, 가장 유능한 민족을 최상의 권력에 앉히는" 끝없는 투쟁이 인류의 부단한 진보를 담보한다는 것이다. 이와 같이 그는 역사란 문명의 완성에 이르는 길을 따라 진행되는 항구적인 선택 과정이며, 이 선택 과정은 "유능한 자의 생존"과 "퇴화된 민족"의 탈락, 즉 "불충분한 성적 동종교배 선택"의 결과 열등한 인종으로 구성된 민족들의 탈락이라는 자연법칙을 따른다는 것을 강조했다.[58] 한편, 미국의 역사가이자 철학자 피스크(John Fiske, 1842~1901)는 키르히호프와는 다른 결을 가진 진보낙관론, 즉 진화 과정의 고등한 단계에서는 생존투쟁이 지양된다는 이론을 펼쳤는데, 이에 대해서는 뒤에서 다시 언급하겠다.

이와 같이 문명의 완성을 향한 항구적인 자연선택 과정이 곧 역사라는 사회다원주의적 진보의 역사철학은 두 가지 점에서 고비노의 염세적 인종주의 역사철학과는 다른 전제를 갖고 있었다. 먼저, 인종은 고정된 실체가 아니라 끊임없이 변화한다. 다음으로, 민족은 더욱 고등한 형태의 인종으로 진화할 수 있다. 이를 기반으로 헤켈에서 키르히호프에 이르는 세대는 낙관론을 펼쳤던 것이다. 이들 세대의 역사적 경험은 독일의 눈부신 경제성장, 프랑스와의 전쟁(1870~1871)에서 승리 및 통일과 국민국가 출현이라는 정치적 발전에 의해 각인된 것이었다. 1850년대 이후부터 1870년대 중엽 경제 불황이 닥치기 전까지 유럽 자본주의는 승승장구했다. 이러한 산업자본주의의 성장을 견인했던 빅토리아 시대 전성기 대영제국의 시민이었던 다윈과 스펜서, 월리스의 낙관주의 역시 자신들의 이러한 역사적 경험과 무관하지 않았다.

그러나 세기말에 들어와 이러한 진보낙관주의는 퇴색하고 있었다. 한때 번영을 구가하던 영국에서도 '타락'과 '격세유전'의 불안을 표현한 퇴화론이 유행했다. 프랑스의 고비노가 "한 민족이 퇴화된 요소들로 구성된다면, 그 민족은 죽는다"[59]고 선언한 직후인 19세기 중엽 영국의 의학자들 사이에서는 이미 퇴화에 대한 논의가 시작되었다. 마침내 이러한 논의는 세기말에 가까워지자 공공 담론으로 확산되었다. 1890년대 후반부터 1900년대 초까지 '인종의 퇴화'를 언급하는 논설이 언론 지면에 빈번하게 등장했다. 빅토리아 시대 말기의 영국인들은 눈앞에서 경험하는 대도시의 빈곤, 범죄, 불결함에서 불안과 공포를 느꼈고, 이는 퇴화론이 확산되는 계기가 되었다.[60] 세기말의 퇴화론은 영국뿐 아니라 독일, 프랑스 등 산업화와 도시화의 부작용을 경험한 유럽 전역, 나아가 미국에서도 위세를 떨치고 있었다.[61] 특히 프랑스에서는 프로이센과의 전쟁에서 패배한 이후 라틴 인종의 존속 여부와 경쟁력에 대해 의심을 했던 회의주의자들의 목소리가 컸다. 샤토브리앙(Chateaubriand), 프레보–파라돌(Prévost-Paradol), 뒤 캉(Du Camp), 샤슬레(Chasles) 및 텐(Taine)과 같은 사람들의 생각은 프랑스 국민의 정신적·육체적 고갈, 고유한 인종적 속성은 변하지 않는다는 믿음, 감염(유대인) 바이러스가 건강한 유기체에 침투해 있다는 생각, 도덕이 타락할 것이라는 절망감, 최후의 심판이 머지않았다는 확신 등에 의해 특징지어진다.[62] 이와 유사한 생각은 미국의 이민 규제 담론을 주도한 인종이론가 그랜트(Madison Grant)에게서도 발견된다. 그는 고비노의 영향을 받아 인종적 질이 떨어지는 이민자들의 증가 및 이들과의 혼혈은 결국 미국을 망하게 할 것이라고 주장했다.[63]

이러한 퇴화론을 배경으로 우생학이 탄생했다. 1883년 다윈의 조카 골턴(Francis Galton, 1822~1911)은 인종의 재생을 목표로 우생학이라는 신생 학문을 탄생시켰다. 우생학의 밑바닥에는 '역선택'에 대한 우려가 깔려 있었다. 이미 「유전적 재능과 형질」(1865)이라는 논문에서 골턴은 다음과 같이 주장했다. "미개 상태에서는 생존경쟁에 의해 퇴화해야 할 허약한 개체가 문명사회에서는 살아남는다. 궁핍한 가정의 건강한 사람보다 유복한 가정의 병약한 사람이 살아남아 자손을 남길 기회를 얻는 경우가 많다. (…) 문명사회에서는 자연선택의 법칙과 그 법칙에 의한 정당한 희생자 사이에 화폐와 제도가 방패막이로 자리 잡고 있다."[64] 이처럼 문명화의 결과로서 '역선택'이 일어나고, 이는 곧 인종의 질적 하락을 가져온다는 것이 골턴의 비관적 진단이었다.

골턴의 우생학은 고비노의 염세적 퇴화론과 맥을 같이하고 있었다. 그러나 골턴은 사회다윈주의의 틀 내에서 '역선택'을 막기 위한 새로운 처방을 제시했다. '우생(eugenic)'이라는 용어는 골턴에 의하면 "유전적으로 고귀한 질을 가진 좋은 혈통"을 의미한다. 그리고 우생학이란 "한 인종의 선천적 질

프랜시스 골턴(1822~1911)

을 개선하는 데 영향을 주는 모든 것을 다루는 과학"이다.[65] 한마디로 우생학
은 국민을 '정상'과 '비정상' 혹은 '적격자'와 '부적격자'로 구분하고, '비정상'
혹은 '부적격자'를 제거하며, '정상' 혹은 '적격자'의 결혼과 생식을 장려하는
인종 재생의 기획이라고 할 수 있다. 이처럼 우생학은 매우 긴 시간을 단위
로 펼쳐지는 진화의 과정을 짧은 시간에 압축해 인위적으로 조작할 수 있다
고 함으로써 세대 간 동종교배에 의해 '우수한 인종'을 만들고자 했다.[66]

골턴의 우생학은 기존의 사회적 위계질서를 정당화하는 보수적인 사회사
상에 기초했다. 그러나 그의 사회적 보수주의는 고비노처럼 신분제에 대한
향수를 지닌 귀족의 보수주의가 아니라, 자본주의 사회의 불평등한 계급질서
를 정당화하는 시민계급의 보수주의였다. 골턴은 사회적 지위와 유전적 우
열을 동일시했다. 그는 육체적 능력과 정신적·도덕적 능력을 종합한 개념,
다시 말해 개인이 생존경쟁을 견디며 활력 있는 삶을 영위하기 위해 꼭 필요

한 '재능의 총체'인 '시민적 가치'를 강조하고, '시민적 가치'가 각 사회계급에 어떻게 분포하고 있는지를 말했다. 그러나 여기서 그는 훌륭한 혈통이나 가문이 아니라 뛰어난 재능과 지성의 유전을 강조했다. 비록 하층계급 출신이라 할지라도 우수한 자질을 지닌 사람은 그에 합당한 사회적 지위를 가져야 하며, 귀족이라 할지라도 무능한 자 역시 그에 걸맞은 지위를 가져야 한다는 것이다.[67] 구체적으로 골턴은 통계학에 의거하여 결혼한 커플이 낳은 자손들의 평균적 질을 추산하고 이러한 맥락 속에서 인구를 '재능 있는 자들', '재능은 없지만 어느 정도 능력이 되는 자들', '건강, 정신, 외모 등에서 평균치 아래에 있는 자들'로 나누었다. 그리고 이러한 유형과 사회계급을 연관시켰다.[68]

골턴의 우생학은 적격자(바람직한 계급)의 결혼과 출산을 높이기 위한 포지티브 우생학과 부적격자(바람직하지 않은 계급)의 결혼과 출산을 억제하는 네거티브 우생학으로 구성되었다. 이후 전자는 가족수당 등 사회복지제도의 발전에 중요한 원동력으로 작용했으며, 후자는 유럽 각국 및 미국에서 시행된 산아제한정책, 더 나아가 단종법으로 구체화되었다.[69] 나치 독일의 안락사 및 유대인 등에 대한 제노사이드는 이러한 네거티브 우생학의 정치가 보여준 최악의 사례라 할 것이다. 골턴은 포지티브 우생학을 더 선호했다는 주장도 있으나[70] 동시에 네거티브 우생학 프로그램도 구체적으로 제시한 것을 보면 이는 설득력이 떨어진다. 그의 네거티브 우생학 프로그램의 요지는 다음과 같다. 국가와 공공기관은 제일 먼저 습관적 범죄자들을 검사하여 장기간 격리시켜야 한다. 다음으로 '허약한 정신을 가진 자'들의 결혼과 출산을 억제해야 한다. 세 번째로 지적 장애를 가진 청소년들에게 고등교육의 기회를 허용해서는 안 된다.[71]

이상이 골턴이 주장한 우생학의 주요 내용이다. 물론 골턴을—마치 다윈을 그렇게 부를 수 없는 것처럼—명확히 드러난 인종주의자라고 규정하기는 힘들다. 예를 들어 그는 유전과 관련하여 다양한 인종들과 혼혈된 인종들이 갖고 있는 장점에 관한 연구가 발전되어야 한다고 주장한 바 있다.[72] 그럼에도 불구하고 골턴의 우생학은 많은 사람에게 민족의 인종적 퇴화 과정에 제동을 걸고 다시 진화의 방향으로 전환시킬 수 있는 혁신적 미래 계획으로 인식되었다.

당장 독일에서는 '우생학'이 '인종위생학(Rassenhygiene)'으로 번역되었다. 앞서 언급한 헤켈은 '자연적으로 이뤄지는 인종 개선'이라는 이전의 낙관론과 거리를 유지한 채 인위적인 개입의 필요성을 강조했다. 그는 독일 민족의 우월성과 생물학적 순수성을 유지하기 위해 사회정책은 열등한 인간 혈통의 제거를 목적으로 삼아야 한다고 보았다. 그가 한 주장은 골턴의 네거티브 우생학의 원리를 따른 것이었다. 그는 유아 살해의 공동체적 이익을 정당화하기도 했고, 인위적으로 삶을 유지하는 치료 불능의 정신병자나 암환자들을 제거하는 것은 이들을 악의 수렁으로부터 구원하는 것이라고 주장했다. 그뿐만 아니라 교화가 불가능한 범죄자를 사형하는 것 역시 공동체의 질적 진보를 위해 필수적이며, 이는 해로운 생물학적 질이 유전될 가능성을 차단하는 매우 효과적인 수단이라고 주장했다. 나아가 헤켈은 단순히 선택적 결혼 및 출산과 같은 독일 민족 구성원을 대상으로 한 우생학적 조치를 넘어 독일 민족의 인종적 순수성을 유지하기 위해 다른 민족을 제거하고 열등한 인종을 말살하라는 극단적 주장을 펼치기도 했다.[73]

헤켈이 인종위생학의 선구자 격이었다면, 그의 아들뻘 세대인 플뢰츠(Alfred Ploetz, 1860~1940)와 샬마이어(Wilhelm Schallmayer, 1857~1919)는 본격적

알프레트 플뢰츠(1860~1940)　　　　　빌헬름 샬마이어(1857~1919)

으로 인종위생학을 확립하는 데 기여했다. 의학자였던 플뢰츠는 인종의 보존과 질적 개선이 시급한 과제이며, 이는 독일 민족의 영광을 위해서도 긴요한 일이라 생각했다. 그는 사회적 부적격자들에 대한 정부의 보호는 자연선택의 방향을 왜곡시켜 국가 전체의 생물학적 적합성을 훼손할 것이고, 반대로 정부가 국민보건을 방임할 경우 생물학적 부적격자의 수가 증가하여 사회적 비용 증가를 초래한다고 했다. 따라서 그는 역선택을 야기할 수 있는 전쟁이나 혁명을 피해야 하고, 빈곤한 자들에 대한 지원은 가임기 이후에 제공함으로써 부적절한 존재들의 출산을 제한해야 한다고 주장했다. 이러한 플뢰츠의 주장에서 주목해야 할 부분은 그의 관심이 단순히 개체가 아니라 인종 전체의 생물학적 적합성을 따지는 사회생물학적 기획에 있었다는 점이다. 국가의 역할은 국민 개개인의 유전적 질의 개선을 위한 것이 아니라 인

종 전체의 유전적 질을 향상시키는 것이어야 한다는 것이다.[74]

이러한 국가인종주의적 사고는 역시 의학자이자 인종위생학을 대중화시키는 데 몰두했던 샬마이어에게서도 발견된다. 샬마이어는 "민족적 효율성"의 증진을 목표로 내세웠다. 독일 민족은 경쟁하는 민족들에게 승리할 수 있도록 충분히 강해져야 한다는 것이다.[75] 그의 주장은 자연선택에 걸맞은 국가 주도의 체계적인 교배·번식 선택과 '진보적 변이'의 지속적인 창출로 요약될 수 있다.[76] 부연하자면, 그는 의학적 개입이 사회적 약자와 환자들을 구원함으로써 자연선택을 통한 독일 민족의 인종적 진화를 불가능하게 만들고 있다고 비판했다. 따라서 그는 사회적 지원 없이는 생존 불가능한 자들의 출산이 제한되어야 한다고 주장했다. 그는 유전적 질을 통제할 수 있는 더 적극적인 제도를 주장했다. 사회적 부적격자에 대한 정부의 지원을 중단할 것을 촉구하면서, 이는 단지 생존 기회의 축소를 의미할 뿐 그들을 사지로 내모는 것은 아니라는 논리를 폈다. 특별히 샬마이어는 사회다윈주의와 생식세포(germ cells)를 통한 유전이라는 진화생물학자 바이스만(August Weismann)의 이론을 결합하여 유전과 자연선택의 중요성을 설파하고, 국가의 장래는 인간 자원에 대한 합리적 관리에 달려 있다는 주장을 개진했다.[77] 그의 이러한 주장은 라마르크의 이론에 따라 후천적인 획득형질이 유전된다면 인간 형질의 대부분은 환경개혁을 통해 개선될 수 있다는 환경개혁가들의 입장이나, 같은 논리에 따라 부적격자의 자식도 부모 세대의 경험을 바람직한 방향으로 전수받음으로써 적격자가 될 수 있다는 자조론自助論자들의 견해를 정면으로 반박하기 위한 것이었다.[78]

이처럼 독일의 인종위생학은 골턴의 우생학보다 더 노골적으로 국가인종주의가 전면에 부각된 사회생물학적 기획이었다. 국가의 효율성을 떨어뜨리는 사회문제를 해결하기 위한다는 미명하에 사회주의와 노동계급에 대한 탄압 수단들이 과학의 이름으로 포장되었다. 노동자계층과 시민계층 사이의 상대적인 출산율 차이를 극복하기 위해 시민계층의 출산율 장려운동이 전개되는 한편, 사회복지제도가 육체적 부적격자의 생존과 출산을 허용함으로써 인종적 퇴화를 유발한다고 비판했고, 이러한 사회적 부적격자들이 그 유전적 특성으로 인해 범죄, 매춘, 자살, 알코올 중독, 정신이상, 정신박약 등 공동체 전체의 질을 위협하는 온갖 사회적 질병을 양산한다고 봄으로써 이들을 자연선택(도태)의 법칙에 따라 제거할 것을 요구했다.[79] 그리고 이러한 비정상 혹은 부적격자에 대한 제거를 위해 골턴이 제시한 네거티브 우생학의 조치들보다 더 적극적인 수단들이 제시되었다.

이상이 독일판 우생학의 주요 내용이다. 그러나 우생학은 의사나 우생학자들만의 전유물이 아니었다. 우생학은 사회다윈주의를 추종하는 여러 분야 인종과학자들에게 즉각 수용되면서, 인종과학 전반의 공유재산, 과학적 인종주의의 상징이 되었다. 한편, 의사와 우생학자들의 국가인종주의적 프로그램은 사회(인종)인류학자와 같은 타분야 인종과학자들의 그것과 비교하면 오히려 온건한 편이었다. 그렇다면 타분야의 인종과학자들은 우생학을 어떻게 재전유했는가? 이에 대해서는 아래에서 이들의 역사관을 상론하면서 언급할 것이다.

# 03
# 여러 국가인종주의 역사관

국가인종주의의 핵심적 기획인 우생학은 사회다원주의적 역사철학 및 역사관과 직접적으로 결합되었다. 사회(인종)인류학자, 인종심리학자, 인종사회학자 등 여러 인종과학자와 일부 역사가들은 우생학에 단순히 인구정책적·사회정책적 의미를 넘어선 보편적인 의미를 부여하려 했다. 이들은 무엇보다 우생학이 국민국가와 부르주아지 사회발전을 위해 갖는 역사적 당위성을 강조했다. 이들이 피력한 역사철학 및 역사관은 사회다원주의의 자장 속에서 형성된 것들이다. 그러나 그 구체적 형태는 매우 다양했다. 따라서 더 이상 하나의 사회다원주의가 아니라 여러 개의 사회다원주의라고 표현하는 것이 정확할 것이다. 이와 관련하여 첨언하자면, 우리는 흔히 제국주의 시대의 역사철학을 다윈, 스펜서, 월리스, 헤켈 등의 낙관적 사회다원주의와 동일시하고 있다. 이들의 진보낙관주의는 1850년대에서 1870년대에 일어난 유럽 자본주의의 비약적 성장과 자국의 정치적 번영을 표현한 것이었다. 그러나 여기서 언급하게 될 1900년 전후의 역사관들 대다수는 진보낙관주의와는 상당히 거리가 먼 세기말 사조와 결합된 사회다원주의라고 규정할 수 있다. 각 유형의 역사관들을 살펴보면서 이를 확인해보자.

## 바세르 드 라푸즈: 장두인과 단두인의 투쟁으로서의 역사

사회다원주의와 우생학을 자신의 사회(인종)인류학과 결합시킨 가장 유명한 인종주의자는 프랑스의 동물학자이자 인류학자인 바세르 드 라푸즈(Georges Vacher de Lapouge, 1854~1936)이다. 바세르 드 라푸즈는 특별히 영미권에 커다란 영향력을 행사했다. 대표적으로 영국의 민족지학자 베도(John Beddoe), 미국의 클로슨(Carlos C. Closson)은 그의 추종자였다. 그러나 독일에서도 그 영향력이 적지 않았는데, 암몬은 그의 동지였으며, 뒤에서 살펴볼 볼트만, 그리고 '인종 교황'이라 불리며 나치 독일의 인종이데올로기를 대표했던 귄터(Hans Friedrich Karl Günther, 1891~1968)와 같은 독일의 인종이론가들은 그의 제자라 해도 과언이 아니다.[80]

바세르 드 라푸즈는 1886년부터 1892년까지 진행된 몽펠리에 대학 강의를 통해 암몬과 함께 이른바 '인류사회학'이라는 새로운 학문을 만들었다. 그는 『사회적 선택(Les sélections sociales)』(1896), 『아리아인—그의 사회적 역할(L'Aryen: son Rôle Social)』(1899) 등을 통해 자신의 인류사회학을 선전했다. 그는 인류에 관해 타당한 해명을 줄 수 있는 것은 유일하게도 인류학뿐이며, 따라서 인류학이 정치적·사회적 생활을 설명하는 것은 타당하다고 하면서 동어반복의 방식으로 자신의 학문을 정당화했다.[81] 그는 린네의 분류방식을 차용하여 인류를 11개 인종으로 나누고, 그중 유럽인들을 세 인종으로 나누었다. 유럽 인종(Homo europaeus, 주로 북부 독일, 영국, 스칸디나비아, 네덜란드에 거주), 알프스 인종(Homo alpinus, 주로 프랑스, 남부 독일 및 스위스, 북부 이탈리아, 폴란드, 발칸반도 및 소아시아, 코카서스에 거주), 그리고 알프스 인종과의 혼혈 인종인

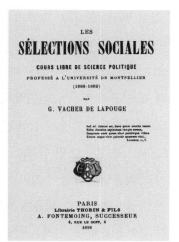

바세르 드 라푸즈(1854~1936)와 그의 저서 『사회적 선택』 표지

지중해 인종(Homo mediterraneus, 주로 에스파냐, 남부 이탈리아, 북아프리카 등에 거
주) 혹은 소소小인종(Homo contractus)이 그것이다. 이로써 그는 호모사피엔스라
는 하나의 인류 개념뿐만이 아니라, 하나의 종으로서 백인종(코카서스 인종) 개
념마저 완전히 부정하고 있다. 여기서 바세르 드 라푸즈는 두개골 형태를 인
종을 분류하는 기준으로 삼았는데, 스웨덴의 레치우스(Anders Retzius)가 시작
하고 프랑스의 브로카(Paul Broca) 등이 측정 방법을 발전시킨 '두개계측학'의
두개지수頭蓋指數(cephalic index)를 차용하여 두개골의 형태를 나누었다. 즉,
두개골의 최대 폭(너비)에 대한 최대 길이의 비율을 백분율로 나타낸 것이 75
이하면 장두長頭, 80 이상이면 단두短頭(둥근 머리)로 규정했다.[82]

바세르 드 라푸즈는 특히 가장 우수한 인종인 유럽 인종과 가장 열등한
인종인 알프스 인종을 비대칭적으로 대비시키면서 자신의 이론을 전개해나
갔다. 유럽 인종은 장두에 금발이며 키가 크고, 알프스 인종은 단두 혹은 둥

근 머리에 갈색 머리칼을 갖고 있으며 키가 작다. 그가 말하는 유럽 인종은 곧 아리아인을 뜻한다. 그는 언어학적 개념인 아리아인을 인류학적 개념인 유럽 인종으로 부르고 있을 뿐이다. 바세르 드 라푸즈는 이와 같은 신체적 대비에 더해 각 인종의 정신적·심리적 특징을 첨가한다. 즉, 유럽 인종은 공명심이 있고, 에너지가 많으며, 용감하고, 이상주의적이며, 프로테스탄티즘에 친화성이 있다는 것이다. 반면 알프스 인종은 보수적이고, 겁이 많으며, 재능이 떨어지고, 가톨릭적 성향이 있다는 것이다. 한마디로 유럽 인종은 정신적 활동력이 탁월하고 알프스 인종에 비해 더 풍요로운 삶을 영위하며 장래를 개척하는 힘이 강력하다. 이러한 인종적 특성으로 인해 유럽 인종은 주로 도시에 거주하며, 교양시민의 다수를 차지하고 있을 뿐만 아니라 낯선 곳으로의 이주도 잘하며—정신적 활동력이 탁월하여—자전거도 잘 탄다는 것이다.[83] 더 나아가 그는 유럽 인종, 즉 아리아인을 인간의 근원적·미적 이상을 체화한 신체를 지닌 채 전사적 성격과 개인주의, 그러나 비상시에는 명령에 복종하는 미덕을 가진 '지배 인종'으로, 반면 알프스 인종, 즉 단두(둥근 머리)인들을 타고난 '노예 인종'으로 규정하고 있다.[84] 또한 바세르 드 라푸즈는 유럽 인종을 황인종 및 유대인과도 대비시키는데, 전자는 정직한 노동을 강조하지만, 후자는 양심이 없고 가치에 대한 감각도 없으며 단지 상업적인 것에 매몰되어 있다는 것이다.[85] 특히 유대인에 대해서 그는 경멸감을 감추지 않았다. 유대인은 성공하면 오만해지고, 그 반대의 경우에는 노예처럼 굽신거리며, 음험하고 돈 버는 재주가 뛰어나고 지적으로 탁월하지만 창조력은 없는 존재라는 것이다.[86] 바세르 드 라푸즈의 인종이론에는 한편으로 부르주아계급이 전유한 귀족의 인종주의 및 게르만주의, 다른 한편으로 부르주아계급 자신의 도덕적 가치가 강하게 투영돼 있다.

바세르 드 라푸즈의 인류사회학은 궁극적으로 인종적 기반 위에서 정확한 자연과학적 보조수단을 통해 역사철학을 정립하려는 시도였다. 그에게 인간이란 일련의 지배 동물들의 위계 속에서 최상의 위치를 차지하는 구성인자에 지나지 않았으며, 따라서 절대적인 결정론에 예속된 존재였다. 각 민족들의 삶이란 마치 식물의 생장처럼 순전히 생물학적 생장의 원리에 의해 진행되는 것에 지나지 않았다.[87] 그는 인간의 자유의지를 부정하고 무수히 많은 조상에게 대대로 물려받은 유전적 소질만을 인정했다. 이런 맥락에서 그는 "폭력, 법률, 인종, 진화의 실재"를 다루는 자연과학의 정치에 반대되는 정의, 형제애 및 평등의 가르침을 "자연법칙에 반하는 것" 혹은 허구적인 것으로, 더 나아가 속임수로 단정했다. 그는 말했다. "꿈속에 거하는 자들에게 화가 있을지어다!"[88]

바세르 드 라푸즈는 인종이 역사진행을 결정한다고 단언했다. "개인은 그의 인종에 의해 지배된다. 그 이외에는 아무것도 아니다."[89] 인종이 "역사의 근본요소"이기 때문에 한 민족의 역사적 가능성과 미래는 남김없이 인종적 조건에 의해 미리 결정되어 있다. 또한 모든 민족의 미래는 직접적으로 "순수한 유럽 인종"의 유형이 그 인종적 구성 속에서 어느 정도의 비율로 존재하는가에 달려 있다. 민주주의가 지배하는 나라에서는 금발의 장두인의 행동이 어두운 머리카락의 단두인에 의해 방해받는다. 역사적 요소로서의 인종은, 예를 들어 '개인'과 같은 다른 동인들보다 우위에 있다. 민족들 간의 투쟁 뒤에는 실제로 인종 간의 투쟁이 있다. 각 민족들(인종들)은 "영원무궁"을 주장하며 스스로가 모든 곳에서 방해받지 않고 퍼지기 위해 노력한다. 이에 따라 인종투쟁이 타당한 삶의 원리로 선포된다는 것이다.[90]

이런 맥락에서 바세르 드 라푸즈는 역사적 사례를 자신의 사회(인종)인류학적 역사관으로 재해석했다. 그는 프랑스 혁명을 예로 들면서 역사란 "단두인이 금발의 장두인을 권력정치적으로 대체한 것"이라고 했다. 그는 종교개혁을 아리아 인종의 "유전적 전통"과 기독교(로마가톨릭)의 싸움으로 보았다. 오직 아리아 인종만이 종교적 자유의 표현인 프로테스탄티즘을 받아들였기 때문에 종교개혁은 인종적으로 조건지어진 현상이라는 것이다. 같은 맥락에서 그는 낭트 칙령의 폐지와 프랑스 혁명을 프랑스 역사상 최대 실수로 간주했다. 왜냐하면 그의 입장에서 이 사건들을 통해 장두인이 억압되거나 말살되었기 때문이다. 나아가 그는 아리아 인종은 프로테스탄트교도인 반면, 단두인은 가톨릭교도라는 것을 언급하면서 두개지수와 종교 간에는 마치 두개지수와 부富의 관계처럼 직접적 상호관계가 있음을 강조했다.[91]

바세르 드 라푸즈는 역사의 진행을 무엇보다 '선택'과 '도태'의 과정으로 파악했다. 여기서 그는 역사진행을 두 시기로 나눈다. 첫 번째 시기는 자연선택이 이뤄진 과정이다. 이 시기에는 지배 인종이 열등한 인종을 억누르고 자비로운 노예 상태에 있게 하는 것에 의해 보편적인 사회진보가 일어난다. 중부 유럽의 장두인들(유럽 인종)은 둥근 머리 원주민들(알프스 인종)을 복속시킨 게르만 지배 인종의 후손이다. 이들이 중세 시대의 봉건귀족들이다. 프랑스에서는 장두인들이 중세 전성기까지는 — 영국과 미국에서는 근대 초까지 그러했던 것처럼 — 지도적 위치에 있었다는 것이다. 그러나 두 번째 시기가 시작되었다. 이 시기는 자연선택에 역행하는 '사회적 선택'이 이뤄진 시기다. 그가 말한 '사회적 선택'은 골턴의 '역선택'과 동의어라고 할 수 있다. 즉, 중세를 경과하면서 문명화가 진행되면서 단두인(비아리아적인 알프스 인종)의 인구가 증대했다. 수많은 전쟁, 혁명, 개인적 결투, 이단 탄압과 같은 종교적 박해, 비혼非婚, 투옥, 그리고 잘못된 혼인들로 인해 고귀한 자들이 뿌리 뽑히

고, 지속적 동종교배가 방해받거나 비천한 피와의 혼혈을 통해 퇴화되어갔다는 것이다.[92]

바세르 드 라푸즈는 중세 말 이후 현재까지 '두개지수'의 지속적 상승이 하나의 역사진행 법칙이 되어버렸다고 한탄한다. 14세기 이후로 문명이 발전함에 따라 "개들과 마찬가지로 복종을 위한 동력만을 지닌 채 장두인, 유대인, 중국인의 지배하에 있는" 단두인들의 인구가 끊임없이 증대하고 있다는 것이다. 여기서 그는 종래의 군사적 선택(프랑스 혁명과 같은 내전), 종교적 선택(독신, 이단 탄압), 도덕적 이유로 인한 자발적 선택 이외에 금권주의적 경제체제에 의해 각인된 현대사회에서 일어나는 만혼, 무자녀, 이민, 도시화 등 경제적 상황에 의한 '사회적 선택'이 단두인들의 인구 증대의 원인임을 지적한다. 그는 이러한 단두인들이 현재의 대중적 인간들이며, 이들의 인종적 자질과 역사적 영향은 기본적으로 부정적이라고 평가한다.[93] 여기서 바세르 드 라푸즈가 단두인들의 머릿수에 의한 지배, 즉 민주주의에 적대적이었다는 것이 명확히 드러난다.

이상과 같이 바세르 드 라푸즈의 역사관은 염세적이었다. 그는 진보낙관주의를 부정했다. "미래는 최고가 아니라 기껏해야 보잘것없는 것"이라고 단언했으며, 특히 프랑스 민족의 인종적 역사야말로 둥근 머리를 가진 자들의 증가로 인해 야기된 참담한 결과를 대변한다고 보았다. 그에 의하면 이제 프랑스 민족은 죽었다. "역사상의 프랑스인들은 더 이상 존재하지 않는다. 우리는 그들의 자리를 완전히 다른 성향을 가진 새로운 민족이 차지하고 있음을 본다. 이는 역사상 최초로 둥근 머리를 지닌 민족의 지배가 성공했음을 의미한다."[94]

그의 염세주의적 역사관은 고비노와 유사하게 종말론적 미래관으로 연결되었다. 그는 머지않아 끔찍한 인종전쟁이 벌어질 것을 냉소적으로 예견했다. 그러나 절망적인 예견은 아니었다. 그 전쟁은 바세르 드 라푸즈 자신의 역사적 진단을 통해 각성한 장두(아리아)인들이 치르는 전쟁이기 때문이었다.

> 나는 다음 세기에 두개지수가 1도나 2도가 더 높으냐 낮으냐를 가지고 수백만 명이 서로가 서로를 죽이는 일이 벌어질 것으로 확신한다. 이러한 수치가 종교적 유사성, 언어적 친족관계를 대체할 것이고, 친족관계에 있는 인종들이 이러한 수치를 통해 서로를 알아볼 것이다. 최후의 감상주의자는 여러 민족이 폭력적으로 말살되는 것을 경험할 것이다.[95]

이처럼 바세르 드 라푸즈의 염세적 인종주의는 치명적이지는 않았다. '사회적 선택'에 의해 각인된 이제까지의 역사적 몰락 과정을 전환시키고 인종적 재생을 향해 새롭게 역사를 진행시킬 수 있는 처방을 계획했기 때문이다. 사실 위에서 언급한 인종전쟁의 예견은 예견의 형식을 빌린 장기적 계획, 정확히 말해 인종청소라는 최종 해결책이었다고 할 수 있다. 하지만 바세르 드 라푸즈는 전쟁을 통한 극약처방 대신에 단기적으로 실현 가능한 미래 계획을 제시했다. 그 계획이란 국가가 주도하는 '체계적 선택'이었다. 여기서 그는 우생학을 강조했다. 한 민족의 역사는 우생적 요소들의 역사다. 이러한 "우월한 유전인자라는 요소들"이 역사발전의 과정과 방향을 결정한다는 것이다. 이에 의하면 우월한 인종적 유형은 더 이상 고비노가 주장한 외래적 정복 인종이 아니라 의식적인 선택에 의해 배양된 집단이다. 바로 이 지점에서 인종주의 역사철학은 인종주의의 정치로 변화되었다.[96]

바세르 드 라푸즈는 이러한 체계적 선택의 실제적 과제는 자연선택이 "불리한" 결과를 가져오는 경우에만 이에 맞서 개입하는 것이라고 했다. 이는 곧 모든 수단을 다해 이전에 가치가 높다고 인정된 유형들을 최대한 빨리 증대시키는 것이었다. 그는 자신의 인위적 선택의 사상이 사회주의라고 주장했다. 그는 자본주의적 경제발전의 자연적 결과들은 무엇보다 사람들이 타고난 재능에 걸맞은 사회적 지위를 얻지 못하게 만들었으므로, 이전의 이상적인 사회적 상태에 의거하여 이러한 부작용을 완화시켜야 한다는 것이다. 이런 맥락에서 실제로 바세르 드 라푸즈는 쥘 게드(Jules Guesde)의 사회주의 운동에 가담하기도 했다. 그러나 그의 '선택' 사상은 사회주의가 아니라 유전적·인종적 소양(재능)에 따른 신분제적 위계질서를 강조하는 근대적 봉건주의였다. 그는 유전적·인종적으로 "타고난 전문성"에 맞춰 각 개인을 농부 인종, 통치 인종, 전사 인종, 심지어는 노예 인종으로 배양하려고 했기 때문이다.[97] 또한 그의 금권체제 및 유대인 부르주아지에 대한 적대감은 사회주의보다는 반유대주의의 산물이라고 할 수 있다.

그는 이와 같은 인위적이고 체계적인 선택에 의해 비교적 짧은 시간 안에 한 민족의 구성이 달라질 것으로, 즉 염원했던 두개지수를 달성할 수 있을 것으로 낙관했다. 그에 의하면 체계적인 선택은 다음과 같은 목적을 향해 진행된다.

- 주어진 사람들 가운데 자연적 귀족의 형성
- 다양한 분야의 노동에 합당한 전문화되고 확실히 구분된 사회적 카스트의 형성
- 민족 전체의 주어진 방향으로의 변형
- 전 세계적 차원에서 지배 인종의 형성

● 현존 인류를 (각각의 사회적 기능과 카스트에 상응하는) 더 완전한 단일 인종
  들로 대체하기[98]

바세르 드 라푸즈는 인위적 생식을 통해 이러한 목적을 향한 진행 과정을
가속화시키고자 했다. 그가 제시한 인위적 생식 조치에는 의무적인 군사 복
무처럼 의무적인 성적 복무, 특정 인간 유형을 집중 생산하는 '선택공장' 등
이 포함되었다. 또한 그가 제시한 체계적 선택 프로그램에는 불임결혼 방지
및 출산장려책 이외에 인종적으로 "열등한 자들"을 제거하는 방안도 포함되
어 있었다. 알코올 중독, 매춘, 도박 등 사회적 질병에 감염된 자들의 단종,
혼혈금지와 혼혈인에 대한 안락사 등 여러 사회위생학적 조치가 그것이다.
이 밖에 유대인이 지배하는 금권체제의 해체, 동화에 의한 유대 인종의 해체
등 반유대주의적 조치도 그의 '선택' 프로그램에 들어 있었다.[99]

인종이론의 역사에서 바세르 드 라푸즈의 인류사회학은—멀리는 블랭빌
리에와—고비노의 인종론을 과학적으로 수정하여 계승·발전시킨 것으로 평
가된다. 바세르 드 라푸즈 스스로도 인류 진화의 역사에서 최초로 인종의 중
요성을 강조한 사람이 고비노이므로 그가 자신의 인류사회학의 진정한 창시
자라고 평가했다.[100] 인종의 불평등성, 지배 인종인 아리아인의 지속적인 퇴
화 과정 및 이로 인한 염세주의적 역사관이 두 사람이 공유하는 이론적 전
제였다. 그러나 고비노가 역사진행 과정을 외래인종의 정복과 이로 인한 '혼
혈'로 설명한다면, 바세르 드 라푸즈는 그것을 '선택(도태)'을 둘러싼 아리아
인종과 비아리아 인종의 생존투쟁으로 설명한다. 또한 고비노의 염세주의가
출구가 없는 것이었다면, 바세르 드 라푸즈는 사회다원주의와 우생학의 도
움으로 염세주의로부터 탈출할 수 있는 출구를 찾았다. 더 나아가 바로 이런

이유로 고비노의 이론은 보수반동적 문명비판의 역사철학으로 머물렀지만, 바세르 드 라푸즈의 이론은 인종 증오주의에 입각한 폭력적인 국가인종주의의 정치학으로 발전했다. 바세르 드 라푸즈야말로 나치 독일의 아리아 인종주의 정치학의 직접적인 스승이었다.

### 하인리히 드리스만스: 인종 혼혈의 문화사

드리스만스(Heinrich Driesmans, 1863~1927)는 독일의 저널리스트이자 인종이론가였다. 그는 셰만이 세운 고비노협회의 회원이자 볼트만이 편집한 『정치-인류학 평론』의 기고자로 활동했다. 그는 당시 독일민족운동 진영 내부에서 극도로 논란이 많았던 우생학적인 혼혈이론을 발전시켰다. 예를 들어 그는 유대인 문제의 해결은 오로지 인종 간의 혼혈을 통해서만 해소될 수 있다고 주장했다.[101]

그는 언어, 두개골 모양, 신체적 특징과 같은 인종의 외적인 특징들 대신에 내적인 것, 즉 심리적이고 정신적인 특질들에 기반하여 각 민족의 인종적 요소와 특징을 파악하는 인종심리학적 이론을 전개시켰다. 그러나 실제적으로 그의 이론은 인종을 구별할 때 '아리아', '켈트', '셈' 등과 같이 어족에 따른 명칭을 씀으로서 언어학적 인종이론과의 자의적 절충주의에 머물렀다고 다른 인종이론가들에게서 비난을 받았다.[102]

드리스만스의 인종심리학 이론은 다분히 역사적 맥락 속에서 전개되었다. 그는 자신의 작업이 "인종 본능의 문화사" 연구라고 주장했다. 그는 바세르 드 라푸즈와는 반대되는 낙관주의적 역사관을 피력했다. 역사는 진보하는 과정에 있으며, 자연선택에 대항하는 과정이 바로 이러한 진보적 역사진행을 특징짓는 것으로 파악했다. 세계사란 각 민족의 고등문화와 삶의 세련화

를 향한 발전 과정이고, 이러한 고등
문화와 삶의 세련화는 자연선택의 근
본적 적대자라는 것이다. "고등문화
가 더욱더 고등한 것이 될수록, 삶이
세련되면 될수록 자연선택은 자신이
거의 완전히 지양될 때까지 무력화된
다."[103]

드리스만스는 진보적 역사진행의
과정을 다음과 같이 설명한다. 각 민
족의 문화발전은 각 인종의 차원 높
은 정신적 재능, 환경을 통한 '교배·
번식 선택(Zuchtwahl)' 방식의 자연선

Kulturprobleme
der Gegenwart.

Herausgegeben
von
Leo Berg.

Band IV.
Rasse und Milieu.

Von
Heinrich Driesmans.

BERLIN W. 15.
VERLAG VON JOHANNES RÄDE.
1902.

하인리히 드리스만스(1863~1927)의 『인종과 환경』
(1902) 표지

택, 그리고 혼혈이라는 세 가지 동인에 의해 이뤄진다.[104] 그러나 역사가 진
행됨에 따라 '교배·번식 선택'이 피선택자 및 약자를 근절하는 환경의 직접
적인 영향으로부터 점점 더 벗어나게 되며, 이러한 과정이 진행되면 될수록
인위적으로 행해지는 최적자의 선택, 즉 이른바 인위적인 '아리아 인종의 선
택'이 중요해진다. 이 인위적 선택은 고등한 인종의 집중적 번식이라는 목적
을 지닌 채 사회적 위계서열의 질서, 즉 사회적 카스트의 형성을 통해 이뤄
지며, 이 인위적 '교배·번식 선택' 과정 속에는 최종적으로 (잘 관리된) 혼혈도
포함된다는 것이다.[105]

드리스만스는 각 인종의 정신적 재능을 비교하기 위해 역사상 저명인사
들을 인종에 따라 분류했다. 예를 들어 소크라테스는 셈족, 나폴레옹 군대에
맞서 일어난 티롤 지방 봉기의 지도자 안드레아스 호퍼는 몽골족, 리슐리외,

헤겔, 바이런은 켈트족, 괴테는 켈트족과 로망(라틴)족 혼혈, 셰익스피어는 켈트족 피가 우세한 혼혈, "프랑스 예술의 정상"을 차지하는 모파상은 게르만 피가 압도적인 혼혈 등으로 분류했다.

드리스만스는 정신적 재능의 최상위에 있는 인종으로 게르만족을 꼽았다. 그는 게르만족의 장점으로 프로테스탄티즘, 발전 및 진화에 대한 믿음, 과도한 정의감 등을 꼽았다. 그러나 동시에 단점도 지적했는데, 감염 질병에 취약하고 우울증과 같은 정신적 질병에 걸리기 쉬우며 자살 성향이 있다는 것이다. 그에 의하면 켈트족은 게르만족 아래에 있다. 켈트인들은 "아리아 인종 가운데 유대인 격에 해당"하는 존재로서 현대적 교육과 광택내기 기술 등을 게르만인들로부터 전수받았다는 것이다. 이들은 "안정된 시민적 직업 없이 여기저기 떠돌아다니면서" 지배계층을 즐겁게 하고 아첨하는 계층이다. 켈트족 아래에는 전아리아적, 몽골적, 이베리아적 요소가 잡다하게 섞인 계층이 있는데, 이들이 사회민주주의(사회주의)당의 주력 대중이다.[106]

이에 근거하여 드리스만스는 프랑스 혁명을 지배층인 게르만족에 맞선 켈트족의 혁명으로 묘사했다. "현대의 공공생활에서 여기저기 떠돌아다니는" 변호사들과 저널리스트들이 선동해서 일어난 혁명이기 때문이라는 것이다. 한편, 그는 혁명가들이 오랫동안 권력을 잡지 못한 것은 켈트족이 국가를 운영할 능력이 없다는 것을 보여주는 것이라고 주장했다. 반면에 영국 혁명은 켈트족에 맞선 게르만족의 혁명으로, 이를 통해 켈트족도 결과적으로 행복해질 수 있었다는 것이다. 같은 맥락에서 그는 독일농민전쟁을 켈트족의 혁명으로 규정했으며, 30년 전쟁 이후 독일은 켈트화되어서 18세기 독일인들의 "여성탐닉적" 멘탈리티가 등장했다고 주장하기도 했다.[107]

그러나 드리스만스는 문화의 진보를 위해서는 반드시 혼혈교배가 필요하다고 역설했다. 위에서 언급한 위인들은 혼혈인들이며, 특히 예술가들은 "인종적 잡종들"이라는 것이다. 이러한 맥락에서 그는 슬라브와 색슨의 혼혈족인 프로이센인을 가장 육체가 건강하고 정신적 능력이 출중한 이상적인 인간으로 꼽았다. 그는 프리드리히 빌헬름 1세를 "당당하게 내민 가슴과 쏙 들어간 배"로 상징되는 인종위생학적 완성태로 꼽았다. 반면 남부 독일인들을 인위적 '교배·번식 선택'이 제대로 이뤄지지 않은 "짐승 같고 게으른" 자들로 간주했다.[108]

지금까지 드리스만스의 황당한 "인종 본능의 문화사"를 개략해보았다. 자신의 이러한 역사 관찰을 토대로 그는 당시 독일의 정치적 현실을 슬라브-색슨적 삶의 질서, 즉 프로이센의 국가사상 대 사회주의자들에 의한 켈트-게르만적(혹은 켈트-몽골적)인 급진적 사회원리의 갈등으로 파악했음을 알 수 있다. 그가 슬라브-색슨적 삶의 질서가 승리하기를 원했음은 자명하다. 그러나 동시에 그는 이러한 정치적 미래 기대와 함께 "진실성, 고도의 지적인 발언 능력과 양심 충만함"을 지닌 "현대의 문화인들로부터 미래의 아리아·게르만 인종의 배양"이라는 미래 프로젝트를 제시했다. 그 계획의 요지는 다음과 같다. 남녀 예술가들끼리 결혼하여 "예술정신에 충만한 피"가 배양될 수 있는 "인위적인 교배공동체"를 만든다. 이와 유사하게 '교배·번식 선택'이 추진되는 기술자 공동체, 자연연구가 공동체, 수학자 공동체, 철학자 공동체 등 "직업에 따른 교배공동체"가 구성된다.[109]

이처럼 "인종 본능의 문화사"에 근거한 드리스만스의 우생학적 청사진은 바세르 드 라푸즈의 그것과 비교하면 익살맞기까지 하다. 바세르 드 라푸즈의 사회다원주의적·우생학적 역사 및 미래 내러티브가 비극이라면 드리스만스의 그것은 희극이다. 암몬이나 체임벌린 같은 당대의 인종주의자들은 희극을 별로 좋아하지 않았던 모양이다. 이들은 드리스만스의 유토피아에 대해 무척이나 냉담했고, 그가 "좋은 놈"이긴 하지만 "속물"이라고 비난했다.[110]

## 오토 지크: '역선택'과 문명 몰락의 역사

오토 지크(Otto Seeck, 1850~1921)는 인종과학자는 아니었다. 그는 노벨문학상을 받은 로마사가 몸젠(Theodor Mommsen) 문하에서 수학하고 1907년에는 뮌스터 대학의 정교수가 된 고대사가였다. 그러나 그의 사례는 당시의 과학적 인종주의가 강단 역사가에까지 영향을 끼쳤음을 단적으로 보여준다. 지크는 『고대 세계의 몰락의 역사』(1895~1921)라는 모두 일곱 권으로 된 방대한 역사서를 집필했다. 이 책은 그가 강조하다시피 전문역사서라기보다는 고대사에 대한 전문지식이 없는 식자층 일반을 위한 역사교양서의 성격을 띠었다. 이 책은 디오클레티아누스 황제 시기부터 서로마제국 멸망까지의 로마제국 몰락의 역사를 다루고 있다.[111] 그런데 이 책 2권 『고대 세계의 몰락(Verfall der antiken Welt)』 제3장이 특이하다. 「최고의 자질을 가진 자들의 절멸」이라는 제목에서 알 수 있듯이 그는 사회다윈주의와 우생학의 관점에서 로마제국의 멸망을 설명하고 있다.[112]

지크는 현재 독일이 "위험 앞에 위협당하고 있다"면서 자신의 로마제국 멸망사를 통해 무엇보다 정치적 교훈을 주려 했다. 그는 독일제국 정부의 군사정책이 첨단무기의 도입에만 치중되어 있지 방위력 향상을 위해 정작 중요한 독일 민족의 인종적 자질문제는 놓치고 있다고 비판하면서 로마제국의 멸망 원인을 설명한다. 로마제국은 노쇠해서도 아니고 사치와 방탕함 때문에 멸망한 것도 아니다. 혹은 이미 인구의 반을 점유한 야만 민족들이 옛날의 고급문화를 습득하지 못해서 그렇게 된 것도 아니다. 로마제국은 한마

오토 지크(1850~1921)

디로 "옛 정신에 대해 무서울 정도로 태만했기" 때문에, 즉 신선하고 창조적
인 정신적 능력이 없었기 때문에 멸망했다. 로마제국의 정체된 정신으로 인
해 군사장비의 혁신과 신무기 개발, 병사들의 우위를 담보할 수 있는 그 어
떤 발명도 불가능했을 뿐만 아니라 농업, 기술, 국가행정, 문학과 예술 등 전
분야에서 전통의 단조로운 모방만 존재했다는 것이다.

　지크는 이러한 정신적 태만과 침체의 원인을 그리스·로마 문명의 잘못된
'선택' 과정, 골턴 식으로 표현하자면 '역선택', 바세르 드 라푸즈 식으로 말
하자면 '사회적 선택'에서 찾는다. 그는 수많은 사례를 들어가면서 그리스·
로마 문명의 잘못된 '선택' 과정을 묘사한다. 요약하자면 고대 그리스 폴리스
의 민주주의 발전 과정에서 발생한 귀족, 참주, 민중파의 지도자들과 그들을
추종한 엘리트들의 추방과 망명, 이로 인해 가족을 만들고 영위할 수 있는

기회의 상실, 민주정 이후의 혁명과 대량학살, 로마공화정 말기 그라쿠스 형제와 그들을 추종한 재능 있는 젊은이들의 말살로 대표되는 폭력적 당파투쟁과 내전 등을 통해 우수한 정신적 능력을 지닌 사람들이 멸망했다는 것이다. 이 밖에 지크는 로마제국 이후에도 지속된 "고귀한 피"의 계속된 약화 과정을 묘사한다. 엘리트층의 종교적 금욕, 기독교 박해, 속주의 타락 등을 지적하면서 내전, 황제의 자의성, 관료의 부패, 용병, 금욕과 믿음의 열정이 함께 작용하면서 결과적으로 "고귀한 싹"은 줄어들고 "비겁한 자들"만이 살아남았다는 것이다. 따라서 이러한 인종적 퇴화 때문에 로마제정 시대의 역사는 지속적인 퇴보의 과정을 밟았으며, 이러한 퇴보는 특히 "무서울 정도의 생각의 나태함"으로 대변되는 정신생활 영역에서 두드러졌다는 것이다.

그러나 지크는 "최고의 자질을 가진 자들"이 희생된 이러한 잘못된 선택과 달리 유대인을 비롯한 셈족과 게르만족의 경우에는 제대로 된 선택이 일어나 인종의 진화를 가져왔다고 주장했다. 내전, 박해, 대량학살 등과 같은 동일한 선택 과정이 셈족과 게르만족에게는 인종적 진화의 기회가 되었다는 것이다. 그중 셈족에 한정해서 언급하자면, 로마제국 말기의 일반적인 쇠퇴 속에서도 셈족은 그들의 정신적 신선함을 일정 부분 유지했는데, 그중에서도 유대인은 오늘날에 이르기까지 부단히 그 힘을 유지한 채 그 숫자에 비해 엄청날 정도로 세계문화에 기여하고 있다. 그런데 이 민족은 행운의 민족이 아니라 박해 속에서 살아난 민족이라는 것이다. 지크는 로마제국의 지배하에서 일어난 유대인 박해 사례들을 상론한다. 유대 땅(남부 팔레스타인)이 사막이 될 정도의 파괴, 유대인의 노예화, 알렉산드리아와 다마스쿠스에서의 대량학살, 유대인이 다시 재기하자 또다시 이어진 트라야누스, 하드리아누스 황제의 박해 등이 그것이다. 로마제국 멸망 이후 중세에 또다시 유대인은 주기적으로 일어난 가혹한 억압과 학살에 희생되었는데, "민족학살이라는 무서운 교배·번식 선택(Zuchtwahl)을 통해 고상해져서" 마침내 근대에 들어와 정신적 작업에 대다수가 훌륭하게 참여하고 있다는 것이다.

이어 그는 독일·네덜란드·영국·프랑스 등 '유럽의 문화민족'의 사례를 통해 유사한 주장을 이어간다. 독일의 30년 전쟁, 네덜란드 독립전쟁, 위그노 전쟁의 예에서 알 수 있듯이 학살과 폭력적 파괴 이후 이들 민족은 규칙적으로 2~3세대 안에 그 정신세계가 최고로 개화했다. 독일의 괴테와 칸트, 영국의 셰익스피어와 베이컨, 네덜란드의 호로티위스(Hugo Grotius)와 렘브란트, 프랑스의 몰리에르와 피에르 벨(Pierre Bayle) 등이 이를 대변한다는 것이다.

지크는 이러한 대조적인 선택원리를 다음과 같이 말한다. "그리스·로마에서 일어난 것처럼 지도적인 정신 능력을 소유한 자들의 '선택'만을 유발한 대량학살은 한 민족을 비겁하고 비열하게 만든다." 그러나 이것이 "무차별적으로 민족 전체에 대해 행해진다면 정반대의 결과"를 가져온다. 왜냐하면 허약하고 비겁한 자들 중 다수는 죽고 일부만 살아남는 반면 "냉철한 피를 지닌 영리하고 힘 있는" 사람들은 이들에 비해 많은 수가 살아남기 때문이다. 이렇게 해서 민족학살이라는 폭풍이 지나가면 평균적으로 민족의 용기, 힘, 에너지, 총명함의 수준이 평균적으로 이전보다 높아진다. 유전법칙에 의하면 생존자의 이러한 장점이 대대로 후손들에게 이어지면서 민족의 질이 올라간다. 최고의 자질을 가진 사람들이 이러한 무서운 시대를 살아남아 후손을 낳는다면 당대 최고의 사람들이 나올 것이다.[113]

이상과 같이 지크는 사회다원주의적 관점에서 역사를 해석하면서 교훈을 주고자 했다. 역선택을 막고 자연선택이 잘 작동되도록 하여 독일 민족의 인종적 진화를 이뤄야 한다는 것이었다. 그는 짐승과 식물의 품종 개량을 예로 들면서 자연선택이 잘 작동되는 방향으로 개입하는 '세심한 교배·번식 선택'을 대안으로 제시한다. 그는 이러한 인위적 '교배·번식 선택'에 한 인종의 가장 나쁜 요소가 혼합되지 않는다면 인종 혼합도 장점을 갖는다는 것을 인정하면서 혼혈교배도 포함시켰다.[114]

그러나 지크의 입장은 당시 그와 유사하게 인위적 '교배·번식 선택'을 주장하면서도 특히 동종교배의 중요성을 강조했던 오스트리아의 의사 라이브마이어(Albert Reibmayr)의 견해와는 다르다. 라이브마이어는 자연선택이 아니라 동종교배와 혼혈을 역사 운동의 주요소로 파악했다. 자연적인 '교배·번식 선택'은 매우 조금씩 매우 느리게 인간을 그 조야한 상태로부터 개선시킬 뿐이다. 따라서 인간은 단지 엄격한 동종교배에 의해 그 성격과 축적된 에너지가 형성된 지도적 카스트를 만듦으로써만이 문명을 발전시킬 수 있다는 것이다. 그는 계속해서 말하기를, 이러한 동종교배는 산맥, 바다 등 자연적 보호벽이 있는 곳에서만 가능하다. 따라서 이러한 자연조건이 결여된 미국에서는 고유의 문명이 발달하지 않는다. 그런데 더 이상 자연선택의 지배를 받지 않는 동종교배의 부작용이 나타나 이 특권 카스트의 퇴화가 올 수 있다. 이때 육체적으로는 건강하나 문화적으로는 열등한 민족과 혼혈을 통해 부작용을 치료할 수 있다는 것이다. 라이브마이어에 따르면 문화진보란 각 민족과 인종들 간의 동종교배와 혼혈의 규칙적인 상호교환 위에서 가능하다는 것이다.[115]

지크는 라이브마이어나 고비노 등 다른 인종주의자들과는 달리 인종의 순수성을 강조하지도 않았고, 유대인에 대해서도 적대적이지 않았다. 그럼에도 불구하고 그 역시 인종적 자질이 떨어지는 자들의 말살을 정당화하고, 인종적 진화를 강조하는 국가인종주의적 역사관의 특징을 그대로 보여주고 있다. 또, 내전과 민족학살 같은 동일한 역사적 사건을 하나는 역선택으로, 다른 하나는 자연선택으로 간주하면서 역사를 지극히 자의적으로 해석하고 있다는 점도 지적할 수 있겠다.

### 루드비히 굼플로비치: 인종 증오와 인종투쟁으로서의 역사

굼플로비치(Ludwig Gumplowicz, 1838~1909)는 폴란드 출신의 유대계 인종 사회학자이다. 그는 1883년에 『인종투쟁』을 썼는데, 이 책으로 인해 인종이론가들 사이에서는 일약 유명인사로 등극했다.[116] 그는 전 세계의 주요 문명권을 다룬 이 책을 "미래의 위대한 학문인 인류의 자연사"라고 규정했다.[117] 특별히 이 책은 국가인종주의와 이것의 연장선상에 있는 제국주의에 대해 냉소적이면서도 동시에 이를 정당화하고 있다는 점에서 흥미롭다.

그는 현존하는 역사관(역사철학)을 세 가지로 나눈다. 첫 번째 역사관은 역사를 고유의 목적을 지닌 채 행동하는 신의 작품으로 보는 신정神政주의적 사관이다. 두 번째는 인간의 자유의지를 강조하는 합리주의적 사관이다. 이 사관은 역사의 진보/발전을 자유로운 인간 정신의 작품으로 보면서 인간의 이성 속에서 역사의 길과 목적들을 발견하려고 한다. 이 사관에 의하면 이성이 인간을 변화시키고 합목적적으로 노력하게 만든다는 것이다. 세 번째 역사관은 굼플로비치 자신이 주장하는 자연주의적 사관이다. 이 사관은 인간이란 단지 자연의 한 부분일 뿐이며 자유의지가 없는 존재로 본다. 자연주의적 사관은 자연법칙들, 즉 인간을 영원한 필연성 속에서 자신에게 이미 지시된 자연적 경로들을 따라 움직이게 하는 자연법칙들을 탐구한다. 그는 신정주의적 사관은 과거에 속하는 것이고, 합리주의적 사관은 현재에 속하는 것이지만, 자연주의적 사관이야말로 미래에 속하는 것이라고 주장한다.[118] 특

루드비히 굼플로비치(1838~1909)

히 합리주의적 사관이 전제하는 인간의 자유의지와 정신과 자연의 이원론을 맹공격하면서 그 수명이 다했다고 선언한다. 이미 인간의 의지는 자유롭지 않고, 자연과 정신은 하나로 통일되어 있다는 것이 과학적으로 발견되었으므로, 자신의 자연주의적−사회학적 사관만이 학문적 가치가 있다는 것이다.[119]

이에 덧붙여 굼플로비치는 자신이 '인류의 자연사 혹은 사회학' 연구를 위해 참고한 종래의 역사서술들도 신랄하게 비판한다. 그러한 비판 가운데 자민족중심주의와 유럽중심주의에 대한 일부 비판은 경청할 만하다. 그는 종래의 역사서술들이 편협한 자민족중심주의적 관점에 빠져 있다고 보았다. 역사가들은 단지 자신들에게 친숙한 자신의 당파, 자신의 민족, 자신의 국가, 자신의 계급 등만을 찬미하고 있다. 이와 같이 현존하는 대부분의 역사서술은 자신 고유의 것과 가까운 것은 찬양하지만, 낯선 것과 멀리 있는 것은 깔

보고 비방하려는 인간의 주관적 욕구들로부터 유래한 것들이다. 따라서 유럽사 서술은 유럽을 모든 창조물 중 최고의 지위를 갖는 것으로, 또한 역사 발전의 정점이라고 부른다. 그러나 이와 마찬가지로 중국의 역사서술은 중국을 그렇게 부를 것이고, 아메리카의 역사서술도 아메리카를 그렇게 명명할 것이다. 유럽사 서술에서와 같은 방식으로 각국의 국사서술 역시 자신의 민족과 종족을 칭송할 것이다. 그러나 역사적인 자연진행의 법칙에 대한 객관적 서술을 위해 역사학은 지금까지 거의 한 일이 없다는 것이다.[120] 같은 맥락에서 그는 예를 들어 중국의 "부동성"과 "경직성", "역사발전의 결핍" 등을 강조한 헤겔과 같은 정체사관의 대변자들을 여지없이 비판한다.[121]

굼플로비치에게 역사란 이른바 '동물적 자연진행'의 과정, 즉 무수히 많은 인종 간에 끝없이 벌어지는 한 인종의 "피가 낯선" 다른 인종에 대한 "인종 증오", 이러한 증오 감정이 동력이 된 타인종에 대한 대립과 투쟁, 착취, 지배, 정복의 역동적 과정에 불과하다. 그는 우선 인류 개념을 부정하고, 이러한 연장선상에서 민족과 국가 개념, 더 나아가 고유의 사회적 단위나 공동체 개념도 부정한다. 오직 존재하는 것은 개별적 인종뿐이다. 그에 의하면 인류, 민족, 국가, 사회, 공동체 등은 수많은 인종들이 역사의 진행 속에서 "융합 (Amalgamierung)"의 과정을 통해 유기적으로 결합된 거대한 유기체일 뿐이다. 따라서 민족 간, 국가 간, 신분 간, 계급 간의 분쟁과 갈등은 본질적으로 인종 간의 투쟁이라는 것이다. 이를 좀 더 자세히 언급하도록 하자.

그는 '인류다기원설'을 주장하면서, 인류의 단일계통은 존재하지 않으며, 이미 역사의 시작부터 매우 많은 수의 인간 종들(Stämme)이 각자의 피 속에 각인될 정도로 서로 증오하고 적대하며, 싸우고 멸망당하고 있었다고 한다. 이들 가운데 사멸한 종들도 있으나 많은 종들은 이후 "융합된 단위"로서 역사 속에 등장하여 이른바 "역사적 민족"이 되거나, 더 나아가 더 많은 수의 종들이 "융합"되어 정치적 혹은 사회적 단위로 발전하기도 했다. 그러나 종족 전설이나 공통의 조상에 대한 관념에서 알 수 있듯이 원래적인 인종적 차이가 완전히 가시거나 인종적 의식이 가시지 않은 채 이러한 단위로 성장했다는 것이다.[122]

더 나아가 굼플로비치는 '인류단일기원설'에 입각한 종래의 언어학적·인류학적 인종 분류 이론도 비판한다. 그는 현재의 인종들이란 무수히 많은 작은 종들이 역사진행 속에서 "융합"을 통해 형성된 것임을 강조한다. 따라서 인종이란 역사적으로 형성되고 급속하게 변화하는 구성체이다. 인종은 교접(connubium)을 통한 피의 순환과 문화적 자산들, 그리고 이것들로부터 유래한 "공통의 유전적(syngenetisch) 감정들"이 결합되어 만들어진 사회적 공동체라는 것이다.[123]

굼플로비치는 역사의 동물적인 자연진행 과정을 설명하면서 다음을 강조한다. 오늘날 인종으로서 서로 적대적 관계에 있는 사람들은 조만간 아마도 새로운 인종으로 융합되어 있을 것이다. 그리고 이 새로운 인종은 또다시 다른 인종과 적대적 관계에 들어갈 것이며, 그 적대적 관계는 이 인종이 정복 민족에게 복속당하여 또다시 "융합"의 도가니 속에 들어갈 때까지 지속될 것이다. 왜냐하면 "자연의 지혜"가 용의주도하게 인간들의 가슴속에 "인종 증오"의 감정을 심어놓았기 때문이다. 인간이 동물보다 우월한 점은 타자에 대한 정복과 착취의 능력 때문이다. 완전히 빼앗아버리거나 노예로 만들어 착취하기, 혹은 상업과 공물 부과를 통한 착취, 더 나아가 전쟁을 통한 착취 등 타자에 대한 착취의 형태는 다양하다. 그러나 그 핵심은 이러한 착취 충동이 언제나 타자를 향해 겨냥되어 있다는 점이다. 즉, "인종 증오"가 등장하고,

더 약한 인종들과 국가들을 복속시키려는 성향이 언제나 인간에게 내재되어 있다는 점이다. 승자가 자신의 목적을 달성하자마자 그는 자신의 지배를 확고히하려 한다. 이때 국가, 행정조직, 민족적 이념은 단지 이를 위한 도구에 불과하다. 또한 계급과 직업의 구분도 근원적인 인종적 차이들 때문에 나타난 것이다. 이러한 근원적인 인종적 차이들은 대부분의 경우 교활한 승자들이 패배자들의 언어를 수용하면서, 민족을 강조하는 위선자들과 함께 자신들의 지배를 공고히하려는 이해관계 속에 가려져 있다.[124]

이와 같이 굼플로비치의 역사관은 냉소적이고 허무주의적이다. 모든 인간은 똑같이 비참하고 조야하며 착취와 지배욕에 물들어 있으며 인종 증오에 의해 영혼이 잠식되어 있다. 인종 증오는 종족, 민족, 인종 간의 거대한 융합 과정 속에 내재된 자연의 도구이며, 단지 인종투쟁만이 역사의 원동력이 된다. 그는 인종투쟁이야말로 "사회적 자연법칙"이며 인간 역사의 자연적 진행의 수수께끼를 풀 수 있는 열쇠라고 보았다. "모든 형태의 인종투쟁은, 그것이 공개적이고 폭력적이든지 아니면 은밀하고 평화롭든지 간에, 역사의 원동력이며 역사를 움직이는 고유한 원리이다."(161쪽)

따라서 그에게 역사란 더 강하고 더 우월한 자의 착취와 지배의 영원한 연쇄, 다시 말해 억압과 억압당하는 것으로 이뤄진 영원한 순환 과정이다. 그는 역사란 "진보도 아니고 퇴보도 아니다. 언제나 같은 것이다"[125]라고 말한다. 그의 말을 좀 더 자세히 들어보자.

전체적으로 보아 역사의 자연적 진행이 이뤄지는 과정에는 진보도 없고 그렇다고 해서 퇴보도 없다. 그러나 이러한 영원한 순환 과정 속에 들어가 있는 개별 시기들과 개별적인 것들, 사회적 진행 과정이 언제나 새롭게 시작되는 개별적인 국가들에서는 진보와 퇴보가 나타난다. 발전의 시작이 있으니 그 정점도 있으며 따라서 필연적으로 몰락도 있기 때문이다.[126]

이러한 냉소적이고 허무주의적인 인종주의 순환사관은 억압을 보호와 문명화라는 미명으로 치장한 채 억압이 억압받는 자의 안녕과 복지에 좋은 것이라는 제국주의의 위선적 이데올로기보다는 솔직하다. 그러나 굼플로비치의 역사관은 동시에 제국주의의 민낯을 노골적으로 드러내면서 억압을 역사적으로 정당화하고 있다. 그럼으로써 위선적이지는 않지만 제국주의의 냉혹한 이데올로기적 도구로 기능하고 있다. 이상과 같은 그의 인종주의 순환사관은 문화사적으로 세기말 사조의 아들이라고 할 수 있다. 그의 역사관에서 『서구의 몰락』을 쓴 슈펭글러(Oswald Spengler)의 전조를 읽을 수 있다.

# 04

## 인종 증오주의와 시민계급의 도덕, 평화주의, 식민지 인종주의의 결합

지금까지 살펴본 19/20세기 전환기의 사회다윈주의와 우생학에 토대한 과학적 인종주의는 시민계층의 강한 계급의식을 표현하고 있었다. 이러한 인종주의는 '자연적 귀족'을 지향하는 시민계급의 헤게모니 유지를 위한 사회적 이데올로기의 성격을 띠었다. 이런 점에서 헝가리의 문예이론가 루카치(György Lukács)는 세기 전환기의 과학적 인종주의를 민주주의의 회복과 평등을 주장하는 노동운동 및 노동계급에 대항하기 위한 제국주의 시대의 "반동적·반민주적 부르주아 이데올로기"로 규정했다.[127] 이와 관련하여 미국 역사가 모스가 올바르게 지적한 것처럼 이른바 "재능 있는 자와 없는 자", "적격자와 부적격자", "정상과 비정상"을 가르는 척도로 시민계급의 도덕규범이 작용했다는 것도 언급할 수 있겠다. 이러한 도덕규범들의 목록은 예를 들어 청결, 정직, 도덕적 진지함, 강한 노동, 가족생활 등과 같은 부르주아 사회의 건강성과 정상성을 담보하는 덕목들로 채워져 있었다.[128]

더 나아가 사회다윈주의 및 우생학에 기초한 시민계급의 인종주의는 인종 증오주의와 평화주의를 절묘하게 결합시켰다. 그것은 한편으로는 제국주의와 군국주의를 정당화하기도 했지만, 다른 한편으로는 전쟁 반대를 위한 논리를 제공하기도 했다. 이 글은 앞서 헤켈이 여러 급진민족주의 및 제국주의 단체에서 적극적으로 활동했고, 나아가 '열등 인종'의 말살을 주장하기도 했지만 동시에―범게르만주의적 관점에서―평화주의를 주창하기도 했다는 것을 언급한 바 있다. 여기서 강조할 것은 그러한 헤켈이 결코 예외적 인물이 아니었다는 사실이다. 앞서 언급한 독일 인종위생학의 양대 거두 플뢰츠와 샬마이어 역시 반전反戰을 주장했고, 군국주의를 반대하고 있었다. 한편, 인종주의와는 거리가 먼 듯한 헬레네 슈퇴커(Helene Stöcker) 같은 저명한 페미니스트이자 평화운동가, 심지어는 독일 평화운동의 지도자 프리트(Alfred Fried)마저 평화의 논리를 사회다윈주의와 우생학에서 찾았다.[129] 19/20세기 전환기의 인종과학자들 및 지식인들 사이에서는 인종 증오주의와 평화주의가 결합된 다음과 같은 견해가 널리 퍼져 있었다.[130]

- '문명화된' 민족들 혹은 백인종 민족들 간에 벌어지는 현대전은 진화의 과정에서 최상위를 차지하는 '적절한' 인간들을 죽이기 때문에 진화에 역행하는 '역선택'이며, 따라서 잘못된 것이다. 구체적으로, 이러한 현대전은 한편으로는 약하고 병든 자들은 군사복무를 피할 수 있게 만들고, 따라서 이들이 더 많은 자식을 낳게 할 것이며, 이는 마침내 민족의 생물학적 퇴화를 초래할 것이다. 또한 이러한 전쟁은 백인종의 나머지 인종에 대한 우위를 심각하게 위협할 것이다. 제1차 세계대전이 발발하자 헤켈은 비탄조로 말했다. "우리 독일인들에게 이러한 고통스러운 손실은 특히나 심한 것이다. 왜냐하면 우리와 우리 우방 오스트리아인들의 교양과 정신적 수준, 그리고 생명의 가치가 평균적으로 적들보다 더

높기 때문이다. 적들의 거대한 군대는 그 대부분이 하층계급 출신의 교육받지 못한 자들, 돈을 받고 고용된 용병들, 지구상 모든 곳에서 온 야만적이거나 반야만 상태의 유색인종들로 구성되어 있다. 단 한 명의 잘 교육받은 독일 전사는 (…) 조야한 자연 인류 수백 명보다 더 높은 지적이고 도덕적인 생명의 가치를 지닌다."[131]

● 한편, 전쟁 자체가 나쁜 것은 아니다. 불평등한 인종 간의 전쟁은 인류 진화를 위한 '자연선택'의 과정에 일치하는 바람직한 것이며, 역사상 문화 증진의 요소였다. 따라서 비유럽 인종에 맞서는 식민지 전쟁은 정당하다. 또한, 전쟁을 피할 수 없다면 민족 구성원 가운데 '생물학적으로 나쁜 요소들'도 모두 징집하여 대포의 먹잇감이 되게 해야 한다.

● 비록 그것이 유감스러운 것이긴 해도 '열등 인종'의 말살은 인류 진화의 필연적 결과이며, 더 나아가 인류를 위해 유익한 것이다. '열등 인종'의 말살을 통해 인류는 생물학적으로 개선되며, 문화적으로 높은 수준으로 발전할 수 있다. 따라서 궁극적으로는 인류를 위해 유익한 것이다. 미국 역사가이자 철학자 피스크는 이러한 견해를 자신의 사회다윈주의적 역사철학을 통해 가장 극단적으로 표현했다. 그에 의하면 "생존투쟁"은 곧 "끊임없이 계속되는 학살"을 뜻하며, 이를 통해 "유기체가 더 고등한 형태로 진화"된다. 이러한 역사적 과정은 진화가 고등한 단계로 진전되어 생존투쟁이 더 이상 필요 없을 때까지 지속된다는 것이다. 그의 논리를 따르자면 인류 역사가 완성되기 이전에는 학살 없는 역사진보는 불가능하며, 학살이 증가하면 할수록 인류 역사의 진보는 더욱 빨라지는 것이 된다.[132]

이렇듯이 사회다원주의와 우생학의 논리 속에서 평화주의와 인종 증오주의는 동전의 앞뒷면과 같은 관계를 맺고 있었다. 19/20세기 전환기 다수의 인종과학자들 및 지식인들이 반대했던 전쟁이란 이른바 '문명화'된 백인종 민족 간의 현대전에 국한되었다. 이처럼 이들의 평화주의는 극히 허약한 것이었을 뿐만 아니라, 백인종의 비유럽 인종에 대한 지배를 공고하게 하기 위한 수단이었다. 동시에 이들은 민족 내의 사회적 약자 및 소수자, 더 나아가 비유럽 인종의 말살을 필연적이고 유익한 것으로 정당화했다.

바로 여기서 우리는 시민계급의 국가인종주의가 식민지 인종주의의 성격도 변화시켰음을 알 수 있다. 이른바 인종 우월주의에서 인종 증오주의로의 변화가 그것이다. 서양인들의 식민 지배는 근대 인종주의의 성립 이전부터 오랫동안 이른바 열등한 유색인들에 대한 '문명화의 사명'이라는 이데올로기로 정당화되어왔다. 이미 근대 초기에 에스파냐는 자신의 중남 아메리카 점령지에서 그 폭압적 지배에도 불구하고 그곳 원주민들 및 자유민 신분의 유색인들에게 가톨릭교회로 개종하면—비록 일부에게만 한정되고 초보적인 수준이긴 했지만—더 수준 높은 교육을 받을 수 있게 하여 사회적 신분 상승을 가능하게 했다.[133] 이후 계몽사상과 결합된 식민지 인종주의는 우리가 이미 마이너스나 클렘의 사례에서 살펴본 바와 같이 그 특유의 인종 우월주의적 기조 속에 '문명화의 사명'을 내세웠다.

그러나 제국주의 경쟁이 절정에 달한 이 시기에 식민지 인종주의는 더 이상 이러한 문명화 이데올로기에 속박되지 않았다. 물론 이 당시에도 '문명화의 사명'을 새롭게 각색한 키플링(Rudyard Kipling)의 시 「백인의 짐」이 발표되는 등, 이에 매료된 "제국주의의 비극적이고 돈키호테 같은 바보"(한나 아렌트) 또한 상당히 많았다는 것도 사실이다.[134] 그러나 동시에 노예제나 식민지에 대한 경제적 억압과 수탈을 정당화한 이러한 위선적 인종 우월주의의 효용성을 의심하는 목소리도 터져나왔다. 1902년 미국의 토지개혁가 크로스비(Ernest Crosby)가 발표한 아래의 시는 「백인의 짐」을 패러디하고 있다.

> 백인의 짐을 져라
> 너의 튼튼한 친족들을 보내라
> 그들에게 성경을 한가득 지게 하라
> 대포알과 독주도 그렇게 하게 하라
> 약간의 질병은 그들에게 덤으로 주어라
> 열대지방을 (전 세계로) 퍼트리기 위해,
> 그곳의 건강한 니그로들을 위해
> 시대에 완전히 뒤떨어진 그들을 위해
> (…)[135]

문명화 이데올로기는 새롭게 등장하는 노골적인 인종 증오주의에 서서히 그 자리를 내주고 있었다. 앞서 언급한 '열등 인종의 절멸을 통한 문명의 진보'라는 관념은 '니그로'나 '인디언'과 같은 '자연민족'들에게 문명을 강요할 수는 없고 유럽의 영향을 통해 그들의 심리적 소질과 재능이 변화될 수 없다는 확신, 또한 이들과의 사회적 혼합 및 나아가 혼혈에 대한 공포에 근거하고 있었다. 이제 이들 열등한 민족들과의 인종적 분리가 공공연하게 주장되었으며, 이들에 대한 절멸전쟁이 역사법칙을 따르는 정당한 행위로 주장되곤 했다.

이는 열등 인종과의 사회적 융합과 혼혈이 문명의 쇠퇴를 가져올 것을 두려워하여 유럽인의 '문명화의 사명'을 거부한 고비노의 입장이 이 시기에 이르러 폭넓은 지지를 받았다는 것을 의미한다. 이미 살펴보았듯이 피어슨의 황화론이, 즉 중국인의 지도하에 모든 유색인종이 단결하여 백인종을 위협하고 있다는 경고 및 이에 기반하여 시행된 백인 호주주의 정책이 이러한 시대정신의 단적인 예라 하겠다. 이 밖에도 벨기에가 자행한 콩고 대학살, 독일의 헤레로족 대학살 등 아프리카에서 벌어진 살육의 에피소드들, 남아프리카공화국의 아파르트헤이트(apartheid) 정책, 미국, 특히 남부에서의 KKK단에 의한 일련의 흑인 린치 행위들은 이러한 역사적 맥락에서 이해할 수 있다.

독자들을 위해 첨언하자면, 최근 바르트(Boris Barth)가 올바르게 지적했듯이, 마치 '문명화의 사명'만이 식민주의와 제국주의의 이데올로기인 것처럼 말하는 것은 명백한 오류다.[136] 그는 유럽인들의 이주식민지, 즉 미국의 버지니아, 보어인들의 남아프리카, 독일인들의 서남아프리카 식민지의 사례를 비교하면서 '문명화의 사명' 이데올로기와 인종주의 간의 대립과 충돌, 이로 인해 드러난 문명화 이데올로기의 한계점을 밝히고 있다. 그곳의 유럽 이주민들은 "백인이 아닌 자들의 문명화 가능성은 없다"는 신념을 견지한 채, 유색인종을 단순히 노예나 혹은 (노예 해방 이후로는) 이전의 노예의 기능을 대체할 값싼 노동력에 불과한 존재로 간주했다는 것이다.[137]

물론 여기서 바르트는 인종주의를 본질적으로 19세기 중엽 이후 등장한 것으로 간주하면서, 전통적인 식민주의와 새로운 인종주 사이의 균열과 대립만을 강조한다. 그러나 그는 '문명화의 사명'이라는 전통적인 식민주의와 인종주의는 오랫동안 충분히 조화를 이루고 있었다는 것, 다시 말해 인종 우월주의에 입각한 식민지 인종주의의 형태로 오랫동안 양자가 결합되어왔다는 것은 애써 외면한다. 따라서 식민지에서 일어난 문명화 이데올로기의 한계 현상은 식민주의와 인종주의 간의 대립과 충돌이라기보다는 전통적 식민지 인종주의와 새로운 식민지 인종주의, 즉 인종 우월주의와 인종 중오주의 간의 대립과 충돌, 나아가 인종 중오주의의 승리로 해석하는 것이 더 타당할 것이다.

이러한 인종 중오주의는 범민족주의라는 새로운 제국주의적 기획을 뒷받침하는 인종이론에서도 잘 드러난다. 범민족주의(범게르만주의)자 가운데 특히 가장 극단적으로 인종 중오주의에 입각하여 식민지 인종주의를 표현한 자는 오스트리아 출신의 전직 가톨릭 사제 란츠(Jörg Lanz von Liebenfels)일 것이다. 그는 이른바 아리아학(Ariosophy)이라는 인종종교를 창시한 자 가운데 하나로서, 유색인종을 "짐승과의 교배를 통해 생산된 짐승적 인간"으로, 유색인종의 세계를 "깜깜한 악마의 세계"로 규정했다. 게르만 인종을 이러한 "깜깜한 악마의 세계를 지배하라고 소명받은 푸른 눈에 금발을 한 신의 후예들"이라고 신성화하면서 신적 인간 대 짐승적 인간, 나아가 신과 악마의 구도 속에서 제국주의 지배를 정당화시켰다.[138]

이 밖에도 바세르 드 라푸즈에게 영향을 받은 빌저(Ludwig Wilser), 볼트만 등과 같은 『정치-인류학 평론』을 중심으로 한 역사·사회인류학파 또한 이와 같은 새로운 식민지 인종 중오주의를 자신들의 범민족주의적 인종이론에 편입시켰다. 이들 급진적 인종과학자들은 유럽인과의 문화 수준의 차이가 현격한 민족들에 대한 식민 지배를 반대했다. 예를 들어 볼트만은 해외 식민지가 불필요하다고까지 말했다. 그에 의하면, 코카서스 인종과 '니그로' 인종 간의 투쟁과 융합은 문화를 거의 증진시키지 못했다. 전자는 혼혈을 통해 자신의 우월한 재능을 잃어버렸고, 후자는 능력 있는 노동 인종으로 품종 개량이 이루어지지 못했기 때문이라는 것이다. 그는 해외 식민지에 대한 대안으로 유럽 내의 식민지를 주장했다. "국가의 위계질서 속에서 융합할 수 있고, 봉사자로서의 재능을 지닌 인종", 즉 "유럽 내의 지중해 인종과 알프스 인종"만을 정복하고 지배하는 것이 훨씬 더 유익하다는 것이다.[139]

이 밖에도 이들은 식민지와 본국 모두를 관통하는 인종의 등급에 따른 엄격한 위계적 계급질서, 나아가 유색인종의 이민 차단, 더 나아가 이 가운데서도 더 열등한 민족들('자연민족')의 자연적 사멸 등을 주장했다. 이와 유사한 입장은 체임벌린에게서도 발견된다. 그는 "300년간 니그로에게 지식을, 아메리카 인디언에게 문명을 교육시키는 것이 거의 성공하지 못했다"[140]면서 문명화 이데올로기의 효용성을 의심했을 뿐만 아니라, 모든 유색인종을 게르만 인종의 적으로 규정하면서 장래에 벌어질 인종전쟁을 예견했다. 그에 의하면 서유럽은 타타르화한 러시아 및 허약한 꿈을 지닌 오세아니아, 그리고 남아메리카의 잡종인간들에게 위협당하고 있으며, 나아가 지적으로 가난하고 짐승과 같은 내면을 지닌 수백만의 흑인들은 이제 어떤 휴전도 없는 인종 간의 전쟁을 경고하고 있다는 것이다.[141] 이렇듯이 범민족주의적 인종이론은 '문명화의 사명'이라는 위선적 가면을 완전히 벗은 제국주의 이론이었다. 제6부에서는 이러한 인종 중오주의적 제국주의의 모습을 자세히 알아보도록 하자.

제6부

# 범민족주의의 역사철학 I

## : 루드비히 볼트만의 인류학적 역사론

**〈게르마니아〉**

'게르마니아'는 독일 민족, 나아가 게르만족 전체를 의인화한 독일 민족주의의 상징이다. 1848년 독일 3월 혁명기에 빈번하게 사용되었지만, 이후 제국주의 시대에도 독일 민족주의 및 범게르만주의의 대표적인 상징으로 차용되었다. 위 〈게르마니아〉 그림은 독일 낭만주의 화가 파이트(Philipp Veit)가 1848년에 그린 것이다.

# 새로운 제국주의 기획으로서 범민족주의

급진민족주의는 특히 해외 식민지가 적었거나 없었던 나라들에서 국민국가의 경계를 넘어 범민족주의(pan-nationalism)로 발전해갔다. 범게르만주의, 범슬라브주의, 대동아공영권 이념으로 발전한 범아시아주의 등이 제국주의 경쟁의 파노라마에 등장했다. 범민족주의는 자민족을 세계를 지배할 자격이 있는 선민 내지 초인적 지배 인종으로 내세우면서, 자민족의 지도하에 문화적 혹은 혈연적 연관이 있다고 여겨진 여러 국가의 국민을 모아 새로운 제국을 만들거나, 최소한 이들에게 '세계정책적' 헤게모니를 행사하려는 새로운 형태의 제국주의적 기획이었다.[1] 범민족주의에는 종족적·문화적 민족주의, 인종주의, 제국주의가 결합되었는데, 그중에서도 독일어가 모국어인 모든 사람들 더 나아가 게르만 인종에 속하는 모든 민족의 단결을 주장했던 범게르만주의는 이 세 가지가 삼위일체를 이룬 범민족주의의 결정판이었다.

범게르만주의는 당시 보수우파—오늘날의 기준에서 보면 극우파—의 정치운동인 독일민족운동(völkische Bewegung)에 그 뿌리를 두고 있다. 이 운동은 1871년 성립된 독일 최초의 국민국가인 독일제국이 지닌 결함 때문에 등장했다. 프로이센 주도의 소독일주의적 통일의 결과로 등장한 이 국민국가는 그 안에 많은 소수민족을 포함했을 뿐만 아니라, 영토적으로 다수의 독일인을 포함하지도 않았고, 종교개혁 이후 지속된 신구교도의 갈등을 해소하지도 못했다. 이러한 맥락에서 이 운동은 낭만주의와 나폴레옹 전쟁 이후 이어져온 종족적·문화적 민족주의의 전통을 새롭게 정치화했다. 이미 이 운동이 내세운 이른바 '민족적인(völkisch)'이란 말에서 이 운동이 무엇을 지향했는가를 알 수 있다. 이 말은 원래 1875년 독문학자 피스터(Hermann v. Pfister)가 외래어인 'national'을 대체하기 위한 순수 독일어 낱말로 도입한 것이었으나, 곧 'national'과 구별되는 정치적 함의를 지니게 되었다. '민족적인(völkisch)' 것은 영토적, 종파적, 국가적 분열을 극복하고 독일 민족의 진정한 통일을 담보하는 '민족공동체(Volksgemeinschaft)'를 지향하는 것을 의미했다.[2]

독일민족운동은 각기 '민족적인(völkisch)' 것의 강조점과 당면한 목표를 달리하는 수많은 분파 및 개인들로 분열되어 있었다. 그럼에도 불구하고 이들은 한편으로 독일 민족의 고유성에 대한 믿음, 선민의식과 사명감, 다른 한편으로 근대 문명 전반에 대한 비판이 전면에 부각된 이른바 '민족적 세계관(völkische Weltanschauung)'을 공유하고 있었다. 그리고 이 세계관에는 종족적·문화적 민족주의, 인종주의, 반유대주의가 결합되어 있었다. 구체적으로 독일민족운동은 게르만 신화를 인종주의적으로 채색했으며, '피'의 상징을 통한 단일민족의식을 생물학적·인종적 정체성으로 심화시켰다. 또한 유대적 종교에 맞서는 게르만적 민족/인종종교를 정초하고자 했으며, 근대적·외래적 문화에 맞서기 위해 향토애와 전통적 관습, 풍속, 토속어를 강조했다.[3]

1890년대에 이르러 마침내 이러한 독일민족운동으로부터 제국주의적 기획이 출현했는데, 그것이 바로 범게르만주의였다. 범게르만주의는 독일 민족운동 세력 가운데 무엇보다 제국주의와 해외팽창정책을 제1의 목표로 삼았던 전독일연맹(범게르만연맹)에서 가장 강하게 주장되었다. 그러나 범게르만주의는 이 단체뿐만이 아니라 독일민족운동 내 모든 세력의 신조이기도 했다. 마침내 1919년 전독일연맹은 '독일 민족의 방어 및 보호동맹(Deutschvölkischer Schutz-und Trutzbund)'의 결성을 통해 범게르만주의를 매개로 독일민족운동 진영 내의 모든 세력을 단결시키려 했다. 이처럼 범게르만주의는 분열되어 있던 독일민족운동 진영을 통일시키기 위한 정치적인 접착제 역할을 했다.[4]

제6부와 제7부에서는 여러 관념적 요소들의 느슨한 결합으로 머물러 있던 '민족적 세계관'을 체계적이고 응집력 있는 범게르만주의 이데올로기로 발전시키고자 했던 역사철학을 살펴본다. 볼트만(Ludwig Woltmann, 1871~1907)과 체임벌린(Houston Stewart Chamberlain, 1855~1927)의 역사철학이 그것이다. 볼트만은 『정치−인류학 평론』을 창간하고 편집함으로써 독일민족운동 진영 내에 소통과 토론의 장을 마련했고, 이를 통해 상당한 영향력을 행사했다. 체임벌린은 고비노에 필적하는 인종이론가로 잘 알려진 인물이다. 그는 특히 당대의 베스트셀러였으며 전독일연맹의 회원들 사이에서 민족종교의 계시록이라고 극찬받은 『19세기의 기초』(1899)를 씀으로써 범게르만적 독일민족운동의 아이돌이 되었고, 훗날 나치에게도 적잖은 영향을 주었다.

볼트만은 과학적 인종주의의 역사철학을, 반면 체임벌린은 비합리적 인종주의, 즉 인종 신비주의의 역사철학을 대표하는 인물이다. 그러나 이 둘의 역사철학은 그 성격의 차이에도 불구하고 당대의 모든 민족주의적, 국가인종주의적, 제국주의적 역사관을 각자의 방식대로 종합했다. 그러면 제6부와 제7부에 걸쳐 이 둘의 역사철학을 하나씩 상론해보자.

# 01

## 외로운 낙오자의 세계관적 방황과
## 정치적 편력

독일의 사회학자 브로이어(Stefan Breuer)는 독일민족운동의 사회적 성격을 "교육받은 시민층, 즉 교양시민들 가운데 낙오한 자들의 용광로"라고 묘사한다. 그는 이러한 현상이 마치 나치당 당원 가운데 학생의 비중이 다른 정당들과 비교했을 때 평균치 이상이었던 점과 유사하다고 지적한다.[5] 이미 한나 아렌트는 반유대주의, 인종주의, 제국주의 및 범민족주의의 지지자들을 사회적으로 자신이 속했던 계층에서 낙오한 모든 계층의 잉여인간들, 즉 폭민暴民으로 규정한 바 있다. 또한 이 정치철학자는 바로 이들이 훗날 전체주의 운동을 주도했다고 하면서, 이들과 전체주의의 "충실한 신하"들이었던 '대중'이 공유한 전체주의적 정서를 강조했는데, 그것은 바로 사회적 고립에서 나온 외로움이었다. 외로움은 자아를 상실케 함으로써 경험과 사유를 통한 현실에 대한 인식을 불가능하게 하고, 마침내 자신을 대신해서 자신의 정체성을 대변해줄 전체주의 이데올로기에 자발적으로 포섭된―마치 가짜뉴스를 진실로 주장하고 '애국', '국가와 민족'이라는 공허한 이데올로기적 구호를 주문처럼 암송하는 오늘날의 극우적 대중과 유사한―전체주의적 대중을 만들

루드비히 볼트만(1871~1907)

어냈다는 것이다.[6]

볼트만은 바로 이러한 사회적으로 낙오한 교양시민, 더 나아가 이데올로기의 노예가 된 전형적인 폭민적 유형의 인간이었다. 물론 영민한 독자들은 이미 고비노에게서, 또한 인종주의적 반유대주의의 선구자 마르에게서 낙오하고 뿌리 뽑힌 잉여인간의 모습을 감지했을 것이다. 그리고 뒤에서 다룰 체임벌린 역시 이러한 유형의 사람이었다. 그러나 무엇보다 볼트만의 생애에서 우리는 그 전형적 모습을 발견할 수 있다.

볼트만은 1871년 2월 18일 독일 중서부에 위치한 졸링겐에서 태어났다. 그의 아버지는 목공 장인이었으나 총명했던 아들을 직업학교가 아닌 인문계 고등학교에 진학시켰다. 이후 볼트만은 마르부르크, 본, 뮌헨, 베를린, 프라이부르크 등 여러 군데의 대학에서 수학했다. 그의 관심은 다양해서 의학, 철학, 신학을 공부했고, 미술에도 재능과 관심이 많았다. 그러나 대학 졸업 후 직업을 가져야 했으므로 예술가의 꿈은 진작에 접어야 했다. 대학 재학 시절인 1889년 말과 1890년 초에 그는 마르크스주의를 강령으로 삼았던 노동자 정당인 사회민주당에 입당했다. 한편, 볼트만은 안정적 생활을 위해 무엇보다 의학 공부에 전념하여 1895년 2월에 정신병을 주제로 한 박사논문으로 의학박사 학위를 받았고, 일주일 뒤에는 칸트의 윤리학을 주제로 철학박사 학위를 받았다. 이후 1년간 군의관 복무를 마친 후 1898년에는 안과의원을 개업해 의사로서의 삶을 시작했다.[7]

여기까지만 보면 그의 이력은 노동자 가정 출신의 영민하고 재능 많은 아이가 교양시민으로 입신출세한 스토리다. 하지만 볼트만은 결코 진정한 교양시민계층에 속할 수 없었다. 먼저, 경제적인 이유로 그러했다. 교양시민에게 대학은 직업학교가 아니었다. 대학은 이른바 진리탐구의 상아탑이었다. 앞서 언급했다시피 그는 빵의 문제에서 결코 자유로울 수 없었다. 그러나 철학박사 학위 취득에서 알 수 있듯이 그는 학문에 대한 사랑과 지식욕이 무척 강했으며, 예술에 대한 관심 또한 컸다. 그는 진정한 인문주의적 교양인이 되고자 했다. 따라서 빵과 이상 사이의 괴리에서 오는 내적 갈등과 불안이 컸을 것이고, 자신이 꿈꾸던 이상적인 자아로부터 소외되었다는 외로움도 컸을 것이다. 이러한 심리상태는 학업이나 직업, 나아가 인생 전반에 있어서 스스로를 실패한 자라고 여기는 낙오자 의식으로 쉽게 발전할 수 있었다.

볼트만에게 안과의사라는 직업은 목표의 성취가 아니라 단지 밥벌이를 위한 불만족스러운 수단일 뿐이었다. 대학 시절부터 존재해왔던 드높은 이상과 현실 사이의 괴리는 의사가 되어서도 계속되었다. 그는 군의관 복무를 마친 후 베를린 대학에서 안과학 이외에 철학, 경제, 신학을 계속해서 공부했다. 그는 대학 졸업을 앞두고 친구 코흐-헤세에게 보낸 편지에서 훗날 철학 전공으로 교수 자격 논문을 쓸 것이며, 윤리학과 교육학을 강의하는 교수가 되고 싶다고 했다. 또한 마르크스주의 이론을 제대로 공부하기 위해 경제학에도 전념할 것이라고 했다. 그가 안과 전공을 택한 것은 "내 두뇌 속에 철학적 욕구를 위한 공간을 남겨둘 수 있을 만큼, 이 분야가 별로 중요하지 않기 때문"이라고 했다.[8]

그러나 대학교수가 되려는 꿈은 경제적 이유로 좌절되고 만다. 1900년 어느 날 그간 친분을 쌓은 베른슈타인(Eduard Bernstein, 독일 사회민주당의 수정주의적 마르크스주의 이론가)에게 보낸 편지에서 볼트만은 "독일 대학에서 철학적 경력을 쌓으려던 저의 원래 의도는 외적·내적 이유들 때문에 불가능하게 되었습니다. 따라서 대학 바깥에서 행운을 찾아야 하겠지요"라고 쓰고 있다.[9] 이에 대해 볼트만의 지인이었던 뢰제(Röse)는 그가 "영향력 있는 사촌도, 고모나 이모도 없는, 나아가 생활을 꾸릴 수 있는 연금도 받지 못하는" 사람이었지만 비굴함보다는 기꺼이 굶주림을 택한 사람이었다고 하면서, "이러한 사람이 어떻게 학문적 이력만을 생각할 수 있었겠는가!"라고 말하고 있다.[10]

볼트만은 베른슈타인에게 보낸 같은 편지에서 안과 개업의로서의 삶이 자아가 분열될 정도로 커다란 장애가 되고 있음을 고백하고 있다. "혹시 문학적이고 학문적인 활동을 할 수 있는 자리가 저에게 열려 있는지 찾아보려 합니다. 개업의 생활이 저에게 엄청난 부하를 주고 있기 때문입니다. 저는 끊임없이 저 자신과 분열된 상태에 놓여 있습니다. (…) 저는 28세로서 아직 젊은 편입니다. 만약 반창고 및 안경 서랍들을 끊임없이 여닫는 일이 아니라면, 거기서 저는 무엇인가를 할 수 있습니다."[11]

나아가 사회적·문화적 이유로 인해 볼트만은 교양시민의 세계에 안착하기가 결코 쉽지 않았다. 당시 독일은 지금보다 훨씬 보수적이고 종파와 계급 간 폐쇄성이 매우 큰 사회였다. 노동계급과 시민계급의 생활세계는 서로 다른 사회적·종교적 환경에 의해 각인되었다. 특히 '사교성(Geselligkeit)'의 문제에서 그러했다. 사교성과 사교행위는 시민계급을 사회적으로 결속시키고 그 삶의 방식을 특징짓는 핵심적인 덕목이자 행동방식이었다. 특히 시민계급의 사회화 과정에서 '사교성'은 매우 중요한 역할을 했다.[12] 예를 들어 볼트만은 비록 대학에서 신학을 공부했지만, 당시 시민계급의 사회화 과정에서 중요한 역할을 했던 교회 및 그 유관 단체들을 통한 사교행위를 경험하지는 못했을 것이다. 이런 맥락에서 볼 때 볼트만은 교양시민 속의 이방인이었을 확률이 크다. 더욱이 내성적이고 활동적이지 못했다면 교양시민 가정 출신의 동료들로부터 고립될 수밖에 없었고, 내가 꿈꾸는 내가 현실의 나를 버렸을 때 고립감은 외로움으로 심화되었을 것이다. 앞서 언급했다시피 그가 사회민주당에 가입한 것은 노동계급 출신으로서 자신에게 익숙했던 인간관계와 교류 형태를 통해 외로움을 달래고 정체성을 찾으려는 몸부림이었을지도 모른다.

볼트만을 개인적으로 알고 있었던 사람들의 회상에 의하면, 그는 결코 사교적인 인물이 아니었다. 개인적 교류에서 소극적이고 말수가 적었으며, 몽상가로 비쳤다. 다만 자신의 과학적 이론들이 대화의 화제가 될 때면 광신자처럼 열광했다. 또한 그는 함께하는 스포츠 활동도 거의 하지 않았다. 혼자 수영을 하고, 말 또는 자전거를 타거나 산책을 했다. 그는 운동에는 소질이 없었다. 리히터라는 인물은 말을 타는 볼트만의 호감이 가지 않는 모습을 생생하게 묘사한다. "그는 짧은 장화를 신고, 자신의 붉은 기운이 도는 금발 위에 검은색 챙이 넓은 모자를 쓴 채 부자연스럽게 빠른 속도로 튀어나간다. 반쯤은 전투 현장에서 나온 야생의 게르만 전사 같고, 반쯤은 불쌍하게 마른 말 위에 올라탄 지성이 차고 넘치는 지식인 같다. 웅장하지만 기괴한 모습이다."[13]

볼트만은 이성 간의 사랑을 경험해보지 못했다. 그의 인간관계는 공통의 이해와 견해에 근거한 남자들만의 관계에 한정되어 있었다. 특히 여자 앞에서 수줍음을 많이 탔다. 뢰제는 말한다. "그는 자신이 여자에게 다가가기 위한 어떤 방책도 갖고 있지 않다는 것을 잘 알고 있었다."[14] 결혼은 고사하고 제대로 된 연애 경험도 해본 적이 없었던 그는 "플라토닉 러브만이 내 전체 영혼을 차지하고 있다"고 친구 코흐–헤세에게 썼다. 이어서 "삶을 높은 데서 관조하는 것이 인간의 본원적 삶이다. 다른 모든 것들은 연이어진 정거장에 불과하다"고 하면서 감각적 욕망으로부터의 해탈을 다짐하고 있다.[15]

볼트만은 교우관계와 타인과의 교류에 서툴렀다. 사회성이 결여된 그의 삶은 지극히 단조로웠다. 그는 단지 일만을 위해 살다가 36세의 비교적 젊은 나이에 이탈리아에서 물에 빠져 죽었다. 그의 죽음에 대한 추모사들에서 일관된 것은 그에게는 자신의 의도와 견해들을 말하고, 또 상대방의 견해를 진지하게 들을 수 있었던 대화가 필요했다는 지적이다.[16]

볼트만은 감수성이 예민한 사람이었다. 동시에 외롭고 우울했다. 그는 대학 재학 시절에 많은 시를 썼다. 그 시들은 상당히 상투적인 것들인데, 동경, 비애, 허무, 그리고 진리와 정의를 위한 죽음을 말하고 있다. 특히 그의 연애시들은 고립, 체념, 외로움의 감성들을 표현하고 있다. 봄보다는 가을, 아침 햇살보다는 석양과 몰락이 모티브가 되고 있다.[17] 한나 아렌트는 전체주의 운동을 지도했던 폭민과 이를 따랐던 대중의 심리상태를 다음과 같이 묘사한다. "고독은 외로움이 될 수 있다. 내가 혼자 있으면서 나 자신의 자아에게 버림받을 때 이런 일이 발생한다. 고독한 사람들이 이중성, 애매모호성과 의혹으로부터 자신들을 구해줄 교우관계의 장점을 발견할 수 없을 때면 항상 외로움의 위험에 빠지게 된다."[18] 볼트만의 심리와 무척 유사하지 않은가!

고립되고 외로웠던 볼트만의 짧은 생애는 세계관적 방황과 편력으로 특징지어진다. 자아상실에 대한 불안은 그로 하여금 자신의 정체성을 대변해 줄 수 있는 이른바 올바른 세계관에 대한 동경으로 나타났다. 이러한 동경은 라캉 식으로 말하면 자신이 기꺼이 의지할 수 있는 대타자에 대한 동경이다. 혹은 이는 나를 대신하여 세상의 모든 것을 판단하고 설명할 수 있는 이데올로기에 대한 동경이다. 그는 "나는 언제나 내가 아무런 역할을 할 수 없는 객관적 척도를 찾는다"고 말했다.[19] 이 '객관적 척도'를 찾기 위해 그는 그토록 학문에 몰두했다. 그러나 이 '객관적 척도'는 탐구와 과학적 인식의 대상이 아니라 영혼의 안식을 줄 수 있는 믿음의 대상이었다. 그것은 올바른 세계관, 이데올로기, 대타자의 또 다른 이름이었다. 그에게 학문이란 오늘날의 극우파에게 있어서 가짜뉴스와 같은 기능을 했다. 비판적 인식의 수단이 아니라 종교의 경전과 같은 것이었다. 그는 세기말의 불안감 속에서 대학 동창 코호-헤세에게 다음과 같이 말했다. "죽어가는 우리 세기의 고아들인 우리는 어떻게 내적인 안정을 찾고 빛을 바라볼 수 있을까? 우리는 안정과 빛을 스스로 얻어야 한다. 우리 스스로와, 또한 세계와 싸워서 쟁취해야 한다. 그러한 안정이란 고군분투하여 얻어진 고등한 문화의 정신적 삶에서 형성되고 조직된 단단하고 특징적이며 완결된 삶의 모습이다. 그러나 빛은 이상, 삶의 이상주의이다."[20]

볼트만은 대학 시절부터 세계관적 안정을 찾기 위한 열정 속에서 끊임없이 정신적인 방랑을 했다. 그는 스피노자와 쇼펜하우어를 읽었으며, 자연신비주의에 흠뻑 젖었고, 그가 공부한 여러 지식과 끊임없이 변화했던 철학적 정향을 위해 열광했다.[21] 외로웠던 그는 마음이 통하고 뜻이 같은 친구들과는 광적인 우정을 나누었다. 그의 대학 동창 중 누군가는 이러한 그를 "질풍노도" 속에 있는 에너지 넘치고 격정적인 인격을 가진 친구라고 회고했다.[22] 그러나 그의 질풍노도 시절은 내적인 고통을 수반했다. 1894년 볼트만은 코흐-헤세에게 보낸 편지에서 그간 겪었던 세계관적 편력을 고백한다. "나는 기독교, 유물론, 이성의 염세주의라는 악마에게 사로잡혀 있어왔다"고 하면서 자신이 경건주의자로 시작하여 뷔히너, 포크트, 쇼펜하우어를 거쳐, 스피노자와 헤겔로 전향했고, 마침내 칸트를 만났다고 한다. 그러나 이제 그의 고통스러웠던 오디세이는 이제 종착점을 향해 가고 있다고 한다. 그는 자신을 칸트주의자, 마르크스주의자, 자연과학자라고 생각하며, 이 세 가지를 축으로 스스로의 세계관을 구성하려고 한다는 것이다.[23]

볼트만은 자신의 세계관을 구축하기 위하여 어쩌면 불가능한 것들의 종합을 시도했다. 칸트와 다윈과 마르크스의 종합이 그것이다. 그는 당대의 영향력 있는 지적 조류였던 칸트의 윤리학, 다윈의 진화론, 마르크스의 사적 유물론을 결합시켜 종합적인 자연과학적·사회학적 세계관을 구성하고자 했고, 이는 『도덕적 의식의 체계(System des morailischen Bewußtseins)』(1898)와 『다윈 이론과 사회주의(Die Darwinische Theorie und der Sozialismus)』(1899)라는 결과물로 구체화되었다. 나아가 그는 자신의 종합적 세계관에 예수의 사상마저 첨가하려고 했다. 칸트, 다윈, 마르크스, 예수를 하나로 엮으려는 그의 구상은 '랍비 예수'라는 프로젝트로 구체화되었으나, 결국 이 프로젝트는 무산되고 말았다.[24]

그는 칸트의 윤리학을 매개로 다윈주의와 마르크스주의를 결합시켰다. 『도덕적 의식의 체계』에서는 칸트와 다윈의 결합이 주요 주제였으며, 『다윈 이론과 사회주의』에서는 다윈과 마르크스의 결합이 주요 관심사였다. 앞의 책에서는 칸트가 말한 실천이성의 정언적 명령(kategorischer Imperativ)에 따른 형식적 윤리 개념이 무시간적 개념이라는 것을 강조하고, 다윈의 진화론을 통해 이러한 윤리 개념에 시간적 질을 부여하고자 했다. 다시 말해 그는 인류사의 진화(발전) 과정 속에서 윤리 개념이 어떻게 발전해왔는가를 파악하고자 했다. 뒤의 책에서는 무엇이 실천이성의 명령에 따라 윤리적으로 구성된 사회인가라는 문제의식 속에서 다윈의 생물학적 역사관과 마르크스의 경제적 역사관을 결합시켜 현재까지 인류사회의 전개 과정에 나타난 문제점을 파악하고, 윤리적 관점에서 사회주의 사회로의 변화를 요청했다.[25] 여기서 주목할 것은 이러한 세계관적 종합을 시도하는 과정에서 처음에는 그 중심에 윤리가 자리 잡고 있었으나, 과정이 진행됨에 따라 점차 다윈주의가 그 자리를 차지하게 되었다는 점이다. 그 결과 역사를 "보편적인 자연진행의 맥락 속에서만이 이해 가능한" 자연적인 진화(발전) 과정으로 보는 생물학적 역사관이 그의 세계관을 특징지었다. 이러한 경향은 마르크스주의를 비판한 『사적 유물론(Der historische Materialismus)』(1900)에서 더욱 확실해진다.[26]

상기한 책들을 쓰던 당시 볼트만은 사회민주당원으로서 활발한 활동을 했다. 사민당 계열의 언론에 여러 차례 투고를 했을 뿐만 아니라 지역(엘버펠트) 사민당 집회에 단골 연사로 등장하여 주로 다윈주의와 관련된 것들, 즉 진화론, 맬서스 이론, 우생학 및 생물학, 인류학 등을 강연했다. 특히 마르크스주의 당 강령(에르푸르트 강령)의 수정을 둘러싼 '베른슈타인 논쟁'이 일어나자 그는 베른슈타인의 편에 서서 1899년 하노버 전당대회에 지역 대표자로 참석하여 사민당의 지도자 베벨(August Bebel)을 공격하기도 했다.[27]

볼트만은 사회민주당 내에서 다윈주의의 전도사였다. 이와 관련하여 베른슈타인은 그가 추구했던 것이 "사회주의와 인종이론의 결합"이었다고 말한다.[28] 당시 다수의 사회주의자들은 비록 자연과학적 지식으로서의 다윈주

의는 환영했지만, 정치적으로는 마르크스주의와 다원주의를 결합하려는 시
도에 대해 유보적이거나 거부감을 갖고 있었다. 무엇보다 "최적자의 선택"
이라는 다윈의 명제가 내적으로는 부르주아지의 지배를 합리화하고, 외적으
로는 제국주의에 봉사한다는 이유 때문이었다.[29] 이런 분위기를 의식하여 볼
트만은 『다윈 이론과 사회주의』에서 자신의 다원주의가 "부르주아 다원주의
자들"의 이데올로기에 맞서 사회주의적 발전을 이루기 위한 것임을 강조했
다.[30]

　　그러나 이미 청소년 시절부터 세계관적 편력에 익숙했던 볼트만은 사회
민주당의 국제주의를 "자연에 반하는 망상"이라고 비난하면서 이 당을 떠나
다원주의를 매개로 독일민족운동 진영에 속한 "부르주아 다원주의자들"에게
로 전향한다. 그의 정치적 변절은 내적으로 1900년에서 『정치─인류학 평론』
을 창간한 1902년 사이에 일어났다. 그 결정적 계기는 1900년 1월 1일 공고
된 예나학술상 현상모집이었다. 헤켈의 팬이었으며 독일 최대 철강기업가였
던 크룹(Friedrich Afred Krupp)이 3만 마르크의 기금을 조성하고 헤켈 등이 조
직한 이 현상모집의 주제는 "각국의 정치적 발전과 입법과 관련하여 진화론
의 원리로부터 우리는 무엇을 배울 수 있는가?"였다. 볼트만은 「정치인류학」
이라는 논문(1903년에 수정·확장되어 책으로 출판됨)으로 경쟁에 참여했는데, 불
행하게도 그 내용이 방만하고 애매모호하다는 이유로 3등에 머물렀다. 이러
한 결과에 무척 실망한 볼트만은 수상을 거부했을 뿐만 아니라 훗날 심사위
원들과 1등상을 수상한 인종위생학자 샬마이어 등 다른 수상자들을 격렬하
게 비난했다.[31] 그러나 그는 이 현상모집 사건에서 뜻밖의 지원군을 얻었다.
얼마 전 그가 "부르주아 다원주의자들"의 태두라고 비난한 암몬과 그의 동
지였던 바세르 드 라푸즈, 빌저 등 사회인류학자들이 바로 그 지원군이었다.

이들은 이구동성으로 볼트만의 연구가 마땅히 1등상을 받았어야 한다면서 심사위원들을 비판했다. 특히 암몬은 볼트만의 연구가 현재까지 나온 것 중 "인종문제에서 공평하고 명료하게 논의된 유일한" 것이라고 극찬했다.[32] 이후 볼트만은 곧 이들의 전우가 되었다.

볼트만의 좌에서 우로의 변절은 외견상 갑작스러운 것으로 비칠 수 있다. 그러나 암몬을 중심으로 한 부르주아 사회인류학자들과 볼트만 사이에는 정치적 차이에도 불구하고 이미 이론적 친화성이 있었다. 암몬과 그의 동료들은 정신적·도덕적으로 우월한 자들에 의한 독일 민족주의적인 교양시민적·사회적 귀족정의 실현을 꿈꿨다. 이러한 이상 속에서 그들은 중등학교 및 대학의 시험 강화, 경제적 경쟁 강화, 불평등선거권 등의 도입 등 사회주의적 평등사상과 민주주의에 반하는 국가적 조치를 공공연하게 주장했다. 그 근거가 바로 국가공동체가 생존투쟁에서 유리한 위치를 차지하려면 자연적인 재능에 따라 가장 적절한 사람들에게 그에 걸맞은 사회적 지위가 부여되어야 한다는 것이었다. 이런 맥락에서 이들은 선택의 원리에 따라 사회적·경제적·생물학적으로 부적격 요소들을 청소하고 사회를 최적화시켜 사회질서가 자연스러운 불평등 위에 기초되게 해야 한다는 것이었다.[33] 반면 사회주의자로서의 볼트만 역시 『다윈 이론과 사회주의』에서 자연적인 재능에 따라 가장 적절한 사람들에게 그에 걸맞은 사회적 지위가 부여되어야 한다는 원칙을 따르면서도 이들과는 반대되는 주장을 했다. 즉, 현존하는 자본주의 사회의 위계적 사회질서는 "부르주아 다원주의자들"이 주장하듯이 타고난 재능과 성취 능력에 따른 자연적 선택의 결과가 아니다. 불평등한 계급질서를 조장하는 자본주의 경제시스템은 오히려 타고난 재능과 성취 능력에 따른 자연적인 최적자의 선택을 가로막고 있다. 따라서 생산수단의 사회화를 통해 모든 이에게 동등한 기회를 보장하는 사회주의만이 진정한 자연적 선택을 가능케 하여 인류의 진보를 이룰 수 있다는 것이다. 이처럼 볼트만과 부르주아 다원주의자들 간에는 정치·사회사상에 뚜렷한 간격이 있었다. 그럼에도 불구하고 볼트만 또한 이들처럼 인간들의 재능과 능력의 불평등성을 전제하고 있었다. 단지 그는 기회의 평등을 진정한 의미의 유익한 경쟁의 전제조건으로 파악하고 있었을 뿐이다. 그는 사회주의자 시절에도 민족 간·인종 간 선천적 재능의 차이를 강조함으로써 원천적으로 인류 평등의 개념을 부정했다.[34]

또한 볼트만은 부르주아 다원주의자들처럼 우생학적 유토피아를 꿈꾸고 있었다. 그가 말한 사회주의란 궁극적으로 일종의 우생학적 유토피아에 지나지 않았다고 해도 지나침이 없다. 그는 사회주의 사회만이 여성의 동등한 권리 보장을 통한 결혼 및 가족생활의 개혁을 이룰 수 있고, 이를 통해 "도덕적 양심"을 일깨울 수 있는데, 이때 "도덕적 양심"이란 유전적 결함이 있거나 육체적으로 허약한 자가 자발적으로 "희망 없는 자손"을 포기하는 것을 의미했다.[35]

그러나 볼트만이 부르주아 다원주의자로 전향한 것을 단순히 수동적인 변절로만 해석할 수는 없다. 그는 암몬이 대표하는 부르주아 다원주의자들에게 완전히 동화되었다기보다는 이들의 인종주의를 새로운 강조점을 갖는 인종주의로 견인하려고 했다. 암몬이 대표하는 부르주아 인종주의가 인종으로 불평등한 사회 및 계급질서를 설명하고 국민국가적 효율성의 이름으로 이를 정당화하려는 데 초점을 맞추었다면, 볼트만이 내세운 사회주의적 인종주의는 인종공동체로서의 민족의 내적 통합과 단결에 초점을 맞추었다. 이런 볼트만의 민족사회주의적인 구상은 이후 암몬을 제외한 나머지 부르주아

다윈주의자들에게 상당한 영향력을 발휘할 수 있었다.

　지금까지 살펴본 바와 같이, 올바른 세계관을 향한 볼트만의 질풍노도와 같았던 오디세이는 결국 민족주의와 결합한 게르만 인종 우월주의에서 안식처를 발견할 수 있었다. 그사이 그가 추구했던 세계관적 종합은 성공적이지 못했다. 그의 세계관은 귀족주의적이고 민주주의적인, 이상주의적이고 실증주의적인 여러 이질적 요소의 모순된 조합에 불과했다. 그는 자아가 없는 사람이었다. 오로지 자신이 믿는 세계관의 충실한 신하였다. 따라서 세계관이 바뀔 때마다 그때그때 그의 견해도 달라졌다. 그리고 그것은 눈에 띄게 일관성이 없었다. 예를 들어 1898년 칸트의 윤리가 그를 지배했을 때는 "남녀는 동등한 권리를 지닌다"고 주장했다. 그러나 불과 5년 뒤 게르만 인종 우월주의가 그를 지배했을 때는 "남자의 강인함과 성취"가 "결혼을 근원적인 사회적 권력으로" 만들며, "남자가 가족을 지배하는 것은 생물학적 사실이며 필연"이고, "여자와 어린애들은 노동의 도구로 존재하는 한 값어치 있는 재산"이라고 했다.[36] 볼트만은 이데올로기의 노예이자 많이 배운 폭민이었다.

# 02

## 역사·사회인류학에 기초한 볼트만의 역사철학

볼트만은 다윈주의와 우생학의 자장 안에서 서로 경쟁하던 인종과학들 가운데 인류학적 노선에 서 있었다. 그는 자신의 인종이론을 '정치인류학'이 라고 불렀다. 그러나 그의 인종이론은 기본적으로 프랑스의 바세르 드 라푸 즈가 창안한 '인류사회학'에 근거하고 있었다. '인류사회학'이라는 명칭은 독 일에서는—바세르 드 라푸즈가 볼트만을 '사회인류학'의 개척자라고 부른 것처럼[37]—'사회인류학'으로 명명되었다. 볼트만은 '사회인류학'의 미래지 향적인 의미를 강조하기 위해 '역사·사회인류학'이란 말을 썼다. 이런 맥락 에서 그는 자신의 '정치인류학'이 '역사·사회인류학' 학파를 견인하는 특정 이론이고, 자신이 편집하는 『정치─인류학 평론』이 그 본질에 있어서 이 학 파의 이론과 문제의식을 비전문가들에게 계몽하기 위한 기관지임을 천명했 다.[38] 구체적으로 볼트만이 꼽은 이 잡지의 목적은 (1) 다윈의 진화론의 발전 상과 그 영향을 소개하고, (2) 인류의 사회적·정신적 역사를 유기체의 자연 사적 관점에서 연구하며, (3) 실용적인 차원의 목적으로서, 현재의 인류와 사 회를 유기체적 차원에서 건강하게 보존하고 발전시킬 수 있는 조건들을 탐구하여, 여기서 얻어진 지식들을 사회·인종 위생학, 법률 및 헌법, 사회정책, 교육개혁, 민족·간 정당 간 투쟁들에 내포된 문제들을 조명하는 데 활용하는 것이었다.[39]

그런데 이 잡지는 실제적으로는 여러 과학적 인종이론들에서 비학祕學적·신비주의적인 인종종교에 이르기까지 다양한 스펙트럼의 인종주의적 사상들, 또는 새로운 민족주의 역사서술들의 경연장 역할을 했다. 이는 볼트만이 시도한 계몽 작업의 일환이었다고 해석할 수 있다. 그는 이 잡지를 통해 독일민족운동 진영 내 여러 인종주의적·민족주의적 분파들을 사회인류학이 중심이 된 과학적인 인종주의의 우산 속으로 결집시키려 했다.

볼트만은 이른바 자신이 속한 '역사·사회인류학' 학파가 한편으로 다윈의 진화론과 다른 한편으로 두개골, 머리 색깔의 측정 등을 통해 인종 유형의 비교형태론을 연구하는 블루멘바흐 이래로의 '측정인류학'을 기반으로 하고 있음을 밝히고 있다. 그러나 그는 대학교수들로 구성된 독일 인류학협회에서 활동한 강단 인류학자들을 이 학파의 학문적 계보에서 제외시키고 있다. 특히 그는 이 협회에서 가장 영향력 있었던 베를린 대학의 피르호(Rudolf L. C. Virchow) 교수를 "반동세력의 보루"라고 비난했는데,[40] 그것은 피르호가 당시 엄청난 반향과 논쟁을 불러일으킨, 676만 명의 어린이를 대상으로 한 방대한 인류학 조사를 통해 순수한 인종, 즉 순수한 아리아(독일적 유형) 인종이나 유대 인종은 존재하지 않는다는 것을 증명했기 때문이다.[41] 아마도 여기에는 자유주의자이자 반군국주의자였던 이 강단 인류학자의 반인종주의적 태도에 대한 적대감뿐만 아니라, 앞서 살펴본 것처럼 그가 자신을 대학교수의 꿈을 이루지 못한 실패자라고 생각했으므로, 강단 인류학자들 전반에 대한 증오심도 한몫했을 것이다.

오토 암몬(1842~1916)

볼트만은 자신과 뜻을 같이하는 '역사·사회인류학' 학파의 주요 인물로 푀셰(Th. Poesche), 펜카(Karl Penka), 바세르 드 라푸즈, 암몬, 빌저 등을 꼽고 있는데, 이 가운데서도 암몬(1842~1916)과 빌저(1850~1923)는 볼트만과 돈독한 인간관계를 형성했다. 이 두 사람은 한때 볼트만과 대적했지만 1900년 예나 학술상 현상모집 사건 이후로 볼트만의 친밀한 멘토이자 동지가 되었는데, 암몬은 나이와 건강상의 이유로 이 잡지에는 참여하지 못했지만, 빌저는 『정치-인류학 평론』의 적극적인 협력자로 활동했다. 이들 중진 사회인류학자들은 볼트만을 자신들의 이론을 더욱 발전시킬 수 있는 가장 유력한 차세대 주자로 간주했다.[42]

'역사·사회인류학' 학파는 인종문제에 있어서 다른 인종과학자들과 구별되는 특별한 강조점을 갖고 있었다. 먼저, 인류는 인종 간 육체적·정신적 고유성에 있어서 불평등하다. 특히 지적 재능에 있어서 그러하다. 다음으로 인류가 출현한 홍적세 이후로 각 인종들의 근본적인 속성은 변하지 않았다. 이러한 지속적인 인종적 특징은—따라서 지속적인 인종 간 불평등성은—역사 속에서 결정적 의미가 있다.[43] 마지막으로, 인종과 사회계급은 일치한다. 다시 말해 인종적 등급에 따라 사회적 위계질서가 구성된다.[44] 그리고 이러한 세 가지 전제가 우생학의 출발점이 되어야 한다는 것이었다.

이러한 맥락에서 볼트만은 다른 인종과학자들을 비판했다. 그는 샬마이어와 플뢰츠를 중심으로 한 인종위생학자들이 우생학과 관련하여 인종문제를 진지하게 다루지 않는다고 비판했다. 국가 구성원들의 유전과 선택 과정에 있어서 무엇보다 인종의 불평등한 차이가 적격자와 부적격자를 가르는 데 큰 역할을 하므로 고대 게르만인이나 인도인의 혼인법, 카스트법에 있어서처럼 인종문제가 우생학적 문제제기의 통합적 요소가 되어야 한다는 것이다.[45]

실제로 인종위생학자들은 빌저 등 '역사·사회인류학' 학파가 취했던 아리아, 특히 북유럽 인종(게르만 인종)의 기원과 이 인종에 대한 찬양 일변도의 태도가 "비과학적"이라고 비판했다.[46] 부연하자면, 특히 샬마이어는 이 학파의 인종 개념이 고비노의 인종 개념에 의거하여 이념형적 인종과 실제 인종을 혼동하고 있을 뿐만 아니라, 이 인종인류학자들의 인종 분류가 "직관적이고 매우 일방적으로 구성되었으며, 관례적인 분류와 거의 차이가 없"어서 실제와는 거의 공통점이 없다고 지적했다. 나아가 그는 가치관이 투영된 인종구별은 비과학적이며, 따라서 아리아 인종의 우월함도 주장할 수 없다고 했다. 이런 맥락에서 그는 중국인이 이미 고도의 문명을 주체적으로 창조했음을 지적하면서 아리아인만이 문명의 창시자가 아니라는 것을 강조했다. 이 밖에 샬마이어는—이 학파뿐만 아니라 체임벌린을 염두에 두면서—'인종혼' 혹은 '민족혼'이라는 것은 판타지 개념에 불과하고, '민족적 고유성'이란 것은 종족적 개념이 아니라 정치적 개념이라는 것도 지적했다.[47]

덧붙여 볼트만의 적대감을 더욱 자극한 것은 인종위생학자들이 창간한 잡지 『인종·사회생물학(Archiv für Rassen- und Gesellschaftsbiologie)』이 자신의 잡지의 필자와 구독자들을 뺏어가는 등 강력한 경쟁지로 대두했기 때문이다.[48]

다른 한편으로 볼트만은 굼플로비치가 대표하는 인종사회학파 또한 비판했다. 이 폴란드 출신의 유대계 인종과학자는 그의 처녀작 『인종과 국가 (Rasse und Staat)』(1875)에서 인종과 계급을 동일시했다. 이는 볼트만에게 깊은 영감을 주었으며, 이것이 인연이 되어 굼플로비치는 『정치-인류학 평론』에 정기적으로 글을 기고하기도 했다.[49] 그러나 굼플로비치는 이후 초기의 입장에서 후퇴하여 이미 『인종투쟁』(1883)에서는 "인류학의 측정법이 얼마나 서글픈 역할을 하는지 깨닫게 된다"고 하면서 두개골 등을 측정하는 인류학자들의 방식이 과학적이지 않다는 것을 강조했다. 나아가 이 책의 후속 판에서는 "서유럽 국가에서 개개 사회계급들이란 이미 오래전부터 더 이상 인류학적 인종을 대변하는 것이 아니라는 사실"을 알게 되었고, 물론 인종투쟁은 여전히 존재하지만, "이제 인종이 과거와 같은 인류학적 인종은 아니다"는 것을 표명했다. 이에 대해 볼트만은 한때 존경했던 굼플로비치가 그의 처녀작에서 열었던 제대로 된 길에서 탈선하여 인종의 올바른 개념을 희석시켰다고 비난했다.[50]

이상과 같이 '역사·사회인류학' 학파는 당대의 인종과학 학파 중에서 가장 인종주의적이었다. 볼트만은 인종위생학자들을 비판하면서 자신의 작업만이 "매우 중요한 인종문제를 다루고 있다"고 선언했다.[51] 구체적으로 이 학파가 몰두한 다음과 같은 연구 주제들은 이 학파가 가장 급진적인 과학적 인종주의를 대변하고 있었음을 보여준다.

(1) 북유럽 인종(인도게르만 인종)의 '코카서스' 인종(백인종) 일반에 속하는 민족들과 특별히 구별되는 형태학적 특징의 연구.

(2) 금발의 푸른 눈과 장두(긴 두개골)를 가진 인간 유형의 유럽 및 북유럽적 기원과 이러한 인간 유형이 선사시대 및 역사시대에 전 지구로 이동해간 경로의 추적.

(3) 북방 인종적 요소들이 사회적으로 고대, 중세, 근대의 문화민족들의 상위계층에서 우세했다는 것과 더 높은 수준의 정치적·정신적 교양의 창조를 위한 그들의 의미를 증명하는 것.

(4) 절멸, 쇠약, 혼혈로 인해 금발 인종 요소들이 사멸했고, 이로 인해 여러 문명이 점진적으로 몰락했다는 것의 증명.[52]


여기서 첨언하자면 이 학파는 바세르 드 라푸즈의 인류사회학에 준거하여 코카서스 인종, 즉 백인종을 그 형태학적 특징에 따라 유럽 인종(Homo europaeus), 알프스 인종(Homo alpinus), 지중해 인종(Homo mediterraneus)으로 나누었다. 여기서 유럽 인종, 즉 장두에 금발과 흰 피부를 지닌 북유럽(북방) 인종을 최상위의 인종으로, 반면 단두(둥근 머리)에 더 짙은 머리색과 피부를 지닌 알프스 인종을 최하위 인종으로 분류했다. 그리고 지중해 인종을 양자 사이에서 중간 수준을 차지하는 인종으로 규정했다. '유럽 인종'이라는 용어는 린네가 처음 사용한 것이었으나, 바세르 드 라푸즈가 인류사회학의 전문 술어로 변용시킨 것이다.

'역사·사회인류학' 학파는 이러한 가장 인종주의적인 인종이론을 독일 민족주의와 결합시켰다. 먼저 이 학파는 인도게르만(아리아) 인종의 기원을 아시아가 아닌 고대 게르만족의 원거주지로 추정된 중서부 독일이나 스칸디나비아반도(특히 빌저의 주장) 등의 북유럽이라고 주장했다. 볼트만은 이러한 학설이 "새로운 시대를 연 진보"라고 자찬했다.[53] 그동안 언어학자들의 연구에 근거한 이 인종의 아시아 기원설이 정설로 받아들여졌기 때문이다. 이러한 맥락에서 이 학파는 언어학 이론과 인종사상의 결합물인 '아리아 인종'이라는 말보다는 '인도게르만 인종'이나 '북유럽(북방) 인종'이라는 인류학적 용어를 더 선호했다. 특히 볼트만은 언어는 인종 정체성의 확실한 특징이 아니라는 초기의 굼플로비치의 주장에 적극 동의했다.[54]

한편, 빌저는 북유럽에서 인도에 걸친 여러 민족이 공유하는 공통된 어머니 언어로서의 '아리아어'라는 관념을 부정하고, 이 '아리아어'가 오로지 세계를 지배하는 문화민족들의 뿌리인 북방(게르만) 인종이 창조한 언어이며, 이미 당시에 "가장 완벽한" 언어였다는 것을 강조했다. 이 인종이 선사시대에 이동하면서 북아프리카에서 메소포타미아, 소아시아를 거쳐 인도 등지에 살았던 민족들에게 자신의 피, 정신과 함께 이 고귀한 언어를 전파했다는 것이다.[55]

다음으로, 오랫동안 독일 민족의 우월함의 근거가 된 게르만 신화를 인종주의적으로 재구성하여 게르만 인종 우월신화로 변모시켰다. 빌저는 말한다. "게르만족은 다른 민족들과 같은 수준의 민족이 아니다. 게르만족은 최고로 진화된 인종, 즉 유럽 인종의 마지막 핵심이며, 동시에 지구의 북반구에 집중적으로 퍼진 모든 인도게르만 문화민족들의 뿌리가 되는 인종으로서 역사에 등장한 이후 세계 제일의 지도적 역할을 수행해왔다."[56] 이처럼 독일 민족의 조상이 모든 '아리아 인종'에 속하는 민족들의 뿌리이며, 북유럽 인종(유럽 인종Homo europaeus)의 마지막 핵인 게르만 인종으로 규정되면서, 자연스레 이 학파의 인종이론과 범게르만주의가 결합하게 되었다.

이상과 같이 볼트만이 속한 '역사·사회인류학' 학파는 가장 인종주의적인 인종이론과 범게르만주의적 민족주의를 특징으로 한다. 여기서 특별히 강조할 것은 이들이 이론화한 인종주의의 정치적 성격이다. 예를 들어 고비노에게 '인종'이란 일국 내의 사회적 불평등과 계급적 위계질서를 설명하고 이를 강조하기 위한 수단이었다. 그러나 이들에게 인종 개념은 일차적으로 독일인의 민족적 단결, 나아가 게르만계 주민의 범민족적 단결을 호소하기 위한 수단이었다.

# 03
## 볼트만의 인류학적 역사론

### 생물학적·인종적 토대와 문명적 상부구조

볼트만은 자신의 역사이론이 "피와 살"을 가진 인간을 역사의 주체로 간주한다는 점에서 기존의 역사학과 차별성을 갖는다는 것을 강조한다. 그에 의하면 기존 역사학은 역사와 그 진행 방향을 결정하는 데 있어서 여러 정신적·윤리적 힘, 이념, 위인들을 강조하는 관념론적 역사이론이나 아니면 기후와 토양을 강조하는 지리적 역사이론, 혹은 마르크스의 경제결정론적인 역사이론에 입각해 있다. 그러나 이 모든 역사관에는 "역사의 고유한 독립적인 요소로서의 인간"이 빠져 있다는 것이다.[57]

그가 말하는 역사의 주체로서의 인간은 곧 생리학적이고 생물학적인 인간, 즉 인종이다. 바로 이 인종이 역사를 만들고 담당하며, 그것의 진행을 결정한다는 것이다. 여기서 그는 인종은 "모든 다른 동식물 세계의 유기체들처럼 변화(변이)와 유전, 적응과 선택, 동종교배와 혼혈, 완성과 퇴화로 이루어진 생물학적 자연법칙들의 지배"를 받는다고 하면서, 인류사를 자연사의 일부분으로 다룬다.[58] 이처럼 볼트만은 다른 과학적 인종주의자들처럼 생물학적 결정론에 입각한 역사론을 전개한다.

그러나 그의 생물학적 결정론은 독특한 논리를 갖고 있다. 인류사와 자연사를 관통하는 역사론을 전개시키기 위해 마르크스의 사적 유물론의 양대 범주인 경제적 토대와 정치·사회·문화적 상부구조 이론을 응용하고 있다. 그는 기본적으로 생물학적·인종적 토대가 문명적 상부구조(사회적 신분·계급, 국가, 정신문화와 예술 등)를 결정하지만 역사의 진행, 다시 말해 문명의 발전과 몰락은 양자 간의 복잡한 상호관계 속에서 이뤄진다는 것이다.

볼트만의 생물학적·인종적 토대와 문명적 상부구조 이론은 동물 상태의 인류의 진화 과정과 문명과 결합되어 진행된 생물학적·인종적 진화 과정, 즉 자연사적 진화와 역사적 진화를 구별하는 데서 시작된다. 그는 먼저 자연사적 진화는 이미 완결된 것으로 간주한다. 인종은 자연선택, 즉 자연사적 진화 과정의 산물이며, 따라서 "역사 관찰 속에서 이미 주어진 원인이자 힘들로서" 규정될 수 있는 것이라 보았다. 구체적으로 그는 진화의 결과 이미 인류가 인종적 재능에 있어서 차이가 나는 여러 인종으로 서열화되어 있고, 이는 라마르크와 다윈을 통해서만 해명이 가능한 "역사의 전사前史", 즉 "역사 저편에 놓여 있는" 사실이라는 것이다. 따라서 우수한 인종과 열등한 인종의 차이는 역사발전을 통해서는 해결될 수 없는 영원한 상수常數다. 볼트만은 게르만 인종과 '니그로'의 차이를 말한다. 후자는 이미 기원전 4000년 무렵 이후 이집트 제국을 통해 지중해의 문명과 접촉을 했지만, 전체적으로 아무런 변화 없이 야만 상태 그대로 머물렀다는 것이다. 반면 게르만 인종은 원래 군사적·경제적으로 '인디언이나 니그로'와 같은 수준에 머물렀지만, 로마의 문명과 접촉했을 때 단기간 내에 고대 문명의 여러 요소들과 기독교를 수용하여 내적으로 새로운 독창적이고 더 높은 정신적 구성물로 가공했다는 것이다. 이는 게르만이 '인디언'보다 더 높은, '니그로'와는 하늘과 땅만큼의 차이가 나는 "천부적 재능을 가진 인종"이었기 때문이라는 것이다. 이런 맥락에서 그는 "인종적 재능들이 그대로 유지되는 한 역사 속에서 인간의 천성은 변하지 않는다"고 한다.[59]

그럼에도 불구하고 볼트만은 역사시대에도 인류의 생리학적·인종적 진화는 현재에 이르기까지 계속되어온 과정이라고 본다. 특히 그는 이러한 역사적 진화가 문명의 전개 과정과 밀접한 관련을 갖고 진행되었기 때문에 중요하다고 본다. 그는 이러한 역사적인 진화를 "지속적인 인종 변환", "사회의 인종적 구조의 변화" 혹은 "인종 전개 과정" 등으로 명명한다. 여기서는 각 국가 및 사회 구성원들의 인종적 질의 변화, 즉 타고난 재능과 인간 천성의 개선, 유지 혹은 퇴화가 문제가 된다. 따라서 이러한 과정이 모든 인류에게 해당되는 것은 아니다. 이른바 일정 수준 이상의 인종적 재능을 지닌 '문화 민족'들만 여기에 해당되며, 자연사적 진화의 단계에서 멈춰버린 '니그로'와 같은 이른바 '자연적 민족'들은 제외된다. 다시 말해 이 역사적 인종 진화 과정 속에는 열등한 인종들의 고등 인종으로의 개선 현상은 포함되지 않는다. 이들은 인종적 재능이라는 필수조건을 갖추고 있지 않기 때문이다.

볼트만의 인류학적 역사는 이 역사적 인종 진화 과정을 다룬다. 그는 여기서 인종 간 혼혈만을 강조한 고비노의 이론의 소박성을 비판하면서, 이 과정은 훨씬 복잡하다는 것을 강조한다. 각 국가와 사회 및 민족 공동체의 인종적 질의 변화 과정, 즉 "인종 전개 과정"은 문명을 창조하고 발전시키지만, 동시에 문명적 조건들에 의해 결정된다. 역사는 인류의 생물학적·인종적 변화와 문명의 변화라는 양대 범주의 연쇄적 인과관계 속에서 진행된다. 인류 문명의 전개, 즉 지방 인구와 도시 인구의 차이, 외부로의 이민과 식민화, 사회 구성원들의 카스트와 신분을 통한 구별 등은 원래 개인적이거나 집단적으로 일어나는 생물학적·인종적 선택의 과정이다. 그러나 이 선택 과정은 동시에 문명적 조건들의 영향을 받는다. 다시 말해 '사회적 선택'에 의해서도 영향을 받는다는 것이다. 구체적으로 그는 우수한 재능을 가진 자들의 동종교배를 통한 긍정적 선택, 외부로의 이민, 비혼과 무출산, 혹은 직접적인 인종적 절멸 등을 통한 부정적 선택, 그리고 긍정적이거나 부정적인 영향을 미칠 수 있는 인종 혼합 등을 이러한 문명적 조건들에 의한 영향, 즉 '사회적 선택'의 사례로 꼽는다.

여기서 볼트만은 문명의 상대적 자율성을 강조한다. 문명이 자연선택을 증진하거나 방해하는 방향으로 작용하면서 인종적 재능을 개선시키거나 역으로 퇴화시킬 수 있다는 것이다. 바로 이 점이 역사적 진화 과정과 동물의 진화 과정, 즉 자연사적 진화 과정과의 차이점이라는 것이다. 여기서 그의 말을 직접 들어보자.

> 지적인 이념들과 경제적 제도들은 특정한 욕구와 재능들을 지닌 특정한 개인들 및 집단들의 업적이다. 그런데 이념들, 도구들, 제도들이 그것들의 유기체적 생산자들로부터 주관적으로 분리될 수 있고, 사회적·정신적 구성물로 구체화되고 전통 속에서 상대적 독립성을 얻을 수 있다는 것이 동물적 진화와 반대되는 인류 역사의 특별한 고유성이다. 그렇다면 정신적·경제적 조건들이 긍정적·부정적 선택, 동종교배와 혼혈을 증진하거나 방해하는 것에 따라 정신적·경제적 조건들이 "인종 진행 과정"을 증진하는 방향으로 혹은 방해하는 방향으로 영향을 줄 수 있다. 그렇다면 한 세대의 다른 유기체적 질이 변화하지 않은 상태로 아니면 나빠진 상태로, 혹은 개선된 상태

로 전달되는가(혹은 되지 않는가)의 문제가 국가들과 민족들의 역사적 전개
와 존립에 결정적인 것이 된다.[60]

볼트만은 지금까지 진행된 문화민족들의 역사는 이러한 생물학적·인종
적 토대와 문명적 상부구조의 변증법적 관계에 의해 특징지어진다고 보았
다. 우수한 인종 유형에 속하는 자들이 문화/문명의 발전을 이룩하고 그 문
화/문명이 발전의 정점에 도달했을 때, 정작 그들은 소멸되었다. 그리고 이
는 곧 문화/문명의 궁극적인 몰락으로 이어진다. 역사적으로 북방 인종에 속
하는 종족들이 인도, 페르시아, 그리스, 로마 문명을 발전시킨 후 소멸했고,
그 후에 온 같은 계통의 정복 민족들도 동일한 운명을 맞이했다. 이처럼 북
방 인종의 대변자들은 그들이 문화를 창조한 그곳에서 열등한 원주민들과의
혼혈 등을 통하여 자연법칙적 절멸의 과정에 내던져졌다는 것이다.[61] 계속해
서 볼트만은 유사한 사례를 든다. 역사적으로 우수한 인종이 자신의 언어를
열등한 인종들에게 공유시키고 그 언어가 보존되었을 때 정작 그 언어의 주
인들은 소멸했다. 또 한 문명(국가, 사회) 안에서도 인종적 재능을 가진 사람들
이 고귀한 신분을 형성했지만, 신분적 특권 등을 통해 그들 사이에 자연선택
이 중단됨으로써 고귀한 신분이 퇴화되고 말았다. 도시는 고등한 교양과 문
명의 자연적인 토대이지만, 도시에서 진행된 선택과 소멸 조건들이 문화적
진행 과정에서 최적자들과 가장 재능 있는 자들의 인종적 퇴화·소멸을 가져
왔다. 특히 산업화가 진행되는 오늘날에는 "낯선 열등한" 이민자들이 도시
로 몰려들어 이러한 퇴화 과정이 더욱 빨라지고 있다. 신분과 도시의 이러한
인종 진행 과정은 궁극적으로 한 민족의 삶의 순환에 영향을 미친다. 그 민
족이 문명의 정점에 도달했을 때는 귀족적이고 지적이며 예술적이고 부유한

가문들이 등장했지만, 이들이 인종적으로 퇴화되고 사라졌을 때 민족 전체도 몰락했다는 것이다.[62]

이와 같이 볼트만은 역사를 '우수한 자들에 의한 문명의 발전 – 문명의 발전으로 인한 우수한 자들의 퇴화와 사멸'이라는 반복적 사이클이 연쇄적으로 이어진 끝없는 순환의 연속으로 파악한다. 이러한 진보와 몰락의 순환사관은 목적론적이지 않다. 그가 말하는 역사적 인종 진화 관념은 다윈의 무목적적인 진화 관념에 충실하다. 이런 맥락에서 그는 인류 전체의 끝없는 문화/문명적 진보와 완성을 주장하는 계몽사상가들과 일부 사회다윈주의자들의 진보낙관주의를 "환상적인 표상방식", "미신" 등으로 폄훼했다.[63] 그의 진보낙관주의에 대한 비판과 순환사관은 문명발전을 이룰 수 있는 재능과 천재성은 일부 인종에게만 한정되어 있다는 신념에 근거한다. 물론 인종주의 계몽사상가였던 마이너스도 이와 유사한 주장을 했다. 그러나 마이너스는 비유럽인의 문명발전의 가능성 자체를 부정한 것은 아니었다. 바로 이 지점이 인종 우월주의와 인종 증오주의를 가르는 경계이다.

특히 그는 앞서 언급한 것처럼 역사적 진화 과정에 편입되지 않은 '니그로'나 '인디언' 혹은 오스트레일리아 원주민과 같은 '재능을 거의 갖지 못한 인종들', 즉 '자연민족'들을 거의 동물로 간주했다. 그는 이들에게 문명을 강요할 수는 없고 유럽의 영향을 통해 그들의 심리적 소질과 재능이 변화될 수 없다는 것을 확신하고 있었다.[64] 더 나아가 그는 '자연민족'들은 유럽인 및 문명과 조우하면 필연적으로 사멸할 수밖에 없는 운명이라는 것을 강조했다. 그 멸망의 원인으로 그는 절멸전쟁, 질병, 술, 빈곤에 의한 어린이 사망률의 증가, "인종적 우울증"에 의한 자살 등을 꼽고 있는데, 특히 절멸전쟁을 그리스인의 야만족 정복, 로마인의 카르타고 정복, 카롤루스 대제의 작센족 정복 등 여러 사례를 들어 그 주요인으로 꼽았다.[65] 이러한 논리를 따르면 '자연민족'들에 대한 절멸전쟁은 역사법칙을 따르는 정당한 행위가 된다. 이와 같이 볼트만은 전통적으로 식민주의와 제국주의를 정당화했던 '문명화의 사명' 이데올로기를 부정한다.

### 인종주의적 게르만 신화

볼트만이 역사는 '우수한 인종 유형에 속하는 자들에 의한 문명의 발전 – 문명의 발전으로 인한 이들의 인종적 퇴화와 사멸'의 항구적인 반복이라는 자신의 순환사관을 영원히 변치 않는 법칙으로까지 신봉하지는 않은 것으로 보인다. 만약 그러했다면 그는 고비노의 전철을 밟아 염세주의자가 되었을 것이다. 다만, 그가 자신의 순환사관을 현실의 문제를 해결하기 위한 행위의 지침으로 활용했다는 점만은 분명하다. 그는 도시문제와 관련하여 다음과 같이 말한다. "역사적으로 보았을 때 도시들은 문명의 보루이지만, 동시에 민족들의 무덤이었다. 그런데 미래에도 그렇게 될 것인지, 이 명제가 변할 수 없는 자연법칙을 표현한 것인지는 다른 문제이다. 그리고 이 문제에 대한 답은 우리가 지성적 문화, 신분 및 도시 형성에서 비롯된 생리학적 해악들과 퇴화들을 근절할 수 있는 힘을 가지고 있느냐에 달려 있다."[66]

여기서 볼트만은 우생학적 개입을 통해 '문명의 발전으로 인한 우수한 인종 유형의 퇴화'를 차단하면 종래의 순환고리에서 해방되어 지속적인 역사 진보가 가능할 것이라는 낙관론을 폈다. 그는 특별히 의사이자 우생학자인 라이브마이어가 제시한 동종교배와 잘 관리된 혼혈의 규칙적 전환 명제에서 고비노의 염세주의를 극복할 수 있는 결정적 단서를 발견한다. 고비노의 염세주의는 인종 간 혼합(혼혈)만을 문명의 역사적 진행에 작용하는 유일한 토대로 간주한 데서 비롯되었기 때문이다. 앞서 언급한 바와 같이 라이브마이어의 명제는 문명의 역사적 발전에 있어서 무엇보다 동종교배의 원리가 중요하다는 데서 출발한다. 그에 의하면 우수한 인종적 재능을 가진 사람들끼리의 동종교배를 통해 정치·사회적으로 지배 카스트가 등장하고, 이 카스트에 의해 문화/문명이 발전했다는 것이다. 그러나 이 카스트 내의 동종교배가너무 오래 지속되면 자연선택이 결여되어 생리학적인 폐해, 나아가 최적자의절멸이 일어나 결국 이 카스트는 퇴화되고 몰락할 수밖에 없다. 이때 건강하고 신선한 피가 필요하다는 것이다.[67]

볼트만은 동종교배와 잘 관리된 혼혈의 규칙적 전환이라는 명제에 의거하여 한편으로는 게르만 인종적 요소가 우세한 독일 국민을 올바른 사회적선택과 순종교배를 통해 가장 순수하고 가장 진화한 게르만 인종공동체로개량시키며, 다른 한편으로는 열등 인종과의 무분별한 혼혈을 절대적으로 금지하고, 어느 정도 인종적 재능을 갖춘—게르만 인종과의 혼혈이거나 최소한 지중해 및 알프스 인종으로 구성된—주변 유럽 국민들과의 통제된 혼혈만을 허용할 것을 주장했다. 그가 제시한 국가인종주의적 구상은 구체적으로 다음과 같다.

- 모든 이민, 즉 내부 이주, 외국으로의 이주 및 외국인의 내부로의 이주의 관리.
- 도시적 생활방식과 산업의 영향력 확대를 통한 독일 국민의 인구 증대 및 삶의 질 관리.
- 결혼의 숫자와 질의 관리, 특히 유대인을 인종적으로 분리시킬 것.
- 자영농민 계층의 육성을 통한 내부 식민화 및 이를 통한 "슬라브인의

홍수"를 막을 수 있는 동부 국경의 방어.

● 성장하는 세력의 상승 기회를 가로막는 재능이 없거나 허약한 자들을
  상위계층 및 유리한 지위에서 몰아내는 사회개혁.

● "유럽 인종들" 간의 혼혈은 이미 상당히 진전되어 더 이상 막을 수 없다
  하더라도, 백인종의 흑인 및 황인종과의 혼혈은 절대 금지할 것.

볼트만의 이러한 국가인종주의적 구상은 자연스럽게 범게르만주의적·제
국주의적 대외정책으로 연결되었다. 그는 "세계정책"의 목표로서 "유색인종
의 세계"에 맞서는 "백인종의 단결"을 주장했다. 물론 이 "백인종의 단결"은
독일과 게르만 인종에 의해 지도되는 것이어야 했다.[68]

그는 이러한 국가인종주의적·범게르만주의적 구상의 가능성과 당위성
을 정당화할 수 있는 최종 심급을 역사에서 찾았다. 이를 위해 그는 오랫동
안 독일 민족주의의 역사 내러티브로 작용해온 게르만 신화를 인종주의적으
로 각색했다. 여기서 그는 게르만 인종을 인류 문명의 시작부터 언제나 문
명 창조의 효소酵素 내지 원천으로서의 역할을 한 인종, 즉 세계사 발전을 담
보하는 항구적인 생물학적·인종적 상수로 규정했다. 특히 그는 유럽 문명이
각국에 흩어진 게르만 인종의 피를 나눠 가진 천재들과 지배세력들의 작품
임을 강조하면서 유럽 문명이 본질적으로 범게르만적이라는 것을 강조했다.
그의 인종주의적 게르만 신화는 19세기 전반기의 클렘과 고비노의 내러티브
를 근대사에 초점을 맞춰 다원주의적 방식으로 새롭게 각색한 것이었다.

볼트만의 역사 이야기는 선사시대부터 시작된다. 그는 커다란 몸집, 장두,
밝은색 눈과 금발이라는 북유럽 인종 고유의 형태학적 특징에 근거하여 클
렘이 말한 '능동적 인종', 고비노가 말한 '아리아 인종'이 게르만 인종의 시조

였다고 한다. 그는 다음과 같이 주장한다. 이 원초적 게르만 인종이 그 왕성한 활동력으로 인해 선사시대와 상고시대에 이미 원산지 북유럽을 떠나 중남부 유럽, 아시아, 나아가 남아시아, 남태평양, 아메리카 등 전 세계에 광범위하게 퍼져 몽골인, 지중해인, 니그로와 같은 현지 인종들을 정복하거나 우위를 차지했다. 이 과정에서 이들과의 혼혈을 통해 생물학적으로 이 인종들의 수준을 높여 문명의 싹을 심어주었다는 것이다. 특별히 중국 등 동남아시아와 관련하여 그는 고비노의 명제를 이어받아 인도를 게르만 인종의 동남아시아를 향한 문명 확산의 교두보로 간주했다. 서양을 위해 그리스가 행한 바를 동양을 위해서는 인도가 그 역할을 했다는 것이다.[69]

그의 이야기는 계속된다. 나아가 고대 중동 지역과 남부 유럽에서는 게르만 인종이 직접 찬란한 문명을 건설했다. 인도, 페르시아, 그리스, 로마를 건설한 이들은 원래 북쪽에서 온 게르만 인종의 후손이었으나 어두운 피부의 토착민들과의 혼혈을 통해 자신들의 특징을 점차 잃어버렸다는 것이다. 한편, 게르만 인종은 유대인들에게도 영향을 주었는데, 다윗과 예수는 게르만 계통인 금발의 아모리인이었으며, 따라서 기독교에도 영향을 주었다는 것이다.[70]

볼트만이 보여주는 게르만 인종의 찬란한 이야기는 여러 게르만 종족의 대이동기를 시작으로 본격적으로 전개된다. 그는 게르만 인종이 "역사의 여명기에 놀라운 사회적 역할을 시작했다"고 한다. 게르만 인종은 "모든 민족들의 더 높은 곳으로의 발전을 위한 유기체적·정신적 발효물을 자신의 북쪽 고향을 벗어나 모든 방향으로 퍼트렸다"는 것이다.[71] 구체적으로 『게르만인들과 이탈리아 르네상스(Die Germanen und die Renaissance in Italien)』라는 책을 통해 볼트만은 게르만 침략자들이 고대 로마 문명을 파괴시킨 것이 아니

**위: 이탈리아 역사를 대표하는 게르만의 후예들**
왼쪽부터 레오나르도 다빈치, 단테 알리기에리, 갈릴레오 갈릴레이
* 출처: L. Woltmann, *Die Germanen und die Renaissance in Italien*, 1905, Bildnisse.

**아래: 프랑스 역사를 대표하는 게르만의 후예들**
왼쪽부터 나폴레옹, 로베스피에르, 데카르트
* 출처: L. Woltmann, *Germanen in Frankreich*, 1907, Bildnisse.


라, 역으로 이 찬란했던 문명을 재생시키고 창조적으로 발전시켰음을 강조한
다. 여기서 그는 중세 문명의 기틀이 마련된 기원후 1000년을 "세계사 속에
게르만인들이 등장한" 역사상 신기원을 이루는 시기로 자리매김한다.[72]
더 나아가 그는 르네상스 운동의 주역들이 북쪽에서 이주한 이른바 게르
만 "야만인들"(고트족, 랑고바르드족, 프랑크족, 노르만족)의 후손이었음을 주장한다.
이를 증명하기 위해 그는 한편으로 족보, 전기 등을 이용한 계보학적 연구를

실시했다. 여기서 그는 수많은 이탈리아 귀족 가문 및 예술가의 이름과 독일 이름의 유사성을 비교해 게르만적 뿌리를 갖고 있다고 유추할 수 있는 이름들을 열거했다. 예를 들어 레오나르도 다빈치(Leonardo da Vinci)는 독일식으로 "레온하르트 폰 빈케(Leonhardt von Vincke)"에 해당된다는 것이다. 다른 한편으로 그는 초상화, 흉상, 메달 등을 이용한 형태학적 연구를 통해 금발 혹은 최소한 붉은 머리, 푸른 눈, 흰 피부를 가졌으리라 추측되는 인물들의 목록을 만들었다. 이러한 연구들을 통해 그는 레오나르도 다빈치, 단테, 미켈란젤로, 보티첼리, 나아가 과학자 갈릴레이, 철학자 브루노, 마키아벨리 등은 게르만족의 직접적 후손이거나 게르만의 피가 섞인 혼혈이라고 주장했다. 이처럼 그는 로마제국 이후 진행된 이탈리아 문화발전의 전반은 어두운 둥글고 긴 머리의 이 지역 원주민(지중해 인종)이 아니라 창조적 잠재력을 지닌 게르만 인종 덕분임을 강조한다. 나아가 그는 아메리카 대륙을 발견한 콜럼버스, 심지어는 19세기 이탈리아 통일운동의 주역 가리발디, 마치니, 카보우르 등 대다수 이탈리아 근대사의 위인들이 게르만의 피를 나눠 가진 사람들이었다고 하면서, 이탈리아인들의 지적·정치적 재능 대부분이 게르만 인종 덕분임을 과시하고 있다. 이를 바탕으로 볼트만은 계속해서 『프랑스의 게르만인들(Germanen in Frankreich)』을 통해 프랑스, 에스파냐 등지로 확대된 "게르만 천재들의 인류학적 지도" 그리기 작업을 수행했다.[73]

이러한 연구들을 바탕으로 볼트만은 여러 게르만 부족들이 슬라브 및 라틴 계통 국가들의 중세 및 근대의 문화발전을 위한 인류학적 싹을 뿌렸다고 하면서, 전체 유럽 문명이 게르만 인종의 업적임을 선언한다. "교황, 르네상스, 프랑스 혁명과 나폴레옹의 세계지배는 게르만 정신의 위대한 업적이다."[74] 여기서 특히 프랑스 혁명에 대한 볼트만의 해석은 매우 신선하다. 그는 말한다. 기조, 리스트, 고비노는 프랑스 혁명을 게르만 귀족에 대항한 억압된 갈로-로마족의 인종투쟁으로 설명했으나, 프랑스 혁명은 게르만인 대 게르만인의 투쟁이다. 혁명의 지도자들은 그들의 초상화가 증명하듯이 거의 대부분이 게르만인들이었다. 혁명은 제3신분의 지배를 가져온 것이 아니라, 이 평민 신분 가운데 게르만 인종으로 이뤄진 상층부인 부르주아지만이 권력을 잡게 만들었을 뿐이다. 혁명은 단지 게르만 인종에 속하는 또 다른 계층만의 지배를 불러왔을 뿐이다. 이는 마치 자신의 동시대에 진행되는 노동운동에서 노동계급 가운데 게르만 상위계층이 자유와 권력을 위해 상승의 노력을 펼치는 것과 같다는 것이다.[75] 이와 관련하여 그는 오언, 푸리에, 생시몽과 같은 "사회주의의 창시자들"과 엥겔스, 리프크네히트, 폴마르, 베벨 등 독일의 사회주의자들이 게르만족의 피를 나눠 가진 인물들임을 강조한다.[76]

이상과 같이 볼트만이 제시하는 역사상은 매우 단순하다. 게르만 인종은 태곳적부터 오늘날까지 모든 세계 문명을 견인하고 세계사의 발전을 이끌어온 초인적 인종, 초역사적 존재로 묘사된다. 하나의 게르만 분파가 한 문명을 만들어내고 사멸한다면, 새로운 게르만 분파가 등장하여 다시 새로운 문명을 만들고 사라지는 스토리가 연속된다. 역사는 순환한다. 그러나 게르만 인종 자체는 역사 저편에서 끊임없이 이 순환고리에 개입하면서 역사를 발전시켜왔다. 특별히 근대 유럽 문명 속에서 범게르만주의가 실현되었다. 유럽의 모든 민족과 국가 속에 게르만 인종은 지배세력으로서, 영웅과 천재로서 내재한다. 이렇듯 그의 역사관은 게르만범신론에 입각해 있다.

이러한 역사상을 바탕으로 볼트만은 현재의 문제점을 지적한다. 현재는 게르만 인종이 또 한 번의 위기를 맞고 있는 시기다. 이제 근대 유럽 문명을 만들고 발전시킨 게르만 인종이 과거에 그랬던 것처럼 또다시 인종적 퇴화의 위기를 맞고 있다. 도처에서 위기의 징후가 포착된다. 독일의 거주민은 단지 일부분만 게르만적이다. 남동부 독일은 어두운 둥근 머리(단두) 인종들과 혼혈인들이 점령하고 있다. 독일을 비롯한 프랑스, 오스트리아, 러시아 등지에서는 단두인들의 비중이 증가하고 있다. 현재 장두인들의 미국으로의 이민 사태에서도 알 수 있듯이 아메리카 발견 및 다른 식민지 건설로 인해 이들이 빠져나감으로써 유럽 사회에서 장두인 인구 비중이 감소하고 있다.[77] 열등한 단두인들의 우수한 장두인들에 대한 투쟁이 전 세계적으로 벌어지고 있다는 것이다.

그러나 동시에 볼트만은 이러한 인종적 퇴화의 위기보다 더 크고 본질적인 위험이 중대하고 있다는 것을 강조한다. 그런데 이러한 위험의 증대는 필연적이고 심지어는 긍정적이기까지 한 역사진행 경향이다. 이러한 경향은 문명의 발전을 증진시키기 때문이라는 것이다. 그에 의하면 역사와 문명의 발전은 생물학적 자연법칙에 따라 생존투쟁을 통해서 이뤄진다. 인종들이 더 활동적일수록, 그들의 재능이 더 우월하고 더 대등할수록 경쟁투쟁은 더 빈번해지고, 더 결실 있는 것이 된다. 그것이 바로 게르만인의 게르만인에 대한 투쟁이다. 그는 독일 황제와 교황의 유럽 지배를 둘러싼 권력투쟁을 예로 들면서 말한다. "세계 귀족정과 세계 문명의 역사에서 가장 중대한 결과들은 게르만 지파들 및 게르만 영웅들의 대립과 투쟁에 의해 산출되었다."[78] 나아가 그는 프랑스 혁명과 노동운동의 성장을 예로 들면서 게르만인 대 게르만인의 투쟁이 사회발전의 역사에서도 결정적 기여를 해왔음을 역설한다. 그의 논리를 따르자면 게르만인 대 게르만인의 투쟁은 유럽 문명을 발전시켰고, 역으로 유럽 문명이 발전함에 따라 이 투쟁도 더욱 격렬해져왔다.

마침내 유럽 문명이 제국주의적 발전 단계에 도달한 지금 게르만 인종에게 맞설 그 어떤 인종도 남아 있지 않다. 이제 역사는 필연적으로 게르만 인종의 세계지배만을 남겨두고 있다. "게르만 인종은 전 지구를 빙 둘러서 지배하고, 자연자원과 노동력을 착취하며 수동적 인종들을 자신의 문화발전을 위해 봉사하는 구성원으로 편입시키라는 부름을 받았다." 이에 상응하여 게르만인들끼리의 투쟁도 심화되어 이제 "게르만 인종이 게르만 인종에게 가장 위험한 최대의 적"이 되었다는 것이다.[79] 이처럼 문제가 되는 것은 이제 게르만 인종의 몰락이 아니라, 게르만 인종의 후예들에 의해 지배되는 유럽 각국 간의 투쟁이다.

> 게르만인들이 너무나 손쉽게 낯선 언어들을 수용하고 스스로의 고유한 혈통적 기원을 망각했다는 것은 세계사의 커다란 간계이다. 이를 통해 게르만인들은 낯선 민족들 속에서 '인종'으로서 몰락한 것이 아니라, 그들의 주인이자 지배자가 되었다. 이러한 게르만인들은 단지 지배권을 획득하기 위해 외적으로만 의식이 변화되었고, 이러한 조건하에서 게르만 형제들로부터 이질화되었다. 이 점이 유럽의 국가사와 정신사를 이해하는 열쇠이다.[80]

이상과 같이 볼트만은 역사 속에 나타난 상반된 두 가지 생존투쟁을 강조한다. 하나는 역사와 문명의 발전에 부정적으로 작용한다. 반면, 다른 하나는 긍정적으로 작용한다. 그러나 이 둘은 모두 위기를 불러일으키고 있다. 현재 독일은 한편으로는 다른 유럽 국가들과 마찬가지로 인종적 퇴화와 민족의 몰락이라는 위험에 직면해 있다. 동시에 다른 한편으로는 영국으로 대표되는 다른 게르만 국가들 내지 게르만족의 후예가 정치적·정신적으로 지배하는 프랑스·러시아 등 다른 유럽 열강들과의 세계지배를 둘러싼 치열한 경쟁 앞에 서 있다는 것이다. 그러나 그는 이러한 현재의 위기 상황이 궁극적으로는 역사발전의 한 단계를 특징짓는 지표라고 보았다. 이로써 앞서 언급한 바와 같이 먼저 동종교배의 원칙에 따라 독일이 순수한 게르만 인종공동체로 진화해야 하고, 다음으로 동종교배의 부작용을 막기 위해 잘 관리된 혼혈이 이뤄져야 한다는 그의 프로그램은 역사적 필연성을 갖게 되었다. 특별히 볼트만은 후자와 관련하여 어떻게 인종 간 혼합을 이룰 것인가도 구체적으로 제안하고 있는데, 여기서 그가 구상한 범게르만적 제국주의의 면모가 잘 드러난다.

볼트만은 해외 식민지는 불필요하다고 보았다. 예를 들어 코카서스 인종과 '니그로' 인종 간의 투쟁과 융합은 문화를 거의 증진시키지 못했다. 전자는 혼혈을 통해 자신의 우월한 재능을 잃어버렸고, 후자는 능력 있는 노동인종으로 품종 개량되지 못했기 때문이라는 것이다.[81] 그는 국가의 위계질서 속에서 융합할 수 있고, 봉사자로서의 재능을 지닌 인종만을 정복하는 것이 중요하다고 주장한다. 역사가 보여주는 것처럼 게르만인들이 니그로나 인디언을 정복한 곳보다는 유럽 내의 지중해 인종과 알프스 인종을 지배했을 때가 훨씬 더 유용했다는 것이다. 문화발전의 핵심 요소인 카스트(신분)의 형성이나 사회적 서열화에 있어서 지중해 인종은 어느 정도 능력을 갖춘 계층에, 알프스 인종은 부지런하고 견실한 계층에 배치될 수 있었고, 이때 발생한 게르만인들의 이들과의 혼혈은 예를 들어 인도 인종의 드라비다 인종과의 혼혈보다 덜 해롭다는 것이다. 이처럼 그는 독일이 남동부 유럽 국가들을 지배하는 것을 바람직한 제국주의의 형태로 간주했다. 그러나 그는 최상의 능력을 가진 국가들은 하위계층들 또한 압도적으로 게르만 인종이나 게르만과의 혼혈 인종으로 구성된 국가들이었다는 것을 강조했는데, 이를 통해 독일이 나머지 게르만 형제국가들에 대해 주도권을 쥐고 남동부 유럽 국가들을 지배하는 형태가 그가 희망했던 가장 이상적인 제국주의 질서였다는 것을 유추할 수 있다.[82]

그러나 볼트만은 자신의 범게르만주의를 특별히 자세한 정치적 청사진으로 구체화시키지는 않았다. 그의 제안은 "유색인종의 세계"에 맞서는 "백인종의 단결"이라는 일반적인 수준에 머물러 있었다. 더 나아가 그는 특정 종류의 범게르만주의적 구상에 대해서는 반감을 드러냈다. 그는 게르만 형제국가끼리의 동맹을 주장하는 것을 게르만인의 게르만인에 대한 투쟁이라는 "자연법칙을 망상을 통해 부수려는 어린애 같은 노력"이라고 폄훼하면서 이미 "범게르만주의는 역사적으로 완성된 사실"임을 강조했다.[83] 아마도 그의 비판은 앞서 언급한 헤켈 류의 영국 – 독일 – 미국이 축이 된 '동서 게르만 대동맹'을 향한 것이었을 것이다. 헤켈의 제안이 궁극적으로 게르만 형제국가끼리의 평화동맹을 위한 것이었다면, 볼트만은 이런 평화주의조차도 인정할 수 없었던 급진적 사회다윈주의자·전투적 제국주의자였다고 충분히 추론할 수 있다.

한편, 볼트만이 각색한 인종주의적 게르만 신화는 독일민족운동 세력 내에서 어느 정도 반향을 얻었다. 대표적으로 체임벌린은 그의 '게르만 서적', 즉 『게르만인들과 이탈리아 르네상스』, 『프랑스의 게르만인들』에 깊은 감명을 받아, 독일 황제 빌헬름 2세에게 다음과 같은 편지를 썼다. "폐하, 혹시 루드비히 볼트만 박사의 작품들을 주의 깊게 보셨습니까? 이 독일 학자는 (…) 이른바 이탈리아 르네상스의 모든 위대한 예술가들의 혈통을 연구하는 데 헌신했습니다. 그가 거둔 성과들은—이제 명확해지기 시작했는데—제 책

『19세기의 기초』에서 표명된 추측들을 훌륭히 증명하고 있습니다."[84]

그러나 가장 영향력 있었던 게르만 신화의 유포자는 볼트만이 아니라 바로 체임벌린이었다. 전반적으로 보아 볼트만은 인생의 실패자였다. 사회민주당원들은 그를 배교자로 낙인찍었고 그의 사회주의와 다윈주의를 결합하려 했던 한때의 시도는 의도적으로 무시되었다. 한편, 인종이론가로서도 그의 명성은 오래가지 못했다. 일부 나치 인종이론가들을 제외하면 많은 사람들에게 그는 곧 잊혔다. 1936년 인종주의자이자 민족학자인 레헤(Otto Reche)가 그의 저술들을 모아 새로 편찬했는데 당시 나치 정권 치하였음에도 그것들은 전혀 주목을 받지 못했다. 또한 그의 때 이른 죽음도 기억되지 못했다. 익사한 그의 시체도 발견되지 않았으며, 이후 그를 위한 그 어떤 추모 공간도 마련되지 않았다.[85]

제7부

# 범민족주의의 역사철학 II
: 휴스턴 스튜어트 체임벌린의 인종투쟁의 문화사

**〈게르마니아〉**
제1차 세계대전이 발발한 1914년에 독일 화가 카울바흐(Friedrich August von Kaulbach)가 제작한 그림이다. 칼과 방패로 무장한 카울바흐의 〈게르마니아〉는 범게르만주의와 제국주의로 급진화된 독일 민족주의를 상징한다.

# 01

## 과학적 인종주의를 넘어 인종 신비주의로

미국의 지성사가 휴즈(H. Stuart Hughes)는 19/20세기 전환기 유럽의 지적 조류 혹은 시대정신의 특징을 유물론 및 실증주의와의 대결로 요약했다. 계몽사상 이후 유물론에 입각하여 자연과학을 모델로 인간, 역사, 사회를 탐구하려는 서구의 오랜 주지주의(Intellectualism)적인 전통은 이제 주관주의, 상대주의, 비합리주의, 나아가 신비주의 등 여러 분파로 핵분열을 일으켰다.[1] 특별히 그간 지적 게토 속에 머물렀던 쇼펜하우어, 니체, 베르그송, 딜타이 등으로 대표되는 이른바 생철학은 이러한 시대적 조류 속에서 해방되어 제국주의 시대의 새로운 관념론과 낭만주의로 화려하게 부활했다. 이러한 지적 경향은 인종주의와도 결합되었다.

우리는 앞서 이 시기에 인종과학과 과학적 인종주의가 전성기를 구가하고 있었음을 살펴보았다. 그러나 동시에 이러한 전성기는 인종과학이 자신의 한계를 점점 더 뚜렷하게 드러내보임에 따라 제동이 걸리기 시작했다. 1900년을 전후로 사회인류학과 사회생물학 연구 분야 전반에서 인종 개념 자체에 대한 신념이 도전을 받고 있었다. 앞서 언급했다시피, 피르호는 게르만 인종과 유대 인종을 가르는 순수한 인종의 경계란 없다는 것을 증명했고, 나아가 두개골 측정학 연구의 결론들을 의심하고 있었다. 그의 제자 보아스 (Franz Boas)는 인체측정학적 데이터들을 인종사상을 공격하는 무기로 활용했다. 한편, 사회인류학자 암몬은 남부 독일에서 순수한 유형의 '알프스 인종'의 사진을 제시해보라는 요구에 "이 둥근 머리 유형의 인간들 모두가 금발이거나 장신이거나, 혹은 좁은 코를 갖고 있거나 원래는 있어서 안 되는 그 어떤 특징들을 갖고 있다"고 고백해야 했다. 나아가 우생학자들은 획득 형질의 유전과 같은 유전학적 문제를 놓고 두 진영으로 갈려 논쟁하고 있었으며, 이 와중에 부친의 인종적 특징이 아들에게 유전된다는 것을 명확히 보여주는 것은 불가능하다는 최신 연구들이 등장하여 혼란을 더욱 가중시키고 있었다.[2]

이처럼 인종과학이 위기를 맞고 있던 상황에서 인종주의의 비합리적 속성을 노골적으로 드러낸 이른바 "인종 신비주의"(조지 모스)가 눈에 띄게 성장하고 있었다.[3] 우생학, 사회인류학, 인종사회학 등 유물론적·실증주의적 인종과학은 인종 이념에 합리성과 객관성의 외피를 덧씌웠다. 그러나 인종주의는 과학적 인종주의 그 이상이었다. 인종 이념은 결국 믿음의 영역에 속한 것이었고, 인종에 대한 믿음을 갖느냐 아니냐는 궁극적으로 세계관의 문제였다. 이러한 것을 강조하는 인종 신비주의는 인종의 신화적 기원과 인종의 고유한 성격을 만들어낸 정신적 혹은 영적인 실체를 내세웠다. 이를 신봉하는 자들은 인종문제에 대한 과학적 검증이 실패했을 때에도 여전히 인종의 신화, 상징, 신비에 대한 믿음을 확고하게 견지했다.

이러한 비합리적이고 주관적인 인종주의는 특히 독일어권 중부 유럽에서 유행했다. 앞서 언급한 반유물론적·반실증주의적인 지적 조류는 중부 유럽에서는 보다 넓은 문화적 저변을 갖고 있었다. 이곳의 시민계급 문화는 전통적으로 도덕과 가치의 보루였던 기독교와 교회의 힘이 약화됨에 따라 나타난 세계관적 방황에 의해 특징지어졌다. 합리주의, 물질주의, 도시화, 기술화 및 산업사회로 대표되는 근대성에 대한 전반적 불쾌감 속에서 많은 사람은 새로운 신, 새로운 예언자를 찾아 헤매었다. 이들 독일어권 시민들의 "방랑하는 종교성"(토마스 니퍼다이)은 자유주의 신학 및 자유종교 공동체(freireligiöse Gemeinde), 자유사상가(Freidenker) 운동뿐만 아니라, 수많은 세속화된 종교들, 즉 전 세계적으로 확산된 일원론(Monismus)에서부터 쇼펜하우어 컬트(cult), 신적 진리의 신비한 체험과 깨달음을 강조하는 신지학神智學(Theosophy) 및 인지학人智學(Anthroposophy) 등의 비교秘敎들을 거쳐 채식주의 및 생활개혁(Lebensreform) 운동, 반더포겔(Wandervogel) 운동, 사회개혁윤리협회에 이르기까지 여러 대체종교와 유사종교들에서 안식을 찾았다.[4] 이와 같이 비합리적·주관적 인종주의는 전 유럽적인 반유물론적·반실증주의적인 지적 조류와 독일어권의 새로운 세계관 및 종교운동이 결합해 생산한 사생아였다.

'인종 신비주의'는 과학적 인종주의와 더불어 '독일민족운동' 진영에서 한 축을 이루고 있었다. 이러한 인종주의는 스스로를 새로운 민족종교 내지 민족적 세계관의 한 부분으로 규정했다. 독일의 문화적 민족주의의 전통은 독일제국 성립 이후 새로운 민족종교를 세우려는 움직임으로 발전했다. 이를 통해 새로운 민족적 세계관을 마련하고, 그 안에서 무엇보다 종교적으로 분열된 민족 구성원들의 내적 통일을 이루려는 것이 목표였다. 이러한 움직임의 대표적 인물이 급진보수주의자이자 반유대주의자인 라가르데(Paul de Lagarde, 본명은 Paul Bötticher, 1827~1891)였다. 그는 자유주의와 자본주의 물질문명에 맞서 유대교적 요소가 제거되고 독일 민족의 이상이 구현된 새로운 예수의 종교, 즉 '독일적 기독교'가 출현해야 한다고 역설했다. 그러나 그의 민족종교는 아직 인종주의적인 것은 아니었다. 그는 무엇이 '이상적 형태'에 걸맞은 민족을 규정하는가를 물으면서 다음과 같이 말한다. 예를 들어 독일 인은 "게르만족과 켈트족, 로마인, 슬라브족과의 융합의 결과물이다." "독일 민족은 피가 아니라, 정서 속에 존재한다." 그리고 이러한 명제는 다른 모든 민족에게도 동일하게 적용된다는 것이다. 이에 덧붙여 그는 민족을 규정하 는 것은 궁극적으로 "역사, 신의 섭리에 의해 인도되는 역사"라고 주장하면 서, 역사 속에서 신은 단계적으로 한 민족에게 그 민족한테 맞는 특정한 이 상적 형태를 드러내준다고 주장했다.[5]

이러한 문화적 민족주의에 입각한 민족종교 사상은 그 관념론적이고 형 이상학적이며 신비주의적인 틀 안에서 곧 인종주의와 결합했다. 이제 민족 의 인종적 정체성을 강조하는 게르만적 민족종교가 출현했다. 여기서는 인 종("피")에 근거하여 민족이 신성화되었다. 신성한 인종 및 "피"가 체화된 것 이 민족이라는 것이다. 이러한 인종주의와 결합된 민족종교 사상은 크게 두 가지 종류로 나뉠 수 있다. 먼저, 게르만적(아리아적) 기독교 사상이다. 이 사 상은 라가르데의 '독일적 기독교'처럼 비록 기성교회가 대변하는 정통기독교 와는 커다란 차이가 나지만, 아직 기독교 전통을 벗어나지는 않았다. 새로운 게르만적 기독교는 예수를 유대인이 아닌 아리아인이자 게르만 정신의 예 언자로 파악하면서, 스스로를 유대 정신에 물든 로마가톨릭과 대립하는 민 족종교로 자리매김했다. 이러한 기독교적인 게르만적 민족종교의 선두주자 는 당대에 엄청난 예언자적 영향력을 발휘한 작곡가 바그너였다. 그는 라가 르데보다 무려 열네 살이 많은 구세대였음에도 그 천재적인 예술가적 예지 력 덕택에 전통적 보수주의와는 구별되는 새로운 경향의 선구자가 될 수 있

파울 드 라가르데(1827~1891)

었다. 그의 게르만적 기독교는 쇼펜하우어의 생철학과 신비주의, 불교, 고비
노의 인종주의, 반유대주의 등과 융합된 일종의 범신론이었고, 이는 고대 게
르만 신화를 소재로 한 음악예술을 통해 형상화되었다.[6] 이러한 바그너의 사
상은 그가 죽고 나서도 그의 부인 코지마가 주도한 바이로이트 서클을 통해
확대·재생산되었는데, 그 업그레이드된 최종 수정판이 바로 체임벌린의 인
종 신비주의이다. 여기서 특기할 만한 점은 인종과학자들이 인종적 개선을
위한 우생학적 실제 계획으로서 단종정책을 집중적으로 내세웠던 반면, 인종
신비주의자들은 무엇보다 적대 인종과의 정신적·문화적 투쟁, 다시 말해 종
교와 세계관의 투쟁을 강조했다는 것이다. 우리는 바로 체임벌린에게서 그
전형적 사례를 발견할 수 있다.

다음으로, 기독교 전통에서 벗어나 이른바 '새로운 이교주의異教主義
(neopaganism)'와 결합한 인종종교 사상이 그것이다. 이러한 '새로운 이교적'

율리우스 랑벤(1851~1907)

인종종교는 기존의 '유대적 기독교'를 대체하는 완전히 새로운 게르만적 민족종교로 기획되었다. 이러한 경향의 대변자 가운데 당시 가장 대중적 성공을 누렸던 인물 중 하나가 『교육자 렘브란트』(1890)를 쓴 신지학 신봉자 랑벤(Julius Langbehn, 1851~1907)이다. 그는 이 책에서 렘브란트, 셰익스피어 등의 바로크 예술과 괴테로 대변되는 독일 낭만주의를 소재로 새로운 인종주의적, '새로운 이교적' 세계관을 정립했다. 그 주요 구성요소는 피의 신화, '새로운 이교적 삶'의 정서, 유대인에 대한 폭력적 탄압, 예술을 통한 황제와 민중의 결합(케사리즘Ceasrism), 이를 통한 정신생활의 신화 만들기로의 축소, 독일의 과거를 빛낸 영웅들에 대한 찬양 등이었다.[7]

그러나 랑벤의 것보다 더욱 급진적인 형태의 '새로운 이교'적 인종종교도 출현했으니, 그것이 이른바 아리아학(Ariosophy)이라 불린 고대 게르만 종교

귀도 폰 리스트(1848~1919)                란츠 폰 리벤펠스(1874~1954)

에 기반하고, 신지학과도 연결된 신비주의적인 아리아 인종 비교秘教가 그것이다. 이 아리아 인종종교는 고대 게르만 종교의 주신主神 보탄(Wotan, 오딘)의 이름을 따서 보탄주의 혹은 아르만주의(Armanism)로 불렸다. 이 인종주의적 민족종교의 대표자는 오스트리아 출신의 민족주의 작가 리스트(Guido von List, 1848~1919)와 전직 가톨릭 사제 란츠(Jörg Lanz von Liebenfels, 1874~1954)였다. 당시 다민족국가였던 오스트리아-헝가리 이중제국에서는 독일 민족이 슬라브족을 필두로 여러 적대 인종들에게 포위되어 있다는 의식이 한편으로는 게르만 인종의 우월감으로, 다른 한편으로는 위협감으로 극대화되었으며, 이러한 분위기 속에서 가장 전투적인 범게르만주의와 함께 아리아 인종종교가 출현했다. 리스트와 란츠의 아리아학 종교는 오스트리아뿐만 아니라 독일제국의 '독일민족운동' 진영 내에서도 큰 반향을 불러일으켰다.[8] 그러나 이

뿐만이 아니었다. 이들의 인종종교 사상은 훗날 히틀러를 비롯한 수많은 나치당원들의 개인적인 세계관으로 그대로 계승되었다. 물론 히틀러는 나치운동은 종교운동이 아니라는 것을 강조하면서, 인종종교가 공식적인 나치 이념이 되거나 국가적 정치종교로서 드러나는 것을 극히 꺼려했지만 말이다.[9]

리스트는 독일의 자연풍광을 신화화하고, 신지학의 영향 속에서 업보(Karma)와 윤회사상을 차용하여 탄생, 생성, 죽음, 재탄생의 항구적인 순환을 특징으로 하는 게르만 자연종교를 만들었다. 그는 전사적이고 농부적인 고대 게르만의 자연적 세계를 현대의 물질문명을 상징하는 "악한 정신"이 지배하는 로마의 도시적 삶과 대비시키면서, 삶의 근원적 토대로 신화화했다. 고대 게르만의 세계는 건강하고 소박하지만 강건하며, 사계절의 풍속을 통해 자연 속에서 영원한 재탄생의 지식을 견지한 세계라는 것이다. 또한, 그는 미래의 아리아 인종의 지도자는 고대 게르만 영웅의 환생일 것이라고 단언하기도 했다.[10]

리스트의 주된 관심이 단선적인 구속사救贖史 전통의 기독교에 맞서는 것이었다면, 란츠의 관심은 인종신화의 구축과 성서의 재해석을 통해 종교를 게르만화하고 인종을 신성화하는 데 있었다. 그는 인종 간 대립을 선과 악, 신적 존재와 악마적 존재, 초인과 하등 인간의 대결로 도식화했다. 그에 의하면 "아리아 영웅들", 즉 "금발의 영웅 인간들"은 선택받은 인종으로서 신이 공을 들이는 대상이고, 이들 간의 동종교배와 확실한 우월적 지위의 확립만이 "불가촉천민들"(열등 인종)이라는 "악"으로부터 구원과 치유를 가능케 한다는 것이다. 또한 그는 이 선택된 인종의 지배를 통해 비로소 역사는 그 목적을 달성하게 되는데, 그것은 동시에 이 세상이 "금발의 영웅 인간들"에게 속한다는 태초부터의 약속이기도 하다는 것이다. 나아가 유색인종을 "짐승과의 교배를 통해 생산된 짐승적 인간"이라고 하면서, 게르만족을 "깜깜한 악마의 세계를 지배하라고 소명받은 푸른 눈에 금발을 지닌 신의 후예들"로 대비시켰다. 그는 마침내 게르만족을 신적 존재로까지 격상시켰다. "신은 순수한 인종이며, 순수한 인종이 신이다! 이것이 가장 위대하고 고상한 신비함이다!"[11]

지금까지 우리는 '인종 신비주의'의 파노라마를 조망해보았다. 그러나 과학적 인종주의와 인종 신비주의 간의 경계는 불투명하고 유동적이다. 앞서 언급했다시피 볼트만의 『정치-인류학 평론』지는 사회인류학자들의 기관지였으나, 동시에 다양한 스펙트럼의 인종 신비주의자들도 참여했다. 고비노협회를 창설한 바이로이트 서클의 셰만을 비롯해 란츠 등도 이 잡지의 중요한 협력자였다. 특히 셰만은 스스로를 바세르 드 라푸즈, 암몬, 볼트만, 빌저가 대변하는 사회인류학자 그룹의 일원이자 사회다원주의자라고 생각했다.[12]

나아가 과학적 인종주의 스스로가 인종 신비주의로 발전하기도 했다. 앞서 우리는 볼트만의 올바른 세계관을 찾기 위한 방황을 살펴보았다. 또한 그가 스피노자와 쇼펜하우어를 읽었으며, 자연신비주의에 도취되었고, 마르크스와 다윈, 나아가 예수를 종합한 세계관을 만들려고 애썼다는 것을 살펴보았다. 인종주의를 세계관 및 종교와 결합하려는 경향은 볼트만 이외에 다른 인종과학자들에게서도 발견된다. 세계적인 명성을 지닌 다윈주의자이며 우생학자이자 생물학자인 헤켈이 가장 대표적이며 성공적인 사례다. 그는 1906년 독일 일원론자 동맹을 창설했다. 이로써 그는 일원론(Monismus)이라는 기독교에 맞서는 전투적인 대항종교(Gegenreligion), 즉 유물론적 유사종교의 창시자가 되었다. 일원론의 교리는 다원주의였다. 세계(우주)에 영원히 내재하는 진화의 법칙이―헤켈의 이론에 따르자면, '개체발생은 계통발생을 반복한다'는 '생물유전학적 기본 법칙'이—식물의 세포에서 인간까지 모든 유기체의 삶을 지배하고 있다는 것이다. 더 나아가 그의 일원론은 이 세계(우주) 자체의 경건성을 강조하는 범신론과 결합하여 끊임없이 진화하는 '세계영혼'이라는 개념을 만들어냈고, 이를 통해 다윈의 자연선택의 원칙인 '생존투쟁'을 진화를 통한 인류의 자연으로의 회귀와 도덕적 완성이라는 종교적 관념으로 승화시켰다. 이처럼 일원론은 진화론을 관념철학으로 변화시켰다. 한마디로 "유물론과 관념론의 기묘한 결합"(토마스 니퍼다이)이 그의 일원론이었다.[13]

# 02

## 뿌리 뽑힌 영국인과 또 다른 잉여인간들
: 체임벌린에서 나치 이데올로그까지

체임벌린은 1855년 9월 9일 영국의 남부 해안지방에 위치한 사우스시(Southsea)에서 태어났다.[14] 그는 문자 그대로 대영제국을 대표하던 명문가의 자제였다. 그의 아버지 윌리엄 찰스 체임벌린(William Charles Chamberlain)은 해군제독이었으며, 그의 삼촌들 중 두 명은 장군이었고, 또 다른 삼촌은 저명한 육군원수 네빌 체임벌린 경(Sir Neville Chamberliain)이었다. 그의 친할아버지는 웨스트모어랜드(Westmorland) 백작의 서자로서 여행가이자 모험가였고, 훗날 브라질의 리우데자네이루에서 남아메리카 총영사를 지낸 헨리 올렌도 체임벌린(Henry Orlando Chamberlain)이었다. 그의 외가 역시 남부 스코틀랜드의 지방 귀족으로 명문 집안이었다. 수많은 항해기를 써서 유명해진 탐험가이자 해군 장교였으며 학자였던 배실 홀(Basil Hall) 선장이 그의 외할아버지였다. 홀 선장은 우리나라와도 인연이 있는데, 1816년 조선을 탐험하고 이를 항해기로 남기기도 했다.[15] 그는 훗날 영국 왕립학회의 명예회원으로 추대되었다. 또한, 홀 선장의 아버지 제임스 홀 경(Sir James Hall)은 과학자로서 실험 지질학의 창시자였다. 체임벌린의 회상에 의하면 그의 어머니는 이러한 학

휴스턴 스튜어트 체임벌린(1855~1927)

자적 재능을 이어받아 어린 시절에 이미 라틴어와 독일어를 능숙하게 구사한 어학의 천재였다고 한다.[16] 외조부의 이름을 그대로 딴 그의 형 배실(Basil Hall Chamberlain)은 훗날 저명한 일본학자가 되어 도쿄제국대학의 교수로 활동했다. 이 밖에도 그의 친척들은 최상류층 인물들과 혼인을 했고, 기업가, 은행가, 공무원으로 명성을 얻었다.

이와 같이 부유하고 귀족적이며, 학자, 탐험가, 제국의 전사를 배출한 체임벌린의 혈통에 대해 『19세기의 기초』 영문 번역판(1912)의 서문을 쓴 레데스데일 남작(Lord Redesdale)은 그를 "격세유전" 혹은 골턴의 용어를 빌려 "우생학"의 전형적 사례로 간주할 수 있다고 했다.[17] 체임벌린 스스로도 자신의 가계에 대한 강한 자부심을 갖고 있었다. 이처럼 그는 앞서 살펴본 노동자 가정 출신 볼트만과는 확실히 대조되는 사회적 배경을 갖고 있었다. 그러나 내면적으로 그 역시 낙오하고 뿌리 뽑힌 잉여인간 의식을 갖고 있었다. 그의 어린 시절 회고는 다음과 같이 시작한다. "나는 내 생이 시작된 시기에 고향에서 뿌리 뽑혔고, 언제나 그랬던 것은 아니지만 방황하고 있었으며, 끊임없이 낯선 자들 속에서 살면서 가족에 대한 지식은 전수받은 것이 별로 없다. 양가의 할머니들은 개인적으로 알고 있었지만, 할아버지들은 내가 태어나기 오래전에 이미 돌아가셨다. 어머니는 내가 한 살이 되기 전에 돌아가셨고, 아버지와는 2~3주 이상 같이 지내본 적이 없다."[18]

체임벌린의 뿌리 뽑힌 잉여인간 의식은 소년기와 청년기를 거치면서 형성되었다. 그의 아버지는 그를 가문의 전통에 걸맞은 엘리트로 키우기 위한 맞춤형 교육을 실시했는데, 그 최종 목표는 대영제국의 장교 혹은 식민지 관료가 되는 것이었다. 그의 교육은 프랑스 베르사유의 한 인문계 고등학교에 저학년으로 입학한 것을 시작으로 거의 대부분 외국에서 이루어졌다. 이후 그는 장래의 군 장교를 키우는 데 특화된 영국의 명문 기숙학교 챌튼엄 컬리지(Cheltenham College)에 입학했으나 중도에 포기하고 프랑스로 돌아와야 했다. 건강이 극도로 나빠졌기 때문이다. 이후 그의 허약한 체질은 평생 그를 괴롭혔다. 그는 '건강한 신체에 건강한 정신'이라는 제국 시민으로서의 덕목을 채우기에는 자격미달이었다. 이에 실망한 그의 아저씨 네빌 체임벌린 경과 숙모는 그를 당시 신학생이자 훗날 김나지움 교수가 된 쿤체(Otto Kuntze)라는 유명한 독일인 가정교사를 붙여 사교육을 받게 했다. 쿤체는 체임벌린을 친독파로 만드는 데 결정적 기여를 했고, 이후 체임벌린이 『19세기의 기초』 제1판 서문에서 "나의 내적인 친구"라고 부를 만큼 평생 동안 관계를 지속했다. 체임벌린은 소년 시절을 주변에서 소외된 왕따로 지냈다. 방학을 맞아 영국에 가면 사촌들이 내성적이고 까다로운 성격의 그를 "기품 있는 외국인"이라고 조롱했고, 프랑스의 친구와 동료들은 비록 그가 영국인이라는 특별한 의식을 갖고 있지 않았을 뿐만 아니라 항상 프랑스어로 말하고 글을 썼음에도 불구하고 그를 언제나 외국인으로 간주했다.

스무 살이 된 1875년 체임벌린은 건강 때문에라도 영국으로는 돌아가기 싫었다. 또한 정서적으로도 유럽 대륙을 이미 자신의 고향으로 느끼고 있었다. 학자가 되겠다는 새로운 꿈을 간직한 채 그는 스위스 제네바로 갔다. 이곳에서 그는 식물학, 지질학, 천문학, 해부학, 인체생리학 등 자연과학을 공부했다. 그러나 그는 허약한 건강 때문에 엄청난 학업의 부담을 견뎌내지 못했고 결국 계획했던 박사논문을 완성할 수 없었다. 이 시기에 그는 여행 가이드였던 안나 호르스트(Anna Horst)라는 프로이센 출신의 연상 여인과 결혼을 하고자 했으나 이 또한 실패했다. 체임벌린의 가족은 이 독일 여자가 연상의 외국인이고, 미천한 가문 출신이며, 또 그가 과연 대학 공부를 무사히 마칠 수 있을지 의심이 든다면서, 이 여자와의 혼인을 건강이 회복될 때까지 늦추라고 했다. 훗날 그는 결국 이 여인과 결혼에 성공하긴 했지만 가족의 신뢰를 잃어버리고 만다. 이후 1883년 그는 특별한 이유 없이 학업을 중단하고 파리로 이주하여 증권 중개사업에 손을 댔으나 이마저 실패하고 엄청난 재정 손실을 입었다.

이상과 같이 청년기까지의 체임벌린의 생애는 속된 말로 금수저를 물고 태어났으나 병약하고 소외되고 뿌리 뽑히고, 어느 것 하나도 제대로 이루지 못한 낙오자의 삶 그 자체였다. 다만 그는 비정규 교육을 통해 특정한 정신적 능력만은 얻을 수 있었는데, 그것이 바로 독학자의 독창성과 아마추어 호사가의 박학다식함이었다. 이미 그는 제네바에서 자연과학을 공부하는 동안에도—비록 성공적이지는 않았지만—시와 희곡을 발표하는 등 작가로 활동했으며, 훗날 다양한 분야에 걸친 글을 남길 수 있었다. 그러나 이 박학다식한 독학자의 내면세계는 참담했다. 이미 소년 시절부터 그의 국민적 정체성은 흔들리고 있었다. 그는 영국에서도 프랑스에서도 '외국인'이었고, 쿤체의 영향을 받아 독일 문화에 열광했지만 독일에서도 '외국인'일 수밖에 없었다. 이러한 주변부적인 처지로 인해 그의 자아는 흔들리고 심한 경우 자아분열과 자기 증오로까지 심화될 수 있었다. 동시에 역으로 자기 증오는 타자에 대한 증오로 투사될 수도 있었다.[19] 물론 그가 이 지경까지 마음의 병을 앓았는지는 확실하지 않다. 다만 확실한 것은 어찌 보면 주변부적인 경험을 통해 그가 개방적인 국제주의자 혹은 철학자 니체가 말한 '좋은 유럽인'이 될 수 있었음에도 불구하고, 이와는 반대로 '뿌리박힘'을 강조하면서 국수적인 성향으로 변해갔다는 사실이다.

그의 정신적 조국은 영국이 아니라 독일이었다. 그는 이미 1878년부터 비스마르크 독일의 국가체제와 독일 문화, 즉 '독일주의'에 대한 지나친 열광과 프랑스에 대한 증오를 표현하기 시작했으며, 1885년 11월 독일의 드레스덴으로 이주한 이후로는 '독일민족운동'에서 새로운 자아를 발견했다.

영국 명문가의 자제를 인종주의와 반유대주의를 특징으로 한 '독일민족운동' 진영의 작가로 변화시킨 결정적인 계기는 바로 음악가 리하르트 바그너(1813~1883)가 제공했다. 체임벌린은 『19세기의 기초』 제3판 서문에서 바그너야말로 "마음속에 간직한 가장 신성한 존재"로, 그의 자아를 변화시켰다고 한다. 바그너는 "자연의 힘처럼" 그의 "삶을 깨우치고, 영혼의 깊숙한 곳에서 무의식적으로 졸고 있던 것을 각성시킨" 구원자적 인물이었다고 한다.[20] 체임벌린에게 바그너란 외로움 속에서 자아마저 흔들리던 자신이 의지할 수 있었던 "대타자"(라캉)였다. 바그너의 음악과 철학은 그에게 새로운 종교의 경전과도 같은 것이었으며, 바그너는 그가 귀의한 신흥종교의 교주였다. 체임

리하르트 바그너(1813~1883)와
그의 아내 코지마(1837~1930)

벌린은 1878년 23세의 젊은 나이에 바그너의 음악을 처음 들었을 때 종교적
계시를 받은 것과도 같은 충격에 휩싸였다고 한다. 이후 그는 바그너의 추종
자가 되어 파리에 머무를 때 그곳에서 최초로 바그너협회를 세웠으며, 드레
스덴으로 이주한 이후로는 바그너의 본격적인 제자가 되어 바그너의 음악과
철학에 깃든 독일 민족주의, 인종 신비주의, 반유대주의의 세계에 흠뻑 젖어
들었다. 1888년 6월에는 처음으로 바이로이트를 방문해 바그너의 미망인 코
지마를 접견했는데, 코지마는 그를 열렬히 환영했을 뿐만 아니라 자신의 양
아들로 삼으려 했고, 마침내 1908년 자신의 딸 에바(Eva von Bülow)와 재혼시
켰다. 이제 그는 바그너의 사위 자격으로 명실상부한 바이로이트 서클의 사
도 베드로로서 입지를 굳힐 수 있었다. 그사이 체임벌린은 바그너와 관련한

여러 책을 집필했는데, 『로엔그린에 관한 노트(Notes sur Lohengrin)』(1892), 『리하르트 바그너의 드라마(Das Drama Richard Wagners)』(1892), 『바그너의 생애』(1895) 등이 그것이다.

이와 같이 우리는 볼트만뿐만이 아니라 체임벌린에게서도 '독일민족운동'이 사회적으로 "교육받은 시민층 가운데 낙오한 자들의 용광로"라는 사회학자 브로이어의 명제가 상당한 타당성이 있다는 것을 확인하게 된다. 더 나아가 다른 인종 신비주의자들의 사회적 이력을 보면 브로이어의 명제는 더욱 설득력을 갖는다. 이들 대다수는 사회적 인정을 받지 못했고, 경제적으로 궁핍했으며, 따라서 인정투쟁에 목을 매었던 사람들이다. 그나마 체임벌린은 코지마의 후원을 받아 유명인사로 등극함으로써 운이 매우 좋은 경우였다. 예를 들어 민족종교를 주창한 라가르데(본명 뵈티허)는 오리엔트 언어학자이지만 교수 자격 논문 작성 후 대학교수직을 얻기까지 무려 18년을 기다려야 했다. 마찬가지로 랑벤, 리스트도 오랫동안 학문적으로 인정받지 못했다. 물론 인정받고자 하는 욕망은 누구에게나 해당되는 보편적인 것이며, 특히나 지식인 사이에서는 더욱 그러하다. 막스 베버나 프로이트의 경우에도 인정을 받기 위한 젊은 날의 투쟁은 눈물겨운 것이었다. 그러나 이들은 결과적으로 학자로서 인정을 받지 않았던가! 반면 인종 신비주의자들은 사회적으로 밀려났다는 실망감과 이로 인한 내적 위기에서 벗어나기 위한 방편으로 종종 현실도피를 택했다. 이들은 스스로를—이들이 평소에는 경멸했던—대중을 위한 구원자 내지 구원 프로젝트의 지도자나 예언자로 치장하곤 했다. 이를 위해 그들은 귀족 칭호를 사용하거나 개명을 함으로써 자신을 고귀한 존재로 드높였다. 아리아학의 양대 지도자 리스트와 란츠는 마치 옛날 고비노가 그러했듯이 'von'이라는 귀족 성을 사용하고 직접 가계도를 꾸며냈으며, 뵈

티허는 프랑스식 귀족 칭호인 'de'가 붙은 라가르데로 개명했다. 또, 랑벤은 『교육자 렘브란트』에서 대중사회를 경멸하고 귀족주의를 숭배하는 한스 토마(Hans Thoma)라는 인물 속에 자신을 투영했다.[21]

사회적으로 낙오한 이들 지식인들은 '아마추어주의'를 내세우면서 강단학자 및 전문연구가들 혹은 전문화된 기성 학문을 비난하곤 했다. 이러한 반지성주의적 태도는 스스로를 대중의 구원자로 자리매김하고자 하는 전략과 일맥상통한다. 앞서 살펴본 볼트만과 마찬가지로 체임벌린 또한 이러한 행위에 동참했다. 그의 『19세기의 기초』 제1판 서문은 전문학자들에 대한 맹비난으로 시작된다. 이른바 "평판이 나쁜 아마추어주의"야말로 편협한 전문화의 경계 속에 갇힌 "엄밀한" 학문보다 더 중요한 역할을 수행한다면서, 전문가들은 "학문의 노예"에 불과하며, "가장 위험한 아마추어야말로 전문가 자체"라고 폄훼한다.[22] 나아가 그는 자신의 독자인 "교육받은 비전문가"에게는 역사에 대한 "이성적 인식(Verstand)"보다는 "역사가 자극하는 열광"과 이를 통한 생각의 각성 및 행동을 위한 결단이 중요하다는 것을 강조한다.[23] 이와 유사한 아마추어 보편주의의 태도는 랑벤에게서도 발견된다. 그는 전문화를 통한 학문의 '소멸'에 불만을 표시하면서, 학문을 예술과 결합시킬 것, 기존의 건조한 전문적 역사를 인종의 정신적 실재에 대한 지식으로 채워진 역사로 대체할 것을 주장했다.[24]

이들은 자신들의 민족 및 인종종교를 독일 민족이 믿고 따라야 할 "구원의 가르침"이라고 선전했고, 실제로 스스로도 그렇게 믿었다. 이들은 사회적 낙오의 위기에서 촉발된 내면적 위기, 즉 외로움과 자아상실의 위기를 '믿음'과 '구원'이라는 키워드를 통해 극복하려 했다. 이들에게 민족 및 인종종교는 자신을 대신해서 자신의 정체성을 대변해줄 신성한 이데올로기였다. 이들을 추종하던 젊은이 가운데 상당수는 훗날 나치 이데올로그로 변신했다. 이들 젊은 세대의 경험은 무엇보다 제1차 세계대전에서의 독일의 패배에 의해 각인되었다. 이들 새로운 낙오자들, 다시 말해 한나 아렌트가 말한 '폭민'들은 개인적 위기와 민족적 위기를 동시에 경험했다. 전후 독일의 정치적·경제적 위기 속에서 '독일민족운동' 진영의 젊은 세대는 피해자 혹은 희생자로서의 절망감과 극도의 외로움 속에서 '독일의 재탄생'과 자기구원을 동일시했으며, 이러한 맥락에서 다수가 나치즘에 경도되었다. 1925/26년의 일기에서 공적인 인정을 갈망하던 젊은 괴벨스는 다음과 같이 한탄한다. "아, 이 끔찍한 세상이여! (…) 황량한 외로움이여. (…) 나는 절망에 빠져 있다. (…) 모든 사람은 이제 천민(canaille)에 불과하고, 나도 그중 하나이다." 그러고 나서 훗날 나치 선전장관이 된 이 작가 지망생은 묻는다. "언제나 우리는 구원을 받을 것인가? (…) 언제쯤 나는 이 가련한 악마로부터 벗어나 구원을 받을 것인가?" 그는 자신의 소설 『미하엘─일기장 속 독일인의 운명』에서 스스로 답을 제시한다. 그 답이란 자기 스스로에 의존한 구원 프로젝트다. "나는 영웅이다. 신이다. 구원자이다. (…) 나는 더 이상 인간이 아니다. 나는 타이탄 신이다. 하나님이다! (…) 내가 나를 스스로 구원했다." 괴벨스는 훗날 나치 독일에서 자신의 영도자 히틀러와 함께 독일 민족의 구원 프로젝트를 실행하려고 했다. 한편, 친親나치 성향의 시인이자 극작가 요스트(Hanns Johst)는 1928년 "일그러진 일상의 현실"을 한탄하면서 "똑같이 생각하고, 똑같은 견해를 밝히며, 똑같은 믿음을 갖는 공동체로의 비상"을 요구했다. 그에 의하면 독일 민족의 궁핍, 실망, 비참함을 치유할 도움이란 오로지 "신앙공동체의 재탄생"에 의해서만 가능하다는 것이다.[25]

이상과 같이 독일제국의 인종 신비주의는 나치 독일의 인종종교에 토대한 정치종교와 연결된다. 마치 체임벌린에게 바그너의 존재가 그러했듯이, 나치 이데올로그들에게 히틀러란 자기구원 프로젝트를 대표하는 교주 같은 인물이었고, 자신들은 그의 사도였다. 이들은 히틀러를 같은 피를 나눈 민족/인종 공동체의 동지이자 구원자로 숭배했다. 히틀러소년단의 지도자로 활동했던 시라흐는 다음과 같은 기도문을 남겼다.

> 아돌프 히틀러, 당신은 우리의 위대한 지도자이시니
> 당신의 이름은 적들을 두려워 떨게 하나이다.
> 당신의 왕국에 임하옵시고
> 당신의 뜻만이 땅 위에서 법칙이 되게 하소서.
> 우리로 하여금 날마다 당신의 음성을 듣게 하옵시며
> 또한 우리 삶을 투신하여 복종하길 원하옵는
> 당신 지도자의 지위를 통해 우리에게 명령하소서.
> 구세주 히틀러여 이를 언약하나이다.[26]

# 03

## 체임벌린의 생철학적 인종이론과 문화적 인종주의

이제 우리의 주제인 체임벌린의 인종 신비주의를 상론해보자. 물론 여기서는 추종자들 사이에서 '역사가', '철학자', '형이상학자'로 불리기도 한 체임벌린의 방만한 사상 전반을 논할 수는 없다.[27] 특히 그는 비범함을 보이는 대개의 독학자가 그러하듯이 백과사전적 박학다식함을 뽐내고 있다. 1899년에 첫 출간된 그의 주저 『19세기의 기초』만을 보더라도 1912년의 제10판(대중판) 기준으로 본문만 1,197쪽에 달하는데, 이 엄청난 분량의 책 속에 우생학, 인류학, 민족지, 고고학 등의 인종과학 및 다원주의적 자연과학의 연구성과뿐만 아니라 인문학의 거의 전 분야, 즉 고대 그리스 철학과 문학, 중세 스콜라 철학, 근대 계몽사상, 독일 관념론 및 낭만주의, 교회사 및 신학, 히브리학, 인도 철학, 일본학, 중국학 등의 동양학, 예술학, 종교학 일반, 고전문헌학 및 언어학, 근대 역사학 분야의 저술과 연구들이 잇달아 인용되고 비판되고 있다. 한마디로 글의 양에 있어서는 고비노에 필적하고, 정보의 양에 있어서는 고비노를 훨씬 능가하는 책을 쓴 아마추어 호사가—오늘날의 용어로 '덕후'—의 최고봉이라 할 수 있다. 물론 그가 다룬 이 모든 전문가들의 연구가 대개는 기묘한 방식으로 해석되고 엮이기는 했지만 말이다.

우리는 여기서 체임벌린의 인종과학에 대한 비판에 초점을 맞추고자 한다. 그는 어디서 인종과학의 한계를 보았고, 그러한 한계를 어떻게 극복하고자 했는가? 이에 대한 답을 찾다보면 자연스럽게 그의 인종주의가 지닌 신비주의적 특징이 잘 드러난다.

체임벌린이 인종과학에 대해 가한 직접적인 비판은 인종과학이 정확한 인종 개념의 내용과 삶에 필요한 의미를 제시하지 못할 뿐만 아니라 오히려 혼란을 주고 있고, 따라서 인종문제를 대처하는 데 실제적인 도움을 주고 있지 못하다는 것이다. 이 시기가 되면 인종 개념은 일상에서도 흔히 쓰이는 유행어가 되면서, 동시에 극도로 모호한 개념이 되었다. 민족/국민, 언어군, 인류학적 집단 등 다양한 모든 인간집단이 모두 '인종'으로 분류되고 호명되었다. 이러한 상황에서 체임벌린은 다른 지식인 및 교양인과 마찬가지로 그 스스로도 불분명하게 인종 개념을 사용해왔으며, 인종 개념에 내포된 여러 의미를 "전혀 연관이 없는 것들, 서로 모순되는 것들"로서 별 생각 없이 받아들여왔다는 것을 고백한다. 그러나 동시에 인종을 정확하게 인식하는 것이 "가장 중요한 삶의 문제"라고 역설하면서, 그는 인종 개념과 관련된 일련의 문제들을 제기한다. 무엇이 인종인가? 무엇이 순수한 인종인가? 그것은 어디서 왔는가? 그것은 역사적으로 무엇을 의미해야 하는가? 이 개념은 넓은 의미로 아니면 좁은 의미로 받아들여야 하는가? 인종과 민족 개념은 어떤 관계에 있는가? 나아가 무엇이 아리아 인종인가? 이러한 질문을 던진 후 그는 대다수의 인종과학자들이 여기에 대한 답을 거의 주지 못하고 있다고 단언한다.[28]

체임벌린은 그 근거로서 우선 인종과학자들 사이에서 빈번하게 벌어지는 가설 및 방법의 불일치를 꼽았다. 이들 가운데는 예를 들어 '아리아인'이란 것이 단순히 서재에서 발명된 허구라고 하는 자와 대서양에서 인도까지 뻗어나간 인도유럽인 공통의 특징을 지닌 실제 고대 민족이라고 주장하는 자가 대립하고 있으며, 한편으로는 두개골 측정 방식이 더 이상 민족지학의 문제들을 해결하기에는 무용한 방법이라고 주장하는 자도 생겨나면서 혼란이 가중되고 있다는 것이다. 이러한 비판의 근저에는 일상의 경험과 유리된 지식만을 추구하는 이들의 주지주의적 태도에 대한 그의 부정적 인식이 깔려 있었다.[29]

그는 또한 인종의 신체적 특징만을 대상으로 한 인종과학자들의 실증적 연구방식, 즉 분석적이고 기계적인 계량화의 연구방법을 비판했다. 예를 들어 해부학자와 인류학자들은 역사와 일상의 경험이 증명하는 각 인종 및 민족의 질적인 차이, 즉 문화·도덕 등 정신적 자질의 차이를 무시하고 계측된 두개골의 특징만 가지고 인종을 분류하고 각 인종의 고유성을 판단한다는 것이다. 그러나 이들은 자신이 우연한 숫자를 가지고서 비교 대상을 조작하고, 대상이 인위적으로 선택된 상태라는 것을 망각하고 있다. 그는 묻는다. 장두인으로 분류되는 기준이 어째서 두개골 너비(폭)에 대한 길이의 비율, 즉 두개지수 가운데 하필이면 75란 숫자가 되어야 하는가? 75란 숫자에는 왜 "특별한 마법"이 숨어 있어야 하는가? 그렇다면 "나의 게으름과 쾌적함을 구분하는 다른 마법은 무엇인가?" 이러한 연구방법은 단지 "자의적"인 것이며, "컴퍼스와 자로써 이뤄진 단순한 형식"에 불과하다는 것이다. 이러한 비판의 근거로서 그는 갓난아이를 어떻게 눕혀서 키우느냐에 따라 장두 및 단두가 결정된다거나, 쌍둥이 중 하나는 장두, 다른 하나는 단두형으로 형성되었다는 최신 연구들을 활용했다.[30]

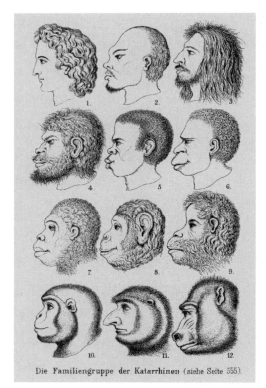

**헤켈의 진화계통도**
원숭이류의 진화계통도에서 가장 진화
한 종은 1번 인도게르만인이고, 다음
이 2번 중국인이다. 오스트레일리아 원
주민(4번), 아프리카인(5번)은 인도게르
만인보다는 7번에서 9번까지의 고릴라,
침팬지, 오랑우탄과 더 가까운 종으로
분류되고 있다.
* 출처: *Naturliche Schöpfungsgeschichte*

그러나 체임벌린의 비판은 이에 그치지를 않고 본격적으로 인종과학자들
의 다윈주의로 향했다. 먼저, '진화'를 목적론적인 '진보'로 해석하는 이들의
사회다윈주의적 사고가 비판의 도마 위에 올랐다. 앞에서도 언급했듯이, 헤
켈을 비롯한 일원론자들은 인류 전체와 자연, 나아가 우주가 완성을 향해 끊
임없이 진화(진보)한다는 진보낙관주의를 공유하고 있었다. 그러나 체임벌린
은 인간을 단순히 환경에 적응하는 동물로 파악하는 다윈의 진화론은 본질
적으로 그 어떤 진보 개념도 발전시킬 수 없다고 주장한다. 왜냐하면 특정한
환경에 적응한다는 것은 단순히 균형을 잡으려는 현상, 다시 말해 전진이냐

후퇴냐를 말할 수 없는 단순히 "운동"에 불과한 것이기 때문이다. 따라서 "이른바 단순한 유기체에서 복잡한 유기체로의 진화란 진보로도 또는 몰락으로도" 해석할 수 있다는 것이다.

여기서 체임벌린은 자신이 이해한 진화 개념을 강조한다. 진화란 다윈주의 철학자 스펜서도 언급한 "주기적인 진동", 즉 평형상태를 유지하기 위한 팽창과 수축, 혹은 진자운동을 의미한다. 따라서 굳이 진화를 "진보"로 이해하자면, "진보"란 단지 평형이 한쪽으로 기울었을 때 이를 맞추기 위한 운동, 즉 팽창에서 수축 혹은 우에서 좌로의 이동을 의미할 뿐이라는 것이다. 그럼에도 불구하고 많은 인종과학자들은 '진화' 개념을 통해 "진보의 실재를 증명"하려고 한다는 것이다.[31] 이러한 맥락에서 체임벌린은 진화계통도를 실제에 근거한 것이 아니라, 단지 과학자들의 마음속에만 존재하는 것으로 평가 절하했으며, 나아가 '한 유기체의 완전히 다른 유기체로의 진화', '단순한 유기체에서 복잡한 유기체로의 진화'를 증명하기 위해 수집된 수많은 증거를 증명력이 없다고 단언했다. 그는 이러한 증거들은 오히려 놀라울 정도의 안정성과 지속성을 지닌 생명의 다양성, 그리고 그 변화 가능성의 한계를 보여준다고 주장했다. 예를 들어 지질학적인 환경변화가 일어났을 때 공룡은 다른 종으로 변화되지 못하고 그냥 죽었다는 것이다. 이러한 맥락에서 체임벌린은 다윈의 자연선택의 원리가 이제 짐승과 미물들을 인간과 동일시하는 속류 의인관(anthropomorphism)으로 졸아들었다고 비판한다. 이는 경쟁의 원리와 성공을 찬미하는 현대 상업주의에 물든 다윈주의자들의 공리주의, 즉 생물학에 적용된 진보와 완성의 교리에 불과하다는 것이다.[32]

나아가 다윈주의에 대한 체임벌린의 비판은 보다 근본적인 데로 향했는데, 다윈주의가 준거하는 유물론이 그것이었다. 그는 인간을 세균과 똑같이 유기체화한 물질(생물)로 간주하면서 영혼을 지닌 인간, 인간의 주체성, 인간 정신의 신성함과 완전성, 나아가 신의 존재를 인정하지 않는 유물론[33]을 혐오했다. 그는 다윈 진화론의 유물론적인 관점을 비꼰다. "일관된 유물론적 관점에서 보면, 세균과 같은 모네라(원핵생물)야말로 가장 완벽한 동물이다. 왜냐하면 가장 단순하고 따라서 가장 큰 저항력을 갖고 있기 때문이다. 또한 지구 가운데 가장 큰 면적을 차지하는 물속에서 살 수 있게 조직되었다." 즉, 유물론적 관점을 극대화시키면 모네라가 인간보다 더 진보한 유기체로 간주될 수도 있다는 것이다.[34]

그의 유물론에 대한 비판은 대개는 격렬했다. 인간의 정신까지 포함하여 이 세계의 모든 것은 궁극적으로 "힘과 물질"의 운동에 불과하다는 진화론자 뷔히너(Ludwig Büchner)의 일원론적 유물론은 "허튼소리의 종교"로 폄하되었고,[35] 다윈의 사도 헤켈의 생물학 이론은 "인간 종의 조상이라고 주장되는 다양한 원숭이들에 대한 사이비학문적인 환상적 그림"으로 비난받았다.[36] 반면 다윈에 대한 비판은 약간은 조심스러웠다. 그에 의하면 다윈은 예를 들어 린네가 분류한 '종(species)'을 객관적 실체로 믿는 오류를 저지르고 있다. 그러나 린네의 '종'이란 실체가 아니라 관찰자가 경험 세계의 생물들을 조직하는 편리한 방식이며, 이것들을 인식하기 위한 선천적 범주(category)와 관련된 개념이라는 것이다. 이런 의미에서 그는 다윈을 "탁월한 관찰자였지만, 저급한 사상가"라고 비판했다.[37]

체임벌린에게 유물론은 궁극적으로 세계관적 혹은 종교적 투쟁의 대상이었다. 그는 '철학', '종교', '세계관'을 유사어 내지 동의어로 사용하면서, 다윈주의와 인종과학에 내재한 세계관적 문제들을 지적했다. 그는 인류학자 피르호 등 여러 인종과학자들의 "우리 시대는 과학의 시대이니, 철학은 필요 없다"는 일반적인 태도를 진실을 은폐한 "허풍"이라고 비난한다. 왜냐하면 우리 시대의 과학이야말로 그 어느 시대보다도 더 깊숙이 유물론적 세계관에 의존하고 있으며, 그 극단적 사례가 헤켈이 창시한 일원론이라는 "공식적 종교"라는 것이다. 그는 일원론을 "다윈이 한 발은 계속 순수한 경험적 인식(Empirie)에, 다른 한 발은 경악할 정도로 용감한 철학적 전제들에 디딘 채 가랑이를 벌리며 계속 전진하는" 과학과 세계관의 혼란스럽고 그릇된 조합이라고 비난했을 뿐만 아니라, "사람이 죽었을 때 그의 입에서 빠져 날아가는 영혼"을 믿는 것과 같은 수준밖에 안 되는 "원자와 에테르(공기를 구성하는 가상의 물질—인용자)"에 대한 이러한 미신적 신앙에 자연과학자의 90%가 빠져 있다는 사실을 개탄했다.[38] 체임벌린은 세계관/종교의 문제야말로 게르만 인종의 미래가 걸린 결정적인 문제라고 보았다. "우리 고유의 종적 특성에서 발원하고 이에 합당한, 그리고 진실된 종교가 없다는 것이 나는 게르만 인종의 미래에 대한 가장 큰 위험이라고 본다. 이것이야말로 게르만 인종의 아킬레스건이다."[39] 그는 이러한 "허튼소리의 종교"인 과학적 유물론을 이집트에서 유래하는 신의 어머니 "이시스 여신"의 종교로 타락한 로마가톨릭과 더불어 게르만 인종, 특히 독일 민족을 미혹시키는 거짓 종교로 규정했다.[40]

이상과 같이 체임벌린은 현실의 삶과 유리된 주지주의, 실증적 연구방식과 그 근저에 깔린 유물론적 세계관에서 인종과학과 이에 기반한 과학적 인종주의의 한계를 보았다. 그런데 체임벌린의 인종과학자들에 대한 비판은 어느 정도는 앞서 언급한 인종과학의 실제적 위기를 반영한 것이기도 했다. 그에게 인종과학의 무기력한 상황은 인종주의의 총체적 위기로 여겨졌다. 그릇된 세계관에 오염되고, 잘못된 이론과 방법론에 급급해하는 인종과학자들의 태도는 인종에 대한 믿음의 약화를 가져왔고, 이런 상황에서 이들 전문가들은 과학적 신중함이라는 미명하에 무기력하거나 무책임한 태도만을 보이고 있는 듯했다. 그는 『19세기의 기초』의 저술 의도를 밝히기 위해 독일 제국 황제 빌헬름 2세에게 쓴 편지에서 이러한 불편함과 위기감을 솔직하게 표현했다. "만약 우리가 당장 이 문제(인종문제—인용자)를 단호하게 연구하고 원칙에 입각해서 인종을 길러낼 것을 결정하지 않는다면, 머잖아 너무 늦었다는 것이 드러날 것이고, 우리의 게르만적 인종 유형은 영원히 사라져버릴 것입니다."[41]

체임벌린은 인종주의를 구원하기 위해 인종 개념을 과학적 인식의 대상에서 깨달음의 대상으로 변화시켰고, '모든 것은 인종으로 귀결된다'는 신념이 기반하는 세계관적 토대를 유물론에서 관념론, 형이상학, 종교의 영역으로 전위시켰다. 그에 의하면 인종은 분석되는 것이 아니라 그 총체적 '형상'을 관조하는 것이었고, 인종의 의미는 '설명'되는 것이 아니라 현재의 삶 속에서 체험되고 역사 속에서 경험되는 것, 다시 말해 '직관'과 '본능(instinct)'을 통해 '이해'되는 것이었으며, 인종의 고유한 성격은 본질적으로 신체적 특징이 아니라 정신과 '영혼'에 의해 결정되는 것이었다. 한마디로 그가 구축하고자 했던 새로운 인종이론에서 중요했던 것은 인종문제에 관한 검증 가능한 지식이 아니라, 이 문제가 현재의 삶을 위해 어떤 의미를 주는가를 밝히는 것이었다. 그는 『19세기의 기초』 서문을 이렇게 마무리한다. "모든 지식보다 더 높고 신성한 것은 바로 삶 자체이다. 여기에 기록된 것들은 체험된 것들이다."[42]

체임벌린의 인종 신비주의는 일종의 생철학적 인종주의 혹은 인종주의적 생철학이라고 명명할 수 있다. 그러나 그의 이러한 인종주의는 인종과학이나 다윈의 이론이 완전히 부정된 형이상학적, 영지주의靈智主義적 일원론은 아니었다. 그는 아직도 50년 전에 나온 고비노의 책이 "마치 인종문제에 관한 지식과 지혜의 화신"처럼 경배되는 현실을 개탄하면서, 고비노의 인종이론은 그간 이뤄진 해부학, 동물학, 인류학, 고고학 등 여러 자연과학 분야의 성과들을 전혀 반영하지도 못했을 뿐만 아니라, 발표되었을 당시에도 이미 그 이론의 "괴팍하고 못된 반反학문성" 때문에 전혀 영향력을 발휘하지 못했다는 점을 지적했다. 이러한 맥락에서 그는 인종이론이 고비노 식의 전설이나 가설이 아니라, "철저하고 총괄적인 자연과학적 지식" 위에 근거해야 한다고 강조했다. 여기서 체임벌린은 자신의 생철학적인 인종이론이 형질(자연)인류학의 창시자 블루멘바흐에서 민족지학자이자 중앙아시아 언어연구가 위팔비(Charles de Ujfalvy)에 이르기까지 지난 100년간 진행된 인종과학의 주요 연구업적뿐만 아니라 특별히 자신의 "선생님" 다윈의 이론에 기초하고 있음을 명시하고 있다.[43] 그러나 고비노에 대한 신랄한 비판에도 불구하고 실제적으로 그의 『19세기의 기초』는 많은 부분에서—예를 들어 중국에 대한 평가—고비노의 『인종불평등론』을 새롭게 스토리텔링하고 있다.

체임벌린의 생철학적 인종이론은 한편으로는 다윈주의적 인종과학, 다른 한편으로 독일 관념론과 낭만주의적 자연신비주의의 기묘한 종합을 통해 구성되었다. 그는 스스로를 한편으로는 퀴비에와 다윈의, 다른 한편으로는 괴테와 칸트의 "제자"라고 불렀다.[44] 이처럼 그는 인종의 불평등성, 적대 인종에 대한 증오, 그리고 게르만 인종의 우월함을 정당화하기 위해 자연과학과 독일 고유의 철학 및 종교를 조화시키려고 했다. 그러나 여기서 자연과학은 인종문제에 대한 "우리의 지식을 풍부하게 하고 더 예리한 시선을 갖도록 가르치는" 보조수단의 역할을 수행하는 데 그쳤다.[45] 보다 중요한 것은 독일적 철학 및 종교의 역할이었다. 이를 통해 인종문제가 독일 민족의 삶에 어떤 의미를 주고 있고, 또 주어야 하는가를 배울 수 있다는 것이다. 그는 궁극적으로 독일 민족에게 게르만 인종으로서의 자아를 심어주고 인종적 고유성에 걸맞은 정치적·사회적 삶을 영위하도록 이끌어주는, 다시 말해 독일 민족을 '인종주의자들의 공동체'로 양육하려는 게르만적 세계관, 즉 게르만적 종교를 창시하려 했다.

괴테와 칸트, 이 두 사람에게서 체임벌린은 게르만적 세계관/종교의 사상적 주춧돌을 발견했다.[46] 괴테는 이른바 독일 문학의 '질풍노도' 사조를 대표하면서, 독일 낭만주의의 선구자로 알려진 인물이다. 그는 동시에 자연연구가로도 유명한데, 무엇보다 자연을 수학과 인과율의 원리에 가두어버린 기계론적 자연관에 반대하면서, '예술가적·건축가적 상상력'을 매개로 예술과 과학을 결합한 독특한 자연철학을 전개했다. 체임벌린은 특히 그의 방법론에 매료되었다. 예를 들어 식물들의 색깔과 변형에 대한 연구에서 괴테는 자연에 대한 과학적 탐구의 한계를 인식하고 생명의 시학과 신비함을 보존하는 방법론을 제시했다. 괴테의 최종 목표는 자연의 복잡한 통일성을 '설명'하는 대신에 종합적으로 '관조(Anschauung)'하는 것이었고, 이를 위해 '관찰'과 '직관'을 통해 생명의 신비를 향해 더듬거리듯 접근하는 방법을 시도했다. 그는 이러한 '관조'를 통해 유기체의 기본 단위를 보존하는 신비가 스스로 드러날 것이라고 주장했다.[47] 체임벌린이 괴테의 이러한 자연신비주의를 통해 실증주의를 극복할 수 있는 인식론적 무기를 얻었다면, 독일 관념론의 시조가 되는 칸트를 통해서는 유물론에 대항할 수 있는 세계관적 무기를 얻을 수 있었다. 잘 알려져 있다시피 칸트의 비판철학은 과학적 인식론의 공세 앞에서 도덕과 종교의 근거가 되는 형이상학의 존재 가치를 입증하려는 목적을 갖고 있었다. 그의 비판철학의 키워드들, 즉 오성의 선천적(a priori) 범주, 현상과

물자체, 경험에 앞서고 경험을 뛰어넘는(transcendental) 이성의 속성, 자유의지, 영혼불멸, 신과 같은 경험적 인식을 뛰어넘는 실천이성에서 요청되는 개념들을 통해 칸트는 자연의 입법자로서의 인간 주체를 부각시켰으며, 과학과 객관적 인식의 한계를 밝히고, 주관적인 도덕/종교 영역의 자율성을 확립하는 데 성공했다. 체임벌린에게는 칸트야말로 유물론적 일원론의 공세에 맞서 인간의 자유의지와 믿음의 세계를 보호해준 이원론적 세계관의 수호신이었고, 이성을 넘어서 신비주의로 빠진 자신의 비합리적이고 주관적인 인종이론을 철학적으로 정당화해준 고마운 스승이었다.[48]

그렇다면 체임벌린의 생철학적 인종이론의 특징은 무엇인가? 무엇보다 그의 신비주의적이고 비합리적인 인종인식론과 독특한 인종 개념에서 그 특징이 잘 드러난다. 이러한 인종 개념과 인종인식론에서 우리는 그가 인종인류학과 우생학, 다윈의 진화론을—역시 자의적으로 해석된—괴테와 칸트의 사상을 끌어들여 얼마나 자의적으로 해석했는지를 알 수 있다.

먼저, 체임벌린의 인종인식론을 살펴보자. 어떻게 한 인종을 다른 인종과 구별할 수 있는가? 무엇이 한 인종의 고유한 특성인가? 그에 의하면, 인종의 재능이 개인들에게 있어서처럼 동일하지 않다는 것은 일상의 관찰과 역사를 통해서 쉽게 알 수 있다. 하지만 인류학은 보다 더 유익한 지식을 주는데, 특별한 성취를 이룬 인종에게 있어서는 특정한 신체적 형상이 지배적으로 나타난다는 명제가 그것이다. 그러나 이러한 인류학적 지식은 단지 제한적으로 도움을 줄 뿐이다. 생명의 존재는 결코 숫자에 의해 형성된 결정체가 아니라 그 자유로운 본질에 따라 유연하고 역동적으로 형성된 것이기 때문이다. 한 인종을 구성하는 개인들의 생김새는 서로 다르다. 또, 한 인종의 신체적 형상을 특징짓는 모든 요소를 다 가진 사람, 예를 들어 게르만 인종을 특징짓는 "위대하게 빛나는 하늘색 눈, 황금빛 머리카락, 거대한 몸집, 조화를 이룬 근육, 장두형 머리와 귀티나는 얼굴"이라는 이 모든 것을 다 가진 사람은 현실에서 존재하지 않는다. 따라서 특정 시기에 나타난 이 인종의 신체적 구조를 조망하는 것이 중요한데, 이를 위해서는 이 인종에 속하는 대표적인 인물들을 조사하여 "이 인종이 인종으로서 유일하게 갖고 있는 신체적 형상에 내포된 우세하고 특별한 경향, 통일적이고 동질적인 관념"을 찾아내야 한다는 것이다.[49]

체임벌린은 한 인종의 신체적 형상에 내포된 특별한 경향을 찾으려면 "컴퍼스와 자, 저울의 세계", 즉 측정, 계량화, 분석이라는 실증주의적 관행에서 벗어나 동식물의 품종 개량에 종사하는 천부적 재능을 가진 숙련된 사육가나 육종자의 시선으로 무수히 행해지는 부단한 '관조'가 중요하다고 한다. 이를 통해 비로소 한 인종의 신체적 형상에 내포된 특별한 경향을 '직관'할 수 있다는 것이다.[50] '관조'를 통한 '직관', 이것이 바로 체임벌린의 인종인식론의 핵심이었다. 그는 이러한 '직관'을 사람들이 삶의 세계에서 경험하는 어린애의 '본능'으로 표현하기도 했다.

> 아주 작은 아이들, 특히 소녀들이 인종에 대해 특별한 본능을 갖고 있다는 것이 자주 드러난다. '유대인'이 무엇인지 아직 전혀 모르는 아이들이 진짜 인종적 유대인 남자나 유대인 여자가 가까이 다가오자마자 울음을 터뜨리는 일이 빈번하게 일어난다! 학자들은 대체로 유대인과 비유대인을 구별할 줄 모른다. 그러나 말을 거의 할 줄 모르는 어린애들은 그렇게 할 줄 안다.[51]

체임벌린은 인류학자들의 두개골 측정에 맞서 인종인식론의 구체적 방법으로 관상연구(Physiognomik)를 내세웠다. 그는 한 인종의 신체적 형상에 내포된 '우세하고 특별한 경향'이 어떤 정신적 특징과 자질을 반영하고 있다는 것을 강조했다. 그는 예를 들어 장두형 머리를 "동물적 욕망의 순환고리에서 벗어나 앞쪽으로 확장된, 동경심에 의해 고통받는 언제나 능동적인 뇌"가 표현된 것으로, 귀티가 나는 얼굴을 "고도의 영적인 생활이 자신을 표현하는 자리"로 간주했다.[52] 이로써 그는 이미 그의 당대에 사이비과학으로 용도 폐기된 골상학보다 더 낡은 골상학의 어머니, 관상연구로 회귀했다.

체임벌린은 관상연구야말로 "정신과 육체, 영혼의 거울과 해부학적 사실(Faktum)"을 동시에 연구하는 과학이라고 극찬했다. 한 인종을 대표하는 인물들의 여러 관상을 관조하면 그 인종의 신체적 특징뿐만 아니라, 동시에 그 인종의 정신과 영혼의 특징도 직관적으로 알 수 있다는 것이 그의 주장이었다.[53]

체임벌린에게는 특별히 게르만 인종과 "우리 안으로 쇄도하고 있는" 비게르만 인종을 구별하는 것이 중요했는데, 그는 단테와 루터의 관상을 통해 게르만 인종 고유의 생물학적 특징과 정신적 특징을 규정하려 했다. 그는 단테의 성 '알리기에리(Alighieri)'는 고트 성씨 'Aldiger'의 변형임을 밝히면서, 단테가 고트족의 후예라고 주장한다. 이러한 단테의 용모는 아시아·아프리카적인 유형은 물론이고, 이전의 헬레네인 및 로마인과도 다른 유형의 게르만적 얼굴을 특징적으로 보여준다는 것이다. 그는 이것이 세계사에 "새로운 영혼을 지닌 새로운 인간 유형", 즉 고유의 인종혼을 지닌 게르만이라는 새로운 인종이 출현했음을 보여주는 관상학적 증거라는 것이다.

그는 단테의 장두에 길다란 얼굴을 "내적인 태풍이 밑에서 평화로운 이

게르만 인종을 대표하는 단테(왼쪽)와 루터(오른쪽)의 관상

마로 올라가고, 대리석으로 된 반구의 천장에서 휘어진다"고 평하면서, 이러한 유형은 북이탈리아의 티롤에서 노르웨이까지 게르만의 후손이 거주하는 전 지역에서 발견된다고 한다. 그러나 게르만의 위대한 인물들의 관상학적 유형은 단 한 가지가 아니라 용감하고 힘차게 올라간 코에서부터 강력한 머리까지 다양한 조합으로 이뤄진다. 루터에게서는 단테와는 대비되는 관상을 발견할 수 있다. 루터는 인류학자들에 의해 북독일-슬라브적 유형으로 분류되지만, 그의 관상 또한 이와 유사한 것이 슬라브족과는 상관없는 영국 등지에서도 발견되므로 전체 게르만 인종을 대표하는 유형이라는 것이다. 여기서는 "그러한 태풍이 천장에서 휘어지는 것이 아니라 이마, 눈, 코에서 휘돌고" 있다. 이러한 "활기와 생각의 충만함으로 이뤄진 활활 타오르는 고뇌의 화산을 화강암 바위처럼 단단한 입과 턱이" 받쳐주고 있다. 이는 "원하는 것을 원하고, 이를 위대한 행동으로 실현하는" 행동지향적인 인상이라는 것이다. 그는 이러한 관상이야말로 "게르만 정신의 놀라우리만큼 풍요로운 발전 가능성들이 걸치고 있는 하나의 의복"이라고 강조한다. 이를 통해 체임벌린

은 전체 게르만 인종의 관상을 단테의 관상을 한 축으로, 루터의 관상을 그 반대 축으로 하여 움직이는 여러 단계의 다양한 변형들로 규정한다.

이상과 같이 체임벌린의 관상연구는 궁극적으로 한 인종의 정신적·영혼적 고유성을 밝히기 위한 것이었다. 신체에 나타난 경향적 특징은 단지 이를 밝히기 위한 소재에 불과했다. 그러나 그의 관상연구는 한계를 갖고 있었는데, 그 한계란 비록 그것이 한 인종의 특징적인 신체적 경향성을 소재로 그 인종의 정신과 영혼의 고유한 특징을 직관적으로 통찰할 수 있는 수단이기는 하지만, 정작 무엇이 그 인종의 정신적 특징 혹은 '인종혼'의 내용인가를 적시할 수는 없었다는 점이다. 위에서 살펴본 것처럼 그는 게르만 인종이 동물적 욕망의 순환고리를 벗어난 고도의 영적인 우월한 존재라거나, 역사상 이전에는 볼 수 없었던 영혼과 행동력을 지닌 새로운 존재, 따라서 역사상 가장 우월한 인종이라는 정도의 암시만을 할 수 있었다.

결국 체임벌린은 한 인종의 우월하거나 열등한, 혹은 선하거나 사악한 정신적 고유성(그의 표현을 빌리면 '인종혼')의 내용을 철학과 종교 등 정신문화(세계관)의 전통에서 찾았다. 그리고 이러한 정신문화의 전통을 특징짓기 위해 그는 자의적으로 해석한 여러 역사적 증거를 활용했다. 이를테면 타키투스의 책부터 중세 정치사 및 교회사, 로마사, 철학사 등에 이르기까지 여러 역사서를 통해 얻은 역사지식을 활용하여 게르만 인종의 정신적·도덕적 특징을 개인의 자유로운 결단에 의한 충성, 즉 '자유'와 '충성심(Treue)'의 상호결합태로 규정했다. 그리고 이 양자가 완벽히 결합된 형태는 역사상 유일무이하게 게르만 인종만이 갖고 있는 고유성이라고 주장했다. 나아가 특별히 근친관계에 있는 그리스·로마인과도 구별되는 게르만 인종의 정신적 자질을 '이상'과 '실제'의 조화 능력으로 정의했다.[54]

이처럼 체임벌린의 인종인식론은 관상연구를 경유하여 역사연구를 통해한 인종/민족 고유의 정신문화적 전통을 강조하는 데로 나아갔다. 바로 이지점에서 우리는 전통적인 생물학적 인종주의와 구별되는—인종 신비주의적 색조를 띤—새로운 문화적 인종주의의 전형을 엿볼 수 있다. 이러한 특징은 그의 인종인식론의 또 다른 축을 구성한 역사적이고 문화적인 인종 개념에서도 잘 드러난다.

체임벌린은 다윈에 준거하여 고비노가 대표하고 세간에 널리 받아들여진 고정된 실체로서의 인종을 정면으로 부인했다. 그는 다윈이 '인종(race)'과 '종(species)'을 구분했다고 주장한다. 따라서 고비노가 말한 "가장 고귀한 백색의 아리아 인종"은 "인종이 아니라, 종(species)"이라는 것이다. 그는 동식물의 품종 개량을 염두에 두면서 '인종'을 항구적으로 변하는 것, 그의 표현을 빌리자면 "가변적이고, 역동적이며, 상승과 하강으로 파악되는 현상이 일으키는 끊임없는 파도"라고 정의한다.[55] 이처럼 그는 형태학적 인종과 품종 개량을 통해 새롭게 출현하는 생리학적 인종을 구별하고 후자만이 진정한 인종이라는 것을 강조했다.

체임벌린은 예를 들어 형태학적 인종 개념인 아리아 인종을 하나의 가설적 개념으로 취급했다. 그는 계속해서 고비노를 비판하면서, "가설적 아리아인을 출발점으로 하면, 다시 말해 극히 먼 시대의 이해할 수 없는 전설로부터 구성되고, 이해하기 어려운 언어적 지표로써 엮인, 우리가 전혀 모르는, 마치 요정처럼 모든 재능을 발휘하는 인간을 출발점으로 하면" 이는 다른 이에 대한 왜곡된 판단에 빠지게 된다는 것이었다.[56] 나아가 그는 르낭이 말한 '셈'족과 구별되는 '아리아'인, 즉 고비노보다 더 전문적인 언어학 지식에 근거하여 정의된 아리아 인종 개념도 비판한다. 이른바 이러한 아리아 인종 개념은 인도–이란인 및 인도유럽인을 말하는데, 이 분류에 속한 민족들은 피부, 눈, 머리카락 색깔 등 신체적으로 차이가 많이 날 뿐만 아니라, 언어적 근친성(유사성)이 반드시 "피의 공통성"을 증명하는 것은 아니라는 점을 망각하고 있다고 한다.[57] 여기서 그가 강조하는 바는 "게르만 인종도 이에 속하는 가장 우수한 자질을 가진" 아리아 인종이라는 개념이 실제로 존재하는 인종적 실체, 즉 "한 뿌리에서" 나온 "피의 띠에 의해 통일된 동질적인 가족"이 아니라, "선택적 근친성"이 있는 여러 민족(종족) 집단을 하나로 분류하기 위한 명칭에 불과하다는 점이다. 이어 인류학적 아리아 인종 개념을 비판한 후, 그는 단지 "선택적 근친성"을 고려할 때만 "인도유럽인이라는 아리아 인종"은 하나의 가족을 형성하고 있다고 결론을 내린다.[58]

"선택적 근친성"과 관련하여 흥미로운 점은 체임벌린이 무엇보다도 문화적인 "선택적 근친성"을 강조하면서, 문화적인 측면에서는 아리아 인종이 실재했다고 주장한다는 점이다. 그는 인류학 및 언어학 영역에서는 아리아인의 허구성을 주장하는 연구들이 등장하여 혼란을 주는 것과는 달리, 법제사가들은 아리아인 및 인도유럽인이라 불리는 민족들이 공유하는 특정한 법관념이 있었다는 데 일치된 견해를 갖고 있다는 점을 강조한다. 이에 근거하여 단언하기를, "이 집단에 속하는 민족들이 얼마나 다양한 요소들로 구성되었느냐"와는 상관없이 하나의 "도덕적인 아리아인의 존재"가 있었다는 것이다.[59]

이처럼 체임벌린의 인종 개념은 문화적이고 주관적인 측면에 강조점을 두었다. 그는 다윈주의자들의 생물학적 진화도를 염두에 두면서, '뿌리 – 나무 – 꽃과 열매'로 비유되는 아리아인의 문화적인 계통도를 그렸다. 그런데 여기서 뿌리는 이른바 아리아 인종(species)이며, 나무는—그에게는 이것만이 진정한 의미의 인종인데— 역사상 실존했던 개별 인종(race) 및 민족들, 즉 헬레네인 및 로마인, 인도-이란인, 게르만인 등이고, 꽃과 열매는 개별 인종 및 민족의 "전체 인격성"을 보여주는 정신적·도덕적 특징이다. 그는 무엇보다 이러한 문화적 지표야말로 아리아인들 간의 "선택적 근친성"을 보여주지만, 동시에 아리아인 가운데서도 개별 인종 및 민족의 발전 정도를 보여주는 증거이며, 이 인종과 타인종을 가르는 "가장 정교한 시금석"으로 간주했다. 그는 '충성심'과 '자유'라는 정신적·도덕적 가치를 잣대로 아리아인에 속하는 개별 인종/민족들의 진화 단계를 규정했다. 그에 의하면 아리아인이 아닌 다른 민족들에게는 이 둘의 가치가 아예 존재하지 않는다. 반면 '자유' 의식은 있으나 '충성심'이 없거나 부족한 헬레네 인종 및 로마 인종, 또 '충성심'은 있으나 '자유' 의식이 부족한 인도-이란 인종과는 달리 게르만 인종은 앞서 언급한 바와 같이 내면적으로 '자유'와 '충성심'이 완벽히 결합된 도덕적 가치를 지니고 있으며, 그 결과 정치적으로 역사상 가장 안정적이고 강력한 국가와 가장 창조적인 문화예술을 꽃피우고 있다. 따라서 역사적으로 가장 발달(진화)한 인종이 되었다는 것이다.[60]

나아가 체임벌린은 인종이란 "가변적이고 역동적이며 다면적으로 조합된 존재"이므로, 한 인종 내에서도 "다양한 요소들 간에 지배를 위한 싸움"이 벌어진다고 했다.[61] 특별히 게르만 인종과 관련하여 그는 '자유'와 '충성심'의 결합태라는 정신적·도덕적 가치를 기준으로 "진정한 게르만인"과 "가짜 게르만인"을 구분했다. 그에 의하면 게르만적 "전체 인격성"을 관조하는 중심점이 바로 이러한 가치이며, 이것이 없는 자는 마치 날씨가 나쁘면 몇몇 나무는 꽃이나 열매를 맺지 못하는 것처럼, 비록 게르만의 혈통과 생물학적 특징을 갖고 있다 해도 더 이상 게르만 인종의 구성원이 아니라는 것이다.[62] 같은 맥락에서 그는 예를 들어 부처를 비록 순수한 혈통의 인도아리아인이긴 하지만, 자기 인종의 배신자로 규정했다. 왜냐하면 부처가 "조상 전래의 세계관"을 "공허한 어리석음"으로 명명하고, 자신의 종교로써 고유의 사회법인 카스트 제도를 희생시켰기 때문이라는 것이었다. 이런 의미에서 그는 마치 고비노가 그러했듯이 불교를 "비非아리아적"이라고 했다.[63]

물론 그는 정신적·도덕적(세계관적) 고유성, 즉 문화적 특징만이 인종을 정의하고 구분하는 기준이라고는 주장하지 않았다. "게르만 인종의 본질은 피에 있지 않다고 주장하는 것은 너무 성급한 것"이라고 말하면서, "게르만의 혈통을 이어받은 자만이 게르만인에게 속한다"는 것은 확실하다고 했다. 하지만 그는 피는 인종 정체성의 충분조건이 아니라 단지 필요조건이라는 점을 강조했다. 게르만의 "피가 게르만적 정서와 능력을 보증하는 것이 아니라, 그 피가 단지 이러한 것들을 가능케 한다"는 점에서 생물학적인 조건이 중요하다는 것이었다.[64]

피는 단지 인종의 전제조건이라는 것을 강조하기 위해 체임벌린은 때때로 인종을 아예 객관적이고 생물학적 개념이 아닌 순전히 주관적인 개념으로 정의했다. 그에 의하면 궁극적으로 인종의식이 인종을 결정하며, 인종의식이 없으면 인종은 없다는 것이다. "가장 설득력 있는 인종의 의미는 인종을 의식한다는 것에 있다. 확실하고도 순수한 인종에 속하는 사람은 일상에서 인종을 느낀다. 그가 속한 인종의 티케 신(Tyche, 행운과 운명의 신―인용자)은 그의 곁을 떠나지 않는다."[65] 그는 좀 더 정확히 말한다. "상대적으로 유대인이 되기는 쉽다. 반면 게르만인이 되기는 어렵다. 확실히 게르만 인종은 정서 속에 있다. 스스로를 게르만인이라고 증명하는 사람이 게르만인이다. 다른 모든 곳에서처럼 여기서도 관념의 힘이 지배한다." 반면 인종의식이 약

하거나 없어서 잡혼을 허용하면, 마침내 그 인종은 소멸한다.[66]

이처럼 인종이 생물학적으로 고정된 실체가 아니라는 것을 강조하면서, 체임벌린은 최종적으로 인종을 역사적 개념으로 정의했다. 그에 의하면 인종이란 초역사적 존재가 아니라 역사적 진행 과정에서 형성되는 역동적인 것이다. 체임벌린은 단언한다. "인종이란 근원적 현상이 아니라 생겨나는 것이다. 생리학적으로는 특색 있는 혼혈과 이후의 동종교배를 통해, 정신적으로는 오랫동안 지속된 역사적이고 지리적인 조건들이 특별한 생리학적 자질에 끼쳐온 영향들을 통해 만들어지는 것이다."[67]

체임벌린은 인종의 역사적인 형성 과정이 동물의 품종 개량과 동일한 법칙을 따른다고 주장했다. 그는 "각 민족의 정신적 삶"이 추구한 복잡한 과정들을 총체적으로 관조하면 역사가 이러한 우생학적 실험을 거대한 규모로 수행했다는 것을 알 수 있다고 했다.[68] 이런 맥락에서 그는 다음과 같은 다섯 가지 원리에 따라 "고상한 인종"이 출현했다고 주장한다. (1) 기본적 재료의 질質, (2) 동종교배, (3) 인위적 교배·번식 선택, (4) 혼혈의 필수불가결함, (5) 이러한 혼혈이 그 선택 대상에 있어서, 또한 시간적으로 매우 엄격히 제한될 필요성. 여기에 덧붙여 그는 역사적–지리적 조건의 중요성을 강조했다. 이러한 5대 원리는 궁극적으로 역사적–지리적 조건에 종속되어 있다. 역사적–지리적 조건이야말로 기본 재료의 질 향상, 동종교배 및 교배 선택, 다시 말해 운이 좋았던 족내혼과 열등한 자들과의 잡혼 방지가 자연스럽게 이뤄지도록 했기 때문이라는 것이다.[69]

그는 지리적 조건이 "고상한 인종"의 형성에 기여한 한 사례로서 영국과 일본을 꼽는다. 양국에서는 근친성이 있는 여러 종족들 간에 운이 좋은 혼혈이 이뤄졌고, 이후 섬이라는 이점으로 인해 "더 순수한 동종교배"에 성공해,

그 결과 "유럽에서 가장 강한 인종"(영국인) 혹은 "매우 특징적인 인종"(일본인)이 배양될 수 있었다는 것이다.[70]

나아가 그는 "고상한 인종" 형성의 가장 의미 있는 역사적 조건으로서 국민국가(nation) 혹은 정치 구성체로서의 국민/민족을 꼽고 있다. 이러한 정치 구성체가 "인종 형성의 조건들"을 만들거나, 최소한 "인종의 가장 고상하고 가장 개성 있는 행위들"을 이끌었다. 반면 국민국가 및 국민이 형성되지 않은 인도에서는 인종에 의해 비축된 힘이 소진되고 있다.[71] 국민국가 및 국민은 대부분의 경우—"고상한 인종" 형성의 기본 원리인—혼혈과 그 후에 동종교배가 이뤄지게 하는 데 가장 중요한 역할을 수행한다. 또, 확고한 국민/민족적 연대는 공동의 기억, 공동의 희망, 공동의 정신적 양육을 의미하며, 이를 통해 인종적 탈선을 막을 수 있는 가장 확실한 보호장치이다. 국민/민족적 연대는 "현존하는 피의 띠를 단단하게 졸라매며, 언제나 더 밀접하게 결합하게" 한다는 것이다. 이런 맥락에서 그는 1871년 독일제국의 탄생을 "국민의 생성을 통해 인종이 창조된 것"으로 묘사했다.[72]

이와 관련하여 체임벌린은 먼 옛날에는 인종이 결정적으로 중요했으나 이제는 혼혈을 통해 그 의미를 매일매일 잃어가고 있다고 하면서, 인종과 국민/민족을 구별하는 르낭의 주장[73]을 정면으로 반박한다. 그는 르낭의 인종 개념이 고비노와 마찬가지로 가설적인 '순수한 인종'에 근거하며, 혼혈의 의미를 잘못 이해하고 있다고 비판하면서, 다음을 주장한다. "온전하고도 정상적인 인간의 진화는 인종이 있는 데에서 인종의 부재 상태로 나아가는 것이 아니라, 이와는 반대로 인종이 없는 데에서 인종이 매우 명료한 특색을 띠게 되는 데로 나아가는 것이다."[74] 같은 맥락에서 체임벌린의 비판은 민족지학자이자 지리학자인 라첼에게 향한다. 훗날 나치가 차용한 지정학적 개념인 '생활공간'을 발명한 이 사람은 "하나의 통일성 속에서 이뤄지는 모든 인간의 혼합"이야말로 자신의 "목적이자 과제요, 희망이자 염원"이라고 선언했다. 그러나 체임벌린은 이를 전형적인 "학문적 오류"의 사례로서 폄훼한다.[75]

결론적으로 우리는 역사 속에서 형성되고 역동적으로 전개되는 인종 현상을 관조하고 그 의미를 깨달으려는 것이 체임벌린의 생철학적 인종이론의 핵심을 이루고 있음을 알 수 있다. 그의 인종 개념에 관한 아래와 같은 총괄적 진술은 이러한 점을 뒷받침한다. "인종 개념은 우리가 그것을 가능한 한 좁게 사용할 때만 내용을 갖는다. 만약 우리가 일반적인 관행을 따라 이 단어를 사용한다면, 아주 멀리 떨어진 가설적인 인종을 지칭하는 것이 될 것이고, 이는 때로는 긴꼬리 및 짧은꼬리 원숭이까지 포함할 수 있는 '인류'라는 것과 거의 유사한 단어를 말하는 것이 될 것이다. 인종이란 그것이 과거의 경험과 현재의 체험과 관련이 있을 때만 어떤 의미를 지닌다."[76] "인종이란 단순히 단어가 아니다. 그것은 유기적으로 살아 있는 존재이다. 따라서 결코 정체된 것이 아니다. 그것은 고상해질 수도 있고 퇴화할 수도 있다. 그것은 이 방향으로도 저 방향으로도 발전할 수 있고, 그 질이 쇠약해질 수도 있다."[77] 이러한 이론적 토대 위에서 그는 인종투쟁의 문화사를 구성했다.

# 04

## 인종투쟁의 문화사
: 게르만 인종과 그 적들의 투쟁으로서의 역사

전통적으로 독일 민족주의는 게르만 신화에 근거하고 있었다. 독일인들 사이에서 '게르만 민족'과 '독일 민족'은 거의 동의어로 사용되고 있었고, 독일 민족의 상징은 언제나 '게르마니아'였다. 이런 점에서 볼 때 체임벌린의 『19세기의 기초』는 큰 틀에서 보면 독일 민족주의 역사학에 속하는 저술로 분류될 수 있다. 그러나 그는 이 책에서 기존의 민족주의적 강단 역사학과 구별되는 새로운 역사서술을 시도했다. 역사의 주체는 기존의 '독일 민족'에서 정확히 '게르만 인종'으로 확장되었으며, 서술의 범위도 기존의 정치외교사에서 광범위한 문화사 전반으로 확대되었다. 그의 문화사는 지리상의 발견, 학문과 기술, 산업과 경제, 정치와 교회, 세계관과 종교, 예술 등 인간 삶의 거의 모든 분야를 다룬 전체사회사라고 할 수 있다. 그는 원래 세계문화사 3부작을 기획했었다. 『19세기의 기초』는 그중 제1부에 해당된다. 그는 이제1부에서 자신이 살았던 19세기의 "여러 조류들, 이념들, 형성물들"의 기반이 되는 역사적 토대를 다루고자 했고, 제2부에서는 19세기에 이뤄진 문화적 성취 전반을 총괄적으로 요약하고자 했으며, 제3부에서는 19세기를 전 세계적 역사진행에서 없어서는 안 될 필수적인 요소로 재평가하고자 했다. 그러나 제2부와 제3부는 계획 단계에 머무르고 말았고, 그 결과 그의 문화사는 유럽문화사로 축소되었다.[78]

특별히 체임벌린은 자신의 문화사 서술을 람프레히트(Karl Lamprecht)의 『독일사』와 비교했다. 람프레히트는 20세기 사회사의 선구자 격인 독일 역사가로서 문화사 논쟁으로 유명한 사람이다. 그는 낭만주의적인 생물학적 유기체 개념을 적용하여 독일 민족(Volk)의 역사를 발생적(genetic)으로 서술했다. 민족은 유기체로 파악되며, 독일사는 이러한 유기체의 삶의 궤적이고, 따라서 민족의 정신(Volksseele)이 모든 시대에 걸쳐 변함없이 흐르고 있다는 것이다.[79] 체임벌린은 『19세기의 기초』가 삶의 모든 현상을 유기적으로 엮어 전체 게르만 인종의 발전(진화)을 하나의 살아 있는 개별적인 유기체의 발전(진화)으로 묘사했는데, 이에 상응하는 것은 람프레히트의 작품밖에 없다고 밝힌다. 그러면서도 람프레히트를 비판하기를, 그의 독일사는 유감스럽게도 "독일인의" 역사만을, 다시 말해 "게르만 인종의 한 조각"만을 다룸으로써, "게르만적인 것과 독일적인 것을 혼동"하고 있고, 이를 통해 모든 것을 혼란스럽게 만든다는 것이다.[80] 한마디로 역사적 공간을 현존하는 독일 국민국가의 영토 내로 한정시켰다는 비판이다.

체임벌린의 비판은 계속된다. 여기서 그의 인종주의에 기초한 범게르만적 민족주의와 람프레히트로 대변되는 전통적 민족주의와의 차이가 잘 드러난다. 그는 람프레히트가 한 것처럼 독일인만을 고대 게르만족과 직접적으로 연결짓는 것은 다음과 같은 사실을 은폐하거나 유기적인 설명을 불가능하게 한다고 주장했다. (1) 독일에 속하지 않는 유럽 북부가 가장 좁은 의미에서 보아도 가장 순수한 게르만적인 장소였다는 것, (2) 유럽의 중앙 지점인 바로 독일에서 게르만의 3대 지파, 즉 켈트족, 게르만족, 슬라브족의 혼합이 일어났으며, 이를 통해서 독일 민족이 자신의 특별한 민족적 색채와 자질(Anlage)을 풍부하게 유지했다는 것, (3) 프랑스가 프랑스 혁명 이전까지는 게르만적 성격이 우세했으며, 나아가 이전 세기들에는 에스파냐인들과 이탈리아인들이 그 고유성과 성취에 있어서 북쪽의 게르만인들과 명백히 근친성을 갖고 있었다는 것. 따라서 거대한 맥락을 보지 못하는 이러한 역사서술로 인해 과거와 현재가 수수께끼처럼 되어버렸고, 이는 독일 민족/국민의 삶이 나아가야 할 방향에 대한 올바른 견해를 주지 못한다는 것이다.[81]

체임벌린은 이와 달리 자신의 문화사가 독일의 국경을 벗어나 전 유럽을 무대로 한 전체 게르만 인종의 발전(진화) 과정을 서술했다는 것을 강조하면서, 이것이 갖는 의의를 범게르만적 제국주의의 시각에서 표현했다. 물론 '우리' 게르만인들은 시간의 흐름 속에서 극도로 다양한 각각의 국민적 개성들을 발전시켰고, 또 반쯤은 형제들이기도 한 나머지 지역의 국민들에게 포위되어 있지만, "시멘트로 발라진 통일성"을 갖고 있으며, 이 안에서 각 게르만 국가들이 서로 의존하고 있다는 것이다. 각국의 정치적 발전이 모든 측면에서 서로에게 영향을 주고 있으며, 각국의 문명과 문화도 결코 독자적이거나 개별적인 것이 아니라는 것이다. "중국 문명은 존재한다. 그러나 프랑스나 독일의 문명은 존재하지 않는다."[82]

이상이 체임벌린이 밝힌 람프레히트와의 유사성과 차이점이다. 그러나 독자들을 위해 첨언하자면, 방법론적으로 이 두 사람은 큰 차이를 갖고 있었다. 람프레히트는 궁극적으로 역사학을 '일회적 현상에 대한 묘사(description)'에 치중한 기존의 역사주의적 학문에서 법칙정립적인 실증주의적 과학으로 변화시키려고 했다. 반면 체임벌린은 생철학적인 세계 이해라는 관점에서 역사에 내재한 추상적 원리나 인과관계에 대한 설명 대신 역사 현상의 해석을 중시했다. 그는 단언했다. "역사의 가르침들을 해석하고, 이를 통해 우리의 현재를 이해하기 위해서는 근본 원인들과 결과에 대한 원인들은 연구할 필요가 없다."[83] 이러한 관점에 입각해 그는 자신의 문화사가 실천과 행동을 위한 역사학임을 강조한다. "역사가 이성적 인식(Verstand)을 밝히는 것"이라면 이는 "무엇을 가르치는 것이 아니라 사람들에게 자극을 주고 그들의 생각과 결단을 깨우치는 것이다. 바로 이것이 내가 의도하는 바"라는 것이었다. 나아가 그는 "역사로부터 얻을 수 있는 가장 좋은 것은 역사가 자극하는 열광"으로서, 이러한 "열광" 없는 "이성적 인식"이란 단지 "기계"에 불과하다고 단언했다.[84]

『19세기의 기초』의 주제는 한마디로 게르만 인종이 전 세계를 지배하는 근대 유럽의 문명과 문화를 창조했다는 것이다. 이 책에서는 이러한 게르만 인종의 탄생과 발전(진화) 과정이 '게르만 인종' 대 '비非게르만 인종들', '게르만적인 문화(세계관과 종교)' 대 '반反게르만적 문화(세계관과 종교)'의 대립과 투쟁의 구도 속에서 그려진다. 이러한 서사 구도를 체임벌린은 다음과 같이 표현한다. "북유럽인들이 세계사를 만들어낸 사람들이라는 것은 그 누구도 부인할 수 없다. 그런데 그들은 예나 지금이나 단 한 번도 홀로 존재한 적이 없다. 처음부터 낯선 타자(fremde Art)와의 투쟁 속에서 자신의 고유성을 발전시켜왔다. 그들은 우선은 무너진 로마제국의 잔존물로 이뤄진 '민족들의 혼돈 (Völkerchaos, 고유의 인종과 민족이 사라진 상태)'에 맞서, 이후 점차적으로 이 세계의 모든 인종들에 맞서 발전해왔다. 물론 낯선 타자들도 인류의 운명에 커다란 영향력을 행사해왔다. 그러나 그들은 언제나 단지 북유럽인들의 적으로서 그렇게 해왔다."[85]

게르만 인종과 그 적들 간의 대립과 투쟁의 구도는 때때로 고상한 것과 천한 것, 우월한 것과 열등한 것, 진실과 거짓, 형상과 혼돈, 빛과 어둠, 마침내 선과 악이라는 대립 구도로 극단화된다. 이와 같이 이 책은 선악의 이원론에 입각한 마니교적(Manichean)인 세계관 속에서 한편으로는 게르만 신화 및 독일의 이상주의적인 문화 전통에 입각한 게르만 인종 우월주의와 독일 민족의 제국주의적 사명을, 다른 한편으로는 유대인, 황인종을 비롯한 모든 적대 인종에 대한 인종적 증오 및 이들의 세계관과 종교, 즉 로마가톨릭, 국제주의 및 보편주의, 유물론 및 무신론, 상업주의 및 실용주의 등에 대한 적개심을 표현하고 있다. 또한 이 책에 제시된 수많은 역사적 사실들은—앞서 살펴본 바와 같이—독일 인종주의의 주요 요소들, 즉 독일 관념론 및 낭만주의와 결합한 인종 신비주의, 다윈주의, 우생학 및 인류학 등 인종과학의 최신 학설, 반유대주의 등이 뒤섞인 생철학적 인종이론에 의해 엮이고 해석되고 있다. 이를 통해 그의 책은 독일 국민/민족을 '인종주의자들의 신앙공동체'로 인도하는 명실상부한 인종종교의 경전이 되었다.

이 책에서 체임벌린은 무엇보다 서양의 근대적 역사철학의 기본 공리인 "인류의 진보" 개념을 강하게 부정하면서 오로지 "게르만 인종의 발전과 번영"만이 실제적 진보라고 역설한다. 이때 이러한 '진보'는 역사의 '완성'을 전제로 한 채 역사진행 과정(process)을 해석하는 보편적인 개념이 아니라, 특정 인종의 뛰어난 문화적 성취 능력과 고유한 발전 방향만을 강조하는 특수 개념이면서, 동시에 '퇴화' 개념과의 내적 연결성 속에서 적대 인종과의 대립과 갈등을 고무하고 정당화하는 투쟁 개념으로 사용된다. 다시 말해 그의 진보 개념은 인종 우월주의와 인종 증오주의를 동시에 표현하는 폭력적인 사회다원주의의 슬로건이었다. 물론 앞서 볼트만의 사례에서도 보았듯이, 당대의 많은 인종주의자들은 인류 전체의 진보를 노골적으로 부정했다. 그러나 체임벌린은 인류 진보의 허구성에 대한 비판을 무엇보다 진보낙관론적 사회다윈주의자들, 나아가 고비노와 같이 생물 분류학적·형태학적 인종 개념에 근거한 인종주의자들에 대한 비판과 연결했다. 이러한 점들을 좀 더 자세히 살펴보자.

그는 먼저 인류 개념의 허구성을 생철학적 입장에서 비판한다. 그에 의하면 보편적 인류 개념이란 "사실의 토대가 아닌, 허공의 추상성"에 불과하며, 우리가 인간에 대해 알고 있는 것은 "실제로 존재하며, 개별적으로 제한된, 민족적으로 다양한" 인간들뿐이다. 복잡하게 얽힌 역사를 일반화하려면 "현상", 즉 "이론과의 결합 없이 이론의 여지가 없는 구체적인 사실들"에서 출발해야 한다는 것이다. 이러한 맥락에서 그는 인류단일기원설을 명백히 부정한다. "자연과 역사는 우리에게 엄청나게 많은 다양한 인간들을 제공했지 결코 하나의 인간을 제공하지는 않았다." 그에게 인류란 단지 "모든 인간들은 단 하나의 혈통에서 유래했다는 가설" 혹은 "사상가의 판타지"를 위한 개념에 불과한 것이었다. 같은 맥락에서 그는 앞서 살펴본 바와 같이 고비노의 인종 개념, 기존의 아리아 인종이론도 가설에 불과하다고 비판했다. 나아가 그는 인류 개념이 역사연구를 위해 해악을 끼친다고 주장한다. "'인류' 개념은 무엇보다 이를 통해 인간들의 특징적인 것, 즉 인간들의 인격성을 지워버리고, 여러 민족과 국민의 다양한 개성이라는 역사의 중심 주제를 볼 수 없게 하는 하나의 집합체, 언어적 응급수단에 불과하다." 다만, 이 개념은 제한적으로는 유용할 수 있는데, 역사연구가 서로 분리된 민족 개체들이 갖는 구체적 사실들에 기반하여 상호 비교를 하면서 유사성을 찾을 때만이 그러하다는 것이다. 그는 이 경우에도 비교를 위해 먼저 인종 개념이 우선하며, 그

다음에야 비로소 인류 개념이 쓰일 수 있다고 주장한다.[86]

다음으로, 체임벌린은 역사적 과정 개념으로서의 '진보'를 단지 목적론적인 역사해석을 위한 가설이라고 비판한다. 그의 비판은 무엇보다 인류 진보 사상과 다윈의 진화론을 결합한 역사철학을 설파한 진보낙관주의적 사회다윈주의자들에게 집중되었다. 우리는 앞서 인류 역사가 "적대적인 실존투쟁"에서 "평화로운 경쟁투쟁"으로 진보한다는 헤켈의 주장과, 진화가 고등한 단계로 진전되면 생존투쟁이 더 이상 필요 없게 된다는 미국 역사가이자 철학자인 피스크의 주장을 언급했다. 여기에 대해 체임벌린이 다윈의 진화 개념과 보편사적인 진보 개념을 구별할 것과, 단순한 것에서 복잡한 것으로의 진화는 진보뿐 아니라 퇴보/몰락을 의미할 수도 있기 때문에 '진화' 개념을 통해 "진보의 실재를 증명"하려고 하는 이들의 시도가 오류임을 강조했다는 것도 이미 언급했다. 여기서는 이러한 비판 속에서 그가 진보 개념과 진화 개념을 어떻게 자신의 것으로 전유했는가를 살펴보겠다.

체임벌린은 먼저 '진보'라는 것이 '퇴화'와 마찬가지로 객관적 실제성과는 관련 없는 주관적이고 정서적인 개념이므로 도덕과 종교의 영역에 속하며, 또 이러한 영역을 위해서는 필수불가결한 개념이기도 하다고 주장한다. 그리고 이러한 의미의 '진보'는 개별 민족, 개별 문화와 같은 개별적 삶들과 결부되어 있으며, 이것이 보편적인 자연현상에 적용될 때는 단지 우화(allegory)적 의미만을 갖는다고 한다. 따라서 실제적으로 "진보와 퇴화는 결코 보편적인 것이 아니라 개체적인 것에만 적용될 수 있다." 예를 들어 게르만 문화나 헬레네인들의 문화 각각에 대해서는 진보와 퇴보를 말할 수 있다. 하지만 이 둘을 인류의 진보와 몰락이라는 유기적 관계 속에서 비교하는 것은 비이성적이라는 것이다. 그러나 일부 사회다윈주의자들은 이러한 점을 이해하지 못하고 인류의 진보가 무엇을 의미하는가를 파악하려고 하며, 이러한 관점에서 '진화'의 목표를 곧 '투쟁의 종식'으로 이해한다. 이는 곧 '생존투쟁'이라는 다윈 진화론의 '진실'을 희생하는 어리석은 짓이 될 것이라고 비판한다.[87]

이러한 논리에 따라 체임벌린은 '생존투쟁'이라는 객관적 진화의 원리를 훼손하지 않는 진보 개념을 제시하는데, 그것이 "게르만 인종의 발전과 번영"이라는 게르만 인종만의 진보이다. 이러한 특수한 진보의 원칙만이 올바른 역사해석의 척도라는 것이다. '인류의 진보'를 대체하는 "게르만 인종의 발전과 번영"이라는 역사철학적 공리는 다음과 같은 특징을 지니고 있다.[88]

먼저, 게르만 인종의 뛰어난 문화적 성취 능력이 이 인종만이 진보를 독점할 수 있다는 증거로서 강조된다. 그에 의하면 근대 문명과 문화를 만든 게르만 인종은 (아리아 인종 중) 가장 늦게 탄생한 세대로 이전 세대의 업적을 이용했다. 그러나 이는 "인류의 보편적 진보의 증거가 아니라, 단지 게르만 인종이라는 특정 인간 종의 뛰어난 성취 능력을 보여주는 증거"라는 것이다.

또한 특수한 문화적 전통이 강조된다. 그에 의하면 게르만 인종이 성취해 왔고, 또 성취해야 할 진보란 "진보하는 혹은 퇴보하는 인류라는 환상적 구성물"과 게르만 인종 스스로가 "전체 인류의 책임 있는 대변자"라는 허위의식에서 벗어나 오로지 "북유럽적, 즉 게르만적 문화의 실현"이라는 목적을 설정하고, 게르만인에게 고유한 "특별한 재능의 가치"를 인식할 때만 가능하다. 이런 맥락에서 그는 이른바 '타고난 인권', '영구 평화', '보편적 형제애', '상호 융합'이라는 절대가치는 게르만 인종의 진보와 걸맞지 않은 잘못된 목적론적 가치들이라고 비난했다.

마지막으로, 게르만 인종의 세계지배와 적대 인종에 대한 무자비한 투쟁과 억압이 이러한 게르만적 진보의 목적과 원리로 정당화된다. 그는 '문명화의 사명'을 단호히 거부한다. "게르만 인종의 지배란 지구 전체의 거주민을 위한 행운"을 의미하지 않는다는 것이다. 역사적으로 게르만족은 자신과 적대적 관계에 있는 종족과 민족들을 학살하거나 천천히 말살해왔다. 게르만족은 미덕과 함께 이러한 악덕을 갖고서 성장해왔다는 것이다. 나아가 체임벌린은 적대 인종들에 대한 공격적이고 폭력적인 투쟁이 게르만 인종의 발전과 번영에 내재한 필수적인 원리임을 역설한다.

> 절대적인 완성이라는 (역사)상이 우리를 오도하지 않을 것이다. 대신 셰익스피어가 원한 것처럼 스스로에게 충성할 것이며, 게르만인에게 달성 가능한 것의 울타리 안에서 최선을 다할 것이다. 우리는 목적의식을 지닌 채 비게르만적인 것에 맞서 우리를 방어할 것이며, 언제나 우리의 제국을 지구를 넘어, 자연의 힘을 넘어 계속 확장할 것이고, 동시에 이른바 내적인 세계를 우리에게 무조건 복속시킬 것이다. 우리는 우리에게 속하지 않으면서 우리의 생각을 정복하고자 하는 자들을 무자비하게 굴복시키고 배제할 것이다. (…) 양심의 가책은 없다. 양심의 가책이란 자기 자신에 대한 범죄행위이다. (…) 게르만인들의 가장 신성한 의무는 게르만 인종에게 봉사하는 것이다. 이로부터 역사적인 가치척도가 나온다.[89]

체임벌린에게서 발견되는 이러한 보편주의적 역사관의 부정은 당대의 지적 조류를 반영한 것이다. 특히 독일어권에서는 '문명' 대 '문화'라는 슬로건 아래 물질주의적이고 상업주의적인 서구 문명을 정신적 가치와 도덕, 세계관의 이름으로 비판하는 문명비판 담론이 유행했다. 이에 의하면 "생활의 안락함과 지속이 문명의 최종 목표이다. 그러나 문화는 생활을 고상하고 세련되게 만든다." 이러한 '문명' 대 '문화' 담론은 민족주의뿐만 아니라, 체임벌린에게서 보듯, 인종주의와도 결합되었다. 나아가 이러한 담론은 진보냉소주의를 거쳐 슈펭글러가 대표하는 허무주의적 순환사관을 낳았다.[90] 그렇다면 그의 역사관은 슈펭글러의 순환사관과 얼마나 유사한가?

슈펭글러는 인류 전체의 역사진보가 아니라, 개별 문화권들 내의 '문화'의 진보와 '문명'으로 타락, 그리고 최종적 몰락을 말했다. 이는 세계사적 차원에서 보면 각 문화권들의 탄생, 진보와 사멸의 연쇄 과정이다. 우리는 이미 이러한 순환사관을 앞서 살펴본 굼플로비치의 냉소적인 인종사관에서도 확인했다. 그는 개별 시기들과 개별적인 것들, 개별적인 국가들에서는 진보와 퇴보가 나타나며, 발전의 시작이 있으니 그 정점도 있으며, 따라서 필연적으로 몰락도 있다고 했다. 그렇다면 체임벌린은? 유감스럽게도 그는 보편적인 진보사관은 부정했지만, 순환사관을 직접적으로 언급하지는 않았다. 다만 다음의 진술을 통해 그가 일종의 순환사관을 염두에 두지 않았는가 하는 것을 유추해볼 수는 있다. "우리에게는 아직 모든 것이 발효하고 있는 중이다. 수많은 노력을 한 후에야 우리는 총체적으로 헬레네, 로마, 인도, 이집트 문화들이 이미 성취했던, 그러한 수준의 단계에 도달하는 데 성공할 것이다."[91]

체임벌린에게 의미 있는 역사란 과거 자체를 탐구하는 랑케 식의 역사, 혹은 니체가 말하는 과거를 소중하게 다루는 '골동품으로서의 역사'나 과거의 영광을 찬양하는 '기념비로서로의 역사'가 아니라, 현재를 해명하고 미래에 대한 전망을 얻기 위한 역사이다. 그는 현재를 역사적으로 '이해'하기 위해서는 "과거의 역사가 아니라, 오늘날 아직 생생하게 살아 있는 그러한 과거"가 중요하다는 것을 강조한다. 이런 맥락에서 그는 자신이 살았던 현재, 즉 19세기를 "이전 시기들의 직접적인 생산물"로 파악하면서, 과거와 현재의 경계가 지워진 현재의 직접적인 전사前史로서의 역사를 구성하려고 한다.[92] 이처럼 그의 『19세기의 기초』는 각 시대의 고유성과 단절은 무시한 채 항구적인 현재의 역사를 재현하려는 시도를 담고 있다. 이러한 역사는 동질적인 경향성, 특징, 문제점들이 현재에 이르기까지 부단히 반복되는 장기지속의 역사라고 할 수 있다.

이러한 의도하에 체임벌린은 관례적인 시기 구분을 깨고 유럽사의 시기를 새롭게 나눈다. 그는 기원 원년에서 19세기까지의 1,800년간의 역사를 두 시기로 나눈다. 제1기는 예수가 탄생한 해에서부터 1200년 이전까지이고, 제2기는 대략 1200년에서 1800년까지다. 그는 제1기를 '기원'의 시기로, 제2기를 '근대 세계의 출현' 시기로 명명했다. 여기서 1200년은 정확한 해를 지칭하는 것이 아니라 대략 13세기를 상징한다. 이 세기야말로 "게르만 인종이 완전히 새로운 문명과 문화의 건설자로서 세계사를 결정할 정도로 성장하는 데 있어서 축의 시기"를 이루었다고 한다. 물론 그는 이 시기를 "전환기"로 명명하지만, 이러한 축의 시기는 몰락에서 진보로의 전환기라는 의미가 아니라, 준비 단계에서 본격적인 성장 단계로의 도약기라는 의미이다. 그는 이미 게르만 인종이 이전 시기에서부터 낯선 것들과의 여러 투쟁을 통해 고유의 의지를 지닌 새로운 문명적 힘으로 조금씩 성장해왔지만, 이는 여러 위대한 개인들에 의존한 준비 단계였고, 이 시기에 이르러 비로소 이러한 성장운동이 공동체 전반으로 확대되어 게르만 인종의 근대 문명의 창조자로서의 모습이 전체적으로 뚜렷하게 형성되기 시작했다는 것을 강조한다.[93]

체임벌린은 이른바 "영광의 시기"라고 불리는 13세기를 전후로 고대 문명의 파편과 혼돈의 자리에 게르만 인종에 의해 새로운 세계의 형상이 뚜렷이 자리 잡기 시작했고, 이후로 18세기에 이르기까지 사회, 산업, 학문, 철학

등 각 분야에서 근대적 발전이 지속적으로 이뤄졌음을 지적한다. 축의 시기로서의 13세기의 핵심은—이미 11세기 북부 이탈리아에서 시작된 도시운동의 절정으로서—한자동맹과 라인도시동맹으로 대표되는 도시의 번영과 시민의 자유권 확립이다. 또한 개인의 자유와 안녕을 보장한 영국의 마그나카르타의 반포, 노예제 폐지 및 서유럽 대부분 지역에서 노예무역의 소멸, 자연경제에서 화폐경제로의 이행, 제지공업의 발전 등도 중요한 지표다. 문화적으로는 아시시의 성 프란체스코에서 시작된 새로운 종교적 자유사상운동, 알비파의 반로마교회운동, 셈족의 종교관에 맞서 인도유럽적 종교관을 보여주면서, 동시에 로마교회의 도그마에 철학의 존재권을 확립한 스콜라 철학의 발전, 대학의 발전, 게르만적 고딕양식, 해부학 및 대수학의 시작, 새로운 게르만 문화시대를 대표하는 최초의 세계적인 예술의 천재 단테, 무엇보다 "유럽의 힘이 조만간 전체 지구에 미칠 수 있을 것이라는 희망"과 "더 이상은 이전의 문명들처럼 모든 것을 약탈하는 야만인들의 급작스러운 침략에 무릎 꿇는 일이 없을 것"이라는 확신을 준 마르코 폴로 등이 이러한 새로운 축의 시대를 상징하는 중요한 지표들로 거론된다.[94]

이러한 시기 구분은 동시에 체임벌린의 '중세'와 '르네상스' 개념에 대한 강한 거부감이 반영된 것이기도 하다. 그는 이 두 개념이 유럽의 전체적인 현대 문명과 문화가 게르만 인종의 작품이라는 단순하고도 명쾌한 인식을 방해함으로써 유럽의 현재를 이해하는 것을 불가능하게 만드는 "허튼소리"에 불과하다고 비난한다. 그는 먼저 이 두 개념이 본질적으로 유럽의 문명과 문화가 인류의 보편적인 진보의 표현이라는 잘못된 가정에서 나왔다는 것을 지적한다. 이어서 각각의 개념을 비판한다.[95]

그는 일반적으로 암흑의 천년이라고 인식되고 있는 중세 개념과 관련하여, 이른바 게르만 야만족들이 "중세의 밤"을 야기했다는 기존의 인식은 거짓이라고 한다. "중세의 밤"은 오히려 몰락해가는 로마제국이 조장한 "인종과 민족이 없어진 상태"의 혼돈이 불러일으킨 지적·도덕적 파산의 결과이며, 게르만족이 없었다면 이러한 밤이 세계를 계속 지배했을 것이라고 한다. 또한 그는 이른바 중세 천년이라는 500년에서 1500년까지의 시기 구분도 문제라고 한다. 이는 "역사라는 유기체"를 무의미하게 난도질하는 행위일 뿐만 아니라, 특히 1500년이라는 연도 설정은 오늘날의 '우리'의 삶을 채우고 장래의 목표에 영향을 주는 지금까지의 게르만인들의 모든 노력과 발전의 중간에 선을 그음으로써 그 연속성을 해치는 행위라는 것이다.

한편, '르네상스'와 관련하여 체임벌린은 이 개념이 '우리'의 근대 문화가 헬레네와 로마 문화의 재생이라는 뜻을 갖고 있는데, 이 또한 거짓말이라고 주장한다. 비로소 게르만 인종이 탄생함으로써 과거의 위대한 업적들의 탄생이 가능했던 것이지, 그것들이 게르만 인종을 문화적으로 재생시킨 것이 아니라는 것이다. 나아가 그는 게르만인들의 작품인 근대 유럽의 문명과 문화가 단순히 고대 그리스·로마의 문명과 문화의 모방이 아니라 이와는 구별되는 새로운 성격을 지니고 있음을 강조한다. 이런 맥락에서 그는 한편으로는 르네상스 시대의 가장 위대한 창조자였던 셰익스피어나 미켈란젤로는 그리스어나 라틴어의 문외한이었음을 지적하고, 다른 한편으로는 고전고대 문명이 게르만적 근대 문명에 언제나 도움을 준 것은 아니었다는 점을 지적한다. 근대 문명의 기초가 되는 경제와 산업의 발전은 고전고대의 전통과 대립되며, 로마법 등 고전고대의 도그마는 오히려 자유로운 게르만인들의 역사발전에 장해가 되었다는 것이다.

본질적으로 체임벌린의 르네상스 개념에 대한 거부감은 왜곡된 역사적 사실에 기초한 인종주의적 역사인식에 근거한다. 그에 의하면 '르네상스'는 "퇴화한 남유럽에 거주하는 잡종인간들의 영혼"을 드높이는 용어다. 그러나 르네상스와 관련된 위대한 이탈리아인 모두는 게르만족의 여러 지파, 즉 롬바르드(랑고바르드)족, 고트족, 프랑크족의 피로 흠뻑 젖은 북부 지방에서 태어났거나 게르만-헬레네 피가 우세한 최남단 출신이었다. 특히 단테, 지토, 도나텔로, 다빈치와 미켈란젤로의 조국이자 라파엘로의 예술을 완성시킨 북부의 피렌체는 게르만 정신을 상징하는 "반로마적이고 창조적인 개인주의의 총괄 개념"이 되었다. 이러한 새로운 게르만적 문화운동은 이제 고전고대의 '재탄생(르네상스)'이 아니라 "자유로운 게르만적 개성"의 '탄생(nascimento)'으로 불려야 한다는 것이다.[96]

체임벌린은 1세기에서 13세기까지의 '기원의 시기'에서, 한편으로 게르만 인종의 문명적·문화적 성취의 원동력이 된 "정신적 자본" 가운데 어떤 요소가 고대 세계로부터 물려받은 것인가를, 다른 한편으로는 현재까지 지속되는 문제들의 기원이 어디에 있는가를 묻는다. 그가 그려내는 이 시기 역사의 주제는 고대 세계의 유산을 둘러싼 상속자들 간의 투쟁이다. 구체적으로 고대 세계의 유산이란 헬레네인의 예술과 철학, 로마의 법, 예수 그리스도인데, 이 세 가지 유산을 둘러싸고 세 부류의 상속자들, 즉 게르만 인종, 유대 인종, '민족들의 혼돈(Völkerchaos)' 속에서 나타난—그는 이들을 '메스티소'라 부르는데—잡종인간들 간의 투쟁이 벌어진다. 이들 사이의 투쟁은 본질적으로 "이념(정신)을 둘러싼 투쟁", 즉 도덕, 종교와 세계관을 둘러싼 문화적 투쟁이다. 그런데 그중에서 역사적으로 가장 중요한 것은 게르만 인종 대 반게르만적인 유대 인종 및 잡종인간들, 또 게르만적인 정신 대 이들의 반게르만적인 정신의 투쟁으로 전개된다. 때때로 유대인 및 잡종인간들과 이들의 이념

(정신)들은 종교이자 강력한 정치권력인 로마가톨릭교회를 통해 서로 연합한다. 이 시기 동안 게르만 인종은 무엇보다 로마가톨릭교회와의 정치적·이념(정신)적 투쟁을 통해 새로운 문명적·문화적 힘으로서 성장한다.

이어서 체임벌린은 13세기 이후 19세기까지 이어진 게르만 인종에 의한 '근대 세계의 출현' 과정을 장황히 서술한다. 그는 게르만 인종이 여러 지리상의 발견 및 자연과학적 발견과 학문(과학)을 통해 이뤄낸 근대적 지식의 성취, 산업·경제·정치와 교회 문제에서 이뤄낸 문명적 성취, 마지막으로 세계관(종교와 도덕 포함)과 예술 분야에서 이룬 문화적 성취를 묘사한다. 여기서 그는 게르만이 창조한 근대 유럽의 문명 및 문화의 독특성과 우수함을 강조하기 위해 수시로 타문명권과의 비교를 시도하고 있으며, 식민주의 및 제국주의를 통한 게르만 세계의 확대를 자부심을 갖고서 열렬히 환영하고 있다. 그런데 이 시기의 서술에서도 언제나 게르만 인종, 유대 인종, 잡종인간 간의 "이념(정신)을 둘러싼 투쟁"이 기본적으로 반복되고 있다. 한 가지 차이나는 것은 새로운 적대 인종이 부단히 등장하고 있으며, 기존의 로마가톨릭교회 이외에 새로운 반게르만적인 종교와 세계관이 등장하고 있다는 점이다.

이러한 맥락에서 체임벌린의 역사철학을 특징짓고 그의 문화사의 내러티브를 각인시킨 주요 키워드들을 좀 더 자세히 언급할 필요가 있다. 그는 이러한 키워드들을 과거의 해석과 현재의 진단을 연결하는, 좀 더 정확히 말해 역사적 유비추론을 위한 유효한 분석 및 묘사의 범주로 사용하고 있다.

### ● 예수 그리스도

고대 그리스·로마의 유산 못지않게 예수는 체임벌린의 역사철학에서 중요한 위치를 차지한다. 그는 예수의 탄생이야말로 인류 전체사를 위해 가장 중요한 날이며, 진정한 역사란 예수와 더불어 시작되었다고 한다. 개인이 먼저 자신을 둘러싼 세계와 대립하는 자신의 개체성(고유성)을 자각하고, 그가 자신의 가슴속으로 발견한 세계를 외적으로 다시 만들어내는 도덕적 계기를 예수가 주었기 때문이라는 것이다. 이런 점에서 그는 이러한 도덕적 계기가 없는 중국인, 인도인, 투르크인 등 나머지 민족은 진정한 역사를 갖고 있지 않다고 단언한다.[97]

예수에 대한 이러한 평가는 예수를 게르만 인종의 예언자로 만들어, 게르만 인종종교 혹은 독일 민족종교의 핵심으로 삼으려는 그의 시도와 밀접한 관련을 맺는다. 다른 인종주의자들과 마찬가지로 그 또한 예수가 북방 인종의 피를 받은 아모리인 혹은 갈릴리인임을 주장했지만, 그는 여기서 더 나아가 예수가 인간의 의지를 강조한—좋은 의미의—유대적 도덕의 전통에 서 있다는 것, 동시에 의례와 율법, 형식적 도그마에 속박된 유대교의 '종교적 물질주의'를 뛰어넘어 "천국은 네 마음에 있다"고 하면서 내면적·형이상학적 종교를 주장했다는 것도 강조한다. 이런 예수야말로 의지가 아닌 체념을 강조한 부처에서 보듯 아리아인의 세계관적 약점을 극복할 수 있는 좋은 계기를 제공하는 인물이었다. 앞서 언급했듯이 그는 진실된 종교가 없다는 것이 게르만 인종의 미래에 대한 가장 큰 위험이라고 생각했다. 이러한 상황에서 게르만적 혹은 독일적 예수상의 창출은 매우 시급한 과제가 아닐 수 없었다.[98]

### ● '민족들의 혼돈', 로마제국, 로마가톨릭교회

체임벌린은 이 세 개념을 매우 밀접한 관련성 속에서 사용하고 있다. 지중해를 중심으로 유럽, 아시아, 아프리카 세 대륙 모두를 자신의 영역으로 삼은 세계제국 로마는 무수히 많은 이질적인 종족들과 민족들을 지배했다. 그 결과 혼혈이 일어났는데, 선택적 근친성이 있는 민족 및 인종들끼리의 통제된 혼혈이 아니라, 이질적인 혹은 고상한 인종과 그렇지 않은 인종끼리의 잡혼과 잡종화가 일어났다. 이를 통해 "노예의 영혼"을 지닌 잡종인간, 즉 '메스티소'가 탄생했다. 인종과 민족이 없어진 '민족들의 혼돈' 현상은 특히 인도아리아 인종과 셈 인종이 조우한 제국의 남부 및 동부에서 가장 심했다. 이 현상은 이미 율리우스 카이사르 이전에 시작되어 카라칼라 황제 때가 되면 드디어 로마제국의 공식 원리가 되었다. 그러나 로마제국은 바로 이 '민족들의 혼돈'에 의해 멸망했다. 여기서 그는 이러한 '민족들의 혼돈'의 위험이 19세기에도 강하게 지속되고 있으며, 여기에 더해 인류의 융합을 외치는 국제주의자들, 즉 "반민족적이고 인종 적대적인" 세력들이 이러한 위험을 조장하고 있음을 강조한다.[99] 나아가 그는 한때 위대했던 에스파냐와 이탈리아가 16세기를 거치면서 몰락한 것은 이곳에서 '민족들의 혼돈'이 승리했기 때문이라고 설명한다. 이곳의 게르만 귀족들과 게르만 천재들은 이베리아 원주민 및 아시아·아프리카 출신의 해방노예로 이뤄진 무수한 잡종인간들과의 잡혼을 통해 지속적으로 퇴화했고, 마침내 근절되고 소멸되었다는 것이다.[100]

한편, 체임벌린은 로마제국의 기독교화에 대해 다음과 같이 말한다. 로마제국의 힘은 제국의 이념, 즉 황제권의 지속에 있었는데, 이를 위해 테오도시우스 황제는 기독교를 국교로 삼았다. 이처럼 로마제국 기독교의 진정한 창시자는 테오도시우스였으며, "강제적인 세계종교"로서의 기독교는 본질적으로 종교적 이념이 아니라 로마의 제국 이념이라는 정치 이념이었다. 이러한 정치 이념 속에 마침내 '민족들의 혼돈'의 정신이 스며들었다. 유대인들의 신권정치사상, 그들의 불관용, 종교적 물질주의가 로마제국의 기독교에 들어왔으며, 기독교의 이러한 유대화는 기독교를 외적인 종교로 만들어버린 유대인 바울, 잡종인간 아우구스티누스와 같은 교부敎父들을 통해 진행되었다. 유대화된 기독교는 마침내 당시 잡종인간들의 마술적 종교에 대한 갈망에 부응하여, 특히 화려한 성찬식으로 대표되는 의례가 중심이 된 구체적이면서도 인간의 판타지를 자극하는 신비주의적이고 미신적인 물질주의로 발전했다. 마침내 '민족들의 혼돈'의 정신이 승리했고, 기독교는 잡종인간들의 이념이 되어버렸다. 여기서도 그는 이러한 잡종인간들을 위한 유대화된 기독교의 전통이 현재까지 그대로 이어져 게르만 인종의 종교적 약점으로 작용하고 있다는 것을 강조한다. 그 대표적인 것이 이른바 성체성사聖體聖事에서 빵과 포도주가 그리스도의 몸과 피로 변한다는 성聖 변화(Transsubstantiation) 교리로서, 로마가톨릭뿐만 아니라 심지어는 일부 개신교 교파도 이를 고수하고 있다는 것이다.[101]

그의 비판은 로마가톨릭교회에 집중된다. 로마가톨릭교회는 이러한 유대화되고 잡종인간들의 이념이 된 로마제국의 기독교를 그대로 계승하고 발전시켰다. 방금 언급한 성 변화 도그마는 13세기 로마가톨릭의 작품이다. 체임벌린은 특별히 교회와 국가 내에서 벌어진 게르만 인종과 로마교회 간의 정치적 투쟁이 역사가들이 말하는 중세의 이념과 정신을 둘러싼 투쟁을 특징지었다고 말한다. 정치적으로 로마가톨릭교회는 로마의 제국 이념을 계승하여 게르만인들의 고유한 전통과 민족 형성의 충동에 반하는 무제한적인 보편제국의 법(만민법)을 대변했다. 이와 같이 종교는 모든 민족을 내적으로 융합하려는 정치적 수단으로 전락했다. 로마적 국법정신의 계승자인 로마가톨릭교회는 동시에 유대적인 성직자 신권정치 국가 이념을 계승하여 유대적 성직자 정권의 기틀을 가진 세계국가를 건설하려 했다. 이러한 맥락에서 로마가톨릭과 게르만인들의 투쟁은 로마적–제국적 표상 대 게르만적–민족적 표상 간의, 유대적 신정정치 대 예수가 가르친 내적 종교 간의 싸움이라는 양상으로 전개되었다.[102]

이후로 현대에 이르기까지 로마가톨릭교회는 언제나 게르만 인종의 대표적인 주적 가운데 하나로 묘사된다. 게르만 인종의 개인주의는 정치적으로 민족주의로 발전했고, 이에 맞서 언제나 로마가톨릭교회는 로마의 제국 이념인 보편주의를 강제했다. 민족주의 대 보편주의라는 양자 간의 정치적 투쟁은 문화적으로 자유와 개성 대 하향평준화와 획일성의 싸움으로 묘사된다. 그는 게르만 인종이 건설한 근대 유럽 문명이 무엇보다 "반민족적인 제국이라는 잡종들의 이념과 이른바 기독교의 '로마적' 방향"에 대해 직접적으로 적대적이라는 데에서, 타문명들과 구별되는 특징을 갖는다고 단언한다.[103] 이런 맥락에서 심지어는 미국이 전쟁을 통해 영국으로부터 독립한 것을 "제1의 새로운 반로마적 세력"의 등장으로 찬양한다.[104]

### ● 종교개혁과 프랑스 혁명

그에 의하면 현재 게르만 인종 앞에는 로마제국에의 굴복, 종교개혁, 혁명이라는 세 가지 갈림길이 놓여 있다. 그는 특히 종교개혁을 "1,900년간의 우리 역사에서 가장 중요한 사건"이라고 평가하면서 종교개혁을 "외세의 지배와 비게르만적인 영혼의 전제정에 맞선 게르만 영혼의 봉기"라고 묘사한다.[105] 비로소 종교개혁을 통해 게르만 인종은 스스로를 찾았다. 이제 로마의 질곡에서 해방된 게르만 인종은—앵글로–색슨 지파의 예에서 보듯이—전 세계로 힘을 확장시키고 있다. 반면, 프랑스 혁명은 종교개혁이 실패한 결과 필연적으로 나타난 대참사이자 새로운 비극의 시작이다. 낭트 칙령의 폐지와 프랑스의 위그노들의 추방과 망명이라는 비극적 사건을 통해 프랑스는 우수한 인종적 요소를 모두 잃었으며, 여기에 인종적 퇴화, 즉 잡종인들에 의한 '민족들의 혼돈'이 찾아왔고, 이를 통해 유대인이 득세하기 시작했다. 이러한 개신교도들의 패배와 추방은 오로지 로마의 이익을 대변하는 예수회에 의해 주도되었다. 민족주의적인 진정한 가톨릭주의도 개신교와 마찬가지로 근절되었다. 이런 암담한 상황에서 시민층, 일부 귀족, 민족적 성직자 등 깨어 있는 민족의 정신적 엘리트 일부가 혁명을 일으켰다. 그러나 이미 진정한 종교는 약탈당하고 없었다. 이들은 조급함과 미숙함 속에 새로운 종교를 만들려고 시도했다. 인권선언은 새로운 종교의 신앙고백이었다. 그러나 이 종교는 '인권'이라는 공허한 말의 신을 믿는 종교였고, 모든 나쁜 것들이 그러하듯이 전염성이 강한 추상적이고 보편적인 '인류'라는 원리가 지배하는 거짓된 종교였다. 마침내 이러한 파국에의 길은 나폴레옹이라는 "예수회의 창시자 로욜라(Ignatius von Loyola)의 제대로 된 보충물"이자 "반게르만적 존재가 새롭게 의인화"된 "카오스의 사절"을 통해 완성되었다. 이제 프랑스의 진정한 민족교회는 파괴되었고, 유대인들이 공직에 취임했다. 이와 같이 프랑스 혁명을 통해 프랑스는 탈게르만화하고 몰락했다.[106]

### ● 게르만 인종

체임벌린은 당대인들의 일반적인 게르만 표상과는 달리 게르만의 개념을 확장시켰다. 그는 타키투스가 지칭한 게르만족 이외에도 켈트족과—탈게르만화하기 이전의—고古슬라브족을 포함시켜 각각 '켈토게르만', '슬라보게르만'이라 부르면서 게르만 인종을 넓은 의미로 정의한다. 이 3대 종족 모두는 신체적 특징이 유사했을 뿐만 아니라 무엇보다 "단 하나의 통일적인 영혼", 즉 개인주의적·민족주의적인 문화 전통과 고유의 관상을 지니고 있었다는 것이다. 그는 게르만 인종이야말로 앞서 언급한 바와 같이 다섯 가지 원리에 따라, 즉 우수한 자질을 가진 상호 근친성이 있는 상기한 종족들끼리의 다양하게 이뤄진 통제된 혼혈, 이후의 동종교배 및 인위적 교배·번식 선택을 통해 출현한 "고상한 인종"이었다는 것을 강조한다.[107] 그는 4세기가 되면 이 게르만 인종이 인종과 민족들이 사라진 로마제국의 '민족들의 혼돈' 속에서 "이 퇴화된 세계를 비춘 유일한 빛"으로 확실한 존재감을 드러내기 시작했다고 한다.[108] 그에 의하면 서로마제국 멸망 후 6세기부터 게르만 인종은 인류 운명의 진정한 형성자로서 역사에 등장한다. 아랍인들이 건설한 것들은 얼마 지속되지 못했고, 몽골인들은 파괴는 했지만 아무것도 창조하지 못했다. 그러나 국가를 건설한 사람들, 새로운 사상과 독창적 예술의 발명자들은 모두 게르만 인종에 속하는 사람들이었다는 것이다.[109]

한편, 그는 근대 유럽의 문명 및 문화의 특징을 이를 건축한 게르만의 인종적 특성과 결부시켜 설명한다. 게르만 인종은 방금 언급했다시피 근친성을 지닌 여러 종족 간의 다양한 혼혈을 통해 형성되었기 때문에 순수할 뿐만 아니라, 동시에 다면적 모습과 다양한 형성력이라는 특징을 지니고 있다. 따라서 극도로 중앙에 집중되었던 고대 문명들과 달리 다양한 개성을 존중하는 개인주의 원리에 따라 풍요롭고 다채로운 모습을 지닌 근대의 문명 및 문화들을 만들어낼 수 있었다는 것이다. 또한 그는 게르만 인종이 이러한 종족적 개성을 유지한 채 다양한 이종교배를 통해 진화를 해온 인종이므로, 심지어는 비교적 순수한 게르만족으로 이뤄진 민족들의 경계를 넘어선 지점에 있거나, 혹은 순수한 게르만 민족들 안에 있는 다양한 농도의 게르만의 피, 즉 1/2, 1/4, 1/8, 1/16의 게르만 피를 지닌 민족이나 개인 또한 자신의 고유한 역할을 하면서, 궁극적으로는 모두가 게르만 인종의 근대 문명 및 문화를 창조하는 작업에 기여해왔다는 것이다.[110] 이처럼 그의 게르만 인종 정의는 실로 범게르만적이었다.

### ● 게르만 인종의 주적, 유대인

유대인은 로마가톨릭교회와 더불어 게르만 인종의 주적이었다. 그는 반유대주의자들의 선동이 진정한 의미의 '유대인의 위험'을 인식하지 못하게 한다고 비판하면서, 유대인 문제의 본질이 무엇인가를 계몽하려 했다. 그는 이들이 주장하는 '유대인은 게르만 문명과 문화의 적'이라는 비난이나 유대인을 '우리' 시대의 모든 악덕의 희생양으로 만들려는 시도들을 웃기거나 불쾌한 것들로 치부한다. 그는 유대인 문제가 유대인의 특정 행위나 태도 때문이 아니라, 바로 유대인 자체가 '영원히 낯선 존재'이기 때문에 생긴 것임을 강조한다. 이런 맥락에서 그는 유대인이 로마제국 이후 오늘날까지 자신의 낯선 세계관이 투영된 기독교, 즉 유대화된 기독교를 통해 게르만 인종의 문화를 병들게 하고 있다는 사실이 진정한 '유대인의 위험'이라고 단언한다. 그리고 이러한 위험을 초래한 것은 유대인 스스로가 아니라 유대화된 기독교를 받아들이고 아직도 "불구가 되어 야훼의 언약궤를 절뚝거리며 따르는 유대인의 노예"가 된 게르만 인종 자신이라는 점도 강조한다. "유대인은 이에 대해 아무런 책임이 없다. 우리가 이러한 위험을 만들었으며, 따라서 우리 스스로가 이를 극복해야 한다." 그는 유대인의 위험을 극복하는 길은 게르만 인종 고유의 종교적 세계관을 만들어 오늘날의 병든 문화를 치유하는 데 있음을 다시 한 번 강조한다.[111]

체임벌린은 이상과 같이 유대인을 세계관적·종교적 적으로 규정하면서,

이는 유대인 개개인의 지적·도덕적 성향과는 상관없이 유대인 존재 자체의 문화적 능력의 한계에서 필연적으로 기인한다는 것을 강조한다. 다른 셈족과 마찬가지로 반쯤 셈족인 유대인은 '진정한 종교'와 거리가 먼 저급한 '종교적 물질주의' 혹은 '추상화된 우상숭배'만을 종교로 가질 수밖에 없다. 그리고 이러한 문화적 열등성은 바로 유대인의 인종적 저급함 때문에 생긴 필연적 결과라는 것이다.[112]

그에 의하면 유대인의 인종으로서의 형성은 게르만 인종의 형성 과정과 정반대 방향으로 진행되었다. 게르만 인종이 다섯 가지 원리에 따라 "고상한 인종"으로 출현한 것과는 달리, 유대 인종은 우선 그 재료의 질이 나빴고, 아무런 근친성이 없는 이질적 종족끼리 잡혼을 통해 출현했다. 먼저, 셈족에 속하는 사막의 베두인족, 단두 유형인 시리아의 히타이트족의 혼혈을 통해 형성된 잡종 종족인 헤브루족이 출현했고, 이 잡종 종족은 다시 북방 인종 계통의 아모리족 혹은 가나안족과 이종교배(혼혈)를 하여 이스라엘 종족을 형성했다. 또다시 이 잡종 종족은 유대 왕국의 멸망과 바빌로니아 유수, 이를 통한―그나마 북방 인종의 피 덕분에 비교적 고상하고 순수했던―북쪽 이스라엘과의 단절이라는 역사적으로 좋지 못한 교배·번식 선택의 과정을 겪어 오늘날의 저급한 유대 인종의 원형이 만들어졌다. 이후 또다시 이 잡종적 유대 인종은 오늘날 극소수의 '에스파냐 유대인(세파르딤Sephardim)'이라는 북쪽 이스라엘의 전통에 따라 순수하고 고상하게 번식된 "인종적 귀족"을 제외하면, 대부분 저열한 잡종 유대인인 '독일 유대인(아슈케나짐Ashkenazim)'으로 진화되었으며, 인도유럽 인종과의 지속적인 혼혈을 통해 계속해서 인종적 외연을 넓히면서 "단단한 국제적인 민족"이라는 위협적인 세력으로 성장하고 있다는 것이다.[113]

나아가 체임벌린은 유대화된 기독교를 통한 유대인의 위험 이외에도 19세기에 들어와서는 탈유대화된 유대적 이념, 즉 민족종교인 유대교의 도그마에서 벗어난 유대적 세계관이 게르만적 유럽의 사상·문화 영역에 부정적이고 파괴적인 영향을 끼침으로써 새로운 위험을 증대시키고 있다고 주장한다. 전자가 유대인이 끼치는 간접적인 영향이라면, 후자는 직접적인 영향이다. 그중에서도 특히 사회주의자들을 "모든 초현대식 유대적 무신론자들" 혹은 "명목상의 자유사상가들"이라고 부르면서 신랄히 비난한다. 이들은 좁은 역사적 관점에서 학문을 단순히 물질적이고 실제적인 사실들로 간주하면서 "실현 불가능한 사회주의적이고 경제적인 메시아 왕국"을 계획하고 있다. 그런데 이들은 이러한 계획을 위해 그간 어렵게 획득한 '우리'의 문명과 문화를 개의치 않고 파괴할 것이다. 결국 그는 스스로가 비난한 '유대인은 게르만 문명과 문화의 적'이라는 반유대주의자들의 주장에 동조하고 말았다. 더 나아가 그는 이러한 탈유대화된 무신론이 토라와 탈무드 종교라는 유대인의 '종교적 물질주의'의 필연적 산물이라고 주장함으로써 종교적 반유대주의와 인종주의적 반유대주의를 자연스럽게 연결시키는 데 성공했다.[114] 이와 같이 그는 반유대주의 선동을 비판하면서도, 동시에 반유대주의를 역사철학적으로 체계화시키는 데 기여했다.

체임벌린의 세계관적·종교적 주적으로서의 유대인 표상은 바그너가 말한 "변신 가능한 모습의 악마로서의 유대인" 개념의 영향을 받은 것이다. 그는 유대인을 현대사회의 모든 영역에서 다양한 모습으로 나타나는 히드라 머리의 괴물에 비유했다. "유대인의 관상과 형태는 변하고 있다. (⋯) 오늘은 법복을 입고 있고, 내일은 붉은 깃발 아래에서 느슨한 옷을 입고 있다. 왕자들의 종복과 자유의 사도, 은행가, 의회 대변인, 교수, 언론인—당신이 원하는 것

무엇이든지." 그는 공공연하게 유대인에 대한 적개심을 드러내지는 않았다. 반면 로마가톨릭과 예수회, 사회주의자, 자유사상가, 기생충 같은 자본가들에 대한 혐오는 노골적으로 표현했다. 물론 그는 이러한 적들 뒤에는 언제나 유대인이 숨어 있다고 생각했던 것이다.[115]

### ● 나머지 적대 인종

체임벌린에게 "노예의 영혼"을 지닌 '잡종인간들(메스티소)' 또한 인종적·문화적 퇴화의 원인으로 작용해왔기 때문에 기본적으로 적대 인종이었다. 그러나 여기에는 단서가 있었는데, 만약 이들이 게르만 인종의 지배에 복속하고 문화적으로 게르만화가 된다면 더 이상 적대 인종으로 간주되지는 않았다. 그러나 이러한 사람들 가운데서도 게르만적 혹은―넓은 의미에서―아리아적 문화(세계관 및 종교, 도덕)에 위협을 가하는 세력은 언제든지 적대 인종으로 다시 분류될 수 있었다. 고대 세계에는 대표적으로 카르타고인이나 페니키아인과 같은 셈족과 혼혈된 잡종인간들이 언급되며, 근대에 들어와서는 특별히 유럽 인종(Homo Europaeus, 아리아 인종)이 이주하기 이전부터 존재했던 유럽 원주민의 후손이 위험한 반게르만 세력으로 언급된다. 그는 이 인종이 어떤 점에서는 유대인보다 더 위험하다고 주장한다. 유대인은 "가장 눈에 띄는 타자"이지만 이 인종은 "익명성 속에 숨어서 외적으로는 우리와 상당히 비슷하게 보이기 때문에" 그러하다. 그러나 이 인종은 "내적으로 특별히 다른 영혼"을 지닌 채 완전히 동화되지 않았을 뿐만 아니라 내적으로 '우리'를 타락시키고 독을 주입해 멸망에 이르게 한다는 것이다. 그에 의하면 극히 다양한 혼혈로 구성된 이 잡종인종은 인도게르만인(유럽 인종, 아리아인)에 의해 노예가 되거나, 고산지대로 도망침으로써 완전히 근절되지 않았을 뿐만 아니라, 근래에 들어와 오히려 그 인구가 증가하면서 게르만 혈통의 줄기마저 위협하고 있다. 특히 이 인종은 몽골 인종과의 광범위한 혼혈을 통해 두개골 용적이 작은 유형, 즉 '멍청한' 유형으로 변화되고 있는데, 이를 통해 게르만계 민족들의 문화적 능력의 감퇴를 유발하고 있다. 예수회를 만든 바스크족 출신의 로욜라가 바로 이러한 "타고난 우리 문화의 적"인 이 인종의 자식이며 대표적인 반게르만적 유형으로서 유대인만큼이나 위험한 인물이라는 것이다. 그는 이러한 잡종화의 위험이 금세기에 행해진 지나친 '관용' 정책 때문이며, 이를 그대로 방치할 경우 로마제국 시대처럼 '혼돈'으로 귀결될 것임을 경고하고 있다.[116]

체임벌린은 로욜라로 대표되는 서남부 지역 유럽 원주민 후손의 위협과 더불어 동쪽 경계지대에서 벌어지는 또 다른 적대 인종들의 위협에 주목한다. 대표적으로 몽골 인종과의 혼혈을 통해 이미 '타타르화하고' 탈게르만화된 슬라브족, 투르크인, 중국인 등의 황인종이 그들이었다. 이들과 관련하여 그는 독특한 문화충돌론을 전개한다. 그는 서로 다른 두 문화는 마치 로마 문화에 의해 헬레네 문화가 존속할 수 없었던 것처럼, 서로 동등한 가치를 지닌 채 양립할 수 없다고 주장한다. 물론 유럽과 투르크, 혹은 유럽과 중국처럼 순수하게 외적으로만 서로 다른 문화의 접촉이 일어날 수는 있지만, 이역시 시간이 흐르면 "하나가 다른 하나를 죽여야" 한다는 것이다.[117] "한 문화는 다른 문화를 파괴할 수는 있다. 그러나 그 속으로 스며들 수는 없다."[118] 이런 맥락에서 그는 중국, 일본, 통킹 지방(베트남)의 문명과 문화는 "우리에게 철저히 적대적", 즉 반게르만적이라고 단언한다. 예를 들어 사냥꾼과 사냥개는 서로 공감을 할 수 있지만, 중국인과 '우리'(게르만 계통의 유럽인)는 전혀 그렇지 못하다. 중국인의 인격(영혼)은 마치 '우리'의 인격(영혼)이 그들에게 그러

하듯이 '우리'에게 전혀 스며들어올 수 없다는 것이다.[119]

체임벌린은 특별히 중국인이 유대인과 매우 유사하다는 것을 강조한다. "이 인종(중국인—인용자)은 눈에 띄게 유대인을 상기시킨다. 모든 문화가 부재하고, 문명이 일방적으로 강조된다는 점에서 그러하다."[120] 그는 유대인은 문명의 파괴자라는 고비노의 명제를 부정하면서, 페니키아인, 카르타고인 등 다른 셈족과의 잡종인간들이 그러했던 것처럼 유대인 또한 문명적 성취를 이루었음을 언급한다. 유대인은 경제적 상황에 대한 이해가 비정상적으로 발전했고, 산업 분야에서 비록 발명의 재능은 갖지 못했으나 발명의 가치를 능숙하게 이용할 줄 알았으며, 유례없이 단순하지만 나름대로의 정치를 발전시켰다. 그러나 고유의 지식 창조 능력과 진정한 종교와 예술 등 문화적 성취는 철저히 결여되어 있다는 것이다. 그는 중국인 역시 유대인과 유사하게 경제, 산업, 정치 등에서 고도의 문명적 성취를 이루었다고 평가한다. 나아가 유대인보다 훨씬 부지런하고, 수공업 분야에서 엄청나게 숙련되어 있으며, 나름대로의 심미안을 갖고 있다고 말한다. 그는 계속해서 중국 문명의 강점을 언급한다. 최근의 연구들이 밝히듯이 중국인들은 고유의 발명 능력은 없었지만 타자에 의해 전수된 것들만큼은 잘 이해할 수 있다. 그리하여 종이, 인쇄술, 화약, 컴퍼스 등 수백 가지 기술적 발명품들을 우리보다 오래전에 향유할 수 있었다. 나아가 백과사전, 역사연대기 등에서 알 수 있듯이 최소한 양에서는 유럽을 능가하는 엄청난 지식을 갖고 있었다. 그러나 중국인은 도덕주의자는 소유했지만 철학자를 배출하지는 못했고, 산더미 같은 시와 희곡은 생산했지만 단테나 셰익스피어는 갖지 못했다는 점을 지적한다. 한마디로 중국인에게는 모든 문명적 성취에도 불구하고 문화적 자질, 즉 "모든 것들을 엮고, 모든 것들을 밝히는 세계관을 향한 정신적 자질"이 결여되어 있다는 것이다. 그는 심오한 사상 없는 지식은 포괄적인 학문이 아니라 단지 기술과 예술 산업에 불과하다는 것을 강조한다. 그에 의하면 중국인은 평등주의적 사회주의자, 근면하고 온순한 농부, 타고난 실용주의자, 실증주의자이지만, 영웅과 고귀한 것의 가치, 이상주의와 형이상학의 가치를 모른다. 중국인은 "영혼"이 없는 "기계가 된 인간"에 불과하다. 이러한 맥락에서 그는 "300년간 니그로에게 지식을, 아메리카 인디언에게 문명을 교육시키는 것이 거의 성공하지 못한 것처럼, 중국인에게 문화를 접목시키는 것도" 마찬가지로 성과가 없을 것이라고 결론을 내린다.[121] 그러나 "시 없는 과학, 문화 없는 문명은 인류에게 위험하다!" 그는 당대의 유럽 사회가 문명의 발전과 더불어 지속적인 문화의 몰락을 경험하고 있다고 경고했다.[122] 이런 점에서 중국인은 유대인과 함께 게르만 인종 최대의 문화적·세계관적인 적으로 규정되었다. 여기에 더해 그는 다른 책에서는 오세아니아와 라틴아메리카의 '잡종인간들', 장래의 치열한 인종전쟁을 준비 중인 수백만의 흑인들 또한 적대 인종의 목록에 새롭게 추가했다.[123]

지금까지 살펴본 키워드들을 통해서 체임벌린은 역사적 유비추론을 실시했고, 이를 통해 포괄적으로 현재를 진단했다. 그는 한마디로 현재가 섣부른 낙관이나 그 어떤 비관도 할 수 없는 과도기에 불과하다고 진단한다. "우리는 이미 출발점에서는 멀리 진행된, 그러나 아마도 종착점은 더 멀리 있는 발전의 과도기에 있다."[124] 그는 한편으로 게르만 인종이 "세계사의 가장 위대한 세력 중 하나, 아니 아마도 가장 위대한 세력"이라고 평가될 수 있을 만큼 엄청난 발전을 이루었다고 자찬한다. 그러나 동시에 이러한 발전은 무엇보다 물질적인 것과 외적인 문명에 집중되어 있고, 따라서 헬레네인들이 도달했던 수준의 문화적 성취는 아직 멀었다고 평가한다. 나아가 그는 예전에도 언제나 그랬듯이 게르만 인종과 적대 인종들 사이에 현재에도 끊임없이 "삶과 죽음을 둘러싼 무언의 생존투쟁"이 벌어지고 있음을 경고한다.

그 어떤 박애주의적인 수다도 이것이 투쟁을 뜻한다는 사실을 지워버릴 수는 없다. 이 투쟁은 대포 포탄으로써 이뤄지지 않는 곳에서는 사회의 심장부에서 조용히 일어난다. 결혼에 의해, 교류를 촉진하는 거리의 단축에 의해, 서로 다른 인간 유형들의 다양한 저항력에 의해, 부富의 전위에 의해, 새로운 영향들의 출현과 옛 영향의 사라짐에 의해, 이 밖에 많은 다른 원동력들에 의해 일어난다. 그러나 이러한 투쟁은 비록 조용할지라도 무엇보다 삶과 죽음을 둘러싼 투쟁이다.[125]

# 05

# 열광과 비판 사이의 『19세기의 기초』

　　체임벌린의 『19세기의 기초』는 대성공을 거두었다. 1899년 출간 첫해에 벌써 3판까지 인쇄되었으며, 1906년 첫 대중판이 나왔을 때는 불과 열흘 만에 1만 권이 팔렸다. 1915년이 되면 도합 10만 부가 팔려나갔으며, 그사이 영어, 체코어, 프랑스어 등으로 번역되었다.[126] 앞서 반유대주의 담론 장에서 우리는 이 책이 '독일민족운동' 진영뿐만 아니라 민족주의의 세례를 받은 교양시민 일반 사이에서 열광적 반응을 얻었으며, 특히 전독일연맹(범게르만연맹)의 회원들에게는 민족종교의 계시록으로 칭송되었고, 무엇보다 빌헬름 2세라는 가장 영향력 있는 팬을 확보하여 프로이센에 있는 사범학교의 필독서로 지정될 수 있었음을 살펴보았다. 여기에 덧붙이자면, 이 책에 대해 청년세대의 반응이 더 뜨거웠다는 점이다. 독일학생연맹, 대학생체조클럽과 같은 교육받은 중산층 자제들로 구성된 민족주의 단체들은 체임벌린에게 영감을 받아 유대계 학생들을 배제하려는 자신들의 노력을 정당화했으며, 사관생도 및 청년 장교들은 그의 책을 널리 읽고 토론하곤 했다. 그는 라가르데, 랑벤과 함께 청소년들에게 가장 영향력이 있었던 반더포겔(Wandervogel) 운동의 문화적 영웅이었으며, 이 단체의 일부 지도자들은 그의 영향을 받아 유대계 회원들을 추방시키고자 논쟁을 벌이기도 했다. 또한 체임벌린과 이 책은 젊은 세대의 인종이론가 및 인종주의 이데올로그 사이에서도 엄청난 영향력을 발휘했다. 드리스만스, 헨첼(Willibald Hentschel), 그리고 이들보다 더 젊은 세대, 즉 훗날 나치의 '인종 교황'이라 불린 귄터와 나치당의 공식 이데올로그가 된 로젠베르크 등이 그의 영향을 받은 대표적 인물들이다.[127] 특히 로젠베르크는 훗날 자신이 체임벌린의 정신적 후계자임을 자처하면서, 그를 "활기찬 독일 민족의 가장 의식적이고, 민족의 모든 계층을 품에 안은 선구적 투쟁가 중 하나"로 찬양했다.[128] 물론 로젠베르크가 나치 전체의 입장을 대변하는 것은 아니었다. 예를 들어 귄터는 체임벌린의 영향을 받았지만 의례적인 존경 정도를 표했고, 히틀러는 그의 사상을 단지 부분적으로만 받아들였다는 것이 일반적 평가이다.[129]

체임벌린의 『19세기의 기초』에 대한 영미권에서의 평가는 처음에는 이책의 강한 독일 민족주의적 기조에도 불구하고 우호적이었다. 예를 들어 극작가이자 영국 페비언협회(Fabian Society)의 지도자였던 쇼(George Bernard Shaw)는 이 책이야말로 "진정한 과학적 역사의 걸작"이라 평하면서 페비언 사회주의자들에게 필독을 권유했다. 그는 특히 독학자의 동류의식 속에서 "단순한 전문가 대중" 및 "죽은 자료만을 축적하는 자들"과 구별되는 과감한 일반화와 인류사상의 부정과 같은 솔직한 견해의 표출을 환영했다. 그러나 현재 게르만 인종 대 '혼돈'의 투쟁을 주장한 체임벌린의 견해만은 부정하면서, 이미 민족적 자만심, 군국주의, 대중의 출현 등을 통해 '혼돈'이 승리했다고 주장했다. 이 밖에 영국의 소설가 로런스(D. H. Lawrence)도 체임벌린의 비합리주의와 엘리트주의적 생기론에 감명받았다고 알려져 있다. 한편,

미국의 시어도어 루스벨트는 이 책에 대해 자신이 가한 모든 비판에도 불구하고 체임벌린의 반자유주의적이고 반평등주의적 원리에 매료되었다. 또, 미국 역사가 베커(Carl Becker)는 체임벌린의 인종 개념에 대해서는 망설임을 보이면서도, 이 책이야말로 "역사서술 가운데 19세기의 가장 중요한 저작"이라고 극찬했다. 그는 매 페이지마다 폭넓고 정확한 지식, 엄청난 주제를 완벽하게 파악할 수 있는 능력, 강력한 사상의 심오한 반영과 용기를 읽을 수 있다면서, 체임벌린의 "지적인 완성도", "날카로운 분석", "탁월한 독창성"을 찬미했다. 물론 다른 미국 지식인들은 베커의 일방적인 열광으로부터는 거리를 취하고 있었다. 많은 미국인에게 그의 책은 그 설계와 원리에 있어서 "유럽중심주의적"이고, 따라서 미국의 인종문제를 다루는 데 직접적으로 도움이 되지 못한다는 의견도 많았다. 특히 제1차 세계대전이 발발하자 미국 역사가 히검(John Higham)이 지적한 것처럼, 대다수 미국인은 유럽 인종주의자들의 글을 읽지 않았다. 그들은 횡대서양적인 영감에는 무관심한 채, 북미에서 일어나는 특정한 인종 갈등 문제를 해명하는 데 안성맞춤인 자국 고유의 인종주의적 문헌들을 만들어냈다. 이처럼 제1차 세계대전 이후 미국의 인종주의는 지극히 민족주의적인 문화재로 바뀌었다.[130]

한편, 제1차 세계대전 발발과 더불어 영국에서는 체임벌린에 대한 평가가 표변했다. 그는 영국인의 "배신자", "배교자"로 비난받았다. 그는 『19세기의 기초』에서는 영국을 모범적인 게르만 국가 중 하나로 묘사했지만, 이미 1906년이 되면 영국을 프랑스에 이어 인종적으로 퇴화하고 외래적 이상(특히 셈족의 이상)에 집착함으로써 문화적으로 타락한 국가로 규정했다. 이제 그에 의하면 "서유럽에 생명을 부여하는" 유일한 게르만 국가는 독일뿐이었다. 그는 빌헬름 2세의 제국주의적 '세계정책'을 '문명'에 맞서 독일의 '문화', 즉 기독교와 우수한 문화를 보존하려는 신성한 사명을 수행하는 것으로 정당화했다.[131] 이러한 체임벌린의 생각은 빌헬름 2세에게 그대로 이어졌다. 제1차 세계대전이 막바지로 치달을 무렵인 1917년 독일 황제는 이 전쟁이 "세계관의 싸움"이라고 선언했다. "이 전쟁은 양대 세계관의 투쟁이다. 도덕, 정의, 충성, 믿음, 진정한 인간성, 진리, 고귀한 자유의 편인 독일이 물신숭배, 금권, 사치, 영토적 야욕, 거짓말, (게르만 형제에 대한) 반역, 사기, 암살에 맞선 싸움이다."[132] 이처럼 체임벌린에 대한 영국인의 비난은 충분한 근거가 있었다.

그렇다면 독일어권에서는 체임벌린의 이 책에 대한 비판이 없었는가? 물론 그렇지 않았다. 사회주의자와 자유주의자들은 이 책에 대해 비판적 태도를 견지했다. 특히 사회주의자들의 비판은 민주주의와 인권의 이름으로 격렬하게 진행되었다. 그중에서도 오스트리아의 사회민주주의자이자 사회학자인 헤르츠는 수정주의 노선을 대변한 『사회주의 월보(Sozialistische Monatshefte)』에 기고한 글에서도, 또한 자신의 책 『근대 인종이론』에서도 체임벌린을 격렬하게 비판했다. 그는 체임벌린의 인종 개념의 모호함, 일관성없는 이론, 논리적 모순, 역사적 왜곡 등을 일일이 자세하게 지적하면서, 그의 책은 인종 판단 방법의 오류, 학문에 대한 허황된 이야기, 통제되지 않은 감정의 이성에 대한 승리, 무식함, 무비판 등을 특징으로 하며, 증오에 가득차서 '우리 시대'의 건강한 사고를 암살하려는 위험한 것이라고 규정했다. 나아가 이런 책이 베스트셀러가 되었다는 사실은 '우리'의 일반적인 교육이 위험할 정도로 허약하다는 것을 증명하고 있다고 지적했다.[133]

아이러니하게도 체임벌린은 앞서 언급한 젊은 세대를 제외하면 인종이론가 및 인종주의자들에게서도 비판을 받았다. 그가 비판한 과학적 인종이론가들, 특히 볼트만의 『정치-인류학 평론』의 동인이거나 후원자였던 바세르 드 라푸즈, 빌저 등의 사회인류학자들은 자신들의 주장이 맥락 없이 인용되거나 때로는 조롱거리가 된 것에 대해 불쾌감을 감추지 않았다. 볼트만 스스로도 체임벌린의 인종 개념의 모호함, '민족들의 혼돈' 이론, 혼혈의 강조, 게르만 인종 대 반게르만적 인종 간의 투쟁이라는 명제를 오류라고 비판했다. 더 나아가 고비노협회 회원들은 그의 고비노 비판에 노골적인 불쾌감을 드러냈는데, 그의 바이로이트 서클의 동료이자 이 협회의 회장이었던 셰만은 더 이상 체임벌린에게서 이 협회의 기부금을 받지 않을 것이라고 선언했다.[134]

체임벌린에 대한 마지막 비판 그룹은 대학 강단에 포진하고 있던 민족주의 역사가들이었다. 이들 대다수는 정치적으로 보수당을 지지하거나 민족자유주의자들로서 다른 분야의 교수들과 유사하게 보수적인 민족주의 성향을 지닌 학자들이었다. 철학자, 신학자, 인도학자 및 국민경제학자들은 비록 학문적 관점에서 그의 책을 그다지 높게 평가하지는 않았지만, 전반적으로는 모든 결점에도 불구하고 그의 사상 자체와 그 책이 갖는 애국적 장점을 높게 평가하려고 했다. 극적인 예를 들자면, 저명한 자유주의 신학자이자 교회사가 하르나크(Adolf von Harnack)는 '독일 민족적인(völkisch) 사상'을 매개로 그에게 상당한 공감을 표현하기도 했다.[135] 그러나 역사학자들은 엄격한 비판을 가하는 데 주저함이 없었다. 예를 들어 보수당 기관지 『십자가 신문』 편집인을 겸하고 있던 시만(Theodor Schiemann) 교수는 그의 책이 "부정확할 뿐만 아니라 사람들을 철저히 호도"하고 있다고 폄훼했다.[136]

강단 역사가들의 이러한 부정적인 태도는 근본적으로 생물학적 개념인 인종을 역사서술에 도입하거나, 나아가 인종결정론적인 역사관을 피력하는 것에 대해 거부감을 갖고 있었기 때문이다. 앞서 우리는 사회인류학자 볼트만이 예나학술상 현상모집에서 좋지 않은 성적을 거둔 것을 살펴보았는데, 이때 볼트만의 1등 수상을 막은 심사위원이 바로 역사학 전공의 교수였다.[137] 민족주의의 사제들로서 독일 역사가들은 민족 개념 및 민족사 서술이 그 어떤 자연과학적·실증주의적 방법론에 오염되는 것을 극도로 꺼려했다. 이들은 대다수가 과거 사실이 스스로 말하기를 원했던 랑케의 제자들로서, 역사학이 법칙 정립적 학문이 된다는 것은 말도 안 된다고 생각하던 사람들이었다. 이 점이 독일 역사가들이 일찍부터 인종 개념을 역사서술에 도입한 프랑스 역사가들 및 앞서 언급한 베커 등으로 대표되는 미국 역사가들과 구별되는 차이점이었다.

나아가 체임벌린의 책에 대한 역사학자들의 평가는 '인종과 민족을 역사서술에서 어떻게 다루어야 하는가' 하는 보다 일반적인 맥락 속에서 이뤄졌다. 대표적으로 '독일민족운동' 진영을 대표하면서 볼트만의 『정치-인류학평론』의 협력자이기도 했던 뮌헨 공대의 역사학 교수 비르트는 인종주의 역사관 전반을 비판했다. 그는 『역사 속의 민족과 세계열강』 서문에서 모든 것을 인종으로 환원시키고자 하는 것을 반대한다고 말한다.[138] 클렘, 고비노, 바세르 드 라푸즈, 체임벌린, 볼트만 이후 인종의 가치를 드높이는 것이 일반화되었지만, 이는 과도한 평가이다. 인종은 많은 것을 말하기는 하지만 모든 것은 아니다. 무엇보다 인종은 기초이자 토대이다. 그러나 집은 아니다. 색깔이기는 하지만 그림은 아니다. 상태이기는 하지만 사건은 아니라는 것이다. 비르트는 특히 고비노를 염두에 두면서 다음과 같이 비판한다. 지구상의 모든 곳에서 아리아 인종을 말하는 것, 즉 수메르, 중국, 고대 이집트 문명이 아리아인의 업적이라는 주장은 아무런 의미가 없다고 한다. 그는 반문한다. 그러한 주장은 동시에 아리아 인종이 모든 곳에서 몰락했다고 하는데, 그렇다면 이를 통해 아리아 인종이 무슨 명성을 얻을 수 있겠는가?

비르트는 볼트만과 체임벌린에 대해서도 날선 비판을 한다. 모든 곳에서 아리아인과 아리아인의 후손, 즉 게르만 인종을 찬양하는 것 또한 별 의미가 없다는 것이다. 만약 그러한 찬양대로 아리아 인종에 대적할 만한 인종이 없기 때문에 아리아 인종이 승리한다면, 이로 인해 아리아 인종이 얻는 명성이란 결국 아무런 의미가 없기 때문이라는 것이다. 그러면서 그는 실제로 존재했던 역사적 투쟁이란 무력에 의한 것이거나 정신적인 것이거나 간에 서양에 대한 동양의 투쟁이었다는 점을 강조한다. 나아가 그는 "특별히 나는 민족 속에서 단지 인종만을, 독일 민족 속에서 단지 게르만 인종만을 인식하는 것에 반대한다. 이것은 민족을 파괴시키는 터무니없는 짓이다." 그는 다시 한 번 강조하기를 역사적으로 존재하는 것은 독일인, 체코인, 폴란드인, 러시아인 혹은 프랑스인과 같은 민족뿐이며, 게르만 인종의 형제애를 주장하는 것은 유토피아에 불과하다고 보았다. 보어 전쟁에서 영국인이 같은 게르만 인종인 네덜란드인 후손에게 보인 폭력적 태도가 이를 입증한다는 것이다.

그러나 비르트의 비판은 민족보다 더 큰 상위 단위로서의 인종 개념을 사용한 다른 인종이론가들에게는 유효했을지 몰라도, 비록 그 외연이 더 넓기는 했지만 인종과 민족/국민을 거의 동일시한 체임벌린에게는 들어맞지 않는 것이었다. 또한, 그는 비록 역사서술에 있어서 인종결정론을 비판했어도 동시에 그 또한 민족을 생물학화하여 민족의 인종적 토대를 강조하던 당대의 인종주의적 조류의 포로였음을 스스로 밝히고 있다. 비르트의 이러한 양가적인 입장은 다음의 발언에서 잘 드러난다. "단지 유대인만이 아직 문제이다. 완성된 우리 민족은 앞으로도 계속될 낯선 인종들의 쇄도를 저지하거나 아예 차단하는 권리와 의무를 가진다. 현재의 국민(민족)국가를 위해서는 슬라브의 피 혹은 유대인의 피가 증가하는 일은 위험하다."

비르트의 이러한 양가적인 태도와는 달리 독일 역사학계에서 독일제국과 바이마르공화국 시기를 대표하는 역사가로 추앙받는 힌체(Otto Hintze)는 좀 더 분명한 입장을 견지했다. 그는 인종주의 역사서술을 비판하면서도 다른 한편으로는 인종문제가 민족문제와 결부되는 한 노골적으로 인종주의적 견해를 피력했다. 그는 「인종과 민족, 이 둘의 역사를 위한 의미」(1903)라는 논문에서 고비노와 체임벌린의 역사철학을 집중적으로 논의했다.[139] 여기서 그는 고비노 및 체임벌린의 인종주의 역사서술에 내포된 논리적 모순, 수많은 이론적 문제점 및 사실관계상 오류들을 일일이 지적하고 비판했다. 나아가 인종주의 역사서술은 기본적으로 민족주의 역사학의 대전제를 위반하고 있다고 선언했다. 그에 의하면 "역사는 인종들이 아니라 민족들에 대한 이야기"이며, "근대 여러 민족의 기원은 단지 인종적 본능에만 있는 것이 아니라 브리타니아, 갈리아, 에스파냐, 이탈리아와 같은 특정 지역 공간의 특수성과 전통적 동질성에도" 있다는 것이다. 이와 함께 그는 민족이란 인종 혼합으로서 출현한 것, 즉 자연적 생산물이 아니라 역사의 산물이며, 민족을 구성하는 것은 동일한 피가 아니라 공통의 언어, 문화, 기억, 제도, 삶의 이해 방식 및 교양의 이상임을 강조했다.

그러나 힌체는 고비노를 체임벌린이 비판한 것처럼 구시대적인 인종이론가로 평가절하한 반면, 체임벌린에 대해서는 현대적인 인종이론가라며 긍정적인 평가를 내렸다. 특히 체임벌린의 주장 가운데 인종을 역사적인 산물로 파악하는 관점, 국민국가 및 민족이 새로운 인종 유형의 형성과 유지에 중요한 역할을 한다는 명제, 우수한 자질을 가진 다양한 인종들 간의 이종교배 및 이후 이들 간의 오랜 기간의 동종교배를 통해 '고상한 인종'이 새롭게 형성된다는 명제를 높게 평가하면서 이러한 명제들을 신생 독일 국민국가 및 독일 민족의 내적 통일문제에 결부시켰다.

여기서 힌체의 발언은 당대의 민족주의가 국가인종주의로 발전했다는 것을 전형적으로 보여주고 있다. 그는 민족이란 정신적 공동체이긴 하지만 동시에 인종이라는 신체적 토대 또한 중요하다고 강조한다. 그는 독일에서의 민족 개념 자체가 영국, 프랑스의 정치적 민족과는 달리 혈통을 강조하는 종족적 민족 개념에 근거하며, 따라서 '독일 민족'이란 오늘날의 표현에 의하면 영국인들이 말하는 "앵글로−색슨 인종"과 유사한 것임을 언급한다. 그럼에도 불구하고 영국이나 프랑스와는 달리 현재 독일 민족은 아직 단단하고 동질적인 인종적 특성이 결여되어 있다고 보았다. 독일에서의 인종 형성은 아직 기껏해야 바이에른 종족, 프로이센 종족, 슈바벤 종족, 작센 종족 등 여러 혈통 단계에 머물러 있으며, 이로 인해 외국에서 독일인은 자신의 독일 민족성을 잃어버릴 위험에 쉽게 빠진다는 것이다. 그는 무엇보다 장래의 시급한 과제가 고유한 "독일 인종"의 형성에 있으며, 이를 통해 민족 감정이 강화되어야 한다는 점을 강조한다. 그러나 그는 독일 민족의 동질적인 인종 형성을 가로막는 여러 요인이 있는데, 이것들을 극복하는 것이 시급하다고 보았다. 그 요인들은 다음과 같다. (1) 독일의 국민국가가 전체 독일 민족을 포괄하지도 못하고 있고, 이 국가 또한 진정한 통일국가가 아니라 연방국가에 불과하다. (2) 교회가 개신교와 로마가톨릭으로 분열되어 있다. (3) 급진 정당들의 국가에 대한 적대적 태도가 강하다. (4) 국경 지역에서 "인종적으로 낯선" 소수민족들이 엄청난 수로 존재한다. (5) 사회민주당이나 교황전권론을 주장하는 가톨릭교도들이 강조하는 국제주의 및 반反민족적 조류가 어느 곳보다 강하다.

힌체는 특별히 "세계정치"의 시대, 즉 제국주의 시대에 걸맞은 민족 및 인종에 대한 정책이 시급하다고 주장한다. 그는 한편으로 영국, 러시아, 미국 등 거대 제국들이 독일과 오래된 유럽국가를 포위하고 있으며, 특히 동쪽 국경이 위험하다는 대외적 위기 상황을 거론한다. 이와 동시에 다른 한편으로 영국의 선례를 따라 독일제국이 강력한 식민지 팽창정책을 추진할 것을 주장한다. 그는 이러한 대외적 상황에 대처하기 위해서는 "고향"에서 확고한 민족적 단결이 이뤄져야 하며, 특히 "동방에 맞서는 전선을 형성하는 인종정책", 즉 슬라브족의 대량 이주와 다른 낯선 인종들의 국내 이주를 단호하게 막는 정책이 시급하다고 역설한다. 어떤 이들은 독일 민족의 지배를 위해서는 독일 민족을 위해 봉사하는 열등한 인종이 필요하다고 하지만, 이는 위험한 논리라는 것이다. 타인종의 대량 이주가 진행된다면 독일 민족은 언젠가는 낯선 인종으로 이뤄진 대량의 인구에 포위된 뿌리 뽑힌 지배 인종 신세가 된다는 것이다. 이 확고한 국가인종주의적 민족주의자는 "독일 민족은 피가 아니라, 정서 속에 존재한다"는 라가르데의 슬로건을 변형시켜 다음과 같이 결론을 내린다. "견고하고 꽉 짜인 통일적인 민족은 단순히 정서가 아닌 피, 즉 미래의 독일 인종으로부터 출현한다."

이상과 같이 독일 민족주의 강단 역사학자들의 체임벌린 및 인종주의 역사해석 전반에 대한 평가는 상당히 냉철했고, 독일 민족주의자들의 평가 가운데 가장 비판적이기도 했다. 그럼에도 불구하고 동시에 이들의 냉철한 비판은 역설적으로 자신들의 민족주의가 이제 우생학과 사회다원주의에 기초한 국가인종주의와 제국주의의 전문 역사학적 버전임을 고백하는 방식이기도 했다. 이들 역시 민족/국민을 인종과 동일시하려는 시대적 조류의 포로에 지나지 않았다.

**보론**

# '독일 민족의 범게르만적 세계제국' 프로젝트

**범게르만연맹의 '새로운 지리학' 우편엽서**

이 엽서는 제1차 세계대전 발발 당시 나온 것으로, '대독일'이라는 독일의 전쟁 목표를 표현하고 있다. 여기에는 다음과 같은 문구가 인쇄되어 있다. "독일제국에는 프랑스 동부, 모든 루르 지역, 러시아 서부와 오스트리아가 속할 것이다. 그런 다음 수많은 영국 식민지를 얻게 되면 게임은 끝난다!" 라이머(Josef Ludwig Reimer)의 '독일 민족의 범게르만적 세계제국' 프로젝트는 상당 부분 이 엽서의 '대독일' 표상과 일치한다.

# '독일 민족의 범게르만적 세계제국'
# 프로젝트

1905년 『범게르만 독일(Ein Pangermanisches Deutschland)』이라는 책이 출판됨으로써 범게르만주의의 역사철학은 구체적인 미래국가 프로그램으로 발전했다. 이 정치적 미래 기획의 이름은 '독일 민족의 범게르만적 세계제국'이었으며, 이것의 작성자는 오스트리아 빈 출신의 젊은 작가 라이머(Josef Ludwig Reimer, 1879~1955)였다. 그는 자신의 청사진이 무엇보다 볼트만이 대표하는 역사·사회인류학자들의 "가장 엄밀한 과학"과 고비노와 체임벌린의 "최고의 시적 예술"을 결합해 만든 성과물임을 강조하고 있다.[1] 이와 같이 라이머의 '독일 민족의 범게르만적 세계제국'은 당대의 가장 급진적인 과학적 인종주의와 신비주의적인 인종주의에 기초한 대표적인 범게르만적·제국주의적 미래국가 프로젝트였다.[2]

라이머의 미래국가 기획은 외적으로 "범게르만적 인종제국(pangermanisches Stammesreich)"이라는 영토 확장 계획과, 인종주의와 사회주의가 결합된 제국의 내적 건설 청사진으로 구성되어 있다. 여기서 라이머의 직접적인 멘토는 볼트만이었다는 것을 강조할 수 있다. 그는 볼트만과 마찬가지로 사회주를 주장하면서 사회민주당의 지지자였으나, 다원주의적 관점에서 사회민주당의 국제주의에는 반대했었다. 이런 점에서 독일의 정치저술가 쉬슬부르너(Josef Schüßlburner)는 볼트만을 라이머의 "스승"이라고 부른다.[3] 실제로 라이머의 『범게르만 독일』은 곳곳에 볼트만의 『정치인류학』을 인용하고 있으며, 특히 볼트만의 역사관을 그대로 수용하고 있다. 예를 들어 볼트만의 프랑스혁명에 관한 명제를 받아들여 "진정한 민주주의의 첫 번째 조건은 게르만 인종에 속하는 것"(325쪽)이라고 주장하거나, 심지어는 체임벌린에 대해 존경심을 표현했음에도 불구하고 볼트만의 체임벌린 비판을 수용하여 역사진행의 원동력을 체임벌린 식의 '게르만 인종 대 게르만 인종의 적들 간의 투쟁'이 아니라 볼트만이 주장한 '게르만 인종의 게르만 인종에 대한 투쟁'으로 해석한다.(48~49쪽)

라이머가 그린 범게르만 미래국가 청사진은 대내외의 위협에 직면한 현실을 지적하면서 시작한다. "게르만 인종"은 "정신적 무기와 전쟁무기로 무장한 적대적 세계"와 마주하고 있다. 여기에 덧붙여 "비게르만적 요소들"과 게르만 인종 간의 혼혈이 이뤄지고 있는데, 특히 유럽 대륙의 "가장 강하고 가장 표준적인 게르만 민족인" 독일인들 사이에서 이러한 현상이 이미 상당히 진전되어 있다는 것이다. 이러한 상황에서 그는 체임벌린이 시사한 "19세기의 기초로부터 20세기의 과제가 성장한다"고 하면서, 내적·외적 위협들에 맞서려면 반격만이 유일한 길이라는 점을 강조한다. 그는 고대 로마제국의 몰락이 그것을 정초한 아리아인과 피정복민들의 혼혈, 즉 "잡종화" 때문이었다고 주장하면서, 단순히 내적인 인종적 단일화를 넘어서서 인구와 영토적 기반의 확장을 통해 인종투쟁에서 게르만 인종의 권력 지위를 확고히 다져야 하며, 이는 무분별한 병합이 아니라 범게르만주의의 원리에 의한 팽창이어야 한다고 역설한다. 여기서 그는 정치적 팽창뿐만 아니라 경제적 팽창도 강조한다. 독일이 단순히 산업수출국에 머무른다면 유럽 및 비유럽 지역의 국가들도 지속적으로 산업화를 이루는 상황에서 언젠가는 수출시장이 줄어들 것이다. 또한 수출산업 때문에 농업생산도 줄어 충분히 독일 인구를 먹여 살릴 수 없다. 이로 인해 언젠가는 독일의 생존이 위협받을 것이다. 따라서 산업적으로나 농업적으로 자급자족경제가 목표가 되어야 한다. 이를 위해서는 "더 넓은 땅"이 필요하다는 것이었다. 구체적으로 라이머는 다음을 주장한다.

- 식민지를 소유하는 것은 또 다른 형태의 외국에의 종속이다. 따라서 유럽 대륙 안에서의 팽창이 중요하다. 만약 "독일 민족의 게르만 제국"이라는 독일이 지도하는 범게르만 블록이 형성된다면 이는 공간이 부족한 독일뿐만 아니라 중부 및 북부 유럽의 군소 게르만 국가들의 안보문제에도 이익이 된다.
- "독일 민족의 게르만 제국" 건설을 위한 최초의 발걸음은 프랑스를 군사적으로 점령한 후, 독일어권 오스트리아와 연합하는 것이다. 이로써 중서 유럽에서 헤게모니를 장악할 수 있다.
- 다음으로 주변의 게르만 국가들을 이러한 대독일에 편입시킨다.
- 앵글로-색슨 국가들은 프로이센 주도의 독일 통일 때 오스트리아가 제외된 것처럼 "예측 가능한 역사적 시간" 내에는 여러 실제적 이유 때문에 여기에 편입시킬 수 없다. 대신 서부 및 남서부 루마니아, 오스트리아 지배하의 남서 슬라브 민족들이 이러한 범게르만 인종국가의 식민지로 편성되어야 한다. (한편, 그는 해외 식민지를 꺼려했음에도—모순되게도—이

러한 식민지 속에 아마존강까지 이르는 남아메리카 지역도 포함시킨다.)

- 이러한 범게르만 블록의 새로운 정치질서는 "비민족적"이고 교황에 의해 인가된 신성로마제국의 전통과 반대되는 반보편적·프로이센적 전통의 완성태여야 한다.

- 각 민족들을 가로질러 인종이 이러한 게르만 거대국가의 토대가 되어야 한다. 인종원리에 의거해 필요한 부분들은 용해되고, 불필요한 부분들은 "배제"되어야 한다. 이러한 선택 절차는 특히 국가 발전에 방해가 되는 낯선 인종적 유형의 민족들을 막기 위해서이다. 기본적으로 선택 절차는 ①선택 대상이 된 민족들이 우리와 같은 게르만 피를 가지고 있는가 아니면 전혀 그렇지 않은가, ②이들이 공간적으로나 정치적으로 우리의 발전을 방해하는가 아니면 그렇지 않은가의 기준에 따라 진행된다. ①번 기준에 의거해 게르만 피를 가진 경우라면 우리는 이 게르만 피를 흡수해야 하고, 우리의 게르만적 토대를 강화해야 한다. 만약 그렇지 않다면 이 민족들은 두 번째 기준의 대상이다. 만약 우리의 발전에 방해가 안 된다면 그대로 놔두고, 만약 방해가 된다면 이들 민족을 어떤 관용도 베풀지 말고 파괴해야 한다. "우리는 결코 도덕적 이유로 주저하거나 비인간적이라고 스스로를 탓할 필요가 없다. 우리의 현대 문명은 이러한 절차를 무시무시한 극단으로 몰아갈 수 있는 충분한 수단을 가지고 있다."[4]

- 한편, ①번 기준을 충족한 민족들, 즉 완전히 혹은 압도적으로 게르만적 유형에 속하는 네덜란드와 스칸디나비아 사람들은 합목적적인 언어 및 교육정책을 통해 문화적으로 점차 독일화되어야 한다.

라이머의 이러한 구상은 놀라울 정도로 훗날 나치에 의해 구상되고 실행될 주변국들에 대한 팽창정책과 이웃 민족들에 대한 독일화 정책을 선취하고 있다.[5] 한편, 그의 범게르만 제국의 내적(사회적·문화적) 형성을 위한 청사진 역시 부분적으로 나치의 그것과 유사한 점이 많다. 구체적으로 언급하자면 다음과 같다.

- 제국의 문화발전을 가로막는 역선택 현상을 막기 위해, 예를 들어 알코올 중독과의 투쟁에서부터 교양시민의 출산율 높이기에 이르기까지 다양한 우생학적 조치를 실시한다.
- 종교적 영역에서는— 체임벌린의 주장에 따라— 기독교를 게르만화한다. 기존의 기독교는 "거짓으로 꾸며지고 단지 법에 의해 가르쳐진" 도덕, 따라서 "실제적으로 인간 내면의 동력과 일치하지 않는" 도덕을 가르침으로써, 강한 의지와 자의식을 지닌 인간들을 약화시켜왔고, 이로 인해 오랫동안 진행된 역선택 현상의 한 원인이 되어왔다. 그러나 혼혈족인 유대인 가운데 북방 인종의 피를 가진 예수는 정통 유대교에 대한 "유대인 속에 내재된 게르만 인종의 응전"을 대표한다. 이러한 예수를 재해석해야 한다. 즉, 유대적 환경이 제거되고 "고대 세계를 넘어 맹렬하게 돌진해온 게르만 인종을 다시 인식할 수 있는" "생생한 힘의 실행"이 부여된 예수상이 재창조되어야 한다. 이로써 서로 평등하고 같기 때문에 "일치단결되어 있음"을 느끼고 "보편 속에서 다양성"을 인식하는 "인종 동지들"이 이기심을 극복할 수 있다.
- 사회정책과 관련하여 이 제국은 독일 프롤레타리아의 욕망을 고려하는 나라가 되어야 한다. "독일 프롤레타리아와 독일제국은 공통의 목표와

이해관계로 자연스럽게 연합되어" 있으므로 이 제국은 혁명적 형태를 취할 수 있다. 계급 대립이란 산업화 및 기계생산 등 게르만 인종의 현재 진화 상태로부터 불거진 문제이다. 경제적 계급은 각 계급 간 유전을 통해 게르만 인종의 피의 비율이 서로 다른 "인종적 계급"이 되는 경향이 있다. 따라서 "계급투쟁"이 "인종투쟁"으로 비화되는 것을 막아야 한다. 이를 위해서는 경제적 계급을 폐지하기 이전에 "인종의 순수함", 즉 인종적 동질화가 이뤄져야 한다. "종의 동질성", 즉 "공통의 인종"이야말로 "평등원리의 필수적인 보완 가치"이며 "진정한 민주주의의 제일가는 전제조건"이다. 사회민주주의의 국제주의에 맞서 "독일 사회민주주의"의 슬로건이 공표되어야 한다. "만국의 독일 프롤레타리아여 단결하라, 독일 민족의 범게르만 세계제국 안에서 단결하라!"

이상과 같은 라이머의 미래국가 청사진은 역사가 어떻게 완성되어야 할 것인가를 구체적으로 제시한 것이었다. 이에 대한 논평은 특히 『정치-인류학 평론』에 모인 역사·사회인류학파에게서 나왔다. 예를 들어 빌저는 라이머의 계획을 "노력할 만한 가치가 있는 것"으로 평가했다.[6] 볼트만은 이 계획을 "위대한 것", "결코 논박할 수 없고 기본적으로 한번쯤은 숙고해야 하는 것"으로 평가했다.[7] 이러한 긍정적 평가는 그의 계획 내용과 관련된 것이었다. 그러나 그것이 구체적으로 어떻게 실현될 수 있는가에 대해서는 빌저나 볼트만 모두 부정적인 입장을 견지했다. 특히 볼트만은 라이머의 생각이 "환상적"이고, "역사적 현실을 외면한 것"이라고 평가함으로써 일정한 거리를 두었다.[8] 무엇보다 프로이센의 주도적 역할을 강조한 라이머의 견해가 프로이센의 군국주의적 정치에 적대적이었던 볼트만에게는 용납될 수 없는 것이었기 때문이다.[9] 이와 같이 이들의 라이머에 대한 비판은 마르크스나 엥겔스가 이른바 초기 사회주의자들의 구상을 '유토피아 사회주의'라고 비판했던 것을 연상시킨다.

그러나 이러한 비판에도 불구하고 이들이 라이머의 생각 자체에는 아낌없는 찬사를 보냈다는 사실에 주목하자. 이는 독일민족운동 진영의 인사들이 그 모든 차이에도 불구하고 공통적으로 특정한 역사관의 포로였음을 다시 한 번 확인시켜준다. 이들은 '생존투쟁'이라는 다윈의 원리에서 세계사를 움직이는 원동력을, 또한 백인종 전체가 아닌 오직 게르만 인종에게서만 세계사를 발전시키고 완성시킬 결정적 잠재력을 발견했다고 믿었다. 이러한 역사주의적 이데올로기를 통해 이들은 자신들의 인종주의적, 민족주의적, 제국주의적 욕망을 합리화하는 논리적 근거와 도덕적 정당성을 확보했다.

# 에필로그
## : 인종주의 역사관의 특징과 20세기의 조망

　인종주의를 단지 반민주적이고 반평등주의적인 엘리트주의로만 규정한다면 이러한 인종주의는 그다지 새로울 것이 없는 신념 체계에 불과하다. 유사이래 나와 타자를 불평등하게 구별짓는 것은 인류의 오래된 관행이 아닌가. 그러나 역사의 진행이 자연의 산물인 인종에 의해, 정확히 말해 인종 고유의 신체적이고 정신적인 특징에 의해 결정된다는 신념은 매우 새로운 것이고, 바로 이 때문에 우리는 인종주의를 근대적인 현상이라고 말한다.

　이 책에서 다룬 여러 인종주의 역사관은 모두 이러한 인종결정론에 입각해 있다. 인간의 역사란 신체적·정신적으로 서로 다른 자질을 지닌 인종 간의 접촉, 갈등, 나아가 투쟁의 항구적인 과정이다. 여기서는 인간의 역사가 자연사의 한 부분으로 간주된다. 따라서 역사란 인간의 자유의지의 산물이 아니라 자연에 내재한 법칙을 따라 진행되는 것으로 파악된다. 그러나 진보낙관주의 사관에서 염세주의 사관을 거쳐 자연선택을 통한 진화(발전)사관, 나아가 순환사관에 이르기까지 인종주의자들은 역사진행의 법칙이 구체적으로 무엇인지에 관해서는 다양한 이론을 만들어냈다. 이와 마찬가지로 인류의 미래에 관해서도 인종주의자들은 서로 다른 견해를 피력했다. 백인종의 주도에 의한 인류 역사의 완성에서부터 열등 인종에 의한 인류의 필연적 멸망, 혹은 최후의 인종전쟁이라는 종말론을 거쳐 우생학적 유토피아에 이르기까지, 인종주의 역사관은 각양각색의 역사 목적론에 의해 특징지어진다.

나아가 인종주의 역사관의 대변자들은 무엇이 인종인가에 대해서도 합의를 보지 못했다. 대표적으로 고비노에게 인종이란 초역사적이고 선험적인 정태적 범주, 다시 말해 변하지 않는 형이상학적인 실체였다. 단지 변하는 것은 여러 인종의 혼합물인 민족이었다. 반면, 체임벌린에게 인종은 역사 속에서 끊임없이 새롭게 형성되고 변화하는 존재를 의미했다. 이런 맥락에서 그는 민족과 인종을 거의 동의어로 사용했다. 이와 관련해 무엇이 최종적으로 인종을 결정하는가에 대한 문제에서도 의견이 분분했다. 생물학적 특징을 강조하는 유물론적·실증주의적 입장이 있었는가 하면, 이에 반대해 세계관과 종교 등 문화 전통을 강조하는 관념론적 입장도 있었다. 마찬가지로 사회다윈주의를 추종하는 사람들도 있었고, 이를 거부하는 사람들도 있었다.

인종주의 역사관을 표현한 내러티브(이야기) 또한 다양하게 구성되었다. 그럼에도 여기에는 일정한 경향성이 발견된다. 먼저, 이전 시기의 인종주의 역사 서사가 모방되고 변형되며, 새롭게 각색되는 스토리텔링이 계속되면서 역사진행을 설명하거나 묘사하는 핵심 개념이 변화했다. 그리고 이러한 변화는 각 시기를 특징짓는 인종주의의 성격 변화에 상응한다.

크게 보아 18세기 중엽에서 19세기 중엽까지는 이른바 인종 간 '융합'과 '혼혈'이 역사진행의 중요한 묘사 및 설명 개념이었다. 그러나 이 개념들은 서로 상반된 컨텍스트 속에서 사용되었다. 백인종(코카서스 인종) 우월주의가 강조된 역사 내러티브 속에서 이 개념들은 '진보', '계몽', '문명화' 개념과 밀접하게 연관된 채 사용되었다. 인류의 불평등은 자연의 질서이며 이것이 존중되어야만 계몽, 문명화, 진보가 가능하다는 것을 강조한 계몽사상가 마이너스의 인류사 서술은 오늘날 이러한 개념들 자체가 서양중심주의적이라고 비판받을 정도로 서양인 일반의 시각에 커다란 영향을 끼쳤다. 그러나 듣기에 따라서는 매우 관용적인 백인종 우월주의적 역사 내러티브도 있었는데, 그 극단적 사례가 독일의 클렘이 제시한 인류사의 완성 시나리오이다. 이에 의하면 세계를 지배하는 '남성적 유형의 능동적 인종'과 이에 복속된 '여성적 유형의 수동적 인종' 간의 '융합'과 '혼혈'을 통해 언젠가는 인종 없는 평등사회가 완성되리라는 것이었다. 이러한 역사상은 이후 프랑스의 르낭이나 독일의 라첼 등에게서 볼 수 있듯이 다양하게 스토리텔링되었다.

반면, 프랑스 귀족의 인종주의를 완성시킨 고비노는 이 개념들을 한 인종의 생물학적 퇴행과 이로 인한 지적 퇴보 및 도덕적 타락을 뜻하는 '퇴화' 개념과 연결시켜 사용했다. 그에게 전 세계 문명을 건설한 지배 인종 아리아인과 나머지 피지배 인종 간의 '융합'과 '혼혈'은 인종의 '퇴화', 문명의 몰락, 마침내 인류 역사의 종언을 의미했다.

19세기 말에서 20세기 초에 이르는 시기에 서양의 인종주의는 민족주의, 제국주의와 삼위일체를 이루면서 본격적인 증오 이데올로기로 발전했다. '우리'는 적들에게 둘러싸여 있고, 동시에 신체적·지적·도덕적으로 인종적 퇴화에 직면해 있다는 위기의식이 이러한 인종 증오주의의 원천이었다. 이 시기 인종 증오를 직간접적으로 표현한 역사 서사는 그 다양한 결에도 불구하고 역사진행을 묘사하거나 설명함에 있어서 '생존투쟁'과 '자연선택' 및 '역선택'으로 요약되는 다윈주의와 우생학의 기본 개념에 준거했다. 이제 기존의 '융합', '혼혈', '퇴화' 개념은 이러한 개념들의 의미 장場 속에 편입되었다.

이를테면 잘 관리된 혼혈은 자연선택, 잡혼은 역선택에 속한다는 것이다. 인종 증오가 표현된 역사 서사는 이전 시기보다 훨씬 역동적인 역사상을 제시했다. 역사란 '우리 민족/인종'과 '사악한 적대 인종(혹은 모든 우리의 적)' 간에 벌어지는 '생존투쟁'과 '자연선택'의 항구적인 과정으로 묘사되었다. 이러한 역사상은 일반적으로 '역선택'으로 인한 인종 퇴화와 민족의 몰락이라는 위기가 강조된 서사 구조로 표현되었으며, 이러한 위기의 내러티브는 경우에 따라서 대중선동적인 종말과 파국의 시나리오로 발전하기도 했다.

그러나 이러한 역사 서사는 단순히 고비노 식의 염세주의를 표현한 것이 아니었다. 궁극적으로 자연적 진화 과정과의 유사비교 속에서 위기가 강조되었기 때문이다. 이제 과거와 현재의 위기들은 건강하고 우수한 인종적 토대에 기반한 민족공동체의 완성을 향해 나아가는 하나의 '발전(진화) 단계'로 묘사될 수 있었다. 특별히 인종 퇴화와 민족의 몰락이라는 위기의 역사 서사는 민족과 국민국가의 미래를 위해 잘못된 역사진행을 바로잡기 위한 행동 프로그램, 즉 인종의 재생 혹은 인종 개량을 위한 우생학적 청사진 및 제국주의적 팽창 기획과 밀접하게 결합되곤 했다. 이를 통해 제국주의적 지배와 착취, 국민국가 안팎의 이른바 '하등 인간' 혹은 '인간 같지 않은 인간'에 대한 박해, 배제, 나아가 인종청소가 역사발전의 이름으로 정당화되었다.

다음으로, 인종주의 역사 서사는 시간이 흐르면 흐를수록, 이에 상응하여 그것이 인종 증오의 욕망을 정당화하기 위한 전거로 활용되면 될수록, 점점 더 허구와 사실, 신화와 역사 간의 경계가 사라진 역사 판타지로 바뀌어갔다. 이 속에서 인종 간 투쟁은 마니교적인 세계관에 입각하여 '신적인 존재'와 '동물적 존재', 나아가 선과 악의 대립으로 묘사되었다.

물론 인종주의 역사 서사는 본질적으로 신화를 지향했다. 예를 들어 '아

름답고 우월한 존재'와 '못생기고 열등한 존재' 혹은 '고결한 피'와 '천한 피'
의 대립 구도 속에서 전자의 찬란한 성취와 영웅적 투쟁을 찬양하는 인종
신화가 그것이다. 그러나 이러한 인종신화는 가능한 한 '실제 일어난 것(res
gestae)'으로서의 역사에 기반하곤 했다. 동시에 이러한 신화적 역사는 자신
의 권위와 개연성을 높이기 위해— 경우에 따라서는 최신의 —과학(학문)적
성과와 이론을 끌어들였다. 그러나 이러한 유사학문적 외피를 쓴 인종주의
역사 서사는 점차 역사 판타지로 변화되기 시작했으며, 이런 경향은 제1차
세계대전을 분수령으로 하여 노골적인 것이 되었다. 이제 더 이상 역사의 신
화화가 아니라 신화의 역사화가 인종주의 역사 서사를 특징짓게 되었다. 그
리하여 '역사' 개념 또한 사실 및 실제성과의 관련을 잃어버린 채 인종주의
적 유토피아에 대한 믿음과 이를 실현시키기 위한 사명감을 대중에게 내면
화시키는 가장 순수한 형태의 이데올로기가 되었다.

역사 서사의 판타지화 경향은 대다수 인종주의 이데올로그들의 사회적
성격과도 무관하지 않다. 이 책의 본문에서 반복하여 밝혔듯이 인종주의에
서 영혼의 안식을 찾았던 자들은 대개의 경우 사회적인 낙오자들로서, 자아
를 잃어버릴 정도로 외로운 사람들이었다. 사회적으로 고립된 이들은 고독
하거나 외롭다. 그러나 고독과 외로움에는 차이가 있다. 고독을 즐기는 사람
은 있지만 외로움을 즐기는 사람은 없다. 고독한 사람들은 스스로의 내면을
성찰할 줄 안다. 이들은 가끔 원대한 비전을 꿈꾼다. 그러나 외로운 사람들
은 나를 대신할 환상을 좇는다. 이러한 환상이 사회적 인정 욕구와 결합하면
타자를 해치는 치명적인 무기로 변한다.

특별히 19/20세기 전환기에 등장한 인종 신비주의가 역사 서사의 판타지
화를 촉진시켰다. 인종 신비주의는 인종 담론을 과학의 영역에서 종교의 영

역으로 전위시켰다. 이에 상응하여 인종 증오의 욕망은 신앙의 차원으로 내면화되고 신성한 가치를 부여받았다. 인종 신비주의는 무엇보다 독일과 이탈리아의 파시즘과 친화성이 있었다. 독일의 인종 신비주의는 반기독교적(이교적)이고 비교秘敎적인 성격을 지닌 인종종교로 발전했고, 제1차 세계대전 이후에는 그 세를 불려 나치 수뇌부 상당수를 이 종교의 독실한 신자로 확보했다. 이로써 나치 독일에서는 본격적인 인종주의적 역사 판타지의 시대가 개막되었다. 그중 나치당의 공식 이데올로그가 된 로젠베르크는 체임벌린의 정신적 후계자임을 자처하면서, 『19세기의 기초』의 제2부 격에 해당하는 『20세기의 신화(Der Mythus des 20. Jahrhunderts)』를 저술했다. 그러나 아직 체임벌린의 책이 당대 최신의 인종과학이론과 고고학적 발견, 또한 전문적 역사학, 신학, 언어학 등 인문학 분야의 여러 연구성과에 입각하고 있었던 반면, 발트해 연안 출신의 이 나치 선동가의 책은 상스러운 욕망과 천박한 상상력 및 얕은 지식으로 채워진 조잡한 얼치기 역사서에 지나지 않았다. 오죽하면 같은 나치 수뇌부였던 괴벨스와 슈트라서 형제(그레고르 슈트라서Gregor Strasser, 오토 슈트라서Otto Johan Strasser)에게 신랄한 욕을 먹었을 뿐만 아니라, 히틀러마저 "표절과 짜깁기로 점철된 무의미한 쓰레기! 쪼가리들로 장식된 나쁜 체임벌린!"이라 혹평하면서 도저히 난삽한 이 책을 끝까지 읽을 수 없다고 했을까.[1]

그럼에도 불구하고 나치당의 동료들은 이 책이 지닌 선동문서로서의 가치만은 인정했다. 이후 '인종혼'을 강조하면서 인종 대 인종, 민족 대 민족의 '영혼의 가치'를 둘러싼 투쟁을 그린 로젠베르크의 역사 판타지는 유대인, 가톨릭교회 등 모든 적들에 대한 게르만 인종의 증오를 신앙 차원으로 심화시키고 신성화하기 위한 나치당의 공식 역사서로서의 자리를 굳건히 지킬 수

있었다. 여기서 로젠베르크가 각색한 역사상 중 몇 개를 추리면 다음과 같다.[2]

- 아리아 인종은 잃어버린 신비의 대륙 아틀란티스에서 왔다.
- 푸른 눈에 금발을 한 이 아틀란티스인들은 백조와 용 모양 배를 타고 지중해를 건너 아프리카로, 중앙아시아를 거쳐 실크로드의 쿠차로, 심지어는 중국으로, 또한 북아메리카를 거쳐 남아메리카로 가서 이 모든 곳을 정복했다.
- "이스라엘의 사라진 열 지파"의 후손 가운데 하나인 에트루리아인들과의 혼혈 때문에 로마는 멸망했다.

공공연하게 인종국가임을 선포했던 나치 독일과는 달리 파시스트 이탈리아는 공식적으로는 인종주의와 거리를 두었다. 그러나 실제로는 이 나라에서도 은밀한 방식으로 인종주의가 영향력을 발휘했다. 그 단적인 예가 1938년 11월 18일에 통과된 이탈리아 인종법으로서, 특히 유대인 문제와 관련하여 많은 점에서 독일의 악명 높은 인종법인 뉘른베르크법(1935. 9. 15)의 복사판이라고 할 수 있다. 은밀한 인종주의는 파시스트 이탈리아의 지도자 무솔리니에게서도 발견된다. 무솔리니는 인종이란 "실제가 아니라 감정"에 불과하다면서 이탈리아 민족주의가 생물학적 인종이론에 물들어서는 안 된다는 것을 강조했다. 그러나 다른 한편으로는 이탈리아 민족이 아리아 인종에 속한다는 것을 내세웠을 뿐만 아니라, 슬라브 계통의 민족들에 대한 혐오와 이들에 대한 인종청소를 공공연히 주장했다. 나아가 그는 황인종 및 흑인종에 비해 백인종의 낮은 출산율에 대해 심각한 우려를 나타내면서, 백인종의 멸종을 막기 위한 우생학의 시급성을 역설하기도 했다. 특별히 무솔리니가 우생학의 신봉자였음을 강조하면서, 영국 역사가 패스모어(Kevin Passmore)는 이탈리아 파시즘의 인종주의를 "부드러운 인종주의"라고 규정한다.[3]

이탈리아 파시즘의 은밀한 인종주의는 인종 신비주의를 배양했다. 이탈리아판 인종 신비주의의 대표적 인물은 에볼라(Julius Evola, 1898~1974)이다. 그는 신지학 및 인지학, 니체의 '초인' 및 '지배 인종' 사상, 바이닝거(Otto Weininger)의 여성혐오사상 등을 조합하여 신비주의적·비교秘敎 형이상학을 만들었다. 그는 자신의 대표작 『근대 세계에 대한 반란(Rivolta contro il mondo moderno)』(1934)과 이후의 저작들을 통해 '전통'과 '근대'를 대비하면서 근대 세계를 단호히 거부했다.[4] 그는 물질문명과 대중에 대한 경멸과 적개심을 노골적으로 표현하고 민족주의, 민주주의, 공산주의 등 모든 근대적 정치 이념과 현대적 사조 및 유행을 비난하는 한편, 고대 카스트 제도와 귀족주의 및 왕정의 복원을 주장했다. 이와 같은 반근대적 엘리트주의자 에볼라는 20세기의 고비노라 불려도 지나침이 없다.

에볼라는 다윈의 진화론과 생물학적 인종주의에 반대하면서 '영적인' 인종주의를 역설했다. 그는 인종을 육체적/인류학적 단계의 인종, 혼(즉 민족성, 민족혼) 단계의 인종, 영적 단계의 인종으로 구분하면서, 이탈리아와 독일 국민이 생물학적·민족적(즉, '속물적') 인종주의를 뛰어넘어 신성하고 종교적인 체험을 통해 깨달음을 얻어 '영적인 인종'(즉, '정신적 인종'/'귀족'/'전통의 담지자')으로 도약해야 한다고 역설했다. 그에 의하면 '영적인 인종'의 '영성', 다시 말해 '초월적 힘'은 신체적 특징이 아니라 믿음, 충성, 규율, 금욕 같은 영웅적이고 신성한 행동에서 드러나는 것이었다.[5] 이와 관련하여 그는 아리아 인종의 본질을 신체적 특징이 아닌 '남성적'이고 '영웅적인', 또한 '금욕적'이고

'신성한' 영성에서 찾았으며, 유럽에 남아 있는 아리아 인종의 양대 지파, 즉 아리아 독일인과 아리아 로마인(이탈리아인) 가운데 후자가 본원적 아리아인의 혼과 영의 유산을 더 많이 가지고 있으므로 문화적 재생을 위해 더 우월한 소양을 지니고 있다고 주장했다. 또한 그는 나치와 마찬가지로 유대인을 적대 인종으로 보았지만, 우생학적 처방에는 반대하면서 전통적 세계관과 모델에 입각한 유기적 위계국가가 건설되면, 그리하여 아리아 인종의 영웅적이고 신성한 덕목들을 육성할 수 있는 환경이 조성되면 유대인 문제는 자연스럽게 해결될 것으로 보았다.

에볼라는 나치즘과 파시즘에서 문화적 재생의 전망, 즉 본원적 아리아인의 혼과 영이 부활된 새로운 황금시대로 진입할 수 있는 가능성을 보았다. 그러나 현존하는 나치즘과 파시즘은 실패할 수밖에 없는 운명에 처해 있다고 비판했다. 전통적 가치에 입각한 유기적 국가 대신 근대적 테크닉, 관료기구, 편협한 민족주의, 하향평준화를 유발하는 대중 등 근대적 요소에 기반하고 있기 때문이라는 것이다. 이런 맥락에서 그는 파시스트가 아니었다고 주장하는 사람들도 있지만, 이는 단견에 불과하다.[6] 그가 인종 신비주의와 파시즘을 결합해 새로운 지평을 열려고 시도했다는 것은 부인할 수 없는 사실이기 때문이다.

에볼라의 역사관은 '역사의 진보 혹은 다윈이 말하는 진화란 근대 세계의 신화'에 불과하다는 비판에서 출발한다. 그리하여 그는 신화로 표현된 전통 세계의 역사인식을 재구성하는 데로 나아간다. 그가 재구성한 역사는 찬란한 신들의 세계에서 깜깜한 근대 세계로의 퇴보와 몰락의 과정이다. 그러나 그의 염세적 사관은 기독교적인 단선적 우주관에 입각한 고비노의 그것과는 다르다. 여기서는 창세와 종말이라는 양 극점이 없다. 그의 역사관은 힌두교와 그리스 신화 등에 표현된 순환론적 우주관과 결합했다. 그에 따르면 역사는 개별 문명과 사회의 탄생 – 성장 – 죽음 – 재생으로 이루어진 여러 순환 사이클의 연쇄 속에서 진행되는 몰락의 과정이다. 그리고 이 몰락의 과정 또한 영원한 윤회의 한 고리에 불과하다. 그러나 여기에는 이러한 역사의 윤회 고리를 끊고 해탈(초월)할 수 있는 가능성이 열려 있다. 그것이 바로 본원적 아리아 인종의 영성 회복, 즉 문화적 재생인 것이다. 그러면 그가 구성한 역사 내러티브 가운데 특징적인 몇 가지를 추려보자.

- 태곳적의 극지방(오늘날의 기준으로 보면 북극)에 '신비로운 올림포스와 태양의 상춘인常春人들(Hyperboreans)'이 있었다. 이들은 '초자연적'이고 '초인간적인 영성'을 갖고 있었다. 이들은 '형이상학적인 원천과 진실한 삶'을 의미하는 '보이지도 않고 만질 수도 없는' 힘들의 우연한 소산이었다. 이들이 바로 본원적 아리아 인종이었다.
- 아주 먼 옛날 지구의 축이 이동하여 상춘국常春國이 얼음과 어둠으로 뒤덮이자 상춘인들은 남쪽과 동쪽에 있는 경이로운 땅, 햇볕과 풍요로 가득 찬 멋진 세계, 이름하여 신비의 아틀란티스, 전설의 툴레(Thule, 극북 지역), 환상적인 무(Mu) 대륙으로 이주했다.
- 이후 상춘인들은 지구 곳곳에 흩어져 문명과 문화를 건설했다. 이들이 이동하면서 곳곳의 '열등 인종'과 혼혈을 했고, 이를 통해 오늘날 지구에 살고 있는 다양한 아리아인들을 출현시켰다. 예를 들어 게르만 북방인들과 지중해 아리아인들은 '초인적 인종'인 상춘인들의 잔존물이다. 이들 상춘인의 후손은 이동이 늘어남에 따라 더욱 빈번하게 열등 인종과 잡혼을 했고, 이를 통해 점차 조상들의 창조적 재능을 잃어버렸다.

그러나 이들의 '무의식' 속에는 아직 조상들의 영적 자질이 남아 있다.

- 지구 도처의 고대 문명은 열등한 피의 주입을 막기 위해 카스트 제도를 만들었으나, 시간이 흐르면서 카스트의 벽은 완화되어갔다.
- 이에 상응하여 인류의 역사는 황금시대에서 은의 시대, 동의 시대, 철의 시대 순으로 몰락해갔다. 이 과정은 힌두교의 사티유가(Saty-yuga)에서 칼리유가(Kali-yuga)에 이르는 네 시대와 일치한다. 이미 선사시대에 인류는 황금시대에서 동의 시대로 몰락했고, 이사이 각각 탄생과 소멸의 사이클을 반복한 여섯 개의 원형적 문명이 존재했다. 한편, 열등 인종들은 이러한 역사적 몰락의 과정을 유발한 이전 시대의 '인종 사이클'의 결과물, 즉 '인간 쓰레기'이며, 고고학자들이 발굴한 여러 화석인류 또한 이러한 '쓰레기'들이다. 특히 유대인은 아리아 문명(사이클) 내의 '부패균'이다.
- 역사시대의 시작은 바로 철의 시대 혹은 칼리유가(말세, 암흑시대)의 시작을 의미하며, 역사시대의 문명들은 선사시대에 존재했던 여섯 개의 원형적 문명의 혼합물이다.
- 근대는 암흑시대의 끝에 다가선 최악의 암흑기, 즉 철의 시대 사이클의 최저 순간이다. 이러한 최저점으로의 진입은 이미 기원전 6세기 그리스에서 합리주의가 등장했을 때 시작되었고, 일시적으로 로마제국과 중세 유럽에서 기벨린 당원(신성로마제국 황제 추종자들)이 권력을 잡았을 때 지연되었다.
- 국제 파시즘은 문화적 재생의, 즉 전통적 가치가 지배하는 황금시대로의 재진입(초월)의 전망을 보였다. 그러나 냉전시대를 맞아 볼셰비즘을 내세우는 소련과 아메리카니즘을 내세우는 미국이 이러한 전망을 가리

고 있다.(1951년판) 이제 아리아 인종에 속하는 우리는 '정치적 무관심'과 '스토아적 금욕주의'를 통해 이러한 세상에 저항해야 한다.

에볼라의 인종 신비주의와 역사 판타지는 1945년 이후 이탈리아 네오파시즘에 지대한 영향을 끼쳤다. 늦어도 1960년대에서 80년대에 이르기까지 네오파시스트들 사이에 에볼라 붐이 일었다. 그의 역사 판타지는 영국 소설가 톨킨(J. R. R. Tolkien)의 판타지 소설 『반지의 제왕』, 『호빗』 등과 함께 네오파시즘의 경전이 되었다. 특별히 에볼라는 광야에서 외치는 예언자 혹은 위대한 구루(스승)의 아우라를 발휘하면서, 톨킨과 더불어 숭배의 대상이 되었다. 이와 같이 20세기 말에 이르기까지 이탈리아 네오파시즘의 문화는 에볼라 및 톨킨 숭배(cult)에 의해 특징지어졌으며, 이러한 숭배문화는 심지어 테러 행위로까지 이어졌다.[7]

그러나 인종 신비주의와 역사 판타지는 나치즘과 파시즘만의 전유물이 아니었다. 그 증거로 제1차 세계대전 이후 등장해 20세기 말까지 세를 불린 대서양 건너편 미국의 '기독교정체성' 운동을 꼽을 수 있다. 이 운동은 오늘날 미국에서 유행하는 '진흙인간(mud people)', '시온주의가 점령한 정부(ZOG)'와 같은 인종주의적 신조어들을 만들어냈으며, 나아가 1983년 노스다코타주 총격사건을 유발시키기도 했다. 이 운동의 인종 신비주의는 기독교 교리, 유대인 세계정부 음모론, 나아가 '브리티시 이스라엘주의'에서 유래한 독특한 반유대주의와 결합되어 있다. 이 운동의 폭력적 세계관은 다음과 같이 각색된 신화적 역사를 통해 잘 드러난다.

● 브리튼섬과 서유럽, 북유럽 출신의 백인은 '이스라엘의 사라진 열 지파'

의 후손이다. 따라서 이들이야말로 아담의 직계 후손이며 선택받은 민족으로서, 이 민족만이 구원을 받을 수 있다. 반면 잡혼을 통해 혼혈이 된 오늘날의 유대인들(특히 아슈케나짐Ashkenazim)은 '가짜 유대인'이다. 오늘날 미국은 '시온주의가 점령한 정부(ZOG)'에 의해 통제받고 있다.

● 백인이 아닌 인간은 아담 이전 시대에 출현했던 종족의 후예이다. 따라서 열등하고 영혼이 없는 '진흙인간'이다. 이들은 결코 구원받을 수 없는 '사탄의 하수인'이다. 인간의 원죄란 이 열등 인종들과의 잡혼을 뜻한다.

● 현존하는 유대인은 생물학적으로 사탄의 후손이다. 에덴동산에서 이브를 성적으로 유혹한 것이 뱀의 형상을 한 사탄인데, 이브와의 사이에서 카인을 낳았고, 이 카인이 놋의 땅에 가서 '진흙인간'과 교접하여 아이들을 출산했다. 유대인은 바로 이 아이들의 후손이다.

● 최후의 심판을 앞둔 선과 악의 우주적 결전이 이미 시작되었다. 이 최후의 전쟁은 '이스라엘의 사라진 열 지파'의 후손인 백인 대 사탄의 세력에 속하는 유대인 및 '진흙인간' 사이의 인종전쟁이다.[8]

나치 독일은 서양 인종주의의 역사에서 하나의 분수령이 되었다. 이 파시즘 국가는 세계 최초로 유대인 및 집시 등에 대한 인종적 증오를 체계적인 제노사이드로 변화시켰을 뿐만 아니라, 바로 이 때문에 1945년 이후 인종주의가—최소한 독일과 서유럽에서—공론의 장에서 퇴출되는 데 커다란 기여를 했다. 전후 독일에서는 탈나치화와 나치 과거 극복 문제가 공적 담론의 핵심 주제가 되었으며, 세계적 차원에서는 1948년 유엔이 「세계인권선언」을 발표함으로써 "모든 인간은 인종, 피부색, 성, 언어, 종교, 정치 또는 그 밖의 견해, 민족 또는 사회적 출신, 재산, 출생 또는 다른 지위 등과 같은 그 어떤 종류의 구별도 없이" 동등한 권리와 자유를 누려야 한다는 것이 보편적 규범으로 천명되었다. 아울러 우생학을 비롯한 인종과학도 그 학문적 권위와 과학적 타당성을 잃어갔다.

그러나 오늘날까지 서양의 인종주의는 은밀한 인종주의로 변신한 채 계속해서 영향력을 행사하고 있다. 가장 눈에 띄는 것은 견고하고 폐쇄적인 인종주의적 하위문화이다. 위에서 살펴본 바와 같이 인종 신비주의 및 인종종교, 그리고 역사 판타지는 이러한 인종주의적 하위문화의 트레이드마크이다. 물론 인종주의적 하위문화는 통일적이지 않다. 여기에는 네오나치, 네오파시스트, 스킨헤드, 여러 기독교적 혹은 이교적 백인 우월주의 인종종교 신봉자들이 헤게모니를 놓고 서로 경쟁을 벌이고 있다. 그러나 현실 사회주의권이 붕괴된 1990년대 이후로는 북미 지역에서 서유럽과 북유럽을 거쳐 러시아에 이르기까지 각국의 인종주의적 하위문화가 대서양을 횡단하는 광범위한 네트워크 속에서 서로 영향을 주고받으며 국제적 연대를 꾀하는 현상도 나타난다. 일부는 아직 민족주의에 집착하지만, 일부는 민족주의와 범민족주의를 넘어서서 포스트-민족주의적인 상상의 공동체를 구상하고 있다.[9] 한편, 한때 폐기처분된 것 같았던 인종과학도 슬그머니 되살아나고 있다. 탈나치화가 비교적 성공적으로 이뤄졌다고 평가받는 독일에서조차 우생학과 사회생물학 담론이 등장하고 있다. 독일의 엘리트층은 일반 대중 사이에 만연한 이슬람에 대한 문화적인 차별 주장을 우생학과 사회생물학의 언어를 통해 전통적인 인종주의적 주장으로 변화시키고자 한다.[10] 이와 같은 은밀한 인종주의가 '반反이슬람·반反난민'의 기치를 내세우며 대중운동으로 성장하고 있는 유럽 각국 극우정당들의 이데올로기적 원천이 되고 있다.

그사이 서양의 인종주의는 전 세계로 수출되었다. 인류를 백인종·황인종·흑인종, 혹은 이에 덧붙여 홍인종으로 분류하고 이들 간의 위계를 나누는 것은 이제 상식으로 작용한다. 보통 사람의 일상에서도 우생학의 발명품인 IQ를 운운하거나 서양인을 모델로 하여 외모를 따지는 일이 빈번하게 일어난다. 나아가 인종주의와 인종주의가 서로 부딪치는 경우도 나타난다. 특별히 중동 지역에서는 대립과 갈등의 당사자 모두가 인종주의를 무기로 사용하고 있다. 유럽인의 반유대주의에 대한 반발로 생겨난 이스라엘의 시온주의는 아랍계 주민들에 대한 인종 증오 이데올로기로서의 역할을 수행하고 있다. 한편 반反이스라엘 감정이 강한 아랍계 및 여타 이슬람 국가에서는 20세기 반유대주의의 결정판인 유대인 세계정부 음모론이 인기를 끌고 있다. 물론 유대인 세계정부 음모론은 이 지역에서뿐 아니라 세계 각국에서 끊임없이 유통·소비되고 있다.

인종주의가 전 지구적으로 확산되는 과정에서 백인의 인종주의에 맞서는 저항적 인종주의도 출현하곤 했다. 이러한 인종주의는 백인종을 만악의 근원으로 규정하지만, 동시에 백인 인종주의의 역사관과 서사 및 논리를 모방하고 있다. 이미 1930년대 미국에서는 이른바 '이슬람국가' 운동이 출현했다. 급진적 '흑인해방운동'의 지도자 맬컴 엑스도 한때 여기에 가담했을 만큼 아프리카계 미국인 사이에서 이 운동의 영향력은 엄청났다. 이 운동은 앞서 언급한 '기독교정체성' 운동의 인종 신비주의와 역사 판타지를 모방해 자신의 교리를 만들었다. 최초의 인간은 흑인이고 태곳적에 이미 과학지식과 기술을 갖고 있었으며, 한참 뒤에 창조된 악마 종족인 백인이 지구를 지옥으로 만들고 있다는 것이 그 요지이다.[11]

그러나 이미 19/20세기 전환기에 일본인들은 저항적 인종주의를 발명했다. 일종의 범민족주의인 범아시아주의(아시아연대론)는 이러한 인종주의의 표현이다. 악마 혹은 귀축鬼畜과도 같은 백인종에 맞서기 위해 황인종의 단결을 주장했던 일본인의 인종주의가 개화사상가로 시작해 친일부역자로 일생을 마친 윤치호에게 거의 그대로 수용되었다는 것은 널리 알려진 사실이다. 그러나 이보다 덜 알려진 사실은 『환단고기』를 숭배하는 자칭 민족주의 역사가들 역시 또 다른 형태의 저항적 인종주의의 포로라는 것이다. 이들은 마치 고비노, 볼트만과 체임벌린 같은 범민족주의적 인종주의자, 나아가 서양의 여러 인종 신비주의자들을 모방한 듯 우리 민족은 수메르 문명을 비롯한 유라시아 대륙의 여러 문명의 건설자요 지배자인 환족의 후예라는 역사 판타지를 만들어내고 있다.[12]

오늘날은 종이책을 넘어서서 TV나 영화 같은 대중매체, 나아가 인터넷과 각종 소셜네트워크의 발달로 인해 정보의 홍수를 맞이하고 있다. 이러한 가운데 대중은 사실과 허구의 경계에 둔감할 수밖에 없으며, 따라서 부지불식간 온갖 가짜뉴스와 음모론에 영향을 받기 쉽다. 인종주의적 하위문화가 주류문화로 도약할 수 있는 좋은 환경이 만들어지고 있는 것이다. 이러한 가운데 인종주의자들은 거짓 역사 이야기, 여러 현안과 관련된 가짜뉴스 및 각종 음모론을 끊임없이 생산하고 유통시키고 있다. 지금 이 순간에도 유럽과 미국의 극우세력은 인터넷을 통해 홀로코스트가 거짓말이며 유대인, 공산주의자, 연합국이 야합하여 꾸며낸 음모라는 이른바 '아우슈비츠 전설'을 유포시키고 있다. 일본 우익의 일본군 '위안부' 강제동원, 난징 학살 등 전쟁범죄 부인은 이제 새삼스럽지도 않다. 우리나라의 경우에도 유대인 세계정부 음모론이 각종 웹사이트와 블로그를 통해 널리 유포되고 있으며, 예멘 난민 문제와 관련해 유럽 극우파가 퍼트린 난민 괴담이 여과 없이 소비되고 있다. 특히 '다문화'라는 좋은 말을 인종 차별의 용어로 둔갑시켜 사용하는 부류는 난민 괴담을 조선족과 동남아 출신 등이 악역을 맡는 이주민 괴담과 함께 원 플러스원 상품으로 유통시키고 있다.

이러한 가운데 『환단고기』 숭배자들의 한국판 아리아 인종주의가 친일 역사학 청산이라는 미명하에 그 세를 불리고 있으며, 다른 한편으로 전라도 혐오가 이제 전라도 출신을 적대 인종으로 규정하는 한국판 반유대주의의 수준으로 심화되고 있다. 무수한 전라도 혐오 발언 가운데 하나의 예만 들어보자. 국가인권위원회가 이주민 및 난민 문제와 관련하여 "한국에 심각한 인종차별이 존재"한다는 보고서를 유엔 인종차별철폐위원회에 제출했다는 기사에 대해 다음과 같은 댓글이 달려 있다. "대한민국 불체자 전라도 홍어국 홍어들 시민권을 박탈하여 (…) 본국으로 추방하자!!!" 여기에 또 달린 댓글이다. "옳소! 홍어 혼혈도 솎아내자!"[13]

인간이 이기적인 욕망으로부터 해방되지 않는 한 인종주의는 계속될 것이다. 그러는 한 과거의 경험과 미래의 기대를 그럴듯하게 이어줄 온갖 악의적인 역사해석과 역사 이야기 또한 끊임없이 재생산될 것이다. 과연 이성은 욕망을 이길 수 있는가? 1950년대에 『이성의 파괴』를 쓴 루카치는 아직 이성이 승리할 수 있다는 희망을 갖고 있었다. 그러나 이성 자체에 대한 신뢰가 약해진 오늘날 낙관적인 전망은 미망에 사로잡힌 것에 불과할지 모른다. 그럼에도 불구하고 최소한 이성은 욕망의 민낯을 까발릴 수는 있다고 믿는다. 인종 증오의 지적 기원을 밝히고자 한 이 책이 인종주의라는 암세포의 증식을 막기 위해 고군분투하는 모든 용감한 사람들, 나아가 인간을 걱정하는 모든 이에게 도움이 되었으면 한다.

부록

# 미주

**프롤로그:** 타자 증오의 이론적 원천으로서 인종주의 역사관

1 움베르토 에코, 이세욱 옮김, 『프라하의 묘지』 1, 열린책들, 2013, 36쪽.

2 Cf. George L. Mosse, *Toward the Final Solution. A History of European Racism*, New York: Howard Fertig, 1978, p. ix, pp. xxvii~xxix.

3 근대적 역사 개념은 과거 – 현재 – 미래 모두를 포괄한다. '역사 자체', 즉 "집합단수로서의 역사"(라인하르트 코젤렉) 혹은 '대문자 역사'라는 말을 상기해보라. 또한 칼 뢰비트, 이한우 옮김, 『역사의 의미』, 문예출판사, 1990, 19쪽을 참조할 것.

4 Karl R. Popper, *The Poverty of Historicism*, London/Henley: Routledge & Kegan Paul, 1976.

5 한나 아렌트, 이진우·박미애 옮김, 『전체주의의 기원』 2, 한길사, 2011, 268~269쪽.

6 Friedrich Hertz, *Moderne Rassentheorien. Kritische Essays*, Wien: C. W. Stern, 1904, p. 2.

7 Samuel Francis, "'Racism'. The Curious Beginnings of a Useless Word", *American Renaissance*, 10/5, 1999.

8 Cf. 배영수, 「인종주의」, 서울대학교 역사연구소 편, 『역사용어사전』, 서울대학교출판문화원, 2015, 1419~1432쪽; Ineke van der Valk, "Racism, a Threat To Global Peace", *International Journal of Peace Studies* 8/2, 2003, pp. 45~66.

9 라인하르트 코젤렉, 한철 옮김, 「비대칭적 대응개념의 사적·정치적 의미론」, 『지나간 미래』, 문학동네, 1998, 142쪽.

**10** 예를 들어, 박노자, 「근대 한국의 인종 및 인종주의 담론」, 『개념의 번역과 창조』, 돌베개, 2012, 38~67쪽; Manfred Berg/Simon Wendt (eds.), *Racism in the Modern World. Historical Perspectives on Cultural Transfer and Adaptation*, New York/Oxford: Berghahn Books, 2011에 수록된 Gotelind Müller-Saini와 Urs Zachmann의 글을 볼 것.

**11** 제1부의 내용 중 일부는 필자의 「마이너스의 인류사와 인종주의」, 『독일연구』 34, 2017, 5~39쪽을 매우 큰 폭으로 수정·보완한 것이다. 따라서 마이너스에 관심 있는 독자는 상기한 논문 대신에 본서를 참조하기 바란다.

**12** 제3부의 내용 중 일부는 필자의 「인종주의적 반유대주의의 새로움—빌헬름 마르를 중심으로」, 『독일연구』 37, 2018, 51~86쪽을 수정·보완한 것이다.


## 제1부
**계몽사상과 인종 우월주의 세계사의 탄생:** 크리스토프 마이너스를 중심으로

**1** George L. Mosse, *Toward the Final Solution*, pp. 70~71.

**2** Cf. Anonym, "Philosophie", Jean Le Rond d'Alembert, Denis Diderot et. al, Günter Berger (ed.), *Enzyklopädie. Eine Auswahl*, Frankfurt a. M.: Fischer, 1989, pp. 234~236.

**3** Christoph Meiners, *Grundriß der Geschichte der Menschheit*, Lemgo: Verlag der Meyerschen Buchhandlung, 1785; 2. Aufl., 1793.

**4** Cf. Ibid, p. 8; Werner Conze, "Rasse", *Geschichtliche Grundbegriffe*, Bd. 5, Stuttgart: Klett-Cotta 1984, pp. 137~141(특히 pp. 137ff.); Christian Geulen, *Geschichte des Rassismus*, München: C. H. Beck, 2007, pp. 13~15.

**5** Max Sebastián Hering Torres, *Rassismus in der Vormoderne: Die "Reinheit des Blutes", im Spanien der Frühen Neuzeit*, Frankfurt am Main: Campus, 2006, p. 219에서 재인용.

**6** Cf. Max Sebastián Hering Torres, pp. 205~250(인용 pp. 221~222).

**7** Cf. George L. Mosse, p. XXiX.

**8** 크리스티앙 들라캉파뉴, 하정희 옮김, 『인종 차별의 역사』, 예지, 2000, pp. 188~192.

9 Cf. "Casta", *Wikipedia*(https://en.wikipedia.org/wiki/Casta).

10 위의 책, 184~185쪽.

11 Josep R. Llobera, *The Making of Totalitarian Thought*, Oxford/New York: Berg, 2003, pp. 12~33. 특히 전통적인 유대인 이미지에 관해서는 볼프강 벤츠, 윤용선 옮김, 『유대인 이미지의 역사』, 푸른역사, 2005, 19~21쪽; Helmut Berding, *Moderner Antisemitismus in Deutschland*, Frankfurt a. M.: Suhrkamp, 1988, pp. 11~19 참조.

12 Bernard Lewis, *Race and Slavery in the Middle East: An Historical Enquiry*, New York et al: Oxford University Press, 1990, p. 184에서 재인용.

13 Josep R. Llobera, pp. 18~25.

14 Ibid., pp. 31~33; 박설호, 『라스카사스의 혀를 빌려 고백하다』, 울력, 2008.

15 크리스티앙 들라캉파뉴, 185쪽.

16 Le Roy, "Homme(Moral)", *Enzyklopädie*, 163.

17 Josep R. Llobera, p. 37; Earl. J. Young, *Gobineau und der Rassismus. Eine Kritik der anthropologischen Geschichtstheorie*, Meisenheim: Anton Hain, 1968, p. 30.

18 André de Melo Araújo, *Weltgeschichte in Göttingen. Eine Studie über das spätaufklärerische universalhistorische Denken, 1756~1815*, Bielefeld: transcript Verlag, 2012, p. 11.

19 Nell Irvin Painter, "Why Are White People Called 'Caucasian'?", *Collective Degradation: Slavery and the Construction of Race*, Proceedings of the Fifth Annual Gilder Lehrman Center International Conference at Yale University, November 7~8, 2003, pp. 1~37.

20 Cf. David Bindman, *Ape to Apollo: Aesthetics and the Idea of Race in the 18th century*, London: Reaktion Books, 2002.

21 George L. Mosse, pp. xi~xii.

22 Earl. J. Young, pp. 6~7.

23 Ibid., p. 8.

24 Earl. J. Young, pp. 6~7. 특히 볼테르의 『여러 민족의 풍습과 정신에 관한 에세이 (Essai sur les moeurs et l'ésprit des nations)』 제1장 「지구의 변화들」, 제2장 「다양한 인종들」을 볼 것. 필자는 독일어 번역 Voltaire, *Ueber den Geist und die Sitten der Nationen*, übersetzt von K. Wachsmuth, 1. Teil, Leipzig: Verlag v. Otto Wigand, 1867, pp. 1~9를 참고했다.

25 마이너스는 『인류사개요』에서 이 두 사람의 저술을 인용하고 있다. William
Falconer, *Remarks on the Influence of Climate, Situatn, Nature of Country (…) of
Mankind*, London, 1781; Henry Home, Sketches of the History of Man, 4vols.,
Edinburgh, 1774.

26 Eric Voegelin, "The Growth of the Race Idea", *The Review of Politics*, Vol. 2, No.
3, 1940, pp. 283~317(인용 p. 297).

27 Ibid.

28 Cf. 통합유럽연구회, 『유럽을 만든 대학들』, 책과함께, 2015, 154~173쪽.

29 André de Melo Araújo, pp. 45~47.

30 Pierre Force, "Voltaire and the Necessity of Modern History", *Modern Intellectual
History*, 6, 3, 2009, pp. 457~484(인용 p. 458).

31 Ibid., pp. 224~226.

32 그는 민족사, 정치사, 교회사 등의 저서를 남겼으며 괴팅겐 대학에서 슐뢰처, 카터
러 등과 공동 프로젝트를 수행했다.

33 Carl von Prantl, "Meiners, Christoph", *Allgemeine Deutsche Biographie*, 1885, S.
(Onlinefassung; URL: http://www.deutsche-biographie.de/pnd116863498.html).

34 Sabine Vetter, *Wissenschaftlicher Reduktionismus und die Rassentheorie von Christoph
Meiners: ein Beitrag zur Geschichte der verlorenen Metaphysik in der Anthropologie*, Aachen:
Mainz, 1997, p. 158.

35 Ibid., pp. 158~159.

36 Ibid., p. 162.

37 Ibid., p. 163.

38 Ibid.

39 Ibid., p. 164.

40 Carl von Prantl, "Meiners, Christoph".

41 Ibid.

42 본서는 이 책 1판을 주로 참고했다. 그런데 이 책 1판의 서론에는 쪽번호가 표시
되어 있지 않다. 따라서 본서에서 이하 이 책의 서론 부분을 인용할 때는 단순히
"서론 참조"라고 표시할 것이다.

43 Isaak Iseln, 『인류사에 관하여(Über die Geschichte der Menschheit)』 2권, 1764.

**44** Ibid., 서론 참조.

**45** Ibid.

**46** Ibid.

**47** Ibid.

**48** 이런 점에서 마이너스의 『인류사개요』는 19세기 전반기에 출현한 역사철학 및 역사주의적 기획과 차이가 난다. 역사철학 및 역사주의는 역사의 진보와 완성을 명료하게 보여주기 위해 공시적인 것들을 통시적으로 질서 지운다. 예를 들어 헤겔은 세계사의 발전 과정을 유기체에 비유하여, 여러 문명 및 문화권을 유년기, 청년기, 성년기, 완성기 등으로 시간의 흐름에 따라 구별한다.

**49** Christoph Meiners, "Von den Varietäten und Abarten der Neger", *Göttingisches Historisches Magazin*(이하 *GHM*) 6, 1790, pp. 625~645.

**50** Ibid., pp. 643~644.

**51** Sabine Vetter, p. 157.

**52** Earl. J. Young, p. 1.

**53** Josep R. Llobera, p. 38.

**54** George L. Mosse, p. 21.

**55** Ibid., 서론 참조.

**56** Ibid., 2장 참조.

**57** Christoph Meiners, "Von den Varietäten und Abarten der Neger", pp. 625~645.

**58** *Grundriß der Geschichte der Menschheit*, pp. 81ff.

**59** Ibid. 2판, p. 5.

**60** Susanne Zantop, "The Beautiful, the Ugly, and the German: Race, Gender, and Nationality in Eighteenth-Century Anthropological Discourse", in Patricia Herming house/Magda Mueller (eds.), *Gender and Germaness: Cultural Productions of Nation*, Providence, RI: Berghahn Books, 1997, pp. 21~35(인용 p. 28).

**61** Ibid.

**62** Christoph Meiners, "Ueber die Natur der Germanischen u. übrigen Celtischen Völker", *GHM* 8, 1791, pp. 1~48, pp. 67~124. Cf. Sabine Vetter, p. 214.

**63** Christoph Meiners, ibid.; cf. Susanne Zantop, "The Beautiful, the Ugly, and the German", p. 29.

**64** Sabine Vetter, p. 214.

**65** Claudia Bruns, "Towards a Transnational History of Racism", Manfred Berg/ Simon Wendt (eds.), *Racism in the Modern World*, pp. 131~132.

**66** Cf. Emmanuel Chukwudi Eze, *Race and the Enlightenment: A Reader*, Melden, MA: Blackwell, 1997, pp. 65~78.

**67** J. G. 헤르더, 강성호 옮김, 『인류의 역사철학에 대한 이념』, 책세상, 2002, 23~24쪽. 필자가 일부 문구를 수정했음.

**68** Ibid., p. 24.

**69** Cf. Emmanuel Chukwudi Eze, *Race and the Enlightenment*, passim; Jon M. Mikkelsen (ed.), *Kant and the Concept of Race. Late Eighteenth-Century Writings*, Albany, NY: SUNY press, 2013, passim.

**70** Voltaire, *Ueber den Geist und die Sitten der Nationen*, pp. 4~5. 여기서 볼테르는 알비 노인들을 백반증 환자가 아닌, 고유의 인종으로 간주하고 있다.

**71** 한나 아렌트, 『전체주의의 기원』 1, 한길사, 2011, 347쪽에서 재인용.

**72** 1852년 5월 15일의 편지, Alexis de Tocqueville, "*The European Revolution*" & *Correspondence with Gobineau*, ed. by John Lukacs, Gloucester, Mass.: Peter Smith, 1968, pp. 221~223.

**73** Josep R. Llobera, p. 38.

**74** Georg L. Mosse, p. 11.

**75** Frank W. P. Dougherty, "Christoph Meiners und Johann Friedrich Blumenbach im Streit um den Begriff der Menschenrasse", Gunter Mann/Franz Dumont (eds.), *Die Natur des Menschen: Probleme der Physischen Anthropologie und Rassenkunde (1750~1850)*, tuttgart: Guvtav Fischer, 1990, pp. 108f.

**76** Nell Irvin Painter, pp. 33~34; Susanne Zantop, "Ansichten und Angesicht. Forster und Meiners als physiognomische Grenz-Gänger", Renate Schleicher/ Urlike Zellmann (eds.), *Reisen über Grenzen*, Münster: Waxmann Verlag, 2003, pp. 165~178.

**77** Josep R. Llobera, pp. 39~40.

**78** Voltaire, *Ueber den Geist und die Sitten der Nationen*, p. 4.

**79** Earl. J. Young, p. 9~10.

80 André de Melo Araújo, pp. 153f., p. 178.

81 Sabine Vetter, p. 206.

82 Christoph Meiners, *Untersuchungen über die Verschiedenheiten der Menschennaturen*···, übingen: Cotta, 1811~1815, Bd. 3, pp. 10~11, Cf. Sabine Vetter, pp. 210ff.

83 Emmanuel Chukwudi Eze, pp. 42~44.

84 신문수, 『타자의 초상—인종주의와 문학』, 집문당, 2009, 110~116쪽; 칸트의 인종주의에 대한 종합적 평가는 Jon M. Mikkelsen, pp. 1~18; Wulf D. Hund, "It must come from Europe﹥ The Racisms of Immanuel Kant", Wulf D. Hund/Christian Koller/Moshe Zimmermann, (eds.), *Racisms Made in Germany*, Zürich/Berlin: LIT, 2011, pp. 69~98; Bernard Boxill (ed.), *Race and Racism*, Oxford Univ. Press, 2000, 제18장(Thomas E. Hill Jr./Bernard Boxill, "Kant and Race") 참조.

85 Emmanuel Chukwudi Eze, pp. 48~57.

86 Christoph Meiners, *Untersuchungen über die Verschiedenheiten der Menschennaturen*, Bd. 3, p. 11. Cf. André de Melo Araújo, p. 162.

87 Ibid., pp. 131f.

88 Sabine Vetter, p. 207.

89 Christoph Meiners, "Ueber die Natur der afrikanischen Neger", *GHM* 6, 1790, p. 387.

90 "Ueber die Natur der afrikanischen Neger", p. 386.

91 *Grundriß der Geschichte der Menschheit*, 13장; "Historische Nachrichten über die wahre Beschaffenheit des Sclaven-Handels..." *GHM* 6, 1790, pp. 645~679.

92 '계몽식민주의'에 관해서는 이재원, 『제국의 시선, 문화의 기억』, 서강대학교출판부, 2017, 37~40쪽.

93 Cf. Sabine Vetter, pp. 215~220.

94 "Ueber die Natur der afrikanischen Neger", p. 386.

95 Christoph Meiners, *Geschichte der Ungleichheit der Stände unter den vornehmsten Europäischen Völkern*, Hellwing, Hannover, pp. 1792ff., Bd. 2, pp. 584~585.

96 *Grundriß der Geschichte der Menschheit*, 10장.

97 J. G. 헤르더, 『인류의 역사철학에 대한 이념』, 74쪽.

98 Cf. 린 헌트, 전진성 옮김, 『인권의 발명』, 돌베개, 2009, 23쪽.

**99** Cf. Werner Conze, "Rasse", *Geschichtliche Grundbegriffe*, Bd. 5, Stuttgart, 1984, p. 152.

**100** *Grundriß der Geschichte der Menschheit*, p. 71.

**101** Susanne Zantop, "The Beautiful, the Ugly, and the German", p. 33.

**102** *Grundriß der Geschichte der Menschheit*, 서론 참조.

## 제2부
### 혁명의 시대와 염세적 인종주의 역사철학의 탄생: 아르튀르 고비노를 중심으로

**1** Hans-Joachim Schoeps, *Vorläufer Spenglers. Studien zum Geschichtspessimismus im 19. Jahrhundert*, Leiden/Köln: E. J. Brill, 1953, pp. 4~11. 여기서 Schoeps는 흔히 '독일의 고비노'라 명명되는 폴그라프가 결코 생물학적 역사관의 발명자가 아니라 헤르더, 셸링, 헤겔 등과 유사하게 낭만주의적인 생물학적 유기체 개념을 역사에 적용했다는 것을 강조함으로써, 폴그라프가 나치 인종사상의 선구자라는 그간의 오해를 불식시키려 한다. 특히 pp. 7~11 참조.

**2** Michael D. Biddiss, *Father of Racist Ideology. The Social and Political Thought of Count Gobineau*, London: Weidenfeld and Nicolson, 1970.

**3** Anthony Giddens, *Sociology*, Cambridge: Polity Press, 1989.

**4** Claude Lévi-Strauss, Race et Histoire Paris, Paris: Denoël, 1987.

**5** 한나 아렌트, 『전체주의의 기원』 1, 338~345쪽.

**6** 이러한 평가는 최근의 크리스티앙 들라캉파뉴, 『인종 차별의 역사』, 204~225쪽에서도 전형적으로 발견된다.

**7** Cf. Josep R. Llobera, pp. 57~72; 문종현, 「아르튀르 고비노의 인종론」, 『역사와 문화』 27, 2014, 206~237쪽.

**8** George L. Mosse, *Toward the Final Solution*, p. 51.

**9** Cosima Wagner에게 보낸 1880년의 편지, Earl. J. Young, *Gobineau und der Rassismus*, p. 124에서 재인용.

**10** Werner Conze, "Rasse", *Geschichtliche Grundbegriffe*, Bd. 5, Stuttgart, 1984, pp. 158~161.

**11** Josep R. Llobera, p. 61.

**12** Sabine Vetter, pp. 227~231.

**13** Werner Conze, p. 157.

**14** George L. Mosse, p. 67에서 재인용. 모스는 녹스를 영국의 고비노로 부른다.

**15** Sabine Vetter, pp. 227~231; Earl. J. Young, pp. 109~111.

**16** "James Cowles Prichard", *Wikipedia https://en.wikipedia.org/wiki/James_Cowles_Prichard* #Psychiatry 참조. 또한 Werner Conze, pp. 157~158.

**17** Werner Conze, p. 153.

**18** Josep R. Llobera, p. 61 참조.

**19** Werner Conze, pp. 154~155.

**20** Earl. J. Young, pp. 32~222.

**21** Ibid., pp. 138~163.

**22** '역사철학'이란 용어는 이미 볼테르가 썼다. 그러나 최초의 체계적인 역사철학서 는 헤르더(Johann Gottfried von Herder)의 『인류의 역사철학에 대한 이념(Ideen zur Philosophie der Geschichte der Menschheit)』(1784~1791)이다.

**23** Cf. 나인호, 『개념사란 무엇인가 — 역사와 언어의 새로운 만남』, 역사비평사, 2011, 318~319쪽.

**24** Georg W. F. Hegel, *Vorlesungen über die Philosophie der Geschichte*, Frnakfurt a. M: Suhrkamp, 2012, 인용· p. 11.

**25** Cf. Reinhart Koselleck, *Begriffsgeschichten. Studien zur Semantik und Pragmatik der politischen und sozialen Sprache*, Franjkfurt a, M.: 2006, pp. 159~181.

**26** Ibid., pp. 297~298.

**27** Peter Emil Becker, *Sozialdarwinismus, Rassismus, Antisemitismus und Völkischer Gedanke. Wege ins Dritte Reich*, Teil II, Stuttgart/New York: Georg Thieme, 1990, p. 3.

**28** Earl. J. Young, pp. 38~47.

**29** Werner Conze, p. 157.

**30** Arthur de Gobineau, Deutsche Ausgabe von Ludwig Schemann, *Versuch über die Ungleichheit der Menschenracen*, 2. aufl., 1. Band, Stuttgart: Fr. Frommanns Verlag, 1902, p. 113.

**31** Eric Voegelin, p. 298.

**32** Sabine Vetter, p. 231; Earl. J. Young, pp. 109~110.

**33** Eric Voegelin, p. 299.

**34** Earl. J. Young, p. 110.

**35** 이하 제시된 고비노 생애사는 기본적으로 Michael D. Biddiss, pp. 11~100에 근거한다.

**36** Michael D. Biddiss, p. 11 이하.

**37** Michael D. Biddiss, p. 11.

**38** Michael D. Biddiss, pp. 12~13; Peter Emil Becker, p. 4.

**39** Michael D. Biddiss, p. 13에서 재인용.

**40** 1852년 4월 29일의 편지, Alexis de Tocqueville, *"The European Revolution"* & *Correspondence with Gobineau*, pp. 219~220.

**41** 1843년 9월 8일의 편지, ibid., pp. 195~204(인용 pp. 197~198).

**42** Michael D. Biddiss, pp. 13~14.

**43** Peter Emil Becker, p. 5.

**44** 문종현, 212쪽.

**45** Peter Emil Becker, p. 5.

**46** Michael D. Biddiss, p. 17에서 재인용.

**47** 1843년 9월 8일의 편지, Alexis de Tocqueville, *"The European Revolution"* & *Correspondence with Gobineau*, pp. 195~204(인용 p. 203).

**48** Cf. ibid.

**49** Michael D. Biddiss, p. 96에서 재인용.

**50** Ibid., p. 61에서 재인용.

**51** Peter Emil Becker, p. 6.

**52** Arthur Herman, *The Idea of Decline in Western History*, New York: The Free Press, 1997, pp. 52~53.

**53** 한나 아렌트, 340쪽.

**54** Peter Emil Becker, p. 10.

**55** Ibid.

**56** Peter Emil Becker, pp. 4~10; 문종현, 211쪽.

**57** Michael D. Biddiss, p. 45.

58  Ibid., p. 39.

59  Peter Emil Becker, p. 7.

60  Michael D. Biddiss, p. 100에서 재인용.

61  Peter Emil Becker, p. 6.

62  Max Sebastián Hering Torres, *Rassismus in der Vormoderne*, p. 248.

63  Josep R. Llobera, p. 41.

64  기조는 이러한 역사해석상의 대립을 봉건제 학파, 군주제 학파, 자유주의·공화주
    의·민주주의 학파의 대립으로 명명한다. 프랑수아 기조, 임승휘 옮김, 『유럽 문명
    의 역사―로마제국의 몰락부터 프랑스 혁명까지』, 아카넷, 2014, 101~103쪽.

65  푸코는 프랑스 귀족들의 인종주의에 입각한 역사-정치 담론, 특히 블랭빌리에의
    담론을 19세기 부르주아지의 생명 권력의 도구가 된 '인종주의' 담론과 구별하여
    정치의 본질을 전쟁(투쟁)에서 찾는 '인종투쟁' 담론으로 명명하고 있다. 미셸 푸
    코, 박정자 옮김, 『사회를 보호해야 한다』, 동문선, 1998, 특히 8장을 볼 것.

66  Earl. J. Young, pp. 15~16.

67  Ibid., pp. 16~17.

68  크리스티앙 들라캉파뉴, 191쪽.

69  Earl. J. Young, p. 17.

70  Ibid., p. 17.

71  이하 인용은 Emmanuel Joseph Sieyès, *What is the Third Estate?*, trans. by M.
    Blondel, New York/London: Frederick A. Praeger, 1964, pp. 59~60.

72  한나 아렌트, 327~328쪽.

73  Earl. J. Young, p. 19.

74  Cf. Thomas Becker, *Mann und Weib-Schwarz und Weiß. Die wissenschaftliche
    Konstruktion von Geschlecht und Rasse 1600~1950*, Frankfurt/New York: Campus,
    2005, pp. 72~74.

75  한나 아렌트, 344쪽.

76  Michael D. Biddiss, pp. 106~107.

77  이하 Arthur de Gobineau, Deutsche Ausgabe von Ludwig Schemann, *Versuch
    über die Ungleichheit der Menschenracen*, 2. Aufl., 4. Bände(1902~1904)에서 인용.

78  *Versuch über die Ungleichheit der Menschenracen*, 1권, pp. XVI~XXII.

79 나인호, 『개념사란 무엇인가』, 197~198쪽.

80 Cf. 프랑수아 기조, 임승휘 옮김, 『유럽 문명의 역사』.

81 Josep R. Llobera, p. 60.

82 1897년 셰만의 역자 서문, *Versuch über die Ungleichheit der Menschenracen*, 1권, p. VIII.

83 Cf. Earl. J. Young, p. 111.

84 Ibid., p. 124.

85 이하 *Versuch über die Ungleichheit der Menschenracen*, 1권, pp. 1~28.

86 Ibid., pp. 29ff.

87 Ibid., p. XX.

88 Ibid., pp. 29~45(인용 pp. 31~32).

89 Ibid., pp. 46~69.

90 Ibid., pp. 70~80.

91 Ibid., pp. 81~99.

92 Gregory Blue, "Gobineau on China: Race Theory, the 'Yellow Peril,' and the Critique of Modernity", *Journal of World History*, 10-1, 1999, pp. 93~139(특히 p. 118); 김응종, 「오리엔탈리즘과 인종주의—토크빌과 고비노의 논쟁을 중심으로」, 『담론』 201 6(2), 2004, 197~220쪽.

93 *Versuch über die Ungleichheit der Menschenracen* 1권, pp. 100~115.

94 Ibid., pp. 116~139.

95 Ibid., pp. 140~187.

96 이하 Ibid., pp. 157~158.

97 Ibid., pp. 142ff.

98 이하 기본적으로 ibid., pp. 188~277.

99 Cf. ibid. 4권, p. 308.

100 Ibid., 1권, pp. 278~285.

101 Ibid., 4권, pp. 156f.

102 이하 기본적으로 ibid. 1권, pp. 285~290.

103 Ibid., pp. 288f.

104 Ibid. 4권, pp. 201f.

105 Ibid., pp. 308~323, 특히 pp. 321~323.

**106** Ibid., pp. 316~318.

**107** Earl. J. Young, p. 117.

**108** *Versuch über die Ungleichheit der Menschenracen* 3권, pp. 1~14.

**109** Alexis de Tocqueville, *"The European Revolution" & Correspondence with Gobineau*, pp. 223~233.

**110** 11월 17일자 편지, ibid., p. 226.

**111** 특히 12월 20일자 편지, ibid., pp. 231f.

**112** 10월 11일자 편지, ibid., pp. 223~225.

**113** George L. Mosse, pp. 42~44; cf. Steven Kale, "Gobineau, Racism, and Legitimism: A Royalist Heretic in Nineteenth-Century France," *Modern Intellectual History* 7/1, 2010, pp. 33~61.

**114** Josep R. Llobera, p. 60.

**115** Ibid., pp. 69f.; Earl. J. Young, pp. 138~163.

**116** Peter Emil Becker, pp. 8~9.

**117** *Gobineau. Selected Political Writings* ed. by Michael D. Biddis, New York/Evanston: Harper & Row, 1970, pp. 185~200.

**118** Ibid., pp. 201~225.

**119** Ibid., p. 202.

**120** Ibid., pp. 227~228.

**121** Ibid., pp. 235~247.

**122** Ibid., p. 227.

**123** Peter Emil Becker, p. 10.

**124** Cf. Michael D. Biddiss, *Father of Racist Ideology*, pp. 254f.

**125** *Versuch über die Ungleichheit der Menschenracen*, 4권, p. 321.

**126** 자세히는 Gregory Blue, pp. 111~113; *Comte de Gobineau and Orientalism: Selected Eastern Writings*, ed. by Geoffrey Nash, New York et. al: Routledge, 2008.

**127** Michael D. Biddiss, p. 253에서 재인용.

**128** 최근에도 고비노를 변명하는 글이 지속적으로 나오고 있다. 예를 들어 Thomas Jackson, "Who Was the 'Father of Racism'?," *American Renaissance*, 18/7, 2007.

**129** Gregory Blue, p. 119; Earl. J. Young, p. 131.

**130** Cf. Gregory Blue, 119; Edward Beasley, *The Victorian Reinvention of Race: New Racisms and the Problem of Grouping in the Human Sciences*, New York: Routledge, 2010.

**131** Earl. J. Young, p. 134.


## 제3부
### 인종 증오주의와 '악마적 인종'의 발명 I: 유대인의 위험

**1** Cf. Joachim Radkau, *Das Zeitalter der Nervosität: Deutschland zwischen Bismarck und Hitler*, München/Wien: Carl Hanser, 1998.

**2** Cf. Inho Na, *Sozialreform oder Revolution. Gesellschaftspolitische Zukunftsvorstellungen im Naumann-Kreis 1890~1903/04*, Marburg: Tectum, 2003.

**3** Eric Voegelin, 308.

**4** Helmut Berding, *Moderner Antisemitismus in Deutschland*, pp. 33f.

**5** Fritz Stern, *The Politics of Cultural Despair*, Berkely/LA: Univ. of California, 1961.

**6** 마르의 전기는 Moshe Zimmermann, *Wilhelm Marr. The Patriarch of Anti-Semitism*, New York/Oxford: Oxford univ. press, 1986이 유일하다. 이 밖에 Claudia Bruns, "Toward a Transnational History of Racism: Wilhelm Marr and the Interrelationships between Colonial Racism and German Anti-Semitism", Manfred Berg/Simon Wendt (eds.), *Racism in the Modern World*, pp. 122~139가 있다. 슈퇴커에 대한 대표적인 전기는 Walter Frank, *Hofprediger Adolf Stoecker und die chrislichsoziale Bewegung*, 2. Aufl., Hamburg: Hanseatische Verlagsanstalt, 1935.

**7** Moshe Zimmermann, p. 82.

**8** "Antisemitische Parteien", Dieter Fricke (ed.), *Lexikon zur Parteiengeschichte*, I, Köln: Pahl-Rugenstein, 1983~1986, pp. 77ff.; "Deutschsoziale Partei", "Deutschsoziale Reformpartei" 및 "Deutsche Reformpartei", 같은 책, II를 보시오.

**9** 볼프강 벤츠, 68~70쪽.

**10** 이러한 점들로 인해 슈퇴커의 전기를 쓴 나치 역사가 발터 프랑크(Walter Frank)는 슈퇴커를 히틀러의 선구자로 묘사했다. 선동정치의 근대적 의미에 대해서는 D.

Blackbourn, "The Politics of Demagogy in Imperial Germany", in: *Past & Present* 113, 1986, pp. 152ff. 참조.

**11** Cf. Helmut Berding, pp. 85ff. 슈퇴커에 대한 근래의 평가는 G. Brakelmann/M. Greschat/W. Jochmann, *Protestantismus und Politik. Werk und Wirkung Adolf Stoeckers*, Hamburg: Christians, 1982, 슈퇴커 운동의 정치사적 의의는 Thomas Nipperdey, *Deutsche Geschichte 1866~1918. Machtstaat vor der Demokratie*, Bd. II, München: C. H. Beck, 1992, pp. 333~337.

**12** Moshe Zimmermann, p. 15, p. 27, p. 49.

**13** Ibid., p. 46, pp. 70~73.

**14** 마르는 '셈족', '셈 인종(sematische Race)'과 같은 신조어 이외에도 유대 인종을 지칭하기 위해 유대 'Stamm' 혹은 'Volksstamm'이라는 전통적 독일어를 사용했다. 이 독일어 단어들은 종족, 민족이라는 전통적 의미 이외에도 외래어 'race'의 유사어로 사용되곤 했다. 당시만 해도 외래어 'race'의 독일어식 표기인 'Rasse'는 거의 사용되지 않았다.

**15** Moshe Zimmermann, p. 125, p. 134.

**16** Claudia Bruns, "Towards a Transnational History of Racism", p. 124.

**17** Moshe Zimmermann, p. 82.

**18** Werner Conze, "Rasse", pp. 174f.

**19** Helmut Berding, pp. 11~19; 볼프강 벤츠, 19~21쪽.

**20** Wilhelm Marr, *Sieg des Judenthums über das Germanenthum. Vom nicht confesionellen Standpunkt betrachtet*, 8. Aufl., Bern: Rudolph Costenoble, 1879, pp. 7~8.

**21** Moshe Zimmermann, p. 117에 재수록됨. 1862년 호벨만은 마르에게 브레멘에 거주하는 유대인의 동등한 권리를 위한 운동에 참여할 것을 권유한 바 있다.(같은 책 42쪽 참조)

**22** Wilhelm Marr, *Judenspiegel*, 5. Aufl., Hamburg: Selbstverlag des Verfassers, 1862, p. 51.

**23** Moshe Zimmermann, p. 117.

**24** Wilhelm Marr, *Sieg des Judenthums über das Germanenthum*, p. 8.

**25** 라울 힐베르크, 김학이 옮김, 『홀로코스트, 유럽 유대인의 파괴』 1, 개마고원, 2008, 53~55쪽에서 재인용.

26 서양 역사에서 현재까지 전개되어온 종말론 사상의 흐름에 대하여는 무엇보다 유진 웨버, 김희정 옮김, 『(세계사에 나타난) 종말의 역사』, 예문, 1999에 잘 나타나 있다.

27 August Rohling, *Der Antichrist und das Ende der Welt*, St. Louis, Mo: B. Herder, 1875, pp. 75~77.

28 Adolf Stoecker, *Christlich-Sozial. Reden und Aufstze*, 2. Aufl., Berlin: Berliner Stadtmission, 1890, pp. 359~369에 재수록됨.

29 Moshe Zimmermann, p. 92.

30 Michael Imhof, *"Einen besseren als Stcker finden wir nicht". diskursananalytische Studien zur christlich-sozialen Agitation im deutschen Kaiserreich*, Oldenburg: BIS-Vlg 1996, pp. 48ff., pp. 61ff.와 비교할 것.

31 Adolf Stoecker, p. 360.

32 Ibid., p. 364.

33 Ibid., p. 365.

34 Ibid., p. 379.

35 Ibid., p. 368.

36 Ibid., p. 379.

37 Ibid., pp. 359~369.

38 Ibid.

39 Ibid., pp. 6ff., pp. 22ff., pp. 194ff.

40 *Reden und Aufstze von Adolf Stoecker. Mit einer biographischen Einleitung* ed. by R. Seeberg, Leipzig: A. Deichertsche Verlagsbuchhandlung, 1913, p. 216.

41 Adolf Stoecker, *Sozialdemokratie und Sozialmonarchie*, Leipzig: Grunow, 1891, pp. 4f.

42 Wilhelm Marr, *Sieg des Judenthums über das Germanenthum*, pp. 3~4.

43 Ibid., 인용 p. 29.

44 Ibid., 인용 p. 38.

45 Ibid., 인용 p. 15.

46 Ibid., passim.

47 Ibid., pp. 23~24,

48 Ibid., p. 32.

49 Ibid., pp. 29~33.

50 Ibid., pp. 37~48.

51 볼프강 벤츠, 66쪽.

52 Hermann Bahr, *Der Antisemitismus. Ein internationales Interview*, hrsg v. H. Greive, Königstein/Ts.: Jüdischer Verlag, 1979, pp. 15f.

53 Ibid., pp. 23~28.

54 볼프강 벤츠, 68~69쪽, 117쪽.

55 반유대주의 정당들 간의 대립 및 그로 인한 이합집산은 종교적·세계관적 갈등 이외에도 독일보수당(Deutsche Konservative Partei) 및 이 당의 지도세력인 대지주들과의 관계 설정의 문제, 그리고 사회개혁 노력의 방향 즉 소시민층을 위주로 할 것인가 아니면 노동자층을 위주로 할 것인가의 문제를 둘러싸고 진행되었다. 이에 대해 Hellmut v. Gerlach, *Von Rechts nach Links*, Zürich: Europa-Verlag, 1937, p. 112를 참고하시오.

56 Moshe Zimmermann, p. 96.

57 볼프강 벤츠, 107쪽 이하 참조.

58 Eugen Dühring, *Die Judenfrage als Racen-, Sitten-, und Culturfrage,* Karlsruhe/Leipzig: Verlag v. H. Reuther, 1881, pp. 4ff. 볼프강 벤츠, 114~115쪽과 비교할 것. 벤츠는 이 책의 연대를 잘못 표기하고 있다.

59 Werner Conze, "Rasse", pp. 174f.

60 Helmut Berding, p. 79.

61 Ibid., p. 150.

62 볼프강 벤츠, 238~239쪽. 유대인 종교적 살해의례 전설에 입각한 1930년 체코에서의 유대인 박해, 나치의 이러한 전설의 유포행위와 키엘체 사건의 연속성에 대해서는 Wulf D. Hund/Christian Koller/Moshe Zimmermann (eds.), *Racisms Made in Germany*, p. 15.

63 Cf. Olaf Blaschke, *Katholizismus und Antisemitismus im Deutschen Kaiserreich*, Göttingen: Vandenhoeck & Ruprecht, 1997.

64 Wilhelm Marr, *Sieg des Judenthums über das Germanenthum*, p. 22.

65 한나 아렌트, 『전체주의의 기원』 1, 152쪽.

66 Cf. Christian Geulen, *Geschichte des Rassismus*, München: C. H. Beck, 2007, p. 88.

67 Norman Cohn, *Warrant For Genocide. The Myth of the Jewish World Conspiracy and the Protocols of the Elders of Zion*, New York/Evanston: Harper & Row, 1966, p. 72. 이 탈리아의 기호학자이자 소설가인 에코는 『시온 장로들의 프로토콜』과 그 짜깁기 과정을 소재로 소설을 출판했다. 움베르토 에코, 이세욱 옮김, 『프라하의 묘지』 전 2권, 열린책들, 2013.

68 Norman Cohn, pp. xi~xiii.

69 이하 필자의 「헨리 포드의 반유대주의」, 『서양사론』 116, 2013, 113~139쪽 중 일 부를 인용하였음.

70 Arthur Goldwag, *The New Hate. A History of Fear and Loathing on the populist Right*, New York: Pantheon Books, 2012, p. 109.

71 James Pool/Suzanne Pool, *Who Financed Hitler. The secret Funding of Hitler's Rise to Power 1919~1933*, The Dial Press: New York, 1978, p. 86, p. 108; Victoria Saker Woeste, *Henry Ford's War on Jews and The Legal Battle Against Hate Speech*, Stnadford: Standford University Press, 2012, p. 3.

72 Henry Ford, *Der internationale Jude*, trans. by Paul Lehmann, vol. 1, Leipzig: Hammer-Verlag, pp. 1922ff. 이 글은 『국제 유대인』의 독일어판을 이용했다. 각 권의 제목은 다음과 같다. 『국제 유대인』, 『미국에서의 유대인의 활동』, 『미국의 생 활에 끼치는 유대인의 영향』, 『미국에서의 유대인 권력의 제 측면』

73 Ibid., p. 159; Carey McWilliams, *A Mask for Privilege. Anti-Semitism in America*(Original: 1948), New Brunswick/London: Transaction Publishers, 1975, p. 34.

74 Henry Ford, *Der internationale Jude*, vol. 1, p. 3.

75 James Pool et. al, p. 89; Carey McWilliams, p. 34. 여기에는 포드자동차 대리점 과 딜러들의 역할도 한몫을 했다. 이들은 이 신문을 반강제적으로 구매해서 소비 자들에게 유통시켜야 했다.(cf. Norman Cohn, p. 158)

76 Keith Sward, *The Legend of Henry Ford*(Original: 1948), New York: Russell & Russell, 1968, p. 159.

77 James Pool et. al, p. 89. 포드의 『국제 유대인』 독일어판(1922) 역자 서문은 이 책의 제2권 역시 1판이 나온 지 불과 몇 달 만에 3판을 찍어야 할 정도로 독자들 의 호응이 뜨거웠음을 밝혔다. cf. Henry Ford, *Der internationale Jude*, vol. 2, p. 3.

78 David L. Lewis, *The Public Image of Henry Ford. An American Folk Hero and His Company*, Detroit: Wayne State University Press, 1976, p. 143.

79 Henry Ford, *Der internationale Jude*, vol. 1 & 2.

80 Ibid., vol. 1, pp. 51~62, p. 74.

81 『디어본 인디펜던트』는 반유대주의 선동의 하나로 유대인 음모론 이외에도 군법회의에서 무죄를 선고받은 유대계 로젠블루스(Rosenbluth) 대위의 유죄를 집요하게 주장함으로써, 미국판 드레퓌스 사건을 조장하려고 획책하기도 했다. Carey McWilliams, p. 35.

82 James Pool et. al, pp. 87~88.

83 Ibid., pp. 88~89.

84 Reynold M. Wik, *Henry Ford and Grass-roots America*, Ann Arbor: The University of Michigan Press, 1972, pp. 162~163.

85 Chip Berlet/Matthew N. Lyons, *Right-Wing Populism in America. Too Close for Comfort*, New York/London: The Guilford Press, 2000, p. 109.

86 Norman Cohn, p. 163; James Pool et. al, p. 106.

87 자세한 과정은 Victoria Saker Woeste, pp. 179~328.

88 *Statement by Henry Ford*, New York: The American Jewish Committee, 1927.

89 James Pool et. al, p. 110.

90 Cf. Carol Gelderman, *Henry Ford. The Wayward Capitalist*, Beard Books, 1981, pp. 240f.

91 James Pool et. al, p. 111.

92 Henry Ford, *Today and Tomorrow*, In collaboration with Samuel Crowther, Garden City/New York: Doubleday, Page & Company, 1926, p. 27.

93 Henry Ford, *Der internationale Jude*, vol. 1, p. 17, p. 30, p. 68, p. 145; vol. 2, p. 130.

94 Ibid., vol 1, p. 68.

95 Ibid., p. 7.

96 Ibid., p. 120~123.

97 Ibid., vol. 2, pp. 41f., p. 48.

98 Ibid., p. 124.

**99** Henry Ford, *My Life and Work*, In Collaboration With Samuel Crowther, New York: Garden City Publishing Company, 1922, pp. 250f.

**100** Henry Ford, *Der internationale Jude*, vol. 1, pp. 124~128.

**101** *Nuremberg Trial Proceedings* Vol. 14, 137. Thursday, 23 May 1946.(http://avalon. law.yale.edu/imt/05-23-46.asp)

**102** Geoffrey G. Field, *Evangelist of Race. The Germanic Vision of Houston Stewart Chamberlin*, New York: Columbia University Press, 1981, p. 409.

**103** James Pool et. al, p. 90.

**104** Neil Baldwin, *Henry Ford and the Jews: The Mass Production of Hate*, New York: PublicAffairs, 2001, p. 271, p. 280.

**105** Ibid., pp. 275~277.

**106** Adolf Hitler, *Mein Kampf*, New York: Reynal & Hitchcock, 1941, pp. 929f.

**107** Norman Cohn, p. 162; Neil Baldwin, pp. 172f.

**108** Neil Baldwin, pp. 181f.

**109** Moshe Zimmermann, pp. 114~115.

**110** Hans F. K. Gunther, *The Racial Elements of European History*, translated by G. C. Wheeler, London: Methuen & Co. LTD, 1927, Chapter IV Part 2. 참조.

**111** Léon Poliakov/Josef Wulf, *Das Dritte Reich und seine Denker*, München u. a.: K. G. Saur, 1978, p. 142.

**제4부**
**인종 증오주의와 '악마적 인종'의 발명 II:** 황인종의 위험

**1** Heinz Gollwitzer, *Die Gelbe Gefahr. Geschichte eines Schlagworts. Studien zum imperialistischen Denken*, Göttingen: Vandenhoeck & Ruprecht, 1962는 황화론에 대한 사상사적·담론사적 연구의 고전이다. 무엇보다 이 책은 연구의 범위와 정보의 양에 있어서 타의 추종을 불허한다.

**2** Ibid., p. 20~21.

**3** Ibid., p. 31.

4 이하 Ibid., p. 43~46.

5 최근 블루(Gregory Blue)는 다이오시(Arthur Diosy)를 인용하면서, 영미권에서 1900년 이전에는 '황화' 표어가 전혀 쓰이지 않았다는 골비처의 주장을 비판하고 있다. Gregory Blue, p. 123.

6 Heinz Gollwitzer, p. 38.

7 Ibid., p. 33.

8 Cf. 마이클 키벅, 이효석 옮김, 『황인종의 탄생―인종적 사유의 역사』, 현암사, 2016; Walter Demel, "Wie die Chinesen gelb wurden: Ein Beitrag zur Frühgeschichte der Rassentheorien", *Historische Zeitschrift* 255, 1992, pp. 625~666.

9 Heinz Gollwitzer, pp. 34~35.

10 Ibid., pp. 35~36.

11 Ibid., pp. 37~38.

12 Ibid., pp. 26~27.

13 Ibid., pp. 76~79.

14 Ibid., p. 82.

15 Ibid., p. 83.

16 Ibid., pp. 88~89.

17 Ibid., p. 169.

18 Ibid., p. 176.

19 Ibid., p. 61.

20 Ibid., pp. 149~150.

21 Ibid., pp. 151~152.

22 *Gobineau. Selected Political Writings*, p. 241, p. 243, p. 246.

23 Ibid., p. 246.

24 Ibid., pp. 246~247.

25 Gregory Blue, p. 117.

26 Ibid.

27 칼 뢰비트, 『역사의 의미』, 19쪽, 36쪽.

28 Chrarles H. Pearson, *National Life and character. A Forecast*, London: Macmillan, 1893, reprinted 1913.

**29** Cf. Marilyn Lake, "The White Man under Siege: New Histories of Race in the Nineteenth Century and the Advent of White Australia," *History Workshop Journal* 58, 2004, pp. 41~62.

**30** Chrarles H. Pearson, PP. 89~90.

**31** 이하 Heinz Gollwitzer, PP. 114~120.

**32** Ibid., pp. 42~43.

**33** 차르 니콜라스 2세에게 보내는 편지(1895. 9. 26.), Gregory Blue, p. 123에서 재인용.

**34** Cf. Heinz Golliwitzer, pp. 42~43; Gregory Blue, p. 123. 골비처는 데이비스의 주장이 신빙성이 없다고 한다. 반면 블루는 판단을 유보한다.

**35** Gregory Blue, pp. 121ff.; Heinz Gollwitzer, pp. 206ff.

**36** Heinz Gollwitzer, p. 120.

**37** Ibid., pp. 206ff.

**38** Ibid., p. 92.

**39** Richard Weikart, "Progress through Racial Extermination: Social Darwinism, Eugenics, and Pacifism in Germany, 1860~1918", *German Studies Review* 26, 2003, pp. 273~294(p. 287에서 재인용).

**40** Heinz Gollwitzer, p. 92.

**41** Ibid., p. 92, pp. 214ff.

**42** Gregory Blue, pp. 121ff.

**43** Ibid., p. 153.

**44** Ibid.

**45** Albrecht Wirth, *Ostasien in der Weltgeschichte*, Bonn: Carl Georgi, 1901, p. 1.

**46** Albrecht Wirth, *Volkstum und Weltmacht in der Geschichte*. 2. Aufl., München: F. Bruckmann, 1904, p. 140, p. 244.

**47** Heinz Gollwitzer, p. 183.

**48** Ibid., p. 193.

**49** Ibid., pp. 169~170.

**50** Ibid., p. 152.

**51** Albrecht Wirth, *Volkstum und Weltmacht in der Geschichte*, p. XVIII.

**52** Heinz Gollwitzer, pp. 174~175.

**53** Houston Stewart Chamberlain, *Die Grundlagen des XIX. Jahrhunderts*, X. Aufl., Volksausgabe, München: F. Bruckmann, 1912, p. 883 이하.

**54** Ibid., pp. 39~42.


## 제5부
### 내적 인종 증오주의의 탄생: 민족주의에서 국가인종주의로

**1** Cf. Detlev J. K. Peukert, "The Genesis of the "Final Solution" From the Spirit of Science", David F. Crew (ed.), *Nazism and German Society*, 1933~1945, London/New York: Routledge, 1994, pp. 274~299.

**2** 배영수 편, 『서양사강의』, 한울, 2000, 341~356쪽; Peter Walkenhorst, *Nation-Volk-Rase. Radikaler Nationalismus im Deutschen Kaiserreich 1890~1914*, Göttingen: Vandenhoeck & Ruprecht, 2007, pp. 39~40.

**3** Peter Walkenhorst, pp. 102~149.

**4** Cf. 나인호, 「Rezeption und Umformung des westlichen Nationsbegriffes in Korea」, 『독일연구』 30, 2015, 5~25쪽.

**5** Cf. 신행선, 「에르네스트 르낭의 인종과 인종주의」, 『서양사론』 73, 2002, 5~28쪽, 특히 21~22쪽.

**6** George L. Mosse, *Toward the Final Solution*, p. 66.

**7** Rainer Kipper, *Der Germanenmythos im deutschen Kaiserreich: Formen und Fuktionen historischer Selbstthematisierung*, Göttingen: Vandemhoeck & Ruprecht, 2002, p. 68.

**8** George L. Mosse, pp. 66~67; Rainer Kipper, pp. 68~69.

**9** 자세하게는 에드먼드 버크, 이태숙 옮김, 『프랑스 혁명에 관한 성찰』, 한길사, 2008, 제3부 8장을 볼 것.

**10** 한나 아렌트, 『전체주의의 기원』 1, 345~347쪽.

**11** George L. Mosse, p. 37.

**12** Rainer Kipper, pp. 53~57.

**13** Ibid., pp. 53f., pp. 55~56.

**14** Ibid., pp. 56f.

**15** Ibid., pp. 58~59.

**16** Ibid., pp. 59~60.

**17** Ibid., pp. 60~61.

**18** Ibid., pp. 61~65.

**19** Sabine Vetter, *Wissenschaftlicher Reduktionismus*, p. 213.

**20** Werner Conze, "Rasse", pp. 158f.

**21** Rainer Kipper, pp. 65f.

**22** Ibid., p. 66.

**23** Earl. J. Young, p. 111.

**24** George L. Mosse, p. 67~70.

**25** 한나 아렌트, 349쪽.

**26** Cf. Thomas Becker, *Mann und Weib-Schwarz und Weiß*, pp. 71~83.

**27** Cf. Edward Beasley, *The Victorian Reinvention of Race.*

**28** 한나 아렌트, 332쪽.

**29** George L. Mosse, pp. 42~44.

**30** 본서 제2부 03장 참조.

**31** 신행선, 7쪽.

**32** George L. Mosse, p. 57.

**33** Emmanuel Joseph Sieyès, pp. 59~60; 본서 제2부 03장 참조.

**34** 1856년 6월 26일자 고비노에게 보낸 편지. 문종현, 226~227쪽에서 재인용.

**35** Werner Conze, p. 169.

**36** 박진빈, 『백색국가 건설사』, 앨피, 2006, 118쪽.

**37** Rainer Kipper, p. 68.

**38** Friedrich Hertz, *Moderne Rassentheorien*, p. 3.

**39** Cf. Nancy Ordover, *American Eugenics: Race, Queer Anatomy, and the Science of Nationalism*, Minneapolis/London: Univ. of Minnesota, 2003; Marius Turda/Paul J. Weindling, *Blood and Homeland: Eugenics and Racial Nationalism in Central and Southeast Europe, 1900~1940*, Budapest/New York: CEU PRESS, 2007; 박진빈, 위의 책; 염운옥, 『생명에도 계급이 있는가—유전자 정치와 영국의 우생학』, 책세상,

2009.

**40** Peter Walkenhorst, pp. 102~127.

**41** Ibid., pp. 128~147.

**42** Ibid., pp. 147~149.

**43** 미셸 푸코, 『사회를 보호해야 한다』; cf. 최원, 「인종주의라는 쟁점―푸코와 발리바르」, 『문학과 사회』, 19/3, 2006, 255~273쪽.

**44** 앞서 언급한 Nancy Ordover, Marius Turda/Paul J. Weindling, 박진빈, 염운옥의 책 참조.

**45** Earl J. Young, p. 119에서 재인용.

**46** 염운옥, 28~29쪽.

**47** Josep R. Llobera, *The Making of Totalitarian Thought*, p. 73.

**48** 염운옥, 29~30쪽; Josep R. Llobera, p. 74.

**49** Cf. Josep R. Llobera, pp. 77~81.

**50** Cf. ibid., pp. 76~77.

**51** Cf. Thomas Nipperdey, *Deutsche Geschichte, Arbeitswelt u. Bürgergeist*, Band I, 2. Aufl., München, 1991, pp. 590~601.

**52** Daniel Gasman, *The scientific Origins of National Socialism. Social Darwinism in Ernst Haeckel and the German Monist League*, New York, 1971, pp. 128f.

**53** Werner Conze, p. 165.

**54** Ernst Haeckel, *Ewigikeit. Weltkriegsgednaken über Leben und Tod, Religion und Emtwicklungslehre*, Berlin: Georg-Reimer, 1915, p. 113.

**55** Ibid., p. 120.

**56** Ibid., p. 111.

**57** Cf. ibid., p. 112.

**58** Werner Conze, p. 165.

**59** Arthur de Gobineau, *Versuch über die Ungleichheit der Menschenracen*, 1권, p. 31.

**60** 염운옥, 22~23쪽.

**61** 독일에서의 인종 퇴화에 대한 우려는 Peter Walkenhorst, p. 125 참조.

**62** Heinz Gollwitzer, p. 48.

**63** 박진빈, 185~186쪽.

**64** 염운옥, 31~32쪽.

**65** Josep R. Llobera, pp. 81~82.

**66** 염운옥, 37~38쪽.

**67** Ibid., pp. 40~43.

**68** Josep R. Llobera, p. 83.

**69** 염운옥, 제2, 3장 참조.

**70** Ibid., pp. 48f.

**71** Josep R. Llobera, p. 83.

**72** Ibid.

**73** 김호연, 「과학의 정치학: 독일의 인종위생(Rassenhygiene)」, 『강원인문논총』 18, 2007, 29~61쪽, 특히 35~36쪽.

**74** Ibid., 38~39쪽.

**75** Richard Weikart, "Progress through Racial Extermination", p. 283.

**76** Earl. J. Young, p. 294.

**77** 김호연, 39~40쪽.

**78** 염운옥, 44~45쪽.

**79** Cf. Richard J. Evans, "Prostitution, State and Society in Imperial Germany," *Past and Present* 70, 1976, pp. 106~108.

**80** Earl. J. Young, *Gobineau und der Rassismus*, p. 218; Josep R. Llobera, p. 104.

**81** Earl. J. Young, p. 210.

**82** John Jackson et. al, *Race, Racism, and Science*, Santa Barbara, CA: ABC-CLIO, 2004, pp. 296~296; Friedrich Hertz, pp. 14~15; Josep R. Llobera, pp. 106~109. 그가 분류한 11개 인종은 다음과 같다. 본문에서 언급한 인종 외에 homo spelaeus, homo meridionalis, pygmy races, homo hyperboreus, race of Borreby, race of Furfooz, homo acrogonus, homo asiaticus.

**83** Friedrich Hertz, p. 15.

**84** Earl. J. Young, pp. 212~213.

**85** Georg L. Mosse, p. 60.

**86** Earl. J. Young, p. 220.

**87** Ibid., pp. 209~210.

88 Ibid., p. 211.

89 L'Aryen, son rôle social. paris, 511. 이 문장의 전문은 다음과 같다. "개인은 그의
인종에 의해 지배된다. 그 이외에는 아무것도 아니다. 인종, nation이 모든 것이다.
(…) 정의의 사상은 환상이다. 힘 이외에는 존재하는 것이 없다. 권리들이란 오직
평등한 힘들과 불평등한 힘들 사이의 계약이자 동의이다." A. E. Samaan, *From a
"Race of Masters" to a "Master Race": 1948 to 1848*(www.CreateSpace.com, 2012), p.
241에서 재인용.

90 Earl. J. Young, pp. 209~210.

91 Ibid., p. 210.

92 Ibid., pp. 212~213; Friedrich Hertz, pp. 15~16.

93 Earl. J. Young, pp. 212~213, 215; Friedrich Hertz, p. 15.

94 Earl. J. Young, p. 215.

95 Friedrich Hertz, p. 16.

96 Earl. J. Young, pp. 214~215.

97 Ibid., pp. 213~215.

98 Josep R. Llobera, p. 107.

99 Earl. J. Young, pp. 216~217; Georg L. Mosse, pp. 60~61.

100 Ibid., pp. 217f; Josep R. Llobera, p. 104.

101 Driesmans, Heinrich, Indexeintrag: Deutsche Biographie, https://www.deutsche-
biographie.de/gnd116223111.html(접속일: 2017. 05. 22.).

102 Heinrich Driesmans, *Rasse und Mielieu*, Berlin: Johannes Räde, 1902, p. VII;
Friedrich Hertz, p. 6.

103 Heinrich Driesmans, p. 115.

104 Ibid., p. 91.

105 Ibid., p. 93, pp. 95~96, p. 104.

106 Friedrich Hertz, p. 7.

107 Friedrich Hertz, p. 10~11.

108 Ibid., pp. 8~9.

109 Ibid., p. 13.

110 Ibid., p. 13.

111 Otto Seeck, *Geschichte des Untergangs der antiken Welt*, 1. Bd., Stuttgart: J. B. Metzlersche Verlagsbuchhandlung, o. J., pp. VII~VIII.

112 이하 Otto Seeck, ibid., 2. Bd.: Verfall der Antiken Welt, 제3장(pp. 269~303).

113 Ibid., pp. 302~303.

114 Friedrich Hertz, p. 28.

115 Albert Reibmayr, *Inzucht und Vermischung beim Menschen*, 1897, ibid., pp. 30~31에서 재인용.

116 Ludwig Gumplowicz, *Der Rassenkampf. Sociologische Untersuchungen*, Innsbruck: Verlag der Wagner'schen Univ. Buchhandlung, 1883.

117 Ibid., p. V.

118 Ibid., pp. 4~5.

119 Ibid., pp. 17~18.

120 Ibid., pp. 252~253.

121 Ibid., pp. 310~311.

122 Ibid., pp. 47~57.

123 Ibid., 47~57, pp. 240~252.

124 Cf. ibid., pp. 154~264.

125 Ibid., p. 348.

126 Ibid., pp. 351f.

127 게오르크 루카치, 변상출 옮김, 『이성의 파괴』 II, 백의, 1996, 734쪽, 744쪽, 747쪽.

128 Georg L. Mosse, p. 234.

129 Richard Weikart, pp. 273~294.

130 이하 ibid. 참조.

131 헤켈의 평화주의에 대한 자세한 서술은 나인호, 「제1차 세계대전과 독일 우파의 평화사상―에른스트 헤켈(Ernst Haeckel)의 사례」, 『독일연구』 26, 2013, 133~160쪽.

132 Cf. John Fiske, *The Destiny of Man, viewed in the Light of His Origin*, Boston: Houghton, Mifflin and Company, 1884.

133 Boris Barth, "Die Grenzen der Zivilisierungsmission", Boris Barth/Jürgen Osterhammel (eds.), *Zivilisierungsmission*, Konstanz: UVK, 2005, pp. 201~228.

**134** 한나 아렌트, 399쪽.

**135** Boris Barth, p. 201.

**136** 예를 들어 앞서 언급한 이재원, 『제국의 시선, 문화의 기억』이 이러한 오류를 단적으로 보여준다.

**137** Boris Barth, pp. 201~228. 물론 바르트는 문명화 이데올로기와 인종주의 간의 대립만을 강조하면서 식민지 인종주의의 인종 우월주의와 문명화 이데올로기의 결합태가 실제 존재했음을 부정하고 있다. 이 점은 그의 오류다.

**138** Rainer Kipper, pp. 350f.

**139** Cf. Ludwig Woltmann, *Politische Anthropologie. Eine Untersuchung über den Einfluss der Descenztheorie auf die Lehre von der politischen Entwicklung der Völker*, Jena; Eugen Diederichs, 1903, p. 297.

**140** H. S. Chamberlain, *Die Grundlagen* 10판, 1912, p. 887.

**141** Geoffrey G. Field, *Evangelist of Race,* p. 223.

## 제6부
### 범민족주의의 역사철학 I: 루드비히 볼트만의 인류학적 역사론

**1** Cf. 위르겐 오스터함멜, 박은영·이유재 옮김, 『식민주의』, 역사비평사, 2009, 41~44쪽.

**2** Cf. Peter Emil Becker, 573; Uwe Puschner, *Die völkische Bewegung im wilhelminischen Kaiserreich*, Darmstadt: Wissenschaftliche Buchgesellschaft, 2001, pp. 9ff.

**3** Cf. Peter Emil Becker, p. 573.

**4** Barry A. Jackisch, *The Pan-German League and Radical Nationalist Politics in Interwar Germany*, London/New york: Routledge, 2012, pp. 14ff.; Uwe Puschner, pp. 9~42.

**5** Stefan Breuer, *Die Völkischen in Deutschland. Kaiserreich und Weimarer Republik*, Darmstadt: Wissenschaftliche Buchgesellschaft, 2008, pp. 127~132.

**6** Cf. 한나 아렌트, 『전체주의의 기원』 1, 2, passim., 특히 제2권 43~57쪽, 276~283쪽.

**7** Wolfhard Hammer, *Leben und Werk des Arztes und Sozialanthropologen Ludwig Woltmann*,

Univ. Diss, Mainz, 1979, p. 8, pp. 12f.

**8** Ibid., pp. 13f.

**9** Eduard Bernstein, "Ludwig Woltmanns Beziehungen zur Sozialdemokratie", *Politisch-Anthropologische Revue. Monatsschrift für das soziale u, geistige Leben der Völker* 6, 1907/08, pp. 45~53(인용 p. 52).

**10** Wolfhard Hammer, p. 20에서 재인용.

**11** Ibid., p. 19에서 재인용.

**12** Cf. Wolfgang Kaschuba, "Deutsche Bürgerlichkeit nach 1800", Jürgen Kocka (ed.), *Bürgertum im 19. Jahrhundert: Deutschland im europäischen Vergleich*, Bd. 3, München: dtv, 1988, pp. 9~44.

**13** Wolfhard Hammer, p. 25에서 재인용.

**14** Ibid., pp. 23~25(인용 p. 25).

**15** Peter Emil Becker, p. 330에서 재인용.

**16** Ibid., p. 329.

**17** Ibid., p. 330.

**18** 한나 아렌트, 『전체주의의 기원』 2, 280쪽.

**19** Wolfhard Hammer, p. 11.

**20** Peter Emil Becker, p. 330

**21** Wolfhard Hammer, p. 8.

**22** Peter Emil Becker, p. 330

**23** Wolfhard Hammer, pp. 11f.

**24** Ibid., pp. 20f.

**25** 자세한 내용은 Jürgen Misch, *Die politische Philosophie Ludwig Woltmanns. Im Spannungsfeld von Kantianismus, Historischem Materialismus und Sozialdarwinismus*, Bonn: Bouvier, 1975 참조할 것.

**26** Peter Emil Becker, p. 334.

**27** Eduard Bernstein, p. 48; Wolfhard Hammer, p. 15.

**28** Ibid., pp. 47f.

**29** Peter Emil Becker, p. 598.

**30** Ibid., p. 328, p. 334.

31 L. Woltmann, "Nachschrift zu Lapouges Kritik des Jeneser Preisausschriebens", *Politisch-Anthropologische Revue* 3, 1904/05, pp. 305~317.

32 Ibid., 인용 p. 308.

33 Rainer Kipper, pp. 318f.

34 Ibid.; Wolfhard Hammer, pp. 35f.

35 Peter Emil Becker, p. 337.

36 Wolfhard Hammer, p. 24.

37 Vacher de Lapouge, "Ludwig Woltmann als Bahnbrecher der Sozialanthropolgie", *Politisch-Anthropologische Revue* 6, 1907/08, pp. 37~41.

38 Cf. L. Woltmann, "Die anthropologische Geschichts- und Gesellschaftstheorie", *Politisch-Anthropologische Revue* 2, 1903, p. 453.

39 "Die Herausgeber: Naturwissenschaft u. Politik", *Politisch-Anthropologische Revue* 1, 1902, pp. 1f.

40 L. Woltmann, "Die anthropologische Geschichts- und Gesellschaftstheorie", p. 453.

41 George L. Mosse, pp. 90~93.

42 *Politisch-Anthropologische Revue* 6, 1907/08에 실린 바세르 드 라푸즈, 암몬, 빌저의 볼트만에 대한 회상문들을 볼 것.

43 Ibid., pp. 12~14.

44 Wolfhard Hammer, p. 5.

45 Ibid., p. 4; L. Woltmann, "Nachschrift zu Lapouges Kritik des Jenenser Preisausschreibens", *Politisch-Anthropologische Revue* 3, 1904/05, p. 310.

46 Peter Emil Becker, p. 357, p. 365.

47 Earl. J. Young, pp. 292~294.

48 Ibid., pp. 365f.

49 Ibid., pp. 358f.

50 게오르크 루카치, 변상출 옮김, 『이성의 파괴』 II, 759~760쪽; Wolfhard Hammer, p. 5.

51 L. Woltmann, "Nachschrift zu Lapouges Kritik", p. 310.

52 L. Woltmann, "Die anthropologische Geschichts- und Gesellschaftstheorie", p. 455.

53 L. Woltmann, *Politische Anthropologie. Eine Untersuchung über den Einfluss der*

*Descenztheorie auf die Lehre von der politischen Entwicklung der Völker*, Jena; Eugen Diederichs, 1903, pp. 289f.

**54** L. Woltmann, "Die anthropologische Geschichts- und Gesellschaftstheorie", pp. 380f.

**55** Peter Emil Becker, p. 357.

**56** Ludwig Wilser, "Ludwig Woltmann als Rassenforscher", *Politisch-Anthropologische Revue* 6, 1907/08, p. 43.

**57** L. Woltmann, "Die anthropologische Geschichts- und Gesellschaftstheorie", p. 11.

**58** L. Woltmann, *Politische Anthropologie*, p. 1.

**59** L. Woltmann, "Die anthropologische Geschichts- und Gesellschaftstheorie", p. 13.

**60** Ibid., pp. 14f.

**61** L. Woltmann, *Politische Anthropologie*. p. 294.

**62** Ibid., pp. 264~273.

**63** L. Woltmann, "Die anthropologische Geschichts- und Gesellschaftstheorie", p. 381.

**64** Ibid., p. 452.

**65** L. Woltmann, *Politische Anthropologie*. pp. 267f.

**66** L. Woltmann, "Die anthropologische Geschichts- und Gesellschaftstheorie", pp. 287f.

**67** Cf. L. Woltmann, "Die anthropologische Geschichts- und Gesellschaftstheorie", pp. 455f.; idem, *Politische Anthropologie*, p. 264.

**68** L. Woltmann, "Politk und Biologie", *Politisch-Anthropologische Revue* 6, 1907/08, pp. 623~625. 유대인의 인종적 분리 주장에 대해서는 그의 Politische Anthropologie. p. 309 참조.

**69** L. Woltmann, *Politische Anthropologie*. pp. 286~288.

**70** Ibid., pp. 288f.

**71** Ibid., p. 292.

**72** L. Woltmann, *Die Germanen und die Renaissance in Italien*, Leipzig: Thüringische Verlagsanstalt, 1905, 인용- p. 4.

**73** L. Woltmann, *Germanen in Frankreich. Eine Untersuchungen über den Einfluss der Germanischen Rasse auf die Geschichte und Kultur Frankreichs*, Jena: Eugen Diederichs,

1907.

**74** L. Woltmann, Politische Anthropologie. p. 293.

**75** Ibid., p. 294.

**76** L. Woltmann, "Anhänger und Gegner der Rassentheorie", *Politisch-Anthropologische Revue* 5, 1906/07, p. 266.

**77** L. Woltmann, *Politische Anthropologie*, pp. 295~297.

**78** Ibid., p. 298.

**79** Ibid., p. 298.

**80** L. Woltmann, "Die anthropologische Geschichts- und Gesellschaftstheorie", pp. 552f.

**81** Cf. L. Woltmann, *Politische Anthropologie*, p. 297.

**82** Ibid., pp. 297f.

**83** Ibid.

**84** Peter Emil Becker, p. 355에서 재인용.

**85** Ibid., p. 356.

## 제7부

**범민족주의의 역사철학 II:** 휴스턴 스튜어트 체임벌린의 인종투쟁의 문화사

**1** Cf. H. 스튜어트 휴즈, 황문수 옮김, 『의식과 사회 ─ 서구 사회사상의 재해석: 1890~1930』, 개마고원, 2007.

**2** Geoffrey G. Field, *Evangelist of Race*, pp. 216f.

**3** 인종 신비주의에 대해서는 George L. Mosse, pp. 94~112 참조.

**4** Cf. Thomas Nipperdey, *Religion im Umbruch. Deutschland 1870~1918*, München: C. H. Beck, 1988; Lucian Hölscher, "Die Religion des Bürgers. Bürgerliche Frommigkeit und protestantische Kirche Im 19 Jahrhundert," *Historische Zeitschrift* 250, 1990, pp. 595~630.

**5** Vincent Viaene, "Paul de Lagarde: A Nineteenth-Century 'Radical' Conservative ─ and Precursor of National Socialism?", *European History Quarterly*, Vol. 26(4),

1996, pp. 527~557(인용 pp. 538f.).

**6** Cf. Houston Stewart Chamberlain, *Die Grundlagen des XIX. Jahrhunderts*, IV. Aufl., München: F. Bruckmann, 1903, pp. XIII~XX; 김문환, 『바그너의 생애와 예술』, 느티나무, 2006; 슬라보예 지젝·알랭 바디우, 김성호 옮김, 『바그너는 위험한가—현대철학과 바그너의 대결』, 북인더갭, 2012.

**7** Vincent Viaene, p. 551.

**8** Rainer Kipper, pp. 334~351.

**9** Cf. Nicholas Goodrick-Clarke, *The Occult Roots of Nazism: Secret Aryan Cults and Their Influence on Nazi Ideology*, New York: NYU Press, 2004.

**10** Rainer Kipper, ibid.; George L. Mosse, pp. 98~100.

**11** Rainer Kipper, 특히 pp. 350f.

**12** Peter Emil Becker, pp. 365f.

**13** Thomas Nipperdey, *Deutsche Geschichte 1866~1918. Arbeitswelt und Bürgergeist*, Band I, 2. Aufl., München: C. H. Beck, 1991, pp. 509f. 물론 모든 일원론자들이 인종주의자였던 것은 아니다. 그의 일원론자 동맹에는 다윈주의에 공감하면서 새로운 세계관과 종교를 찾고자 한 다수의 국제주의자, 인도주의자, 평화주의자, 사회주의자 등이 참여했다.

**14** 이하 Geoffrey G. Field, *Evangelist of Race*, pp. 17~93 참조. 또한 Udo Bernbach, *Houston Stewart Chamberlain: Wagners Schwiegersohn: Hitlers Vordenker*, Stuttgart/Weimar: J. B. Metzler, 2015, pp. 11~88.

**15** 그의 동아시아 행해기 가운데 조선 관련 부분은 한국어로 번역되었다. 바실 홀, 김석중 옮김, 『10일간의 조선항해기』, 삶과꿈, 2003.

**16** Houston Stewart Chamberlain, *Lebenswege meines Denkens*, München: F. Bruckmann, 1919, p. 14.

**17** H. S. Chamberlain, trans. by John Lees, *The Foundations of Nineteens Century*, 2. vol., London: John Lane, 1912, p. V.

**18** Ibid., p. 11.

**19** Cf. Geoffrey G. Field, P. 48.

**20** H. S. Chamberlain, *Die Grundlagen des XIX. Jahrhunderts*, IV. Aufl., 1903, p. XXIV.

**21** Klaus Vondung, "Von der völkischen Religiosität zur politischen Religion des

Nationalsozialismus: Kontinuität oder neue Qualität?", Uwe Puschner/Clemens Vollnhals, *Die völkisch-religiöse Bewegung im Nationalsozialismus. Eine Beziehungs- und Konfliktgeschichte*, 2. Aufl., Göttingen: Vandemhoeck & Ruprecht, 2012, pp. 29~42(특히 pp. 38f.).

22 H. S. Chamberlain, *Die Grundlagen des XIX.* Jahrhunderts, X. Aufl.(Volksausgabe), 1912, pp. X~XII.

23 Ibid., p. 34.

24 Kevin Passmore, *Fascism: A Very Short Introduction*, 2. Edition, Oxford Univ. Press, 2014, p. 39.

25 Klaus Vondung, ibid.

26 Gerhard Hay, "Religiöser Pseudokult in der NS-Lyrik am Beispiel Baldur v. Schirach", Hansjakob Becker u. a (eds.), *Liturgie und Dichtung. Ein interdisziplinäres Kompendium* I, St. Ottilien: EOS-Verlag, 1983, p. 857.

27 Cf. H. S. Chamberlain, trans. by Jonh Lees, *The Foundations of Nineteens Century*의 Lord Redesdale의 서문, p. viii.

28 H. S. Chamberlain, *Die Grundlagen des XIX. Jahrhunderts*, 10판, 1912, pp. 310~314, p. 319.

29 Ibid., pp. 316f.

30 Ibid., pp. 585~588.

31 Ibid., p. 852.

32 Geoffrey G. Field, pp. 297~298.

33 Ibid., p. 280.

34 H. S. Chamberlain, *Die Grundlagen*, 10판, 1912, p. 852.

35 Ibid., p. 895.

36 Ibid., p. 141.

37 Geoffrey G. Field, p. 297.

38 H. S. Chamberlain, *Die Grundlagen*, 10판, 1912, p. 878.

39 Ibid., p. 893.

40 Ibid., p. 895.

41 Ibid., p. 217에서 재인용.

**42** H. S. Chamberlain, *Die Grundlagen* 10판, 1912, p. XIII.

**43** H. S. Chamberlain, "3판 서문", *Die Grundlagen* 4판, 1903, pp. XXI~XXII.

**44** Ibid., p. XXV.

**45** H. S. Chamberlain, *Die Grundlagen* 10판, 1912, p. 588.

**46** 이하 cf. Geoffrey G. Field, pp. 278~318.

**47** Cf. ibid., pp. 298~299.

**48** Cf. ibid., p. 219, pp. 303f.

**49** H. S. Chamberlain, *Die Grundlagen* 10판, 1912, pp. 588f.

**50** Ibid., p. 590.

**51** Ibid., p. 591.

**52** Ibid., p. 589.

**53** 이하 ibid., pp. 591~596.

**54** Ibid., pp. 596~605.

**55** H. S. Chamberlain, "3판 서문", *Die Grundlagen* 4판, 1903, pp. XXII~XXIII.

**56** H. S. Chamberlain, *Die Grundlagen* 10판, 1912, p. 843.

**57** Ibid., pp. 315f.

**58** Ibid., p. 596.

**59** Ibid., p. 140.

**60** Ibid., pp. 596~604.

**61** Ibid. p. 642.

**62** Ibid., p. 604.

**63** H. S. Chamberlain, *Arische Weltanschauung*, München: F. Bruckmann, 1905, p. 43.

**64** H. S. Chamberlain, *Die Grundlagen* 10판, 1912, p. 575.

**65** Ibid., p. 320.

**66** Ibid., p. 574.

**67** Ibid., p. 406.

**68** Ibid., p. 336.

**69** Ibid., p. 339.

**70** Ibid., p. 323.

**71** Ibid., p. 344.

**72** Ibid., pp. 347f.

**73** Ibid., pp. 344f.

**74** Ibid., p. 347.

**75** Ibid., p. 309.

**76** Ibid., p. 343.

**77** Ibid., p. 348.

**78** Ibid., XIV, pp. 3f. 여기서는 1부와 2부만을 언급하고 있다. 3부에 대해서는 Geoffrey G. Field, p. 172.

**79** 람프레히트에 대해서는 조지 이거스, 임상우·김기봉 옮김, 『20세기 사학사』, 푸른역사, 2003, 58~59쪽과 비교할 것.

**80** H. S. Chamberlain, *Die Grundlagen* 10판, 1912, p. 866.

**81** Ibid.

**82** Ibid., p. 867.

**83** Ibid., p. 317.

**84** Ibid., p. 34.

**85** Ibid., p. 7.

**86** Ibid., pp. 837~843.

**87** Ibid., pp. 850~858.

**88** 이하 ibid., pp. 858~861, pp. 863~865.

**89** Ibid., p. 859.

**90** 나인호, 『개념사란 무엇인가』, 213~221쪽.

**91** H. S. Chamberlain, *Die Grundlagen* 10판, 1912, p. 858.

**92** Ibid., pp. 2~4.

**93** Ibid., pp. 6~7.

**94** Ibid., pp. 10~17.

**95** 이하 ibid., pp. 8~10.

**96** Ibid., pp. 825~828, pp. 847~850.

**97** Ibid., p. 47.

**98** Ibid., pp. 219~295.

**99** Ibid., pp. 309~351.

**100** Ibid., pp. 826~832.

**101** Ibid., pp. 746~757.

**102** Ibid., pp. 635~643.

**103** Ibid., p. 833.

**104** Ibid., p. 1021.

**105** Ibid., pp. 566~572.

**106** Ibid., pp. 1011~1023.

**107** Ibid., pp. 549~572.

**108** Ibid., p. 371.

**109** Ibid., p. 7.

**110** Ibid., pp. 833~837.

**111** Ibid., pp. 18f.

**112** Ibid., pp. 301~304.

**113** Ibid., pp. 301~304, p. 323, pp. 381~546; *Arische Weltanschauung*, p. 40.

**114** Cf. ibid., p. 536, pp. 545f.

**115** Geoffrey G. Field, p. 193.

**116** H. S. Chamberlain, *Arische Weltanschauung*, pp. 40f.; *Die Grundlagen* 10판, 1912, pp. 618~628.

**117** Ibid., pp. 832f.

**118** Ibid., p. 847.

**119** Ibid., p. 846.

**120** Ibid., p. 883.

**121** Ibid., p. 842, pp. 880~887.

**122** Ibid., p. 79.

**123** Geoffrey G. Field, p. 223.

**124** Ibid., p. 10.

**125** Ibid., p. 632.

**126** Geoffrey G. Field, p. 225.

**127** Geoffrey G. Field, pp. 232~234.

**128** Alfred Rosenberg, *Houston Stewart Chamberlain als Verkünder und Begründer einer* *deutschen Zukunft*, München: F. Bruckmann, 1927, p. 7.

**129** Geoffrey G. Field, pp. 451~453.

**130** Ibid., pp. 459~467. John Higham, *Strangers in the Land*, ibid., p. 467에서 재인용.

**131** Ibid., p. 223, p. 459.

**132** Ibid., p. 317.

**133** Friedrich Hertz, 특히 pp. 97~107.

**134** Geoffrey G. Field, pp. 234~235; L. Woltmann, "Die anthropologische Geschichts- und Gesellschaftstheorie", pp. 549~553.

**135** Cf. Wolfram Kinzig, *Harnack, Marcion und das Judentum. Nebst einer kommentierten Edition des Briefwechsels Adolf von Harnacks mit Houston-Stewart Chamberlain*, Leipzig: Evangelische Verlagsanstalt, 2004.

**136** Geoffrey G. Field, pp. 233~234.

**137** Cf. L. Woltmann, "Nachschrift zu Lapouges Kritik des Jeneser Preisausschriebens", pp. 305~317.

**138** 이하 Albrecht Wirth, *Volkstum und Weltmacht in der Geschichte*, pp. VII~VIII.

**139** 이하 Otto Hintze, "Rasse und Nationalität und ihre Bedeutung für die Geschichte", G. Oestreich (ed.), *Soziologie und Geschichte: gesammelte Abhandlungen zur Soziologie, Politik und Theorie der Geschichte*, 2. Aufl., Göttingen: Vandenhoeck & Ruprecht, 1964, pp. 46~85.

**보론:** '독일 민족의 범게르만적 세계제국' 프로젝트

**1** Josef Ludwig Reimer, *Ein Pangermanisches Deutschland. Versuch über die Konsequenzen der gegenwärtigen wissenschaftlichen Rassenbetrachtung für unsere politischen und religiösen Probleme*, Berlin/Leipzig: Verlag von Friedrich Luckhardt, 1905, p. 2; 라이머의 생애와 사상에 관해서는 Peter Emil Becker, pp. 370~374 참조.

**2** 이하 *Ein Pangermanisches Deutschland*, passim.

**3** Josef Schüßlburner, *Josef Ludwig Reimer: Der SPD-Sympathisant, der Hitler die Ideen gab*, https://ef-magazin.de/2009/06/26/1305-josef-ludwig-reimer-der-spd-sympathisant-der-hitler-die-ideen-gab(접속일: 2018. 03. 10.).

**4** Josef Ludwig Reimer, pp. 129f.에서 인용.

**5** 이에 대해서는 Rainer Kipper, pp. 332f.

**6** Ibid., pp. 334f.

**7** Ludiwg Woltmann, "Anhänger und Gegner der Rassentheorie", p. 267.

**8** Ibid.

**9** Peter Emil Becker, pp. 362f.


**에필로그:** 인종주의 역사관의 특징과 20세기의 조망


**1** William S. Allen (trans.ed.), *The Infancy of Nazism. Memoirs of Ex-Cauleiter Albert Krebs 1923~1933*, New York: New Viewpoints, 1976, pp. 219f.

**2** Alfred Rosenberg, *Der Mythus des 20. Jahrhunderts. Eine Wertung der seelisch-geistigen Gestaltenkämpfe unserer Zeit*, pp. 33~34. Aufl., München, Hoheneichen-Verlag, 1934, pp. 24~29.

**3** Cf. Italian Fascism and racism-Wikipedia(https://en.wikipedia.org/wiki/Italian_Fascism_and_racism); Kevin Passmore, pp. 108~123.

**4** 이하 Julius Evola, *Revolt against Modern World*, trnas. by Guido Stucco, Rochester: Innertraditons International, 1969; Roger Griffin, "Revolts Against the Modern World: The Blend of Literary and Historical Fantasy in the Italian New Right", *Literature and History* 11/1, 1985, pp. 101~123.

**5** Cf. Julius Evola, *Grundrisse der Faschistischen Rassenlehre*, Berlin: Edwin Runge Verlag, 1943.

**6** 대표적으로 A. James Gregor, *The Search for Neofascism. The Use and Abuse of Social Science*, Cambridge Univ. press, 2006, pp. 83~110; Revolt against Modern World, 1969의 역자 서문.

**7** Roger Griffin, pp. 102f.

**8** 로널드 프리츠, 이광일 옮김, 『사이비역사의 탄생—거짓 역사, 가짜 과학, 사이비 종교』, 이론과실천, 2010, 173~225쪽.

9 Cf. Jeffrey Kaplan/Tore Bjorgo (eds.), *Nation And Race: The Developing Euro-American Racist Subculture*, Boston: Northeastern Univ., 1998.

10 Boris Barth, "Racism Analysis in Germany. The Development in the Federal Republic, 1949~1990", Wulf D. Hund/Christian Koller/Moshe Zimmermann (eds.) *Racisms Made in Germany*, pp. 209~229.

11 로널드 프리츠, 227~276쪽.

12 Cf. 젊은역사학자모임, 『한국고대사와 사이비역사학』, 역사비평사, 2017.

13 「인권위 "한국에 심각한 인종 차별 존재⋯'불법체류' 용어도 문제"」, 『머니투데이』(온라인판)(2018. 11. 08).

# 참고문헌

## 1. 아카이브

Bundesarchiv Koblenz(in Germany), Abteilung für Palkaten-Sammlung: "Ein Zukunftsbild", *Politischer Bilderbogen* Nr. 23, Dresden, 1898.
Internet Archive.
Wikisource(Digital Archive).

## 2. 해외 문헌

Allen, William S. (trans. ed.), *The Infancy of Nazism. Memoirs of Ex-Cauleiter Albert Krebs 1923~1933*, New York: New Viewpoints, 1976.

Anonym, "Philosophie", Jean Le Rond d'Alembert, Denis Diderot et. al, Günter Berger (ed.), *Enzyklopädie. Eine Auswahl*, Frankfurt a. M.: Fischer, 1989, pp. 234~236.

Araújo, André de Melo, *Weltgeschichte in Göttingen. Eine Studie über das spätaufklärische universalhistorische Denken, 1756~1815*, Bielefeld: transcript Verlag, 2012.

Bahr, Hermann, *Der Antisemitismus. Ein internationales Interview*, hrsg v. H. Greive, Königstein/Ts.: Jüdischer Verlag, 1979.

Baldwin, Neil, *Henry Ford and the Jews: The Mass Production of Hate*, New York:

PublicAffairs, 2001.

Barth, Boris, "Die Grenzen der Zivilisierungsmission", Boris Barth/Jürgen Osterhammel (eds.), *Zivilisierungsmission*, Konstanz: UVK, 2005.

Barth, Boris, "Racism Analysis in Germany. The Development in the Federal Republic, 1949~1990", Wulf D. Hund/Christian Koller/Moshe Zimmermann (eds.) *Racisms Made in Germany*, pp. 209~229.

Beasley, Edward, *The Victorian Reinvention of Race: New Racisms and the Problem of Grouping in the Human Sciences*, New York: Routledge. 2010.

Becker, Peter Emil, *Sozialdarwinismus, Rassismus, Antisemitismus und Völkischer Gedanke*. Wege ins Dritte Reich, Teil II, Stuttgart/New York: Georg Thieme, 1990.

Becker, Thomas, *Mann und Weib-Schwarz und Weiß. Die wissenschaftliche Konstruktion von Geschlecht und Rasse 1600~1950*, Frankfurt/New York: Campus, 2005.

Berding, Helmut, *Moderner Antisemitismus in Deutschland*, Frankfurt a. M.: Suhrkamp, 1988.

Berg, Manfred/Wendt, Simon (eds.), *Racism in the Modern World. Historical Perspectives on Cultural Transfer and Adaptation*, New York/Oxford: Berghahn Books, 2011.

Berlet, Chip/Lyons, Matthew N., *Right-Wing Populism in America. Too Close for Comfort*, New York/London: The Guilford Press, 2000.

Bernbach, Udo, *Houston Stewart Chamberlain: Wagners Schwiegersohn: Hitlers Vordenker*, Stuttgart/Weimar: J. B. Metzler, 2015.

Bernstein, Eduard, "Ludwig Woltmanns Beziehungen zur Sozialdemokratie", *Politisch-Anthropologische Revue. Monatsschrift für das soziale u, geistige Leben der Völker* 6, 1907/08, pp. 45~53.

Biddiss, Michael D., *Father of Racist Ideology. The Social and Political Thought of Count Gobineau*, London: Weidenfeld and Nicolson, 1970.

Biddiss, Michael D., "History as Destiny: Gobineau, H. S. Chamberlain and Spengler," *Transactions of the Royal Historical Society*, Sixth Series, 7, 1997, pp. 73~100.

Bindman, David, *Ape to Apollo: Aesthetics and the Idea of Race in the 18th century*, London: Reaktion Books, 2002.

Blackbourn, David, "The Politics of Demagogy in Imperial Germany", in: *Past & Present* 113, 1986, pp. 152ff.

Blaschke, Olaf, *Katholizismus und Antisemitismus im Deutschen Kaiserreich*, Göttingen: Vandenhoeck & Ruprecht, 1997.

Blue, Gregory, "Gobineau on China: Race Theory, the 'Yellow Peril', and the Critique of Modernity", *Journal of World History*, 10-1, 1999, pp. 93~139.

Bernard Boxill (ed.), *Race and Racism*, Oxford Univ. Press, 2000.

Bowser, Benjamin P. (ed.), *Racism and Anti-Racism in World Perspective*, London: SAGE Publications, 1995.

Brakelmann, G. / Greschat, M. / Jochmann, W., *Protestantismus und Politik. Werk und Wirkung Adolf Stoeckers*, Hamburg: Christians, 1982.

Breuer, Stefan, *Die Völkischen in Deutschland. Kaiserreich und Weimarer Republik*, Darmstadt: Wissenschaftliche Buchgesellschaft, 2008.

Bruns, Claudia, "Toward a Transnational History of Racism: Wilhelm Marr and the Interrelationships between Colonial Racism and German Anti-Semitism", Manfred Berg / Simon Wendt (eds.), *Racism in the Modern World*, pp. 122~139.

Chamberlain, Houston Stewart, *Arische Weltanschauung*, München: F. Bruckmann, 1905.

Chamberlain, Houston Stewart, *Die Grundlagen des XIX. Jahrhunderts*, München: F. Bruckmann, IV. Aufl.: 1903, X. Aufl.(Volksausgabe): 1912.

Chamberlain, Houston Stewart, *Lebenswege meines Denkens*, München: F. Bruckmann, 1919.

Chamberlain, Houston Stewart, trans. by John Lees, *The Foundations of Nineteens Century*, 2. vol., London: John Lane, 1912.

Cohn, Norman, *Warrant For Genocide. The Myth of the Jewish World Conspiracy and the Protocols of the Elders of Zion*, New York / Evanston: Harper & Row, 1966.

Conze, Werner, "Rasse", *Geschichtliche Grundbegriffe: Historisches Lexikon zur politisch-sozialen Sprache in Deutschland*, Bd. 5, Stuttgart: Klett-Cotta, 1984, pp. 137~141

Demel, Walter, "Wie die Chinesen gelb wurden: Ein Beitrag zur Frühgeschichte der Rassentheorien", *Historische Zeitschrift* 255, 1992, pp. 625~666.

Dougherty, Frank W. P., "Christoph Meiners und Johann Friedrich Blumenbach im Streit um den Begriff der Menschenrasse", Gunter Mann/Franz Dumont (eds.), *Die Natur des Menschen: Probleme der Physischen Anthropologie und Rassenkunde (1750~1850)*, Stuttgart: Guvtav Fischer, 1990.

Driesmans, Heinrich, Indexeintrag: Deutsche Biographie, https://www.deutsche-biographie.de/gnd116223111.html(접속일: 2017. 05. 22.).

Driesmans, Heinrich, *Rasse und Mielieu*, Berlin: Johannes Räde, 1902.

Dühring, Eugen, *Die Judenfrage als Racen-, Sitten-, und Culturfrage*, Karlsruhe/Leipzig: Verlag v. H. Reuther, 1881.

Evans, Richard J., "Prostitution, State and Society in Imperial Germany," *Past and Present* 70, 1976, pp. 106~108.

Evola, Julius, *Grundrisse der Faschistischen Rassenlehre*, Berlin: Edwin Runge Verlag, 1943.

Evola, Julius, *Revolt against Modern World*, trans. by Guido Stucco, Rochester: Innertraditons International, 1969.

Eze, Emmanuel Chukwudi, *Race and the Enlightenment: A Reader*, Melden, MA: Blackwell, 1997.

Field, Geoffrey G., *Evangelist of Race. The Germanic Vision of Houston Stewart Chamberlin*, New York: Columbia University Press, 1981.

Fiske, John, *The Destiny of Man, viewed in the Light of His Origin*, Boston: Houghton, Mifflin and Company, 1884.

Force, Pierre, "Voltaire and the Necessity of Modern History", *Modern Intellectual History*, 6, 3, 2009, pp. 457~484.

Ford, Henry, *Der internationale Jude*, trans. by Paul Lehmann, 4 vols., Leipzig: Hammer-Verlag, pp. 1922ff.

Ford, Henry, *My Life and Work*, In Collaboration With Samuel Crowther, New York: Garden City Publishing Company, 1922.

Ford, Henry, *Statement by Henry Ford*, New York: The American Jewish Committee, 1927.

Ford, Henry, *Today and Tomorrow*, In collaboration with Samuel Crowther, Garden City/New York: Doubleday, Page & Company, 1926.

Francis, Samuel, "'Racism'. "The Curious Beginnings of a Useless Word", *American Renaissance*, 10/5, 1999.

Frank, Walter, *Hofprediger Adolf Stoecker und die chrislichsoziale Bewegung*, 2. Aufl., Hamburg: Hanseatische Verlagsanstalt, 1935.

Fricke, Dieter (ed.), *Lexikon zur Parteiengeschichte*, I, Köln: Pahl-Rugenstein, 1983~1986.

Gasman, Daniel, *The scientific Origins of National Socialism. Social Darwinism in Ernst Haeckel and the German Monist League*, New York, 1971, pp. 128f.

Gelderman, Carol, *Henry Ford. The Wayward Capitalist*, Beard Books, 1981.

Gerlach, Hellmut v., *Von Rechts nach Links*, Zürich: Europa-Verlag, 1937.

Geulen, Christian, *Geschichte des Rassismus*, München: C. H. Beck, 2007.

Giddens, Anthony, *Sociology*, Cambridge: Polity Press, 1989.

Gobineau, Arthur de, *Comte de Gobineau and Orientalism: Selected Eastern Writings*, ed. by Geoffrey Nash, New York: Routledge, 2008.

Gobineau, Arthur de, Deutsche Ausgabe von Ludwig Schemann, *Versuch über die Ungleichheit der Menschenracen*, 2. Aufl., 4. Bände, Stuttgart: Fr. Frommanns Verlag, 1902~1904.

Gobineau, Arthur de, *Gobineau. Selected Political Writings* ed. by Michael D. Biddis, New York/Evanston: Harper & Row, 1970.

Goldwag, Arthur, *The New Hate. A History of Fear and Loathing on the populist Right*, New York: Pantheon Books, 2012.

Gollwitzer, Heinz, *Die Gelbe Gefahr. Geschichte eines Schlagworts. Studien zum imperialistischen Denken*, Göttingen: Vandenhoeck & Ruprecht, 1962.

Goodrick-Clarke, Nicholas, *The Occult Roots of Nazism: Secret Aryan Cults and Their Influence on Nazi Ideology*, New York: NYU Press, 2004.

Gregor, A. James, *The Search for Neofascism. The Use and Abuse of Social Science*, Cambridge Univ. press, 2006, pp. 83~110.

Griffin, Roger, "Revolts Against the Modern World: The Blend of Literary and Historical Fantasy in the Italian New Right", *Literature and History* 11/1, 1985, pp. 101~123.

Gumplowicz, Ludwig, *Der Rassenkampf. Sociologische Untersuchungen*, Innsbruck: Verlag der Wagner'schen Univ. Buchhandlung, 1883.

Gunther, Hans F. K., *The Racial Elements of European History*, translated by G. C. Wheeler, London: Methuen & Co. LTD, 1927.

Haeckel, Ernst, *Ewigikeit. Weltkriegsgednaken über Leben und Tod, Religion und Emtwicklungslehre*, Berlin: Georg-Reimer, 1915.

Hammer, *Wolfhard, Leben und Werk des Arztes und Sozialanthropologen Ludwig Woltmann*, Univ. Diss, Mainz, 1979.

Hay, Gerhard, "Religiöser Pseudokult in der NS-Lyrik am Beispiel Baldur v. Schirach", Hansjakob Becker u. a (eds.), *Liturgie und Dichtung. Ein interdisziplinäres Kompendium* I, St. Ottilien: EOS-Verlag, 1983.

Hegel, Georg W. F., *Vorlesungen über die Philosophie der Geschichte*, Frnakfurt a. M: Suhrkamp, 2012.

Herman, Arthur, *The Idea of Decline in Western History*, New York: The Free Press, 1997.

Hertz, Friedrich, *Moderne Rassentheorien. Kritische Essays*, Wien: C. W. Stern, 1904.

Hintze, Otto, "Rasse und Nationalität und ihre Bedeutung für die Geschichte", G. Oestreich (ed.), *Soziologie und Geschichte: gesammelte Abhandlungen zur Soziologie, Politik und Theorie der Geschichte*, 2. Aufl., Göttingen: Vandenhoeck & Ruprecht, 1964, pp. 46~85.

Hitler, Adolf, *Mein Kampf*, New York: Reynal & Hitchcock, 1941.

Hölscher, Lucian, "Die Religion des Bürgers. Bürgerliche Frommigkeit und protestantische Kirche Im 19 Jahrhundert," *Historische Zeitschrift* 250, 1990, pp. 595~630.

Hund, Wulf D., "It must come from Europe‹ The Racisms of Immanuel Kant", Wulf D. Hund/Christian Koller/Moshe Zimmermann, (eds.), *Racisms Made in Germany*, pp. 69~98.

Hund, Wulf D./Koller, Christian/Zimmermann, Moshe (eds.), *Racisms Made in Germany*, Zürich/Berlin: LIT, 2011.

*Italian Fascism and racism-Wikipedia*(https://en.wikipedia.org/wiki/Italian_Fascism_and_

racism).

Jackisch, Barry A., *The Pan-German League and Radical Nationalist Politics in Interwar Germany*, London/New york: Routledge, 2012.

Jackson, John et. al, Race, *Racism, and Science*, Santa Barbara, CA: ABC-CLIO, 2004.

Jackson, Thomas, "Who Was the 'Father of Racism'?", *American Renaissance*, 18/7, 2007.

James Cowles Prichard, *Wikipedia*(https://en.wikipedia.org/wiki/James_Cowles_Prichard#Psychiatry).

Kale, Steven, "Gobineau, Racism, and Legitimism: A Royalist Heretic in Nineteenth-Century France", *Modern Intellectual History* 7/1, 2010, pp. 33~61.

Kaplan, Jeffrey/Bjorgo, Tore (eds.), *Nation And Race: The Developing Euro-American Racist Subculture*, Boston: Northeastern Univ., 1998.

Kaschuba, Wolfgang, "Deutsche Bürgerlichkeit nach 1800", Jürgen Kocka (ed.), *Bürgertum im 19. Jahrhundert: Deutschland im europäischen Vergleich*, Bd. 3, München: dtv, 1988, pp. 9~44.

Keudel, Karl, *Methode und Grundsätze der Geschichtsschreibung Houston Stewart Chamberlains. Ein Beitrag zur Historik der Gegenwart*(Diss. Uni-Göttingen), Würzburg: Buchdruckerrei Richard Mayr, 1939.

Kipper, Rainer, *Der Germanenmythos im deutschen Kaiserreich: Formen und Fuktionen historischer Selbstthematisierung*, Göttingen: Vandemhoeck & Ruprecht, 2002.

Köck, Julian, "Joseph Arthur de Gobineau: Rezeption in Deutschland und Umdeutung zum Propheten der völkischen Bewegung", *Jahrbuch der Hambach-Gesellschaft* 19, 2011/2012, pp. 117~135.

Koselleck, Reinhart, *Begriffsgeschichten. Studien zur Semantik und Pragmatik der politischen und sozialen Sprache*, Franjfurt a, M.: 2006.

Kinzig, Wolfram, *Harnack, Marcion und das Judentum. Nebst einer kommentierten Edition des Briefwechsels Adolf von Harnacks mit Houston-Stewart Chamberlain*, Leipzig: Evangelische Verlagsanstalt, 2004.

Kleinecke, Paul, *Gobineaus Rassenphilosophie*(*Essai sur l'inégalité des races humaines*), Berlin: Hermann Walther Verlagsbuchhandlung, 1902.

Lake, Marilyn, "The White Man under Siege: New Histories of Race in the Nineteenth Century and the Advent of White Australia", *History Workshop Journal* 58, 2004, pp. 41~62.

Lapouge, Vacher de, "Ludwig Woltmann als Bahnbrecher der Sozialanthropolgie", *Politisch-Anthropologische Revue* 6, 1907/08, pp. 37~41.

Le Roy, "Homme(Moral)", Jean Le Rond d'Alembert, Denis Diderot et. al, Günter Berger (ed.), *Enzyklopädie. Eine Auswahl*, Frankfurt a. M.: Fischer, 1989, p. 163.

Lewis, Bernard, *Race and Slavery in the Middle East: An Historical Enquiry*, New York et al: Oxford University Press, 1990.

Lewis, David L., *The Public Image of Henry Ford. An American Folk Hero and His Company*, Detroit: Wayne State University Press, 1976.

Llobera, Josep R., *The Making of Totalitarian Thought*, Oxford/New York: Berg, 2003.

Lotter, Friedrich, "Christoph Meiners und die Lehre von der unterschiedlichen Wertigkeit der Menschenrassen", Hartmut Boockmann/Hermann Wellenreuther (eds.), *Geschichtswissenschaft in Göttingen. eine Vorlesungsreihe*, Göttingen: Vandenhoeck & Ruprecht, 1987, pp. 30~75.

Marr, Wilhelm, *Judenspiegel*, 5. Aufl., Hamburg: Selbstverlag des Verfassers, 1862.

Marr, Wilhelm, *Sieg des Judenthums über das Germanenthum. Vom nicht confesionellen Standpunkt betrachtet*, 8. Aufl., Bern: Rudolph Costenoble, 1879.

McWilliams Carey, *A Mask for Privilege. Anti-Semitism in America*(Original: 1948), New Brunswick/London: Transaction Publishers, 1975.

Meiners, Christoph, "Historische Nachrichten über die wahre Beschaffenheit des Sclaven-Handels, und der Knechtschaft der Neger in West-Indien", *Göttingisches Historisches Magazin* 6, 1790, pp. 645~679.

Meiners, Christoph, "Ueber die Natur der afrikanischen Neger, und die davon abhangende Befreyung, oder Einschränkung der Schwarzen", *Göttingisches Historisches Magazin* 6, 1790, pp. 385~456.

Meiners, Christoph, "Ueber die Natur der Americaner", *Göttingisches Historisches Magazin* 6, 1790, pp. 102~156.

Meiners, Christoph, "Ueber die Natur der Germanischen u. übrigen Celtischen

Völker", *Göttingisches Historisches Magazin* 8, 1791, pp. 1~48, pp. 67~124.

Meiners, Christoph, "Von den Varietäten und Abarten der Neger", *Göttingisches Historisches Magazin* 6, 1790, pp. 625~645.

Meiners, Christoph, *Geschichte der Ungleichheit der Stände unter den vornehmsten Europäischen Völkern*, 2 Bde., Hellwing, Hannover, pp. 1792ff.

Meiners, Christoph, *Grundriß der Geschichte der Menschheit*, Lemgo: Verlag der Meyerschen Buchhandlung, 1785; 2. Aufl., 1793.

Meiners, Christoph, *Untersuchungen über die Verschiedenheiten der Menschennaturen(die verschiedenen Menschenarten) in Asien und den Südländern, in den Ostindischen und Südseeinseln, nebst einer historischen Vergleichung der vormahligen und gegenwärtigen Bewohner dieser Kontinente und Eylande*, 3 Bde., Tübingen: Cotta, 1811~1815.

Michael Imhof, "Einen besseren als Stcker finden wir nicht", *diskursanalytische Studien zur christlich-sozialen Agitation im deutschen Kaiserreich*, Oldenburg: BIS-Vlg, 1996.

Mikkelsen, Jon M. (ed.), *Kant and the Concept of Race. Late Eighteenth-Century Writings*, Albany, NY: SUNY press, 2013.

Misch, Jürgen, *Die politische Philosophie Ludwig Woltmanns. Im Spannungsfeld von Kantianismus, Historischem Materialismus und Sozialdarwinismus*, Bonn: Bouvier, 1975.

Mosse, George L., *Toward the Final Solution. A History of European Racism*, New York: Howard Fertig, 1978.

Na, Inho, *Sozialreform oder Revolution. Gesellschaftspolitische Zukunftsvorstellungen im Naumann-Kreis 1890~1903/04*, Marburg: Tectum, 2003.

Nipperdey, Thomas, *Deutsche Geschichte 1866~1918*. Band I: *Arbeitswelt u. Bürgergeist*, Bd. II: *Machtstaat vor der Demokratie*, München: C. H. Beck, 1991~1992.

Nipperdey, Thomas, *Religion im Umbruch. Deutschland 1870~1918*, München: C. H. Beck, 1988.

*Nuremberg Trial Proceedings* Vol. 14, 137. Thursday, 23 May 1946.(http://avalon.law.yale.edu/imt/05-23-46.asp).

Ordover, Nancy, *American Eugenics: Race, Queer Anatomy, and the Science of Nationalism*, Minneapolis/London: Univ. of Minnesota, 2003.

Painter, Nell Irvin, "Why Are White People Called 'Caucasian'?", *Collective Degradation:*

*Slavery and the Construction of Race*(Proceedings of the Fifth Annual Gilder Lehrman Center International Conference at Yale University, November 7~8, 2003, pp. 1~37.

Passmore, Kevin, *Fascism: A Very Short Introduction*, 2. Edition, Oxford Univ. Press, 2014.

Pearson, Chrarles H., *National Life and character. A Forecast*, London: Macmillan, 1893, reprinted 1913.

Pella, Sebastian, *Das sozialdarwinistisch-rassentheoretische Denken in Ludwig Woltmanns Werk "Politische Anthropologie"*, Bottrop: Forsite-Verlag, 2009.

Peukert, Detlev J. K., "The Genesis of the" Final Solution "From the Spirit of Science", David F. Crew (ed.), *Nazism and German Society, 1933~1945*, London/New York: Routledge, 1994, pp. 274~299.

Poliakov, Léon /Wulf, Josef, *Das Dritte Reich und seine Denker*, München u. a.: K. G. Saur, 1978.

Pool, James/Pool, Suzanne, *Who Financed Hitler. The secret Funding of Hitler's Rise to Power 1919~1933*, The Dial Press: New York, 1978.

Popper, Karl R., *The Poverty of Historicism*, London/Henley: Routledge & Kegan Paul, 1976.

Prantl, Carl von, "Meiners, Christoph", *Allgemeine Deutsche Biographie*, 1885, S.(Onlinefassung; URL: http://www.deutsche-biographie.de/pnd116863498.html).

Puschner, Uwe, *Die völkische Bewegung im wilhelminischen Kaiserreich*, Darmstadt: Wissenschaftliche Buchgesellschaft, 2001.

Puschner, Uwe/Vollnhals, Clemens, *Die völkisch-religiöse Bewegung im Nationalsozialismus. Eine Beziehungs: und Konfliktgeschichte*, 2. Aufl., Göttingen: Vandemhoeck & Ruprecht, 2012.

Radkau, Joachim, *Das Zeitalter der Nervosität: Deutschland zwischen Bismarck und Hitler*, München/Wien: Carl Hanser, 1998.

Reimer, Josef Ludwig, *Ein Pangermanisches Deutschland. Versuch über die Konsequenzen der gegenwärtigen wissenschaftlichen Rassenbetrachtung für unsere politischen und religiösen Probleme*, Berlin/Leipzig: Verlag von Friedrich Luckhardt, 1905.

Rohling, August, *Der Antichrist und das Ende der Welt*, St. Louis, Mo: B. Herder, 1875.

Rosenberg, Alfred, *Der Mythus des 20. Jahrhunderts. Eine Wertung der seelisch-geistigen Gestaltenkämpfe unserer Zeit*, 33~34. Aufl., München, Hoheneichen-Verlag, 1934.

Rosenberg, Alfred, *Houston Stewart Chamberlain als Verkünder und Begründer einer deutschen Zukunft*, München: F. Bruckmann, 1927.

Samaan, A. E. *From a "Race of Masters" to a "Master Race": 1948 to 1848*, A.E. Samaan, 2012.

Schoeps, Hans-Joachim, *Vorläufer Spenglers. Studien zum Geschichtspessimismus im 19. Jahrhundert*, Leiden/Köln: E. J. Brill, 1953.

Schüßlburner, Josef, *Josef Ludwig Reimer: Der SPD-Sympathisant, der Hitler die Ideen gab*, https://ef-magazin.de/2009/06/26/1305-josef-ludwig-reimer-der-spd-sympathisant-der-hitler-die-ideen-gab(접속일: 2018. 03. 10.).

Seeck, Otto, *Geschichte des Untergangs der antiken Welt*, 1. Bd., Stuttgart: J. B. Metzlersche Verlagsbuchhandlung, o. J.

Sieyès, Emmanuel Joseph, *What is the Third Estate?*, trans. by M. Blondel, New York/London: Frederick A. Praeger, 1964.

Stern, Fritz, *The Politics of Cultural Despair*, Berkely/LA: Univ. of California, 1961.

Stoecker, Adolf, *Christlich-Sozial. Reden und Aufstze*, 2 Aufl., Berlin: Berliner Stadtmission, 1890.

Stoecker, Adolf, *Reden und Aufstze von Adolf Stoecker. Mit einer biographischen Einleitung* ed. by R. Seeberg, Leipzig: A. Deichertsche Verlagsbuchhandlung, 1913.

Stoecker, Adolf, *Sozialdemokratie und Sozialmonarchie*, Leipzig: Grunow, 1891.

Sward, Keith, *The Legend of Henry Ford*(Original: 1948), New York: Russell & Russell, 1968.

Tocqueville, Alexis de, *"The European Revolution" & Correspondence with Gobineau*, ed. by John Lukacs, Gloucester, Mass.: Peter Smith, 1968.

Torres, Max Sebastián Hering, *Rassismus in der Vormoderne: Die "Reinheit des Blutes" im Spanien der Frühen Neuzeit*, Frankfurt am Main: Campus, 2006.

Turda, Marius/Weindling, Paul J., *Blood and Homeland: Eugenics and Racial Nationalism in Central and Southeast Europe, 1900~1940*, Budapest/New York: CEU PRESS, 2007.

Van der Valk, Ineke, "Racism, a Threat To Global Peace", *International Journal of Peace*

*Studies* 8/2, 2003, pp. 45~66.

Vetter, Sabine, *Wissenschaftlicher Reduktionismus und die Rassentheorie von Christoph Meiners: ein Beitrag zur Geschichte der verlorenen Metaphysik in der Anthropologie*, Aachen: Mainz, 1997.

Viaene, Vincent, "Paul de Lagarde: A Nineteenth-Century 'Radical' Conservative: and Precursor of National Socialism?", *European History Quarterly*, Vol. 26(4), 1996, pp. 527~557.

Voegelin, Eric, "The Growth of the Race Idea", *The Review of Politics*, Vol. 2, No. 3, 1940, pp. 283~317.

Voltaire, *Ueber den Geist und die Sitten der Nationen*, übersetzt von K. Wachsmuth, 1. Teil, Leipzig: Verlag v. Otto Wigand, 1867.

Vondung, Klaus, "Von der völkischen Religiosität zur politischen Religion des Nationalsozialismus: Kontinuität oder neue Qualität?", Uwe Puschner/Clemens Vollnhals, *Die völkisch-religiöse Bewegung im Nationalsozialismus*.

Walkenhorst, Peter, *Nation-Volk-Rase. Radikaler Nationalismus im Deutschen Kaiserreich 1890~1914*, Göttingen: Vandenhoeck & Ruprecht, 2007.

Weikart, Richard, "Progress through Racial Extermination: Social Darwinism, Eugenics, and Pacifism in Germany, 1860~1918", *German Studies Review* 26, 2003, pp. 273~294.

Wik, Reynold M., *Henry Ford and Grass-roots America*, Ann Arbor: The University of Michigan Press, 1972.

Wilser, Ludwig, "Ludwig Woltmann als Rassenforscher", *Politisch-Anthropologische Revue* 6, 1907/08, p. 43.

Wirth, Albrecht, *Ostasien in der Weltgeschichte*, Bonn: Carl Georgi, 1901.

Wirth, Albrecht, *Volkstum und Weltmacht in der Geschichte*. 2.Aufl., München: F. Bruckmann, 1904.

Woeste, Victoria Saker, *Henry Ford's War on Jews and The Legal Battle Against Hate Speech*, Stnadford: Standford University Press, 2012.

Woltmann, Ludwig, "Anhänger und Gegner der Rassentheorie", *Politisch-Anthropologische Revue* 5, 1906/07, p. 266.

Woltmann, Ludwig, "Die anthropologische Geschichts- und Gesellschaftstheorie", *Politisch-Anthropologische Revue* 2, 1903, p. 453.

Woltmann, Ludwig, "Die Herausgeber: Naturwissenschaft u. Politik", *Politisch-Anthropologische Revue* 1, 1902, pp. 1f.

Woltmann, Ludwig, "Nachschrift zu Lapouges Kritik des Jeneser Preisausschriebens", *Politisch-Anthropologische Revue* 3, 1904/05, pp. 305~317.

Woltmann, Ludwig, "Politk und Biologie", *Politisch-Anthropologische Revue* 6, 1907/08, pp. 623~625.

Woltmann, Ludwig, *Die Germanen und die Renaissance in Italien*, Leipzig: Thüringische Verlagsanstalt, 1905.

Woltmann, Ludwig, *Germanen in Frankreich. Eine Untersuchungen über den Einfluss der Germanischen Rasse auf die Geschichte und Kultur Frankreichs*, Jena: Eugen Diederichs, 1907.

Woltmann, Ludwig, *Politische Anthropologie. Eine Untersuchung über den Einfluss der Descenztheorie auf die Lehre von der politischen Entwicklung der Völker*, Jena; Eugen Diederichs, 1903.

Young, Earl. J., *Gobineau und der Rassismus. Eine Kritik der anthropologischen Geschichtstheorie*, Meisenheim: Anton Hain, 1968.

Zantop, Susanne, "Ansichten und Angesicht. Forster und Meiners als physiognomische Grenz-Gänger", Renate Schleicher/Urlike Zellmann (eds.), *Reisen über Grenzen*, Münster: Waxmann Verlag, 2003, pp. 165~178.

Zantop, Susanne, "The Beautiful, the Ugly, and the German: Race, Gender, and Nationality in Eighteenth-Century Anthropological Discourse", Patricia Herming house/Magda Mueller (eds.), *Gender and Germaness: Cultural Productions of Nation*, Providence, RI: Berghahn Books, 1997, pp. 21~35.

Zantop, Susanne, *Colonial Fantasies: Conquest, Family, and Nation in Precolonial Germany, 1770~1870*, Durham: Duke University Press, 1997.

Zimmermann, Moshe, *Wilhelm Marr. The Patriarch of Anti-Semitism*, New York/Oxford: Oxford univ. press, 1986.

## 3. 국내 문헌

H. 스튜어트 휴즈, 황문수 옮김, 『의식과 사회―서구 사회사상의 재해석: 1890~1930』, 개마고원, 2007.

J. G. 헤르더, 강성호 옮김, 『인류의 역사철학에 대한 이념』, 책세상, 2002.

게오르크 루카치, 변상출 옮김, 『이성의 파괴』 2권, 백의, 1996.

김문환, 『바그너의 생애와 예술』, 느티나무, 2006.

김상섭, 『인종주의 민족차별―아직 끝나지 않은 잔혹한 인류사』, 삶과지식, 2013.

김응종, 「오리엔탈리즘과 인종주의―토크빌과 고비노의 논쟁을 중심으로」, 『담론』 201, 2004, 6(2), 197~220쪽.

김호연, 「과학의 정치학―독일의 인종위생(Rassenhygiene)」, 『강원인문논총』 18, 2007, 29~61쪽.

나인호, 『개념사란 무엇인가―역사와 언어의 새로운 만남』, 역사비평사, 2011.

나인호, 「제1차 세계대전과 독일 우파의 평화사상―에른스트 헤켈(Ernst Haeckel)의 사례」, 『독일연구』 26, 2013, 133~160쪽.

나인호, 「Rezeption und Umformung des westlichen Nationsbegriffes in Korea」, 『독일연구』 30, 2015, 5~25쪽.

라울 힐베르크, 김학이 옮김, 『홀로코스트, 유럽 유대인의 파괴』 1, 개마고원, 2008.

라인하르트 코젤렉, 한철 옮김, 「비대칭적 대응개념의 사적·정치적 의미론」, 『지나간 미래』, 문학동네, 1998.

로널드 프리츠, 이광일 옮김, 『사이비역사의 탄생―거짓 역사, 가짜 과학, 사이비종교』, 이론과실천, 2010.

린 헌트, 전진성 옮김, 『인권의 발명』, 돌베개, 2009.

마이클 키벅, 이효석 옮김, 『황인종의 탄생―인종적 사유의 역사』, 현암사, 2016.

문종현, 「아르튀르 고비노의 인종론」, 『역사와 문화』 27, 2014, 206~237쪽.

미셸 푸코, 박정자 옮김, 『사회를 보호해야 한다』, 동문선, 1998.

바실 홀, 김석중 옮김, 『10일간의 조선항해기』, 삶과꿈, 2003.

박경태, 『인종주의』, 책세상, 2009.

박노자, 「근대 한국의 인종 및 인종주의 담론」, 『개념의 번역과 창조』, 돌베개, 2012, 38~67쪽.

박설호, 『라스카사스의 혀를 빌려 고백하다』, 울력, 2008.

박진빈, 『백색국가 건설사』, 앨피, 2006.

배영수 편, 『서양사강의』, 한울, 2000.

배영수, 「인종주의」, 서울대학교 역사연구소 편, 『역사용어사전』, 서울대학교출판문화
　　원, 2015.

볼프강 벤츠, 윤용선 옮김, 『유대인 이미지의 역사』, 푸른역사, 2005.

슬라보예 지젝·알랭 바디우, 김성호 옮김, 『바그너는 위험한가―현대철학과 바그너의
　　대결』, 북인더갭, 2012.

신문수, 『타자의 초상―인종주의와 문학』, 집문당, 2009.

신응철, 「인종주의와 문화―고비노 읽기, 칸트와 니체 사이에서」, 『니체연구』 8, 2005.

신행선, 「에르네스트 르낭의 인종과 인종주의」, 『서양사론』 73, 2002, 5~28쪽.

알리 라탄시, 구정은 옮김, 『인종주의는 본성인가―인종, 인종주의, 인종주의자에 대한
　　오랜 역사』, 한겨레출판, 2011.

염운옥, 『생명에도 계급이 있는가―유전자 정치와 영국의 우생학』, 책세상, 2009.

움베르토 에코, 이세욱 옮김, 『프라하의 묘지』 전2권, 열린책들, 2013.

위르겐 오스터함멜, 박은영·이유재 옮김, 『식민주의』, 역사비평사, 2009.

유진 웨버, 김희정 옮김, 『(세계사에 나타난) 종말의 역사』, 예문, 1999.

이재원, 『제국의 시선, 문화의 기억』, 서강대학교출판부, 2017.

이종찬, 『열대의 서구, 조선의 열대 근대 학문과 예술은 어떻게 열대를 은폐했는가』,
　　서강대학교출판부, 2016.

「인권위 "한국에 심각한 인종 차별 존재 … '불법체류' 용어도 문제"」, 『머니투데이』(온
　　라인판), 2018. 11. 08.

젊은역사학자모임, 『한국고대사와 사이비역사학』, 역사비평사, 2017.

조지 이거스, 임상우·김기봉 옮김, 『20세기 사학사』, 푸른역사, 2003.

최원, 「인종주의라는 쟁점―푸코와 발리바르」, 『문학과 사회』, 19/3, 2006, 255~273쪽.

칼 뢰비트, 이한우 옮김, 『역사의 의미』, 문예출판사, 1990.

크리스티앙 들라캉파뉴, 하정희 옮김, 『인종 차별의 역사』, 예지, 2000.

통합유럽연구회, 『유럽을 만든 대학들』, 책과함께, 2015.

프랑수아 기조, 임승휘 옮김, 『유럽 문명의 역사―로마제국의 몰락부터 프랑스 혁명까
　　지』, 아카넷, 2014.

한국서양사학회 편, 『서양 문명과 인종주의』, 지식산업사, 2002.
한나 아렌트, 이진우·박미애 옮김, 『전체주의의 기원』 전2권, 한길사, 2011.
황혜성, 「인종주의」, 『서양의 지적 운동』 1·2, 지식산업사, 1994/1998.

# 찾아보기